KI als persönlicher Karriere-Helfer

Rolf Rüdiger Cichowski

KI als persönlicher Karriere-Helfer

Berufliche Weiterentwicklung durch smarten Einsatz der richtigen Tools

Rolf Rüdiger Cichowski
Holzwickede, Deutschland

ISBN 978-3-658-49768-2   ISBN 978-3-658-49769-9 (eBook)
https://doi.org/10.1007/978-3-658-49769-9

Die Deutsche Nationalbibliothek verzeichnet diese Publikation in der DeutschenNationalbibliografie; detaillierte bibliografische Daten sind im Internet über https://portal.dnb.de abrufbar.

© Der/die Herausgeber bzw. der/die Autor(en), exklusiv lizenziert an Springer Fachmedien Wiesbaden GmbH, ein Teil von Springer Nature 2025

Das Werk einschließlich aller seiner Teile ist urheberrechtlich geschützt. Jede Verwertung, die nicht ausdrücklich vom Urheberrechtsgesetz zugelassen ist, bedarf der vorherigen Zustimmung des Verlags. Das gilt insbesondere für Vervielfältigungen, Bearbeitungen, Übersetzungen, Mikroverfilmungen und die Einspeicherung und Verarbeitung in elektronischen Systemen.
Die Wiedergabe von allgemein beschreibenden Bezeichnungen, Marken, Unternehmensnamen etc. in diesem Werk bedeutet nicht, dass diese frei durch jede Person benutzt werden dürfen. Die Berechtigung zur Benutzung unterliegt, auch ohne gesonderten Hinweis hierzu, den Regeln des Markenrechts. Die Rechte des/der jeweiligen Zeicheninhaber*in sind zu beachten.
Der Verlag, die Autor*innen und die Herausgeber*innen gehen davon aus, dass die Angaben und Informationen in diesem Werk zum Zeitpunkt der Veröffentlichung vollständig und korrekt sind. Weder der Verlag noch die Autor*innen oder die Herausgeber*innen übernehmen, ausdrücklich oder implizit, Gewähr für den Inhalt des Werkes, etwaige Fehler oder Äußerungen. Der Verlag bleibt im Hinblick auf geografische Zuordnungen und Gebietsbezeichnungen in veröffentlichten Karten und Institutionsadressen neutral.

Planung/Lektorat: Irene Buttkus
Springer ist ein Imprint der eingetragenen Gesellschaft Springer Fachmedien Wiesbaden GmbH und ist ein Teil von Springer Nature.
Die Anschrift der Gesellschaft ist: Abraham-Lincoln-Str. 46, 65189 Wiesbaden, Germany

Wenn Sie dieses Produkt entsorgen, geben Sie das Papier bitte zum Recycling.

Vorwort

Auf dem Buchmarkt gibt es zahlreiche Ratgeber, die Ihnen versprechen, Ihre Karriere voranzubringen. Dieses Buch verfolgt jedoch einen anderen Ansatz. Hier geht es nicht nur darum, die Karriereleiter zu erklimmen oder prestigeträchtige Titel zu erreichen. Der Begriff „Erfolg" in diesem Buch steht für weit mehr: Es geht darum, Ihre Arbeit mit Exzellenz zu meistern, Anerkennung zu erhalten, Selbstbewusstsein zu stärken und Vertrauen aufzubauen. Erfolg bedeutet auch, eine Balance zwischen beruflichen und privaten Zielen zu finden, denn ein ausgeglichenes Leben ist ebenso wichtig wie beruflicher Erfolg.

Im Laufe meines Berufslebens habe ich zahlreiche wertvolle Tipps gesammelt. Viele davon mögen auf den ersten Blick offensichtlich erscheinen, doch oft scheitert es an der praktischen Umsetzung. Die Kapitel dieses Buches bieten Ihnen Leitsätze, die Sie auf Ihrem Weg zum Erfolg unterstützen können, insbesondere in einer Zeit, in der Künstliche Intelligenz (KI) zunehmend an Bedeutung gewinnt.

Aktuelle Anforderungen des Arbeitsmarktes: Eine neue Studie
Eine aktuelle Studie der Bertelsmann-Stiftung [1], die auf der Analyse von mehr als 47 Mio. Online-Stellenanzeigen basiert, zeigt eine deutliche Verschiebung der Anforderungen an Arbeitnehmer. Nie war der Wandel auf dem Arbeitsmarkt so stark wie heute. Arbeitgeber legen zunehmend Wert auf Selbstmanagement, kritisches Denken und Einfühlungsver-

mögen. Handwerkliche Fähigkeiten und körperliche Belastbarkeit treten in den Hintergrund, während Selbstständigkeit, Einsatzbereitschaft und Verantwortungsbewusstsein immer mehr gefragt sind. Diese sogenannten „Future Skills" umfassen auch Lernbereitschaft, Flexibilität und den Umgang mit neuen Technologien. Arbeitnehmer müssen in der Lage sein, Desinformationen zu erkennen und eigenständig Lösungen zu entwickeln.

Besonders bemerkenswert ist, dass diese überfachlichen Fähigkeiten nicht nur bei hochqualifizierten Arbeitskräften, sondern auf allen Qualifikationsebenen gefordert werden. Von Hilfskräften bis hin zu akademischen Berufen steigt die Nachfrage nach kognitiven Fähigkeiten wie Problemlösungskompetenz, Kreativität und kritischem Denken. Darüber hinaus werden soziale und kommunikative Kompetenzen, insbesondere Teamfähigkeit, immer wichtiger. Diese Trends unterstreichen, wie stark KI die Arbeitswelt verändert, und wie essenziell es für den Erfolg ist, sich diesen neuen Anforderungen anzupassen. In diesem Sinne steht auch der Fokus dieses Buches auf den überfachlichen Fähigkeiten, die Ihnen helfen, die Herausforderungen der Zukunft erfolgreich zu meistern.

Dieses Buch richtet sich sowohl an Berufseinsteiger, die am Anfang ihrer Karriere stehen und ambitioniert durchstarten möchten, als auch an erfahrene Berufstätige, die sich neu orientieren oder weiterentwickeln wollen. Es lässt sich sowohl als vollständiger Leitfaden als auch als Nachschlagewerk nutzen, insbesondere dank der enthaltenen Tabellen und Checklisten.

Zusätzlich biete ich Ihnen weitere wertvolle Informationen:

- Ein Glossar mit Definitionen wichtiger Begriffe rund um KI, damit Sie die Fachsprache besser verstehen und anwenden können (Abschn. 13.1).
- Eine Liste von nützlichen KI-Tools und Ressourcen, die Ihnen helfen, KI-Technologien in Ihrer Arbeit effektiv einzusetzen (Abschn. 13.2).
- Eine Übersicht möglichst vieler Berufsbezeichnungen und denkbarer zugehöriger Anwendungsfelder, inklusive Beispiele für entsprechende KI-Tools, die Ihnen in diesen Bereichen einen Wettbewerbsvorteil verschaffen können (Abschn. 13.3).

- Ein Kapitel mit häufig gestellten Fragen und Antworten (FAQs), das Ihnen hilft, schnell Lösungen für gängige Probleme zu finden (Abschn. 13.4).
- Ein Praxisbeispiel des Unternehmens „Innovative Solutions GmbH" und deren „KI-Innovationsstrategie", um Ihnen einen Einblick in die praktische Anwendung von KI in der Wirtschaft zu geben (Abschn. 12.4).
- Eine Checkliste für den Einstieg in KI, die Ihnen einen strukturierten Leitfaden bietet, wie Sie KI in Ihrem beruflichen Umfeld erfolgreich integrieren können (Abschn. 13.5).
- Literaturhinweise für weiterführende Studien und tiefere Einblicke in spezielle Themenbereiche enthält der Anhang.

Warum „Wichtiges kurzgefasst" und „KI-Tools"?
Um Ihnen den größtmöglichen Nutzen aus diesem Buch zu bieten, habe ich zwei wichtige Elemente in fast jedem Kapitel integriert:

Wichtiges kurzgefasst: Am Ende der Hauptkapitel und auch nach einigen Unterkapiteln finden Sie eine Zusammenfassung der wichtigsten Punkte. Diese dienen als kurze, prägnante Erinnerungen an die wesentlichen Inhalte des Kapitels und bieten Ihnen die Möglichkeit, schnell auf die zentralen Lehren zuzugreifen. Diese Punkte in „Wichtiges kurzgefasst" sollen Ihnen helfen, die Inhalte besser zu verinnerlichen und in der Praxis anzuwenden. Sie bieten einen klaren Fokus auf das, was wirklich wichtig ist, und erleichtern es Ihnen, die wichtigsten Erkenntnisse für Ihren beruflichen und persönlichen Erfolg zu verankern.

KI-Tools: In fast jedem Kapitel stelle ich Ihnen außerdem ein, zwei oder sogar mehrere KI-Tools vor, die speziell auf die im Kapitel behandelten Themen abgestimmt sind. Diese Tools sind Beispiele dafür, wie Sie KI-Technologien nutzen können, um die im Buch beschriebenen Strategien und Ansätze direkt in die Praxis umzusetzen. Die vorgestellten KI-Tools wurden sorgfältig ausgewählt, um Ihnen praktische Unterstützung zu bieten – sei es durch die Automatisierung von Aufgaben, die Optimierung von Prozessen oder die Förderung Ihrer persönlichen und beruflichen Entwicklung. Sie sind als Anregungen gedacht, die Ihnen helfen sollen, die Vorteile von KI in Ihrem Arbeitsalltag zu nutzen und

Ihre Karriere gezielt voranzutreiben. Aber bedenken Sie dabei, die Entwicklung der KI wird ständig vorangetrieben, so dass sich einige Angaben auch schnell überholen.

Hinweise zu den Kap. 9, 11 und 12
In diesen drei Kapiteln sind bewusst eine Fülle von Leitsätzen, Wichtiges kurzgefasst und nützlichen Hinweisen zu verschiedenen KI-Tools integriert. Diese sollen Ihnen als umfassender Service dienen, um Ihnen eine breite Auswahl an Möglichkeiten aufzuzeigen, wie Sie Künstliche Intelligenz in Ihrem beruflichen Alltag einsetzen können. Es ist jedoch wichtig zu betonen, dass nicht jeder Leitsatz oder jedes Tool für jeden gleichermaßen relevant ist. Fühlen Sie sich daher ermutigt, selektiv vorzugehen und die Kapitel und Inhalte zu überspringen, die nicht zu Ihren individuellen Bedürfnissen passen. Nutzen Sie dieses Buch flexibel, um die für Sie persönlich geeigneten Ansätze, Wichtiges kurzgefasst und Werkzeuge zu finden und zu nutzen.

Ich hoffe, dass diese zusätzlichen Elemente – die hervorgehobenen „Wichtiges kurzgefasst" und die praktischen Hinweise zu KI-Tools – Ihnen wertvolle Unterstützung bieten, um die im Buch beschriebenen Konzepte und Strategien effektiv anzuwenden.

Nehmen Sie sich Zeit, das Buch zu lesen, und setzen Sie die Anregungen in die Praxis um. Sie werden feststellen, dass Sie auf dem richtigen Weg sind.

Hinweis in eigener Sache zur Nutzung von Künstlicher Intelligenz
Die Inhalte dieses Buches basieren auf einem über viele Jahre gewachsenen Fundament: Bereits 1995 erschien im Ariston Verlag mein Buch *„Erfolg im Beruf"*, gefolgt von *„Ihr Weg zum Erfolg"* im Jahr 2002 bei PUBLICIS. In beiden Werken stand die Frage im Mittelpunkt, wie Menschen ihr Potenzial besser entfalten und ihren eigenen Erfolgsweg gestalten können. Viele der darin behandelten Erfolgsfaktoren sind heute aktueller denn je.

Mit diesem neuen Buch greife ich diese Themen ein weiteres Mal auf – nun aber in einer Arbeitswelt, die zunehmend durch Künstliche Intelligenz geprägt ist. Die Idee, Struktur und inhaltliche Ausrichtung stammen vollständig von mir als Autor. Bei der Texterstellung und Überarbeitung kamen KI-gestützte Werkzeuge (wie ChatGPT von OpenAI) zum Einsatz, um vorhandene Inhalte sprachlich weiterzuentwickeln, neue Perspektiven einzubringen und aktuelle Beispiele oder Tool-Hinweise zu integrieren. Die Endredaktion und finale Auswahl aller Inhalte lagen jedoch stets in meiner Hand.

Diese Form der Zusammenarbeit mit KI ermöglichte es, klassische Erfolgsfaktoren mit neuen Technologien zu verknüpfen und so einen praxisnahen Ratgeber zu gestalten, der sowohl traditionelle Werte als auch digitale Chancen berücksichtigt.

Die Nennung einzelner Marken oder Produkte erfolgt ausschließlich zu Illustrationszwecken und stellt keine Werbung oder Empfehlung dar.

Gerne möchte ich mich bei der Lektorin, Irene Buttkus für Ihre tatkräftige Unterstützung mit wertvollen Anmerkungen, Hinweisen und Tipps zu meinen Inhalten bedanken. Ich konnte in der Zusammenarbeit für zukünftige Buchprojekte viel lernen.

Dieses Buch richtet sich gleichermaßen an Männer und Frauen. Um den Lesefluss zu erleichtern, wird im Text jedoch oft die männliche Form verwendet.

Ich wünsche Ihnen viel Erfolg.

Literatur

[1] Bertelsmann Stiftung (2024): Kompetenzen für morgen – Diese Future Skills suchen Unternehmen schon heute. Jobmonitor-Studie auf der Analyse von rund 47 Millionen. Online-Stellenanzeigen (2019–2023). DOI 10.11586/2024107. https://www.bertelsmann-stiftung.de/de/publikationen/publikation/did/kompetenzen-fuer-morgen (Zugriff 18.08.2025).

Holzwickede   Rolf Rüdiger Cichowski
im Sommer 2025

Einleitug

Die rasante Entwicklung der Künstlichen Intelligenz (KI) hat die Art und Weise, wie wir arbeiten und Erfolg definieren, grundlegend verändert. Dieses Buch untersucht, wie KI sowohl zu persönlichem als auch beruflichem Erfolg beitragen kann, indem es verschiedene berufliche Kontexte beleuchtet. Meine Zielgruppe umfasst Fachkräfte aus unterschiedlichen Branchen, die daran interessiert sind, ihre Karrieren durch den gezielten Einsatz von KI-Technologien zu fördern. Durch den Einsatz von KI können neue Wege zur Problemlösung gefunden, die Produktivität gesteigert und innovative Geschäftslösungen entwickelt werden.

Die Relevanz von KI im heutigen beruflichen Alltag kann nicht hoch genug eingeschätzt werden. Während traditionelle Erfolgsansätze wie Bildung, harte Arbeit und Netzwerken weiterhin wichtig sind, bieten KI-gestützte Methoden neue und effiziente Möglichkeiten, die Effizienz zu steigern, Innovationen zu fördern und fundierte Entscheidungen zu treffen. KI ermöglicht es, große Datenmengen zu analysieren, Muster zu erkennen und Vorhersagen zu treffen, die menschliche Fähigkeiten ergänzen und erweitern. Dieses Buch soll Ihnen helfen, diese modernen Ansätze zu verstehen und erfolgreich in Ihren beruflichen Alltag zu integrieren.

Die Tab. 1 fasst die Hauptthemen der Einleitung zusammen und bietet eine klare und nützliche Übersicht über die zentralen Schlagworte und ihre Anwendung im beruflichen Kontext.

KI ist weit mehr als nur ein technisches Werkzeug – sie ist ein Schlüssel zu Erfolg und Innovation in der modernen Arbeitswelt.

Tab. 1 Die Einleitung kurzgefasst – Diese Tabelle bietet eine klare und nützliche Übersicht über die zentralen Schlagworte und zeigt, wie sie im beruflichen Kontext angewendet werden können.

Schlagwort	Kurze Erläuterung	Anwendungsbeispiele	Tipps und Tricks
KI-gestützter Erfolg	Erfolg, der durch den Einsatz von KI-Technologien erzielt wird	Nutzung von Automatisierung in Projektmanagement	Identifizieren Sie Prozesse, die durch KI verbessert werden können,
Berufliche Kontexte	Verschiedene berufliche Umfelder, in denen KI genutzt werden kann	Einsatz von KI im Marketing zur Analyse von Kundenverhalten	Verstehen Sie die spezifischen Anforderungen Ihrer Branche
Effizienz	Steigerung der Produktivität und Zeiteinsparung durch KI	Automatisierung von Verwaltungsaufgaben	Regelmäßige Überprüfung und Anpassung der KI-Modelle
Innovation	Förderung neuer Ideen und Lösungen durch den Einsatz von KI	Entwicklung neuer Produkte durch KI-gestützte Forschung	Nutzung von KI zur Entdeckung neuer Markttrends
Fundierte Entscheidungen	Treffen von Entscheidungen auf Basis datengetriebener Erkenntnisse	Nutzung von Datenanalyse-Tools zur Marktanalyse	Kombinieren Sie KI-gestützte Analysen mit menschlicher Intuition

Inhaltsverzeichnis

1 Einführung: Die Bedeutung von KI in der modernen Arbeitswelt   1
   1.1 Evolution und Revolution durch KI:
Eine neue Ära der Karriereentwicklung   1
   1.2 Der Unterschied zwischen traditionellem
und KI-gestütztem Erfolg   2

2 Warum KI entscheidend für den beruflichen Erfolg ist   3
   2.1 Die Rolle von KI in der Arbeitsplatztransformation   3
   2.2 Wie KI die Kompetenzen erweitert und neue
Möglichkeiten schafft   4

3 Ein kurzer Überblick über die klassischen Erfolgsfaktoren   7
   3.1 Die traditionellen Grundlagen des Erfolgs   7
   3.2 Neue Perspektiven durch KI: Erweiterung
der klassischen Erfolgsfaktoren   8

4	**Grundlagen der Künstlichen Intelligenz**	9
	4.1 Definition und Grundlagen von KI	9
	4.2 Historische Entwicklung und aktuelle Trends	10
	4.3 Wichtige Begriffe: Machine Learning, Deep Learning, Neuronale Netzwerke	10
	Literatur	12
5	**Ein Erfolgsfaktor in der Zusammenarbeit mit KI ist der Prompt**	13
	5.1 Bedeutung und Definition von Prompts	13
	5.2 Wie man effektive Prompts erstellt	14
	5.3 Beispiele und Best Practices für Prompts in verschiedenen Kontexten	15
	5.4 Arten von Prompts und ihre Anwendungsmöglichkeiten	18
6	**KI im Beruf – Anwendungen und Chancen**	23
	6.1 Menschliche Kreativität gepaart mit KI-Unterstützung	23
	6.2 Wie KI in verschiedenen Berufsfeldern eingesetzt wird	24
	6.3 Beispiele und Fallstudien erfolgreicher KI-Anwendungen	24
	6.4 Wie man KI-Tools im Berufsalltag nutzt	25
7	**KI in der Karriere: Innovative Tools für Ihre Zukunft**	27
	7.1 Überblick über wichtige KI-Tools	28
	7.2 Detaillierte Nutzung und Vorteile der Tools am Beispiel von BrandYourself	31
	7.3 Wie diese Tools zu Ihrer Karriereentwicklung beitragen können	33
8	**Persönliche Erfolgsstrategien mit KI**	37
	8.1 Nutzung von KI zur Verbesserung der persönlichen Produktivität	37

8.2	KI-gestützte Weiterbildung und Skill-Entwicklung	38
8.3	Persönliches Branding und Networking mithilfe von KI	39

9 Die Integration von KI in klassische Erfolgsfaktoren — 41

9.1 Verbindung traditioneller Erfolgsfaktoren mit modernen KI-Strategien — 42
    9.1.1 Persönliche Ziele setzen — 43
    9.1.2 Schätzen Sie sich richtig ein — 46
    9.1.3 Bringen Sie Ihre Ziele mit denen Ihres Unternehmens in Einklang — 48
    9.1.4 Für den Erfolg zählt nur der eigene Maßstab — 50
    9.1.5 Berücksichtigen Sie bei beruflichen Plänen das private Umfeld — 52
    9.1.6 Die Höhe des Gehalts ist nicht immer ausschlaggebend — 53
    9.1.7 Überspannen Sie den Bogen nicht — 55
    9.1.8 Tun Sie das, wovor Sie Angst haben — 56
    9.1.9 Lernen Sie durch Lehren — 58
    9.1.10 Arbeiten Sie mehr als der Durchschnitt — 59
    9.1.11 Überlegen Sie immer, *wie* Sie etwas tun — 61
    9.1.12 Nutzen Sie den Trampolineffekt — 63
9.2 Optimale Wirkung Ihrer Person auf Andere — 66
    9.2.1 Zeigen Sie Persönlichkeit — 69
    9.2.2 Zeigen Sie Ausstrahlung — 71
    9.2.3 Sehen Sie erfolgreich aus — 73
    9.2.4 Betreiben Sie Selbstmarketing — 75
    9.2.5 Bieten Sie anderen einen Nutzen — 77
    9.2.6 Versetzen Sie sich in die Situation des Kunden/Partners — 78
9.3 Zeitmanagement und Effizienzsteigerung mit KI — 81
    9.3.1 Konzentrieren Sie sich auf die momentane Tätigkeit — 83
    9.3.2 Setzen Sie Prioritäten — 85

	9.3.3	Erledigen Sie lieber 80% einer Aufgabe zum richtigen Zeitpunkt als 100% zu spät	86
	9.3.4	Beginnen Sie!	88
	9.3.5	Nutzen Sie den Gewöhnungseffekt	89
	9.3.6	Teilen Sie Ihre Zeit ein	91
	9.3.7	Planen Sie langfristig voraus	93
	9.3.8	Nutzen Sie Totzeiten	94
	9.3.9	Verzetteln Sie sich nicht in Einzelheiten	96
9.4		Kommunikation und Teamarbeit im Zeitalter der KI	98
	9.4.1	Stehen Sie zu Ihren Schwächen	101
	9.4.2	Bereiten Sie sich vor	102
	9.4.3	Passen Sie sich neuen Situationen an	104
	9.4.4	Verlassen Sie lang andauernde Besprechungen	105
	9.4.5	Lernen Sie Teamarbeit	107
	9.4.6	Vorbereitung von Besprechungen	109
	9.4.7	Dokumentieren Sie Besprechungsergebnisse	111
	9.4.8	Schreiben Sie auf	113
	9.4.9	Führen Sie Protokoll	115
	9.4.10	Üben Sie Fragetechniken	116
	9.4.11	Argumentieren Sie gekonnt	118
	9.4.12	Versetzen Sie sich in die Lage des anderen	120
	9.4.13	Arbeiten Sie im Team, gerade auch mit KI	122
	9.4.14	Gönnen Sie anderen den Erfolg	124
	9.4.15	Vertrauen schenken und tolerant sein	125
	9.4.16	Zusagen immer einhalten	127
	9.4.17	Sparen mit Kritik, Lob verschwenden	129
	9.4.18	Nutzen Sie die Vorteile der informellen Gruppe	131

9.4.19	Schaffen Sie sich ein gutes Fundament an Wissen über KI	133
9.4.20	Kreativität und Innovation fördern	134

10 Herausforderungen und ethische Überlegungen 137
10.1 Ethische Fragen im Umgang mit KI 137
10.2 Datenschutz und Datensicherheit 139
10.3 Der Einfluss von KI auf den Arbeitsmarkt und die berufliche Zukunft 140
10.4 ACHTUNG: Risiken durch ungeklärte Quellen, Falschaussagen und begrenztes Wissen von KI-Systemen 141

11 Zukunftsperspektiven: KI und Karriereplanung 145
11.1 Langfristige Planung und Anpassung an technologische Veränderungen 147
    11.1.1 Schaffen Sie Ihre persönliche Vision mit KI 148
    11.1.2 Werden oder bleiben Sie optimistisch 149
    11.1.3 Setzen Sie kreative Ideen sofort um 151
    11.1.4 Stellen Sie sich dem Trend der Zeit mit KI 153
    11.1.5 Entwickeln Sie eine Lernstrategie mit KI 154
    11.1.6 Vernetzen Sie sich intelligent 156
    11.1.7 Nutzen Sie KI zur Selbstreflexion 157
    11.1.8 Identifizieren Sie zukünftige Schlüsselkompetenzen 159
    11.1.9 Nutzen Sie KI zur Effizienzsteigerung 160
    11.1.10 Fördern Sie Ihre digitale Kompetenz 161
    11.1.11 Entwickeln Sie eine agile Denkweise 163
    11.1.12 Setzen Sie auf lebenslanges Lernen 164
    11.1.13 Nutzen Sie KI für das Zeitmanagement 166
    11.1.14 Fördern Sie interdisziplinäre Zusammenarbeit 167

11.1.15	Entwickeln Sie ethisches Bewusstsein im Umgang mit KI	168
11.1.16	Schaffen Sie ein inklusives Arbeitsumfeld	170
11.1.17	Zukunftsperspektiven in der Elektro- und Energietechnik	172
11.1.18	Fokus auf zukünftige regenerative Energien	174
11.1.19	Innovationen in der Wärmepumpentechnologie	175
11.1.20	Elektromobilität und KI	176
11.1.21	Integration von Smart Grids und KI	178
11.1.22	Optimierung der Energieeffizienz mit KI	180
11.1.23	Predictive Maintenance in der Energietechnik	182
11.1.24	Weiterbildung und Spezialisierung in der Energietechnik	183
11.1.25	Entwicklung neuer Geschäftsmodelle	184
11.1.26	Personalisierte Karriereberatung durch KI	186
11.1.27	Nutzung von KI für Networking und Beziehungspflege	187
11.1.28	KI in der Arbeitsplatzanalyse und -optimierung	189
11.1.29	KI-gestützte Stressbewältigung und Work-Life-Balance	190
11.1.30	Einsatz von KI für kontinuierliche Leistungsverbesserung	191
11.1.31	KI und Diversität am Arbeitsplatz	193
11.1.32	KI im Projekt- und Zeitmanagement	194
11.1.33	Persönliche Markenbildung mit KI	195
11.1.34	Verbesserung der Entscheidungsfindung durch KI	197
11.1.35	Vorbereitung auf KI-getriebene Veränderungen	198

		11.1.36	Ethik und Verantwortung im Umgang mit KI	199
	11.2		Die Rolle von KI in der beruflichen Weiterbildung und Umschulung	201
	11.3		Zukunftssichere Berufe und KI-Kompetenzen	203
12	**KI im Unternehmen: Chancen und Herausforderungen**			**207**
	12.1		Einführung in KI-Anwendungen in Unternehmen	209
		12.1.1	Definition und Grundlagen von Künstlicher Intelligenz (KI)	209
		12.1.2	Überblick über die verschiedenen Anwendungsbereiche von KI in Unternehmen	209
		12.1.3	Historische Entwicklung und die zunehmende Relevanz von KI in der Geschäftswelt	210
		12.1.4	Unterschiedliche Arten von KI-Technologien	210
		12.1.5	KI-Einsatz auf dem Vormarsch: Eine deutliche Zunahme in der Unternehmenslandschaft	211
	12.2		Chancen für den Einzelnen in Unternehmen mit und ohne KI	213
		12.2.1	Auswirkungen von KI auf die Beschäftigung und die Arbeitswelt	214
		12.2.2	Karrierechancen und neue Rollen durch die Implementierung von KI	214
		12.2.3	Herausforderungen und Möglichkeiten für Mitarbeiter in Unternehmen, die noch keine KI anwenden	215
		12.2.4	Der Wandel von Fähigkeiten und die Notwendigkeit lebenslangen Lernens	215

12.3		Vorteile für Unternehmen und Mitarbeiter durch KI	217
	12.3.1	Effizienzsteigerung und Kostenreduktion durch KI-gestützte Prozesse	218
	12.3.2	Verbesserung der Entscheidungsfindung durch datenbasierte Analysen	218
	12.3.3	Steigerung der Innovationskraft und Wettbewerbsfähigkeit	219
	12.3.4	Vorteile für Mitarbeiter: Entlastung von Routineaufgaben, neue Lernmöglichkeiten, verbesserte Work-Life-Balance	219
	12.3.5	KI fördert auch die Consulting-Branche	221
12.4		Praxisbeispiel: Unternehmen „Innovative Solutions GmbH" und die „KI-Innovationsstrategie"	224
	12.4.1	Einführung der „Innovative Solutions GmbH" und die Gründe für die Umstellung auf die KI-Innovationsstrategie	224
	12.4.2	Beschreibung der Implementierung und der Schritte, die unternommen wurden	225
	12.4.3	Veränderungen in den Geschäftsprozessen und in der Unternehmenskultur	226
	12.4.4	Erfolge und Herausforderungen der KI-Innovationsstrategie	227
	12.4.5	Erkenntnisse und Empfehlungen für andere Unternehmen, die KI umfassend einsetzen möchten	228
Literatur			230

13 Übersichten, FAQs, Ressourcen und erste Schritte für KI-Einsteiger 231
   13.1 Glossar – Definitionen wichtiger Begriffe rund um KI 231
   13.2 Übersicht nützlicher KI-Tools und Ressourcen 244

13.3		Liste der Berufsbezeichnungen und mögliche zugehörige Anwendungsfelder und jeweils Beispiele für entsprechende KI-Tools	255
13.4		FAQs – Häufig gestellte Fragen und Antworten	350
13.5		Einführung und schrittweise Anleitung zur Nutzung von KI für Newcomer	353
	13.5.1	Anleitung zum Einstieg in die Nutzung von KI (z. B. ChatGPT 3.5, ChatGPT 4) ?	354
	13.5.2	Anleitung zum Einstieg in die Nutzung von MidJourney	356

14 Schlusswort und Ausblick: Den Weg in die Zukunft gestalten   359

Anhang: Weiterführende Literatur   361

1

Einführung: Die Bedeutung von KI in der modernen Arbeitswelt

Die moderne Arbeitswelt befindet sich in einem stetigen Wandel, der durch technologische Fortschritte angetrieben wird. Künstliche Intelligenz steht im Mittelpunkt dieser Transformation und beeinflusst nahezu alle Branchen. Dieses Kapitel bietet eine Einführung in die Bedeutung von KI in der modernen Arbeitswelt und zeigt, wie sie Karrieren revolutioniert und neue Möglichkeiten schafft.

1.1 Evolution und Revolution durch KI: Eine neue Ära der Karriereentwicklung

Die Integration von KI in den Arbeitsplatz hat eine neue Ära der Karriereentwicklung eingeläutet. Traditionelle Arbeitsmodelle werden durch KI-gestützte Prozesse ergänzt und in vielen Fällen ersetzt. Diese Evolution ermöglicht es Unternehmen, effizienter zu arbeiten, schneller auf Veränderungen zu reagieren und innovativere Lösungen zu entwickeln. Für Arbeitnehmer bedeutet dies, dass sie ihre Fähigkeiten kontinuierlich erweitern müssen, um mit den technologischen Fortschritten Schritt zu halten und neue Karrierechancen zu nutzen.

© Der/die Autor(en), exklusiv lizenziert an Springer Fachmedien Wiesbaden GmbH, ein Teil von Springer Nature 2025
R. R. Cichowski, *KI als persönlicher Karriere-Helfer*,
https://doi.org/10.1007/978-3-658-49769-9_1

KI revolutioniert auch die Art und Weise, wie wir über Arbeit und Erfolg denken. Automatisierung und intelligente Systeme übernehmen Routineaufgaben, was den Menschen mehr Zeit für kreative und strategische Tätigkeiten lässt. Diese Veränderung bietet die Möglichkeit, Arbeitsrollen neu zu definieren und das Potenzial jedes Einzelnen voll auszuschöpfen.

1.2 Der Unterschied zwischen traditionellem und KI-gestütztem Erfolg

Traditioneller Erfolg basierte auf klar definierten Pfaden: Ausbildung, harte Arbeit, Networking und kontinuierliche berufliche Weiterentwicklung. Diese Faktoren bleiben wichtig, aber KI bringt zusätzliche Dimensionen ins Spiel. KI-gestützter Erfolg basiert auf der Fähigkeit, Daten zu analysieren, Muster zu erkennen und fundierte Entscheidungen zu treffen. Dies ermöglicht es Fachkräften, schneller auf Veränderungen zu reagieren und neue Chancen zu ergreifen.

Ein weiterer Unterschied besteht in der Art und Weise, wie Aufgaben erledigt werden. KI kann Routineaufgaben automatisieren und dadurch die Effizienz steigern, während sich Fachkräfte auf komplexere und wertschöpfendere Tätigkeiten konzentrieren können. Dieser Übergang erfordert jedoch auch eine Anpassung der Fähigkeiten und Denkweisen, um das volle Potenzial von KI zu nutzen.

> **Wichtiges kurzgefasst Kap. 1: Die Bedeutung von KI in der modernen Arbeitswelt**
>
> **Zentraler Treiber des Wandels:** Künstliche Intelligenz (KI) beeinflusst fast alle Branchen und verändert die Arbeitswelt grundlegend.
> **Transformation traditioneller Arbeitsmodelle:** KI erfordert kontinuierliche Weiterbildung und eröffnet neue Karrierechancen
> **Automatisierung von Routineaufgaben:** KI übernimmt einfache Aufgaben, sodass Menschen sich auf kreativere und strategischere Tätigkeiten konzentrieren können.
> **Neue Erfolgsfaktoren:** Erfolg basiert nicht nur auf Ausbildung und harter Arbeit, sondern auch auf der Fähigkeit, Daten zu analysieren und fundierte Entscheidungen zu treffen.
> **Effizienzsteigerung:** KI hilft Fachkräften, effizienter zu arbeiten und sich auf wertschöpfende Aufgaben zu konzentrieren.

2

Warum KI entscheidend für den beruflichen Erfolg ist

Künstliche Intelligenz (KI) hat sich zu einem zentralen Element der modernen Arbeitswelt entwickelt. Ihre Fähigkeit, komplexe Aufgaben zu automatisieren, Daten zu analysieren und präzise Vorhersagen zu treffen, macht sie zu einem unverzichtbaren Werkzeug für den beruflichen Erfolg. In diesem Kapitel wird untersucht, wie KI die Arbeitsplatztransformation vorantreibt und wie KI-Kompetenzen neue Möglichkeiten schaffen.

2.1 Die Rolle von KI in der Arbeitsplatztransformation

Die Einführung von KI in den Arbeitsplatz hat tiefgreifende Veränderungen mit sich gebracht. Automatisierung und intelligente Systeme übernehmen repetitive, sich wiederholende und zeitaufwendige Aufgaben, was zu einer erheblichen Effizienzsteigerung führt. In Bereichen wie Produktion, Logistik und Kundenservice ermöglicht KI die Automatisierung von Prozessen, wodurch menschliche Arbeitskräfte für anspruchsvollere und kreativere Aufgaben freigesetzt werden.

KI transformiert auch die Art und Weise, wie Entscheidungen getroffen werden. Durch die Analyse großer Datenmengen in Echtzeit können Unternehmen fundierte Entscheidungen treffen und schnell auf Marktveränderungen reagieren. Dies führt zu einer höheren Wettbewerbsfähigkeit und Flexibilität. Zudem fördert KI die Kollaboration, indem sie Kommunikationstools und Plattformen verbessert, die die Zusammenarbeit zwischen Teams und Abteilungen erleichtern.

2.2 Wie KI die Kompetenzen erweitert und neue Möglichkeiten schafft

Die Beherrschung von KI-Kompetenzen eröffnet zahlreiche neue Möglichkeiten für beruflichen Erfolg. Das Verständnis und die Anwendung von KI-Technologien ermöglichen es Fachkräften, innovative Lösungen zu entwickeln und ihre Fähigkeiten in einem sich ständig weiterentwickelnden Arbeitsumfeld zu erweitern. Dies gilt besonders für Berufe in den Bereichen Datenanalyse, Softwareentwicklung und digitale Marketingstrategien. Aber auch in anderen Berufen sind Unterstützungen der eigenen Arbeit durch KI möglich (Abschn. 13.3).

Die Schulung und Weiterbildung im Bereich KI sind entscheidend, um mit den technologischen Fortschritten Schritt zu halten. Online-Kurse, Zertifizierungsprogramme und praktische Erfahrungen mit KI-Tools können die Karrierechancen erheblich verbessern. Unternehmen, die in die KI-Ausbildung ihrer Mitarbeiter investieren, profitieren von einem Wettbewerbsvorteil, da sie über ein besser qualifiziertes und anpassungsfähigeres Team verfügen.

2 Warum KI entscheidend für den beruflichen Erfolg ist

> **Wichtiges kurzgefasst Kap. 2: Warum KI entscheidend für den beruflichen Erfolg ist**
>
> **Zentraler Treiber des Wandels:** KI beeinflusst nahezu alle Branchen und revolutioniert die Arbeitswelt.
>
> **Transformation von Arbeitsmodellen:** Durch die Integration von KI entstehen neue Anforderungen und Chancen, die kontinuierliche Weiterbildung erforderlich machen.
>
> **Automatisierung von Routineaufgaben:** KI entlastet von einfachen Aufgaben und schafft Freiraum für kreative und strategische Tätigkeiten.
>
> **Neue Erfolgsfaktoren in der KI-Welt:** Der berufliche Erfolg hängt zunehmend von der Fähigkeit ab, Daten zu nutzen und fundierte Entscheidungen zu treffen.
>
> **Effizienzsteigerung für Fachkräfte:** KI ermöglicht es, komplexe und wertschöpfende Aufgaben effizienter zu bewältigen.

3
Ein kurzer Überblick über die klassischen Erfolgsfaktoren

Erfolgsfaktoren sind die Grundlagen, die den beruflichen und persönlichen Erfolg bestimmen. Traditionell wurden diese Faktoren durch harte Arbeit, Bildung, Netzwerken und kontinuierliche Verbesserung definiert. Dieses Kapitel bietet einen Überblick über die klassischen Erfolgsfaktoren und zeigt, wie KI diese erweitern und neue Perspektiven bieten kann.

3.1 Die traditionellen Grundlagen des Erfolgs

Die traditionellen Erfolgsfaktoren umfassen eine Vielzahl von Elementen, die zusammen den Weg zum Erfolg ebnen. Bildung und Fachwissen sind grundlegend, um sich in einem bestimmten Berufsfeld zu etablieren und kontinuierlich weiterzuentwickeln. Harte Arbeit und Engagement sind ebenfalls unerlässlich, um berufliche Ziele zu erreichen und Herausforderungen zu überwinden.

Netzwerken und Beziehungsmanagement spielen eine entscheidende Rolle, da sie Zugang zu Ressourcen, Informationen und Unterstützung bieten. Persönliche Fähigkeiten wie Kommunikationsfähigkeit, Teamarbeit und Problemlösungsfähigkeiten sind ebenso wichtig, um effektiv und effizient zu arbeiten.

3.2 Neue Perspektiven durch KI: Erweiterung der klassischen Erfolgsfaktoren

Künstliche Intelligenz erweitert die klassischen Erfolgsfaktoren, indem sie neue Dimensionen hinzufügt und bestehende Ansätze verbessert. KI-gestützte Analyse-Tools bieten tiefere Einblicke in Daten und ermöglichen fundiertere Entscheidungen. Dies ergänzt das traditionelle Fachwissen und verbessert die Qualität der Arbeit.

KI fördert auch die Automatisierung von Routineaufgaben, was mehr Zeit für kreative und strategische Tätigkeiten lässt. Dadurch wird die Effizienz gesteigert und das Potenzial für Innovation erhöht. Netzwerken wird durch KI-gestützte Plattformen und Tools, die Verbindungen herstellen und pflegen, noch effektiver.

Darüber hinaus ermöglicht KI eine personalisierte Weiterbildung und Entwicklung, indem sie maßgeschneiderte Lernpfade und Echtzeit-Feedback bietet. Dies trägt zur kontinuierlichen Verbesserung und Anpassungsfähigkeit bei, die für den langfristigen Erfolg entscheidend sind.

Wichtiges kurzgefasst Kap. 3: Ein kurzer Überblick über die klassischen Erfolgsfaktoren

Klassische Erfolgsfaktoren: Harte Arbeit, Bildung, Netzwerken und kontinuierliche Verbesserung bleiben zentrale Grundlagen für beruflichen Erfolg.

Bildung und Fachwissen: Sie sind die Basis, um erfolgreich zu sein und berufliche Entwicklung voranzutreiben.

Harte Arbeit und Engagement: Notwendig, um berufliche Ziele zu erreichen und Herausforderungen zu meistern.

Netzwerken und persönliche Fähigkeiten: Netzwerke bieten Unterstützung, während Fähigkeiten wie Kommunikation und Problemlösung den Erfolg am Arbeitsplatz fördern.

Erweiterung durch KI: KI ergänzt klassische Erfolgsfaktoren durch tiefere Datenanalysen und fundierte Entscheidungen.

Freiraum für Kreativität durch Automatisierung: KI automatisiert Routineaufgaben, sodass mehr Zeit für strategische Tätigkeiten bleibt.

Optimiertes Netzwerken und Lernen: KI unterstützt beim Netzwerken und ermöglicht personalisierte Lernpfade und Weiterbildung mit Echtzeit-Feedback.

4
Grundlagen der Künstlichen Intelligenz

Künstliche Intelligenz (KI) ist ein facettenreiches und schnell wachsendes Gebiet der Informatik, das darauf abzielt, Maschinen mit der Fähigkeit auszustatten, menschenähnliches Denken und Verhalten nachzuahmen. Dieses Kapitel bietet eine Einführung in die grundlegenden Konzepte und die historische Entwicklung der KI sowie eine Erklärung wichtiger Begriffe wie Machine Learning, Deep Learning und neuronale Netzwerke.

4.1 Definition und Grundlagen von KI

Künstliche Intelligenz (KI) bezieht sich auf die Fähigkeit von Computern und Maschinen, Aufgaben auszuführen, die normalerweise menschliche Intelligenz erfordern. Dazu gehören kognitive Funktionen wie Lernen, Problemlösen, Mustererkennung, Sprachverstehen und Entscheidungsfindung. KI kann in zwei Hauptkategorien unterteilt werden: schwache KI, die auf spezifische Aufgaben spezialisiert ist, und starke KI, die über allgemeine Intelligenz verfügt und in der Lage ist, jede intellektuelle Aufgabe zu bewältigen, die ein Mensch lösen kann.

Die Grundlagen der KI basieren auf der Kombination verschiedener wissenschaftlicher Disziplinen, einschließlich Informatik, Mathematik, Statistik, Neurowissenschaften und Psychologie. Algorithmen, die auf diesen Grundlagen aufbauen, ermöglichen es Maschinen, aus Daten zu lernen und sich an neue Situationen anzupassen.

4.2 Historische Entwicklung und aktuelle Trends

Die Geschichte der Künstlichen Intelligenz reicht bis in die 1950er-Jahre zurück, als der Begriff erstmals von John McCarthy [1] geprägt wurde. Die frühen Jahre der KI-Forschung waren durch Optimismus und ehrgeizige Ziele geprägt, jedoch auch durch technische und theoretische Herausforderungen, die das Wachstum verlangsamten. In den 1970er- und 1980er-Jahren erlebte die KI eine Phase des „KI-Winters", in der das Interesse und die Finanzierung nachließen.

Mit dem Aufkommen leistungsfähiger Computer und der Verfügbarkeit großer Datenmengen erlebte die KI ab den 2000er-Jahren eine Renaissance. Heutzutage werden KI-Technologien in einer Vielzahl von Anwendungen eingesetzt, von Sprachassistenten über autonome Fahrzeuge bis hin zu personalisierten Empfehlungen in sozialen Medien. Aktuelle Trends in der KI umfassen Fortschritte im Deep Learning, die Entwicklung ethischer KI und die Erforschung erklärbarer KI-Modelle, die ihre Entscheidungsprozesse transparent machen.

4.3 Wichtige Begriffe: Machine Learning, Deep Learning, Neuronale Netzwerke

Um die Künstliche Intelligenz vollständig zu verstehen, ist es wichtig, einige ihrer zentralen Begriffe und Konzepte zu kennen:

- **Machine Learning:** Machine Learning (ML) ist ein Teilgebiet der KI, das sich mit der Entwicklung von Algorithmen und Techniken befasst, die es Computern ermöglichen, aus Erfahrungen (Daten) zu lernen

und sich ohne explizite Programmierung zu verbessern. ML-Modelle identifizieren Muster und Zusammenhänge in Daten, die für Vorhersagen und Entscheidungsfindungen verwendet werden können (weitere Begriffe siehe Abschn. 13.1).
- **Deep Learning:** Deep Learning ist eine spezialisierte Form des Machine Learnings, die auf künstlichen neuronalen Netzwerken basiert. Diese Netzwerke bestehen aus vielen Schichten (daher „deep"), die es dem Modell ermöglichen, komplexe Muster und Merkmale in großen Datenmengen zu erkennen. Deep Learning hat bedeutende Durchbrüche in Bereichen wie Bild- und Spracherkennung sowie in der Verarbeitung natürlicher Sprache ermöglicht (weitere Begriffe siehe Abschn. 13.1).
- **Neuronale Netzwerke:** Künstliche neuronale Netzwerke (KNN) sind von der Struktur und Funktionsweise des menschlichen Gehirns inspiriert. Sie bestehen aus Neuronen, die in Schichten organisiert sind: eine Eingabeschicht, eine oder mehrere verborgene Schichten und eine Ausgabeschicht. Jede Verbindung zwischen den Neuronen hat ein Gewicht, das während des Trainingsprozesses angepasst wird, um die Genauigkeit der Vorhersagen zu verbessern (weitere Begriffe siehe Abschn. 13.1).

> **Wichtiges kurzgefasst Kap. 4: Grundlagen der Künstlichen Intelligenz**
>
> **Ziel der KI:** Künstliche Intelligenz strebt an, Maschinen menschenähnliche Denk- und Verhaltensweisen beizubringen, basierend auf Disziplinen wie Informatik, Mathematik und Neurowissenschaften.
>
> **Kategorisierung der KI:** Unterscheidung in schwache KI (spezialisierte Aufgaben) und starke KI (allgemeine Intelligenz), beide beruhen auf Algorithmen, die Lernen und Anpassung ermöglichen.
>
> **Historische Entwicklung:** Seit den 1950er-Jahren durchläuft die KI-Höhen und Tiefen, einschließlich des „KI-Winters", und erlebt seit den 2000er-Jahren einen Aufschwung durch leistungsfähigere Computer und große Datenmengen.
>
> **Aktuelle Trends:** Fortschritte im Deep Learning, ethische Fragestellungen und die Entwicklung von erklärbaren KI-Modellen prägen die heutige KI-Landschaft.
>
> **Zentrale Konzepte der KI:** sind Machine Learning (ML), Deep Learning und künstliche neuronale Netzwerke (KNN), die es Computern ermöglichen, aus Daten zu lernen und komplexe Muster zu erkennen.

Literatur

1. McCarthy J, Minsky M, Rochester N, Shannon C (1955/1956): Proposal for the Dartmouth Summer Research Project on Artificial Intelligence: August 31, 1955. In: AI Magazine, Bd 27, Nr. 4. https://doi.org/10.1609/aimag.v27i4.1904. John Wiley & Sons, New York, S 12–14 (2006)

5

Ein Erfolgsfaktor in der Zusammenarbeit mit KI ist der Prompt

In der modernen Welt der Künstlichen Intelligenz (KI) spielt der Prompt eine entscheidende Rolle. Ein Prompt ist die Eingabe, die wir an die KI geben, um eine bestimmte Ausgabe oder Antwort zu erhalten. Die Qualität und Präzision des Prompts bestimmen maßgeblich die Qualität des Ergebnisses. Ein gut formulierter Prompt kann den Unterschied zwischen einer allgemeinen, wenig hilfreichen Antwort und einer präzisen, nützlichen Lösung ausmachen.

5.1 Bedeutung und Definition von Prompts

Die Wichtigkeit des Prompts wird deutlich. Ein Prompt dient als Kommunikationsbrücke zwischen Menschen und Maschine. Je klarer und genauer der Prompt formuliert ist, desto besser kann die KI die Anforderung verstehen und entsprechend reagieren. Dies ist besonders wichtig in Bereichen wie dem Schreiben, der Datenanalyse oder der Entscheidungsfindung, wo genaue und relevante Informationen benötigt werden.

Anforderungen an einen optimalen Prompt
1. **Klarheit und Präzision:** Ein Prompt sollte eindeutig und präzise sein, um Missverständnisse zu vermeiden.
2. **Kontext:** Der Prompt sollte genügend Kontext bieten, damit die KI die Anfrage im richtigen Rahmen interpretieren kann.
3. **Relevanz:** Die Informationen und Fragen im Prompt sollten relevant und direkt auf das gewünschte Ergebnis bezogen sein.
4. **Spezifität:** Ein spezifischer Prompt führt in der Regel zu spezifischeren und nützlicheren Antworten.
5. **Struktur:** Eine gut strukturierte Eingabe hilft der KI, die Anfrage besser zu verstehen und zu verarbeiten.

5.2 Wie man effektive Prompts erstellt

Um effektive Prompts zu erstellen, sollten Sie zunächst das Ziel und den Zweck Ihrer Anfrage klar definieren. Überlegen Sie, welche spezifischen Informationen oder Ergebnisse Sie von der KI erwarten. Eine präzise Formulierung und die Bereitstellung von Kontextinformationen sind entscheidend. Hier sind einige Schritte, die Ihnen helfen können:

1. **Zielsetzung:** Definieren Sie klar, was Sie erreichen möchten. Je klarer das Ziel, desto einfacher ist es, einen effektiven Prompt zu erstellen.
2. **Kontext bereitstellen:** Geben Sie der KI alle notwendigen Hintergrundinformationen, die sie benötigt, um Ihre Anfrage richtig zu verstehen.
3. **Relevanz:** Die Informationen und Fragen im Prompt sollten relevant und direkt auf das gewünschte Ergebnis bezogen sein. Vermeiden Sie vage oder zu allgemeine Anfragen.
4. **Beispiele verwenden:** Geben Sie Beispiele für die Art von Antworten, die Sie erwarten. Dies hilft der KI, den richtigen Ton und Stil zu treffen.

5. **Spezifität:** Ein spezifischer Prompt führt in der Regel zu spezifischeren und nützlicheren Antworten.
6. **Struktur:** Eine gut strukturierte Eingabe hilft der KI, die Anfrage besser zu verstehen und zu verarbeiten.
7. **Überarbeiten und verfeinern:** Überprüfen Sie Ihre Prompts und passen Sie sie bei Bedarf an. Eine kontinuierliche Verbesserung führt zu besseren Ergebnissen.

5.3 Beispiele und Best Practices[1] für Prompts in verschiedenen Kontexten

Tab. 5.1 zeigt Beispiele für schlechte und gute Prompts:

Tipps zur Formulierung von Prompts
1. Verwenden Sie einfache und klare Sprache: Vermeiden Sie komplexe oder mehrdeutige Begriffe.
2. Seien Sie spezifisch und detailliert: Je mehr Details Sie angeben, desto besser kann die KI reagieren.
3. Geben Sie Beispiele: Beispiele helfen der KI, den gewünschten Stil oder das gewünschte Format zu verstehen.
4. Überprüfen und überarbeiten: Manchmal ist es notwendig, den Prompt zu überprüfen und anzupassen, um bessere Ergebnisse zu erzielen.
5. Zielgruppe angeben: Nennen Sie eine Zielgruppe, für die die Texte geschrieben werden sollen, das kann hilfreich sein

Ein gut formulierter Prompt ist ein Schlüsselfaktor für den Erfolg in der Zusammenarbeit mit KI. Durch klare, präzise und gut strukturierte Ein-

---

[1] Best Practices sind bewährte Vorgehensweisen, die auf Erfahrungen und Erkenntnissen basieren und sich bewährt haben.

Tab. 5.1 Beispiele für gute und schlechte Prompts

Ziel	Schlechter Prompt	Guter Prompt
Artikel über erneuerbare Energien	Schreib über Energie	Schreib einen Artikel über die Vorteile und Herausforderungen von Solarenergie als erneuerbare Energiequelle
Datenanalyse	Analysiere die Daten	Analysiere die Verkaufsdaten des letzten Quartals und erstelle einen Bericht mit den Top 5 verkauften Produkten und deren Umsatztrends
Entscheidungshilfe	Was soll ich tun?	Welche Strategie empfehlen Sie für die Markteinführung eines neuen technischen Produkts im deutschen Markt?

gaben können Sie die Fähigkeiten der KI optimal nutzen und bessere Ergebnisse erzielen. In Tab. 5.2 sind die Schlagworte aus diesem Kapitel zu den Prompts kurz erläutert, Anwendungsbeispiele gegeben und Tipps und Tricks genannt.

5 Ein Erfolgsfaktor in der Zusammenarbeit mit KI ist der Prompt

Tab. 5.2 Schlagworte zu dem Kapitel über Prompts und deren Anwendungen

Schlagwort	Kurze Erläuterung	Anwendungsbeispiele	Tipps und Tricks
Prompt	Eingabe, die die KI zur Ausgabe anregt	Fragen zu spezifischen Themen stellen	Klar und präzise formulieren, genügend Kontext bieten
Künstliche Intelligenz	Technologie zur Simulation menschlicher Intelligenz	Automatisierung von Prozessen, Datenanalyse	Kontinuierliche Überwachung und Anpassung
Klarheit	Eindeutigkeit der Formulierung	Konkrete und unmissverständliche Anweisungen geben	Verwendung einfacher und verständlicher Sprache
Präzision	Genauigkeit der Eingabe	Detaillierte und spezifische Fragen stellen	Vermeidung von Mehrdeutigkeiten
Kontext	Hintergrundinformationen zur Anfrage	Bereitstellung relevanter Details	Relevante Beispiele und Hintergrundinformationen liefern
Relevanz	Bezug zur gewünschten Ausgabe	Fokussierte und themenbezogene Fragen	Konzentration auf das Wesentliche
Spezifität	Detaillierungsgrad der Anfrage	Spezifische Anforderungen und Kriterien nennen	Angabe konkreter Parameter und Bedingungen
Struktur	Aufbau und Gliederung der Eingabe	Logisch aufgebaute und gegliederte Fragen	Klare und verständliche Strukturierung der Anfragen

5.4 Arten von Prompts und ihre Anwendungsmöglichkeiten

Ein Prompt ist im Wesentlichen eine Anweisung oder ein Input, den eine Person oder ein System an eine KI gibt, um eine bestimmte Reaktion oder ein bestimmtes Ergebnis zu erzielen. Die verschiedenen Arten von Prompts helfen dabei, die KI gezielt in eine bestimmte Richtung zu lenken und die gewünschten Ergebnisse zu erzielen.

Ein Prompt ist also der Schlüssel zu einer effektiven Interaktion mit künstlicher Intelligenz. Die Vielfalt der Prompts ermöglicht es, die KI in unterschiedliche Richtungen zu lenken und verschiedene Ergebnisse zu erzielen. Während einfache Prompts direkte Antworten oder Informationen liefern können, gibt es spezialisierte Arten von Prompts, die komplexere Aufgaben erfüllen.

- Ein **Frage-Prompt** stellt der KI eine spezifische Frage, um eine klare und fokussierte Antwort zu erhalten. Dies ist nützlich, wenn präzise Informationen benötigt werden. Im Gegensatz dazu gibt ein **Anweisungsprompt** eine klare Anweisung, was die KI tun soll, ohne explizit eine Frage zu stellen. Dies kann zum Beispiel die Erstellung eines Textes oder das Lösen eines Problems sein.
- **Ausgabeformat-Prompts** spezifizieren das Format der Ausgabe, wie Tabellen, Listen oder Absätze. Dies ist besonders hilfreich, um die Struktur der Antwort zu steuern.
- **Dialog-Prompts** hingegen zielen darauf ab, eine Konversation zwischen der KI und dem Benutzer zu simulieren, was für interaktive und dynamische Anwendungen nützlich ist.
- **Erklärungsprompts** fordern die KI auf, etwas zu erläutern oder zu erklären, sei es ein Konzept, ein Prozess oder eine Entscheidung.
- **Listen-Prompts** dienen dazu, eine Auflistung von Elementen oder Fakten zu generieren, während **Mehrfachprompts** mehrere Anweisungen oder Fragen in einem einzigen Prompt kombinieren, um komplexere Antworten zu erhalten.

5 Ein Erfolgsfaktor in der Zusammenarbeit mit KI ist der Prompt

- **Perspektiven-Erweiterungs-Prompts** regen die KI dazu an, ein Thema aus verschiedenen Blickwinkeln zu betrachten, was zu reichhaltigeren und differenzierteren Ergebnissen führen kann.
- **Text-Analyse-Prompts** fordern die KI auf, einen Text zu analysieren und tiefere Einsichten zu liefern, sei es durch inhaltliche Analyse oder stilistische Bewertung.
- **Texte-schreiben-Prompts** lenken die KI zur Erstellung von kreativen oder informativen Texten, die je nach Anweisung unterschiedliche Stile oder Tonalitäten haben können.
- Zusätzlich gibt es **Bild-Prompts**, bei denen die KI aufgefordert wird, ein Bild zu analysieren oder zu beschreiben, sowie **Logik-Prompts**, die logisches Denken anregen, und **Kreativitäts-Prompts**, die kreative Inhalte generieren.
- **Bewertungsprompts** helfen bei der Bewertung von Ideen oder Konzepten, während **Planungs-Prompts** die Erstellung von Plänen und Strategien unterstützen.
- **Stil-Prompts** spezifizieren den gewünschten Stil der Antwort und **Reflexions-Prompts** regen die KI dazu an, tiefergehende Überlegungen anzustellen.

Die richtige Wahl und die Gestaltung eines Prompts sind entscheidend für die Qualität und Relevanz der KI-Antwort. Durch das Verständnis der verschiedenen Arten von Prompts und ihrer Anwendungsmöglichkeiten kann die Zusammenarbeit mit KI-Systemen erheblich verbessert werden.

In der Tab. 5.3 sind die verschiedenen Arten der möglichen Prompts aufgelistet, kurz beschrieben und Empfehlungen/Tipps für Sie als Leser gegeben. Diese Tabelle kann als kompakte Zusammenfassung der verschiedenen Arten von Prompts dienen und helfen, das Potenzial dieser Tools in der jeweiligen eigenen Arbeit der Leser besser zu verstehen und zu nutzen.

Tab. 5.3 Verschiedene Arten der Prompts, kurze Beschreibung und Empfehlungen, kurz zusammengefasst

Art des Prompts	Beschreibung des Prompts	Empfehlungen/Tipps für die Leser
Frage-Prompt	Stellt eine spezifische Frage, um eine klare und fokussierte Antwort zu erhalten.	Präzise Fragen stellen, um spezifische Antworten zu erhalten.
Anweisungsprompt	Gibt klare Anweisungen, was die KI tun soll, ohne eine explizite Frage zu stellen.	Klar formulieren, um Missverständnisse zu vermeiden.
Ausgabeformat-Prompt	Spezifiziert das gewünschte Format der Ausgabe (z. B. Tabellen, Listen).	Format im Voraus festlegen, um strukturierte Ergebnisse zu erhalten.
Dialog-Prompt	Simuliert eine Konversation zwischen der KI und dem Benutzer.	Geeignet für interaktive Anwendungen; Fragen und Antworten dynamisch gestalten.
Erklärungsprompt	Fordert die KI auf, ein Konzept oder einen Prozess zu erläutern.	Gut geeignet für Lernzwecke oder vertiefte Erklärungen.
Listen-Prompt	Generiert eine Auflistung von Elementen oder Fakten.	Für strukturierte Informationen verwenden, wenn mehrere Punkte aufgezählt werden sollen.
Mehrfachprompt	Kombiniert mehrere Anweisungen oder Fragen in einem einzigen Prompt.	Komplexe Aufgaben in einzelne Schritte aufteilen und klar formulieren.
Perspektiven-Erweiterungs-Prompt	Regt die KI an, ein Thema aus verschiedenen Blickwinkeln zu betrachten.	Hilfreich, um differenzierte und reichhaltige Antworten zu erhalten.
Text-Analyse-Prompt	Analysiert einen Text und liefert tiefere Einsichten oder Bewertungen.	Für die Textanalyse, um versteckte Bedeutungen oder stilistische Elemente herauszuarbeiten.

(Fortsetzung)

5 Ein Erfolgsfaktor in der Zusammenarbeit mit KI ist der Prompt

Tab. 5.3 (Fortsetzung)

Art des Prompts	Beschreibung des Prompts	Empfehlungen/Tipps für die Leser
Texte schreiben Prompt	Lenkt die KI zur Erstellung von kreativen oder informativen Texten.	Stil und Tonalität des gewünschten Textes klar angeben.
Bild-Prompt	Fordert die KI auf, ein Bild zu analysieren oder zu beschreiben.	Bildinhalt klar beschreiben, wenn Interpretation oder Analyse gewünscht ist.
Logik-Prompt	Zielt darauf ab, logische Schlussfolgerungen oder Lösungen zu generieren.	Logische Aufgaben klar formulieren, um präzise Antworten zu erhalten.
Kreativitäts-Prompt	Stimuliert die Kreativität der KI, um originelle Ideen oder Inhalte zu erzeugen.	Offene Fragen stellen, um kreativen Spielraum zu lassen.
Bewertungsprompt	Fordert die KI auf, Bewertungen oder Beurteilungen zu einem Thema abzugeben.	Nützlich für Feedback und Bewertungen; klar definieren, was bewertet werden soll.
Planungs-Prompt	Hilft bei der Erstellung von Plänen, Zeitplänen oder Strategien.	Details zum Planungsrahmen bereitstellen, um spezifische und umsetzbare Pläne zu erhalten.
Stil-Prompt	Spezifiziert den gewünschten Stil oder Tonfall der Antwort.	Den gewünschten Stil klar definieren, um konsistente Ergebnisse zu erzielen.
Reflexions-Prompt	Regt die KI dazu an, tiefergehende Überlegungen oder Reflexionen zu einem Thema zu liefern.	Gut für tiefgründige Analysen oder ethische Überlegungen geeignet.

Wichtiges kurzgefasst Kap. 5: Der Prompt als Erfolgsfaktor in der Zusammenarbeit mit KI

Definition des Prompts: Ein Prompt steuert die KI; die Qualität des Prompts beeinflusst direkt die Qualität der Ausgabe.

Merkmale eines optimalen Prompts: Klar, präzise, kontextreich, spezifisch, relevant und gut strukturiert für beste KI-Ergebnisse.

Effektive Prompts: Erfordern klare Zielsetzungen, präzise Formulierungen, relevanten Kontext und Beispiele für erwartete Ergebnisse.

Arten von Prompts: Frage-Prompts, Anweisungsprompts, Ausgabeformat-Prompts und weitere spezialisierte Varianten erzeugen je nach Bedarf unterschiedliche Ergebnisse.

Best Practices für Prompts: Verwenden Sie klare Sprache, bieten Sie ausreichend Kontext, geben Sie Beispiele und verfeinern Sie kontinuierlich die Eingaben.

Auswahl des richtigen Prompt-Typs: Je nach Anwendungsfall ist es entscheidend, den passenden Prompt-Typ für Analyse, Kreativität oder logische Schlussfolgerungen zu wählen, um präzise und relevante Ergebnisse zu erhalten.

6

KI im Beruf – Anwendungen und Chancen

Die Integration von Künstlicher Intelligenz (KI) in den Berufsalltag eröffnet zahlreiche Möglichkeiten und Chancen. KI-Technologien verändern die Art und Weise, wie wir arbeiten, und bieten innovative Lösungen für verschiedene Branchen und Berufsfelder. Dieses Kapitel beleuchtet die vielfältigen Anwendungen und Potenziale von KI im beruflichen Kontext.

6.1 Menschliche Kreativität gepaart mit KI-Unterstützung

Künstliche Intelligenz ist nicht nur ein Werkzeug zur Automatisierung, sondern kann auch die menschliche Kreativität fördern und unterstützen. Kreative Berufe wie Design, Kunst oder Musik profitieren von KI-Tools, die neue Ideen generieren und kreative Prozesse beschleunigen können. Zum Beispiel kann KI in der Musikproduktion verwendet werden, um neue Melodien zu komponieren oder in der Bildbearbeitung, um kreative Effekte zu erzielen.

Durch die Analyse großer Datenmengen kann KI auch Trends und Muster erkennen, die Menschen möglicherweise übersehen würden. Dies eröffnet neue Perspektiven und Inspirationsquellen. Kreative Profis können KI als Partner nutzen, der ihnen hilft, ihre Ideen zu verfeinern und neue Möglichkeiten zu entdecken.

6.2 Wie KI in verschiedenen Berufsfeldern eingesetzt wird

Künstliche Intelligenz findet in einer Vielzahl von Berufsfeldern (Abschn. 13.3) Anwendung und revolutioniert traditionelle Arbeitsweisen. Im Marketing werden KI-Algorithmen verwendet, um Zielgruppen präzise zu analysieren und personalisierte Werbekampagnen zu erstellen. Durch die Automatisierung von Routineaufgaben können Marketingexperten mehr Zeit in kreative Strategien investieren.

Im Personalwesen (HR) hilft KI bei der Bewerberauswahl, indem sie Lebensläufe analysiert und die geeignetsten Kandidaten identifiziert. KI-gestützte Chatbots (Abschn. 13.2) können häufige Fragen von Bewerbern beantworten und den Bewerbungsprozess effizienter gestalten.

In der IT-Branche wird KI zur Fehlererkennung und Systemüberwachung eingesetzt. Sie kann Anomalien in Echtzeit erkennen und präventive Maßnahmen vorschlagen, um Systemausfälle zu vermeiden. Darüber hinaus unterstützt KI die Softwareentwicklung durch automatisierte Testverfahren und Code-Generierung.

6.3 Beispiele und Fallstudien erfolgreicher KI-Anwendungen

Es gibt zahlreiche Beispiele und Fallstudien, die den erfolgreichen Einsatz von KI in verschiedenen Branchen verdeutlichen. Ein bemerkenswertes Beispiel ist die Gesundheitsbranche, in der KI zur Diagnose von Krankheiten und zur Entwicklung personalisierter Behandlungspläne verwendet wird. KI-gestützte Systeme wie IBM Watson for Oncology analysieren große Mengen medizinischer Daten und helfen Ärzten, fundierte Entscheidungen zu treffen.

In der Finanzbranche nutzen Banken KI, um Betrug zu erkennen und Risikoanalysen durchzuführen. Algorithmen analysieren Transaktionsmuster und identifizieren ungewöhnliche Aktivitäten, um potenzielle Betrugsfälle frühzeitig zu erkennen.

Ein weiteres Beispiel ist die Logistikbranche, in der KI zur Optimierung von Lieferketten und zur Verbesserung der Lagerverwaltung eingesetzt wird. Durch die Vorhersage von Nachfrage und die effiziente Planung von Routen können Unternehmen Kosten senken und die Lieferzeiten verkürzen.

6.4 Wie man KI-Tools im Berufsalltag nutzt

Die Integration von KI-Tools in den Berufsalltag kann die Effizienz und Produktivität erheblich steigern. Es ist wichtig, die richtigen Tools zu identifizieren, die den spezifischen Bedürfnissen und Anforderungen des Arbeitsplatzes entsprechen. Zum Beispiel können Projektmanagement-Tools wie „Monday.com" oder „Jira" durch KI-Funktionen erweitert werden, die Aufgaben priorisieren und Ressourcen effizienter verwalten.

Für die Kommunikation und Zusammenarbeit bieten Plattformen wie Microsoft Teams oder Slack KI-gestützte Funktionen zur Analyse von Gesprächsmustern und zur Verbesserung der Teamdynamik. Diese Tools können auch automatische Erinnerungen und Zusammenfassungen von Meetings bereitstellen.

Es ist auch wichtig, kontinuierlich zu lernen und sich weiterzubilden, um mit den neuesten Entwicklungen in der KI-Technologie Schritt zu halten. Online-Kurse und Schulungen können helfen, die Fähigkeiten im Umgang mit KI-Tools zu verbessern und deren Potenzial voll auszuschöpfen.

> **Wichtiges kurzgefasst Kap. 6: KI im Beruf – Anwendungen und Chancen**
>
> **Revolution in der Arbeitswelt:** KI verändert Berufe und Branchen grundlegend und schafft neue Chancen.
> **Unterstützung kreativer Prozesse:** KI generiert Ideen und bietet durch Datenanalysen neue Inspirationsquellen in Bereichen wie Design, Musik und Kunst.
> **Automatisierung und Effizienzsteigerung:** In Berufsfeldern wie Marketing, Personalwesen und IT automatisiert KI-Routineaufgaben und führt präzise Analysen durch.
> **Erfolgreiche Branchenanwendungen:** KI unterstützt in der Gesundheitsbranche Diagnosen, erkennt Betrug in der Finanzbranche und optimiert Lieferketten in der Logistik.
> **KI-Tools im Berufsalltag:** Projektmanagement- und Kommunikationstools steigern die Effizienz und fördern die Zusammenarbeit. Kontinuierliche Weiterbildung ist entscheidend, um das Potenzial von KI-Tools voll auszuschöpfen.

7

KI in der Karriere: Innovative Tools für Ihre Zukunft

In der heutigen, sich schnell entwickelnden Arbeitswelt ist der Einsatz von Künstlicher Intelligenz (KI) ein entscheidender Faktor für den beruflichen Erfolg. KI bietet eine Vielzahl von Tools, die Ihnen helfen können, Ihre Karriere zu fördern, indem sie Prozesse automatisieren, wertvolle Einblicke liefern und Ihnen ermöglichen, sich auf das Wesentliche zu konzentrieren. Dieses Kapitel beleuchtet die wichtigsten KI-Tools, die Sie für Ihre berufliche Entwicklung nutzen können, und zeigt, wie diese Technologien Ihnen einen Wettbewerbsvorteil verschaffen können.

Die Digitalisierung hat die Art und Weise, wie wir arbeiten und unsere Karrieren entwickeln, grundlegend verändert. Traditionelle Methoden der Jobsuche, des Networkings und der beruflichen Weiterbildung werden zunehmend durch KI-gestützte Lösungen ergänzt und optimiert. Diese innovativen Tools bieten Ihnen die Möglichkeit, Ihre Fähigkeiten zu erweitern, Ihre beruflichen Netzwerke zu stärken und fundierte Entscheidungen zu treffen, die Ihre Karriere vorantreiben.

Von Job-Matching-Plattformen, die die Chancen erhöhen, die perfekte Stelle zu finden, über virtuelle Karriere-Coaches, die individuelle Beratung bieten, bis hin zu Skill-Assessment-Tools, die Ihre Stärken und Schwächen analysieren – die Möglichkeiten sind vielfältig und faszinierend. In diesem Kapitel werden wir zehn wesentliche KI-Tools vorstellen, die Sie dabei unterstützen können, Ihre beruflichen Ziele zu erreichen und sich in der digitalen Arbeitswelt zu behaupten.

Erfahren Sie, wie Sie diese Werkzeuge effektiv einsetzen können, um Ihre Online-Präsenz zu optimieren, Ihre Fähigkeiten weiterzuentwickeln, strategische Karriereschritte zu planen und letztlich Ihre beruflichen Träume zu verwirklichen. Lassen Sie sich inspirieren und entdecken Sie, wie KI Ihre Karriere transformieren kann.

Bevor ich in die detaillierte Aufzählung der zehn Tools einsteige, hier eine **Übersicht der Vorteile**, die Ihnen diese Technologien bieten können:

- **Effizienzsteigerung:** Automatisieren Sie Routineaufgaben und sparen Sie wertvolle Zeit.
- **Personalisierung:** Erhalten Sie maßgeschneiderte Empfehlungen, die auf Ihre individuellen Ziele und Fähigkeiten zugeschnitten sind.
- **Datenbasierte Entscheidungen:** Nutzen Sie fundierte Einblicke und Analysen, um informierte Entscheidungen zu treffen.
- **Netzwerkerweiterung:** Optimieren Sie Ihre beruflichen Netzwerke und pflegen Sie wichtige Kontakte.
- **Kontinuierliche Weiterbildung:** Bleiben Sie auf dem neuesten Stand der Technik und erweitern Sie kontinuierlich Ihre Fähigkeiten. Tauchen Sie nun ein in die Welt der KI und entdecken Sie die Werkzeuge, die Ihnen helfen, Ihre berufliche Zukunft erfolgreich zu gestalten.

7.1 Überblick über wichtige KI-Tools

1. AI-gestützte Job-Matching-Plattformen:
- Beispiel: LinkedIn, ZipRecruiter
- Funktion: Diese Plattformen nutzen KI-Algorithmen, um Jobangebote und Bewerberprofile besser zu matchen. Anhand von Daten wie Erfahrung, Fähigkeiten und Karrierezielen empfehlen sie passende Stellenangebote. Dies erhöht die Chancen, schnell eine geeignete Position zu finden und reduziert die Zeit, die für die Jobsuche aufgewendet werden muss.

2. Virtuelle Karriere-Coaches:
- Beispiel: Rezi, CareerBot
- Funktion: Virtuelle Coaches bieten automatisiertes Karriere-Coaching durch Analyse des Lebenslaufs und der Berufserfahrung. Sie geben Ratschläge zur Lebenslaufgestaltung, bieten Tipps zur Interviewvorbereitung und helfen bei der langfristigen Karriereplanung. Diese Tools nutzen KI, um personalisierte Empfehlungen zu geben.

Skill-Assessment-Tools:
- Beispiel: Pymetrics, Talview
- Funktion: Diese Tools analysieren die Fähigkeiten und Fertigkeiten der Nutzer durch spielbasierte oder simulative Tests. Basierend auf den Ergebnissen erstellen sie personalisierte Entwicklungspläne, um die Karriere voranzutreiben und gezielte Weiterbildung zu ermöglichen.

Automatisierte Bewerbungsmanagement-Systeme:
- Beispiel: SmartRecruiters, Workday
- Funktion: Diese Systeme helfen bei der Verwaltung des gesamten Bewerbungsprozesses. Sie ermöglichen das Verfolgen von Bewerbungen, automatisieren Routineaufgaben und verbessern die Kommunikation zwischen Bewerbern und Personalverantwortlichen. Dadurch wird der Bewerbungsprozess effizienter und transparenter.

AI-basierte Lernplattformen:
- Beispiel: Coursera, Udacity
- Funktion: Diese Plattformen bieten personalisierte Lernpfade basierend auf den individuellen Karrierezielen und aktuellen Fähigkeiten der Nutzer. Sie ermöglichen eine gezielte Weiterbildung durch Kurse und Programme, die auf den neuesten Stand der Technik und Marktanforderungen abgestimmt sind.

Netzwerk-Analyse-Tools:
- Beispiel: Crystal, People.ai
- Funktion: Diese Tools analysieren bestehende berufliche Netzwerke und identifizieren Möglichkeiten zur Erweiterung und Optimierung.

Sie bieten Einblicke, wie man Beziehungen pflegen und strategisch nutzen kann, um berufliche Vorteile zu erzielen.

KI-gesteuerte Gehaltsverhandlungshilfen:
- Beispiel: PayScale, Salary.com
- Funktion: Diese Plattformen bieten datengetriebene Einblicke in Gehaltsstrukturen und geben Verhandlungstipps. Nutzer können Marktanalysen und Benchmarks nutzen, um faire und marktgerechte Gehälter zu erzielen.

Mentoring-Plattformen:
- Beispiel: MentorcliQ, Together
- Funktion: Diese Plattformen nutzen KI, um passende Mentoren mit Mentees zu verbinden. Sie berücksichtigen Ziele, Interessen und Erfahrungen, um wertvolle Mentoring-Beziehungen zu schaffen, die die berufliche Entwicklung unterstützen.

Personal Branding Tools:
- Beispiel: BrandYourself, Canva
- Funktion: Diese Tools unterstützen bei der Erstellung und Pflege eines starken persönlichen Markenimages. Durch KI-gestützte Design- und Content-Optimierung helfen sie Nutzern, sich online professionell zu präsentieren und ihre Sichtbarkeit zu erhöhen.

Virtuelle Assistenz für Zeitmanagement:
- Beispiel: Clockwise, x.ai
- Funktion: Diese Assistenten helfen bei der Organisation des Arbeitsalltags. Sie optimieren Kalender, erinnern an wichtige Termine und Fristen und unterstützen bei der Priorisierung von Aufgaben. Dadurch wird die Produktivität erhöht und der Arbeitsalltag effizienter gestaltet.

7.2 Detaillierte Nutzung und Vorteile der Tools am Beispiel von BrandYourself

Am Beispiel eines Personal Branding Tools - hier das Tool BrandYourself - möchte ich Ihnen gerne eine detaillierte Anleitung zu dessen Nutzung geben und Ihnen erläutern, wie Sie das Tool sinnvoll für sich nutzen können. Die Vorgehensweise für BrandYourself dient dabei lediglich als Beispiel für die vielen anderen Tools, die ähnlich aufgebaut sind und bei denen Sie entsprechend ähnlich vorgehen können (wie z. B. LinkdIn® u. v. a.).

Beispielanwendung: BrandYourself
Am Beispiel eines Personal-Branding-Tools – hier: BrandYourself – möchte ich Ihnen eine exemplarische Anleitung zur Nutzung eines solchen digitalen Werkzeugs geben. Dabei geht es nicht um eine Empfehlung für ein bestimmtes Produkt, sondern um die Veranschaulichung typischer Funktionen und möglicher Anwendungsschritte. Die dargestellte Vorgehensweise lässt sich auch auf viele andere, ähnlich aufgebaute Tools übertragen.

Schritte zur Nutzung von BrandYourself bzw. vergleichbaren Tools:

1. **Registrierung und Kontoerstellung:**
   - Besuchen Sie die Website von BrandYourself (www.brandyourself.com).
   - Klicken Sie auf „Get Started" oder „Sign Up".
   - Erstellen Sie ein Konto, indem Sie Ihre E-Mail-Adresse und ein Passwort eingeben oder sich mit einem bestehenden Google- oder Facebook-Konto anmelden.

2. **Persönliche Informationen eingeben:**
   - Nach der Registrierung werden Sie aufgefordert, persönliche Informationen wie Name, Berufsbezeichnung und Ort einzugeben. Diese Daten helfen BrandYourself, relevante Ergebnisse für Ihr Online-Branding zu liefern.

3. **Scannen Ihrer Online-Präsenz:**
   - BrandYourself führt einen Scan Ihrer Online-Präsenz durch, um bestehende Informationen über Sie zu sammeln. Dies umfasst soziale Medien, Blogs, Websites und andere Online-Profile.
   - Sie erhalten eine Übersicht der gefundenen Ergebnisse und deren Relevanz für Ihr persönliches Branding.

4. **Analyse und Bewertung:**
   - BrandYourself bewertet Ihre Online-Präsenz basierend auf Faktoren wie Sichtbarkeit, Relevanz und Professionalität.
   - Sie erhalten einen detaillierten Bericht mit Empfehlungen zur Optimierung Ihres Online-Images.

5. **Profile optimieren:**
   - BrandYourself bietet spezifische Schritte zur Verbesserung Ihrer Online-Profile, z. B. das Aktualisieren von Informationen, Hinzufügen von professionellen Fotos und Optimieren von Beschreibungen.
   - Folgen Sie den Anweisungen, um Ihre Profile auf Plattformen wie LinkedIn, Twitter und Facebook zu optimieren.

6. **Negative Ergebnisse verwalten:**
   - Wenn BrandYourself negative oder unerwünschte Ergebnisse findet, bietet das Tool Strategien zur Verwaltung und Verdrängung dieser Inhalte.
   - Dazu gehören das Erstellen von positivem Content, das Optimieren bestehender Profile und das Einreichen von Löschanfragen bei relevanten Websites.

7. **Kontinuierliche Überwachung:**
   - BrandYourself bietet eine kontinuierliche Überwachung Ihrer Online-Präsenz an. Sie erhalten Benachrichtigungen über neue Ergebnisse und Empfehlungen zur weiteren Optimierung.
   - Nutzen Sie diese Funktion, um Ihr persönliches Branding stets aktuell und professionell zu halten.

8. **Zusätzliche Services:**
   - BrandYourself bietet auch Premium-Services wie persönliche Beratung, tiefgehende Analysen und Unterstützung bei der Umsetzung von Optimierungsmaßnahmen an. Diese können Sie je nach Bedarf und Budget hinzubuchen.

7.3 Wie diese Tools zu Ihrer Karriereentwicklung beitragen können

Die in Abschn. 7.1 und 7.2 beschriebenen KI-Tools können maßgeblich zur Karriereentwicklung beitragen, indem sie verschiedene Aspekte des beruflichen Wachstums unterstützen. Hier sind einige detaillierte Wege, wie diese Tools Ihnen helfen können:

1. Effizienzsteigerung:
- Automatisierung von Routineaufgaben: Tools wie virtuelle Assistenten und automatisierte Bewerbungsmanagement-Systeme können Routineaufgaben übernehmen, was Ihnen mehr Zeit für strategisch wichtigere Tätigkeiten gibt.
- Zeiteinsparung bei der Jobsuche: AI-gestützte Job-Matching-Plattformen reduzieren die Zeit, die Sie mit der Suche nach geeigneten Stellen verbringen, indem sie relevante Jobangebote automatisch identifizieren.

2. Personalisierung:
- Maßgeschneiderte Empfehlungen: Virtuelle Karriere-Coaches und AI-basierte Lernplattformen bieten personalisierte Empfehlungen und Lernpfade, die auf Ihre individuellen Ziele und Fähigkeiten zugeschnitten sind.
- Individuelle Beratung: Tools wie Rezi und CareerBot bieten gezielte Ratschläge zur Lebenslaufgestaltung und Karriereplanung, basierend auf Ihrer spezifischen Berufserfahrung und Ihren Zielen.

3. Datenbasierte Entscheidungen:
- Fundierte Einblicke: Skill-Assessment-Tools und Gehaltsverhandlungshilfen liefern datengestützte Einblicke, die es Ihnen ermöglichen, informierte Entscheidungen über Ihre Karriereentwicklung und Gehaltsverhandlungen zu treffen.
- Analysen und Berichte: Netzwerk-Analyse-Tools und automatisierte Bewerbungsmanagement-Systeme bieten detaillierte Analysen und Berichte, die Ihnen helfen, Ihre beruflichen Netzwerke strategisch zu erweitern und zu pflegen.

4. Netzwerkerweiterung:
- Strategische Vernetzung: Netzwerk-Analyse-Tools identifizieren potenzielle Kontakte und Beziehungen, die für Ihre berufliche Entwicklung wertvoll sein könnten, und bieten Strategien zur Pflege dieser Netzwerke.
- Mentoring-Verbindungen: Mentoring-Plattformen nutzen KI, um passende Mentoren mit Mentees zu verbinden, was wertvolle Unterstützung und Beratung für Ihre berufliche Entwicklung bietet.

5. Kontinuierliche Weiterbildung:
- Aktuelle Schulungen: AI-basierte Lernplattformen wie Coursera und Udacity bieten Zugang zu den neuesten Kursen und Programmen, die auf aktuelle Marktanforderungen und Technologietrends abgestimmt sind.
- Personalisierte Lernpfade: Diese Plattformen erstellen individuelle Lernpfade, die auf Ihre spezifischen Karriereziel und bestehenden Fähigkeiten zugeschnitten sind, und helfen Ihnen, kontinuierlich neue Kompetenzen zu erwerben und zu verbessern.

Indem Sie diese KI-Tools effektiv einsetzen, können Sie nicht nur Ihre aktuelle berufliche Situation verbessern, sondern auch langfristig Ihre Karriereziele erreichen. Die Integration dieser Technologien in Ihren Arbeitsalltag ermöglicht es Ihnen, effizienter zu arbeiten, besser informierte Entscheidungen zu treffen und kontinuierlich zu lernen und zu wachsen. KI bietet somit eine wertvolle Unterstützung für Ihre berufliche Entwicklung und hilft Ihnen, sich in der schnell verändernden digitalen Arbeitswelt zu behaupten und erfolgreich zu sein.

7 KI in der Karriere: Innovative Tools für Ihre Zukunft

Wichtiges kurzgefasst Kap. 7: KI in der Karriere – Innovative Tools für Ihre Zukunft

Vorteile von KI-Tools: Sie steigern die Effizienz, bieten Personalisierung, datenbasierte Entscheidungen, erweitern Netzwerke und unterstützen kontinuierliche Weiterbildung.

Job-Matching-Plattformen: KI-gestützte Plattformen wie LinkedIn und ZipRecruiter ermöglichen eine präzise und schnelle Jobsuche durch individuelle Empfehlungen.

Virtuelle Karriere-Coaches: Personalisierte Unterstützung bei der Lebenslaufgestaltung, Interviewvorbereitung und Karriereplanung.

Skill-Assessment-Tools: Analysieren Fähigkeiten und geben gezielte Empfehlungen zur beruflichen Weiterbildung.

Automatisierte Bewerbungsmanagement-Systeme: Systeme wie SmartRecruiters automatisieren den Bewerbungsprozess und schaffen mehr Transparenz.

AI-basierte Lernplattformen: Bieten maßgeschneiderte Kurse und Programme, die auf individuelle Ziele und Marktanforderungen abgestimmt sind.

Netzwerk-Analyse-Tools: Optimieren berufliche Netzwerke und bieten Strategien zur Pflege und Erweiterung von Beziehungen.

Gehaltsverhandlungshilfen und Mentoring-Plattformen: Unterstützen bei Gehaltsverhandlungen und bieten wertvolle Mentorenkontakte.

Virtuelle Assistenten: Verbessern das Zeitmanagement und steigern die Produktivität im Berufsalltag.

8
Persönliche Erfolgsstrategien mit KI

In der modernen Welt, in der Technologie einen immer größeren Teil unseres Lebens einnimmt, bietet Künstliche Intelligenz (KI) eine Fülle von Möglichkeiten, um persönliche Erfolge zu maximieren. Von der Verbesserung der Produktivität über die Weiterbildung bis hin zum persönlichen Branding und Networking – KI kann in vielen Bereichen unseres Lebens eine entscheidende Rolle spielen. Dieses Kapitel untersucht, wie man KI nutzen kann, um persönliche Erfolgsstrategien zu entwickeln und umzusetzen.

8.1 Nutzung von KI zur Verbesserung der persönlichen Produktivität

Künstliche Intelligenz kann ein wertvolles Werkzeug sein, um die persönliche Produktivität zu steigern. Durch den Einsatz von KI-gestützten Anwendungen und Tools können alltägliche Aufgaben effizienter gestaltet und Zeit gespart werden. Beispiele hierfür sind intelligente Assistenten wie Siri, Alexa oder Google Assistant, die Termine verwalten, Erinnerungen setzen und Informationen schnell bereitstellen können.

Ein weiteres Beispiel sind KI-gestützte Tools zur Aufgabenverwaltung und Projektplanung, wie Trello oder Asana, die durch Automatisierung und intelligente Empfehlungen die Arbeitsabläufe optimieren. Diese Tools können helfen, Prioritäten zu setzen, Deadlines zu überwachen und die Zusammenarbeit mit anderen zu verbessern.

KI kann auch bei der Analyse von Daten und der Erstellung von Berichten unterstützen. Tools wie Microsoft Power BI oder Tableau nutzen KI, um komplexe Daten zu visualisieren und verständliche Berichte zu erstellen. Dadurch können fundierte Entscheidungen schneller getroffen werden.

8.2 KI-gestützte Weiterbildung und Skill-Entwicklung

Die kontinuierliche Weiterbildung und die Entwicklung neuer Fähigkeiten sind entscheidend, um im Berufsleben erfolgreich zu bleiben. KI kann in diesem Bereich eine bedeutende Unterstützung bieten. Online-Lernplattformen wie Coursera, Udemy oder LinkedIn Learning nutzen KI, um personalisierte Lernpfade zu erstellen, die auf den individuellen Bedürfnissen und Zielen der Lernenden basieren. (bei www.udemy.com können Sie z. B. unter der Rubrik „Persönliche Weiterentwicklung" verschiedene Tools ansehen und je nach Bedürfnis und Budget diese Tools nutzen)

All diese Plattformen analysieren das Lernverhalten und sie bieten Empfehlungen für Kurse und Materialien, die am besten zum Lernstil und den Interessen der Nutzer passen. Zudem können KI-gestützte Tutor-Systeme wie IBM Watson Tutor oder Squirrel AI individuelle Unterstützung und Feedback in Echtzeit bieten, um den Lernprozess zu optimieren.

KI kann auch bei der Entwicklung neuer Fähigkeiten helfen, indem sie Simulationen und virtuelle Umgebungen bereitstellt, in denen Nutzer praktische Erfahrungen sammeln können. Dies ist besonders nützlich in Bereichen wie Medizin, Ingenieurwesen oder Pilotentraining, wo praktische Übungen von entscheidender Bedeutung sind.

8.3 Persönliches Branding und Networking mithilfe von KI

In der heutigen vernetzten Welt ist persönliches Branding und effektives Networking unerlässlich für den beruflichen Erfolg. KI kann dabei helfen, eine starke persönliche Marke aufzubauen und Netzwerke zu erweitern. Plattformen wie LinkedIn nutzen KI, um gezielte Empfehlungen für Kontakte, Gruppen und Inhalte zu geben, die den Interessen und Karrierezielen der Nutzer entsprechen.

KI-gestützte Tools wie BrandYourself (siehe Abschn. 7.2) oder Crystal Knows analysieren die Online-Präsenz und geben Empfehlungen zur Verbesserung des persönlichen Markenimages. Diese Tools können dabei helfen, ein konsistentes und professionelles Online-Profil zu erstellen, das potenzielle Arbeitgeber oder Geschäftspartner anspricht.

Beim Networking kann KI auch dabei unterstützen, relevante Veranstaltungen und Konferenzen zu finden sowie geeignete Gesprächspartner zu identifizieren. KI-basierte Analyse-Tools können soziale Netzwerke und Kommunikationsmuster analysieren, um wertvolle Kontakte und Möglichkeiten aufzuzeigen, die ansonsten übersehen werden könnten.

> **Wichtiges kurzgefasst Kap. 8: Persönliche Erfolgsstrategien mit KI**
>
> **Maximierung persönlicher Erfolge:** KI unterstützt in verschiedenen Bereichen, von der Produktivitätssteigerung bis hin zu Weiterbildung, persönlichem Branding und Networking.
>
> **Steigerung der Produktivität:** KI-gestützte Tools wie Siri, Alexa, Trello und Asana verbessern Aufgabenverwaltung, Projektplanung und datenbasierte Entscheidungen.
>
> **Personalisierte Weiterbildung:** Plattformen wie Coursera und LinkedIn Learning nutzen KI, um individuell zugeschnittene Lernpfade und Echtzeit-Feedback zur praktischen Skill-Entwicklung anzubieten.
>
> **Persönliches Branding und Networking:** Tools wie BrandYourself und Crystal Knows analysieren die Online-Präsenz, geben Empfehlungen zur Verbesserung des Markenimages und helfen, relevante Kontakte und Veranstaltungen zu identifizieren.

9

Die Integration von KI in klassische Erfolgsfaktoren

Die Integration von Künstlicher Intelligenz (KI) in klassische Erfolgsfaktoren repräsentiert eine Revolution in der Art und Weise, wie wir Erfolg in beruflichen und persönlichen Kontexten verstehen und anstreben. Traditionelle Erfolgsfaktoren wie Zielsetzung, Selbstbewusstsein und effektive Kommunikation bleiben essenziell, doch durch KI eröffnen sich neue Möglichkeiten, diese Faktoren zu optimieren und zu personalisieren.

In der modernen Arbeitswelt ist es notwendig, traditionelle Ansätze mit neuen Technologien zu kombinieren, um die eigene Karriere voranzutreiben. KI-gestützte Tools ermöglichen eine präzisere Analyse persönlicher Fähigkeiten und kontinuierliches Monitoring des Fortschritts, wodurch datenbasierte Entscheidungen erleichtert werden, die eine gezielte berufliche und persönliche Entwicklung fördern.

Ein entscheidender Vorteil der Einbindung von KI ist die Möglichkeit zur Personalisierung. Während herkömmliche Methoden oft auf allgemeinen Ansätzen beruhen, erlaubt KI maßgeschneiderte Strategien, die auf individuelle Bedürfnisse und Ziele abgestimmt sind. Diese gezielte Anpassung fördert ein besseres Verständnis der eigenen Stärken und Schwächen und ermöglicht eine fokussierte Weiterentwicklung in den relevanten Bereichen.

Zudem bietet KI die Fähigkeit, proaktive und vorausschauende Maßnahmen zu ergreifen. Durch die Analyse von Daten können Trends und Muster identifiziert werden, die frühzeitige Anpassungen ermöglichen und potenzielle Herausforderungen erkennen lassen, bevor sie zu ernsthaften Problemen werden.

Gleichzeitig bleibt die menschliche Komponente unverzichtbar. Während KI uns mit präzisen Analysen und Optimierungsstrategien unterstützt, bleibt der Erfolg auch eine Frage emotionaler Intelligenz, Kreativität und Authentizität. Diese menschlichen Qualitäten sind notwendig, um in einer digitalen Welt nachhaltig erfolgreich zu sein.

In diesem Kapitel werde ich aufzeigen, wie Sie traditionelle Erfolgsprinzipien mit modernen KI-Technologien kombinieren können, um Ihre berufliche und persönliche Entwicklung zu optimieren. Lassen Sie uns erkunden, wie Sie das Beste aus beiden Welten nutzen können.

9.1 Verbindung traditioneller Erfolgsfaktoren mit modernen KI-Strategien

Traditionelle Erfolgsfaktoren wie Zielsetzung, Selbstbewusstsein und effektive Kommunikation bilden nach wie vor die Grundlage für persönlichen und beruflichen Erfolg. In der heutigen Arbeitswelt, die zunehmend von Künstlicher Intelligenz (KI) geprägt ist, bietet sich jedoch die Gelegenheit, diese etablierten Prinzipien mithilfe moderner Technologien zu erweitern und zu transformieren.

KI-gestützte Tools ermöglichen, die eigenen Fähigkeiten genauer zu analysieren, Fortschritte effektiver zu verfolgen und neue, datenbasierte Erkenntnisse zu gewinnen, die uns in unserer Entwicklung unterstützen. So kann beispielsweise die Zielsetzung durch KI-Technologien präziser gestaltet werden, indem Datenanalysen genutzt werden, um die effektivsten Strategien zur Zielerreichung zu identifizieren.

Ein zentrales Merkmal der Kombination traditioneller Erfolgsfaktoren mit modernen KI-Strategien ist die Personalisierung. Im Gegensatz zu generischen Ansätzen ermöglichen KI-Tools eine Anpassung, die speziell auf individuelle Bedürfnisse und Ziele abgestimmt ist. Dies schafft ein tiefes Verständnis der eigenen Fähigkeiten und hilft, gezielt an den Bereichen zu arbeiten, die für den Erfolg entscheidend sind.

Darüber hinaus fördert KI die Fähigkeit zu proaktiven und vorausschauenden Maßnahmen. Durch die Analyse von Trends und Mustern können frühzeitig potenzielle Herausforderungen identifiziert und entsprechende Anpassungen vorgenommen werden, bevor sie zu Hindernissen werden.

Trotz der Vorteile, die KI bietet, bleibt die menschliche Komponente zentral. Erfolg erfordert nicht nur analytische Präzision, sondern auch emotionale Intelligenz, Kreativität und die Fähigkeit, authentisch zu bleiben. KI kann diese menschlichen Qualitäten nicht ersetzen, sondern lediglich ergänzen.

In diesem Abschn. 9.1 werde ich untersuchen, wie Sie traditionelle Erfolgsfaktoren durch moderne KI-Strategien optimieren können. Ich stelle Ihnen konkrete Beispiele und Tools vor, die Ihnen helfen, Ihre Ziele effektiver zu erreichen und Ihre persönliche und berufliche Entwicklung voranzutreiben.

9.1.1 Persönliche Ziele setzen

In einer sich ständig verändernden Welt, die von neuen Technologien und Entwicklungen geprägt ist, ist es entscheidend, das eigene Leben nicht dem Zufall zu überlassen, sondern es bewusst zu gestalten. Ziele zu setzen, ist dabei ein wesentlicher Schritt, um Kontrolle über das eigene Leben zu gewinnen und persönliche wie berufliche Erfolge zu sichern. Dies bedeutet jedoch nicht, dass Ziele statisch sein sollten; vielmehr müssen sie flexibel genug sein, um sich an neue Gegebenheiten anzupassen, ohne dabei die Kernintention aus den Augen zu verlieren.

Es ist wichtig, sich Zeit zu nehmen, um die eigenen Wünsche und Ambitionen klar zu definieren. Dabei sollten Ziele nicht nur im Großen, sondern auch in kleinen, erreichbaren Schritten formuliert werden. Indem Sie sich konkrete, messbare und zeitgebundene Ziele setzen, schaffen Sie eine klare Struktur, die Ihnen als Leitfaden dient. Es ist hilfreich, diese Ziele schriftlich festzuhalten und regelmäßig zu überprüfen, um sicherzustellen, dass Sie auf dem richtigen Weg sind. Seien Sie sich Ihrer Stärken bewusst und haben Sie den Mut, anspruchsvolle Ziele zu setzen, die Ihr Potenzial ausschöpfen.

Denken Sie daran, dass Ihre Ziele nicht isoliert existieren. Ihre Mitmenschen, sei es im beruflichen oder privaten Umfeld, sollten in Ihre Pläne einbezogen werden, damit sie Sie unterstützen können. Flexibilität ist ebenfalls entscheidend, da sich Rahmenbedingungen wie Märkte und Technologien schnell ändern können. Eine kontinuierliche Anpassung Ihrer Ziele an aktuelle Trends und Entwicklungen ist daher unerlässlich.

Mit der zunehmenden Verbreitung von KI können traditionelle Methoden der Zielsetzung durch den Einsatz moderner Technologien erheblich verbessert werden. KI-gestützte Werkzeuge bieten die Möglichkeit, Ihre Ziele auf eine neue, präzisere Art und Weise zu setzen und zu verfolgen. Diese Tools können nicht nur dabei helfen, Ihre Ziele klar zu definieren, sondern auch realistische Zeitpläne und Meilensteine zu erstellen, die auf fundierten Daten basieren.

Durch die Analyse historischer Daten und das Erkennen von Mustern kann KI Ihnen wertvolle Einblicke in mögliche Herausforderungen und Erfolgsfaktoren geben. Dies ermöglicht es Ihnen, proaktiv auf potenzielle Hindernisse zu reagieren und Ihre Ziele entsprechend anzupassen. Darüber hinaus können KI-basierte Systeme personalisierte Empfehlungen generieren, die auf einer tiefgehenden Analyse Ihrer Stärken, Schwächen und bisherigen Erfolge beruhen. Dadurch erhalten Sie konkrete Handlungsvorschläge, die Ihre Erfolgschancen maximieren.

Ein weiterer Vorteil ist die Fähigkeit von KI, kontinuierlich Feedback zu geben und den Fortschritt in Echtzeit zu überwachen. So können Sie jederzeit überprüfen, ob Sie auf dem richtigen Weg sind, und gegebenenfalls sofortige Anpassungen vornehmen. Die Kombination aus traditioneller Zielsetzung und moderner KI-Strategie bietet somit eine optimale Grundlage, um persönliche und berufliche Ziele effizient und nachhaltig zu erreichen.

> **Wichtiges kurzgefasst Abschn. 9.1.1 Persönliche Ziele setzen**
>
> **Bewusste Lebensgestaltung:** In einer sich wandelnden Welt ist es entscheidend, das eigene Leben aktiv zu gestalten und klare Ziele zu setzen.
> **Flexibilität der Ziele:** Ziele müssen anpassbar sein, um sich an neue Entwicklungen anzupassen, ohne die Kernintention aus den Augen zu verlieren.
> **Konkretisierung der Ziele:** Ziele sollten in messbare, zeitgebundene und erreichbare Schritte unterteilt werden, um Struktur und Orientierung zu bieten.
> **Einbindung von Mitmenschen:** Ziele sollten nicht isoliert betrachtet werden; berufliche und private Netzwerke können unterstützend wirken.
> **Anpassung an aktuelle Entwicklungen:** Ziele müssen regelmäßig überprüft und an technologische oder marktbedingte Veränderungen angepasst werden.
> **Einsatz von KI-Tools:** KI-gestützte Werkzeuge können dabei helfen, Ziele präziser zu setzen, realistische Zeitpläne zu erstellen und Fortschritte zu überwachen.
> **Proaktives Handeln durch Datenanalyse:** KI bietet durch die Analyse von Mustern und historischen Daten wertvolle Einblicke, um potenzielle Hindernisse zu erkennen und proaktiv darauf zu reagieren.
> **Personalisierte Empfehlungen:** KI-basierte Systeme generieren maßgeschneiderte Handlungsvorschläge, die auf individuellen Stärken und Erfolgen basieren.

Hinweis: In jedem Unterkapitel der Kap. 9 und 11 stelle ich Ihnen zusätzlich zu den bisher bereits genannten KI-Tools weitere KI-Tools vor, die auf die Inhalte des jeweiligen Textes abgestimmt sind.

> **Geeignete KI-Tools**
>
> **Goalscape** ist ein visuelles Zielmanagement-Tool, das künstliche Intelligenz verwendet, um Benutzer bei der Strukturierung und Priorisierung ihrer Ziele zu unterstützen. Es hilft dabei, komplexe Ziele in kleinere, handhabbare Schritte zu unterteilen und bietet Echtzeit-Feedback zum Fortschritt. www.goalscape.com
> **Notion AI** ist eine Erweiterung der beliebten Produktivitäts-App Notion und unterstützt Benutzer dabei, personalisierte Ziele zu setzen und diese mithilfe von KI-gestützten Empfehlungen und Analysen zu verfolgen. Es bietet Vorlagen und Tools zur kontinuierlichen Überwachung und Anpassung der Ziele basierend auf aktuellen Trends und persönlichen Entwicklungen. www.notion.so

9.1.2 Schätzen Sie sich richtig ein

Die Fähigkeit, sich selbst realistisch einzuschätzen, ist ein entscheidender Erfolgsfaktor in einer dynamischen, von Wettbewerb geprägten Welt. In Zeiten, in denen persönliche und berufliche Anforderungen ständig steigen, ist es von größter Bedeutung, sich über die eigenen Stärken und Schwächen im Klaren zu sein. Selbstwahrnehmung und Selbstbewusstsein bilden die Grundlage, auf der Sie Ihre Karriere und Ihr persönliches Wachstum aufbauen können.

KI kann Ihnen dabei helfen, diese Selbstwahrnehmung zu schärfen und fundierte Entscheidungen zu treffen. Mit KI-gestützten Selbstanalyse-Tools können Sie tiefere Einblicke in Ihre Persönlichkeit, Fähigkeiten und Verhaltensmuster gewinnen. Diese Technologien ermöglichen es Ihnen, Ihre Stärken klar zu identifizieren und sich auf Bereiche zu konzentrieren, in denen Sie sich weiterentwickeln können. Durch die Auswertung von Daten und die Analyse von Verhaltensmustern können Sie besser einschätzen, welche Aufgaben und Herausforderungen Sie effektiv meistern können und in welchen Bereichen Sie möglicherweise Unterstützung benötigen.

Ein weiterer Vorteil ist die Fähigkeit der KI, objektives Feedback zu geben, das frei von emotionalen Verzerrungen ist. Dies hilft Ihnen, eine realistische Einschätzung Ihrer Fähigkeiten zu entwickeln, die sowohl Ihre aktuellen Kompetenzen als auch Ihre potenzielle Entwicklung berücksichtigt. KI kann auch Empfehlungen zur Weiterentwicklung und Verbesserung Ihrer Fähigkeiten geben, basierend auf einer umfassenden Analyse Ihrer bisherigen Leistungen und den Anforderungen Ihres beruflichen Umfelds.

Durch die Kombination von traditioneller Selbstreflexion und KI-gestützter Analyse können Sie ein präzises Bild Ihrer eigenen Fähigkeiten und Möglichkeiten zeichnen. Diese umfassende Selbstkenntnis ist der Schlüssel, um fundierte Entscheidungen zu treffen, die Sie auf Ihrem Weg zum Erfolg unterstützen.

Wichtiges kurzgefasst Abschn. 9.1.2 Schätzen Sie sich richtig ein

Selbstwahrnehmung und Selbstbewusstsein: Die Fähigkeit, sich selbst realistisch einzuschätzen, ist entscheidend für den persönlichen und beruflichen Erfolg.

Klare Einschätzung der Stärken und Schwächen: Sich über die eigenen Stärken und Schwächen im Klaren zu sein, bildet die Grundlage für berufliches Wachstum.

KI-gestützte Selbstanalyse: Mit KI-Tools können tiefere Einblicke in Persönlichkeit, Fähigkeiten und Verhaltensmuster gewonnen werden.

Objektives Feedback durch KI: KI bietet emotional unverzerrtes Feedback, das eine realistische Einschätzung der eigenen Fähigkeiten ermöglicht.

Gezielte Weiterentwicklung: Durch die Analyse von Daten und Verhaltensmustern gibt KI-Empfehlungen zur Weiterentwicklung der eigenen Fähigkeiten.

Kombination von Selbstreflexion und KI-Analyse: Eine präzise Selbsteinschätzung mithilfe von KI unterstützt fundierte Entscheidungen für den weiteren Erfolg.

Geeignete KI-Tools

Crystal verwendet KI, um Persönlichkeitsanalysen basierend auf dem DISC-Persönlichkeitsmodell durchzuführen. Es bietet detaillierte Einblicke in die Kommunikationsstile, Stärken und Schwächen der Benutzer und hilft ihnen, sich selbst und andere besser zu verstehen. Diese Selbstanalyse unterstützt fundierte Entscheidungen zur persönlichen Weiterentwicklung. www.crystalknows.com

Pymetrics nutzt KI und Neurowissenschaften, um Benutzer durch spielbasierte Assessments besser zu verstehen. Es bietet eine objektive Analyse von kognitiven und emotionalen Merkmalen und liefert personalisierte Einblicke und Empfehlungen für Karrierewege und Entwicklungsbereiche. www.pymetrics.com

9.1.3 Bringen Sie Ihre Ziele mit denen Ihres Unternehmens in Einklang

In der heutigen Arbeitswelt ist es von entscheidender Bedeutung, dass Ihre persönlichen Ziele mit den strategischen Zielen Ihres Unternehmens harmonieren. Nur wenn Sie und Ihr Unternehmen in die gleiche Richtung streben, können Sie langfristig erfolgreich sein und Ihre berufliche Zufriedenheit sicherstellen. Es ist jedoch eine Herausforderung, diese Ziele in Einklang zu bringen, insbesondere wenn es zu Konflikten zwischen Ihren eigenen Überzeugungen und den Unternehmensstrategien kommt.

Um solche Zielkonflikte zu vermeiden, sollten Sie sich intensiv mit den Visionen, Werten und Zielen Ihres Unternehmens auseinandersetzen. Verstehen Sie, welche Prioritäten das Unternehmen setzt und wie Ihre persönliche Arbeit zur Erreichung dieser Ziele beitragen kann. Dies ist nicht nur eine Frage der Loyalität, sondern auch eine Frage der persönlichen und beruflichen Erfüllung. Wenn Ihre Werte und Ziele mit denen Ihres Unternehmens übereinstimmen, sind Sie motivierter und können Ihre Aufgaben mit mehr Engagement und Effizienz erfüllen.

KI kann hierbei eine entscheidende Rolle spielen, indem sie Ihnen hilft, die strategischen Ziele Ihres Unternehmens besser zu verstehen und zu analysieren, wie Ihre persönlichen Ziele dazu passen. KI-gestützte Analysetools können Ihnen wertvolle Einblicke in Unternehmensdaten und Markttrends geben, wodurch Sie in der Lage sind, fundierte Entscheidungen über Ihre Karriereplanung zu treffen. Durch die Analyse von Daten zu Unternehmensentwicklungen und internen Prozessen kann KI Ihnen aufzeigen, wie Ihre individuellen Ziele in die Gesamtstrategie des Unternehmens integriert werden können.

Darüber hinaus können KI-basierte Systeme Prognosen über zukünftige Unternehmensentwicklungen erstellen, die Ihnen helfen, Ihre persönlichen Ziele und Karrierepläne entsprechend anzupassen. Wenn Sie beispielsweise wissen, in welche Richtung sich Ihr Unternehmen entwickelt, können Sie Ihre Fähigkeiten und Kompetenzen gezielt weiterentwickeln, um den zukünftigen Anforderungen gerecht zu werden. Dies stellt sicher, dass Ihre Ziele nicht nur mit den aktuellen, sondern auch mit den zukünftigen Zielen des Unternehmens im Einklang stehen.

> **Wichtiges kurzgefasst Abschn. 9.1.3 Bringen Sie Ihre Ziele mit denen Ihres Unternehmens in Einklang**
>
> **Harmonie von persönlichen und Unternehmenszielen:** Ihre Ziele sollten mit den strategischen Zielen des Unternehmens übereinstimmen, um langfristigen Erfolg zu gewährleisten.
> **Auseinandersetzung mit Unternehmensvisionen:** Verstehen Sie die Visionen, Werte und Prioritäten des Unternehmens und wie Ihre Arbeit zur Zielerreichung beiträgt.
> **Motivation und Effizienz:** Wenn Ihre persönlichen Werte und Ziele mit denen des Unternehmens übereinstimmen, steigert dies Ihre Motivation und Effizienz.
> **KI-gestützte Zielanalyse:** KI-Tools helfen, die strategischen Ziele des Unternehmens zu analysieren und Ihre persönlichen Ziele besser darauf abzustimmen.
> **Zukunftsorientierte Planung:** KI-basierte Systeme prognostizieren zukünftige Unternehmensentwicklungen und unterstützen Sie dabei, Ihre persönlichen Ziele anzupassen.
> **Weiterentwicklung der eigenen Kompetenzen:** Passen Sie Ihre Fähigkeiten und Kompetenzen an die zukünftigen Anforderungen des Unternehmens an, um langfristig erfolgreich zu sein.

> **Geeignete KI-Tools**
>
> **Perdoo** ist ein OKR- (Objectives and Key Results) Management-Tool, das KI nutzt, um die Ziele von Mitarbeitern mit den strategischen Zielen des Unternehmens abzustimmen. Es hilft dabei, Transparenz zu schaffen und die Zielerreichung zu fördern, indem es personalisierte Empfehlungen gibt und Fortschritte überwacht. www.perdoo.com
> **Betterworks** ist eine KI-gestützte Plattform für Leistungsmanagement, die dazu beiträgt, individuelle Ziele mit den Unternehmenszielen zu synchronisieren. Sie analysiert Daten zu Unternehmensentwicklungen und Mitarbeitern und unterstützt durch regelmäßiges Feedback und transparente Kommunikation eine bessere Abstimmung und Anpassung von Zielen. www.betterworks.com

9.1.4 Für den Erfolg zählt nur der eigene Maßstab

Erfolg ist ein Begriff, der für jeden Menschen etwas anderes bedeutet. Während für den einen der Besitz von materiellem Wohlstand das höchste Ziel ist, sieht ein anderer seinen Erfolg in der Freiheit, seinen eigenen Weg zu gehen oder in der Erfüllung durch kreative Tätigkeiten. Die Maßstäbe, nach denen Erfolg gemessen wird, sind so vielfältig wie die Menschen selbst. Was für den einen ein Meilenstein ist, kann für den anderen nur der Anfang einer langen Reise sein.

Traditionell wird Erfolg oft mit materiellen Errungenschaften wie Wohlstand, Ansehen oder Karrierefortschritt gleichgesetzt. Doch diese äußeren Indikatoren sind nicht immer gleichbedeutend mit innerem Glück und Zufriedenheit. In einer Welt, die von ständigem Vergleich und Wettbewerb geprägt ist, kann es leicht passieren, dass man den eigenen Maßstab für Erfolg aus den Augen verliert. Deshalb ist es wichtig, sich immer wieder bewusst zu machen, was Erfolg für einen persönlich bedeutet und welche Ziele wirklich erfüllend sind.

Ihr eigener Maßstab ist der Einzige, der zählt. Für den einen ist es die Selbstständigkeit, die Erfüllung bringt, während ein anderer im handwerklichen Arbeiten auf einer Baustelle sein Glück findet. Ein weiterer könnte darin Erfüllung finden, als Topmanager die Geschicke eines Unternehmens zu lenken. Diese individuellen Maßstäbe können sich im Laufe der Zeit ändern, und es ist entscheidend, diese Veränderungen zu erkennen und sich entsprechend anzupassen.

Hier kommt die KI ins Spiel: Moderne KI-Technologien können Ihnen helfen, Ihre eigenen Erfolgsmaßstäbe besser zu verstehen und zu verfolgen. Durch die Analyse von Daten zu Ihren beruflichen Leistungen und persönlichen Entwicklungen können KI-Tools Ihnen objektive Einblicke in Ihren Fortschritt geben. Diese Daten können als Grundlage dienen, um realistische und für Sie passende Maßstäbe zu setzen, die sowohl Ihre aktuellen Erfolge als auch Ihre langfristigen Ziele widerspiegeln.

Darüber hinaus kann KI Sie dabei unterstützen, Veränderungen in Ihren Präferenzen und Zielen frühzeitig zu erkennen. Beispielsweise können KI-gestützte Selbstanalyse-Tools Hinweise darauf geben, wann es an der Zeit ist, Ihre Ziele neu zu definieren oder anzupassen, um weiterhin

Erfüllung und Zufriedenheit in Ihrem Tun zu finden. Dies ermöglicht es Ihnen, Ihre persönliche und berufliche Entwicklung kontinuierlich zu optimieren und sicherzustellen, dass Ihre Ziele immer im Einklang mit Ihrem inneren Kompass stehen.

> **Wichtiges kurzgefasst Abschn. 9.1.4 Für den Erfolg zählt nur der eigene Maßstab**
>
> **Individuelle Definition von Erfolg:** Erfolg hat für jeden Menschen eine andere Bedeutung, abhängig von den persönlichen Zielen und Werten.
> **Unabhängigkeit von äußeren Maßstäben:** Äußere Indikatoren wie Wohlstand oder Ansehen sind nicht immer gleichbedeutend mit innerer Zufriedenheit.
> **Fokus auf den eigenen Maßstab:** Es ist entscheidend, den eigenen Maßstab für Erfolg zu definieren und sich nicht von externen Vergleichen beeinflussen zu lassen.
> **Veränderung der Maßstäbe:** Erfolgsmaßstäbe können sich im Laufe der Zeit ändern, und es ist wichtig, sich diesen Veränderungen anzupassen.
> **KI-gestützte Erfolgsanalyse:** KI kann Ihnen helfen, Ihre persönlichen Maßstäbe zu verstehen und objektive Einblicke in Ihren Fortschritt zu geben.
> **Früherkennung von Zielanpassungen:** KI-Tools unterstützen dabei, rechtzeitig Veränderungen in Ihren Präferenzen und Zielen zu erkennen, um kontinuierliche Erfüllung zu gewährleisten.

> **Geeignete KI-Tools**
>
> **Reclaim AI** ist ein KI-gestütztes Tool, das Ihnen hilft, Zeit für Ihre persönlichen Prioritäten und Maßstäbe zu schaffen. Es analysiert Ihre Kalenderdaten und schlägt Zeitblöcke vor, die Ihren individuellen Zielen und Präferenzen entsprechen, um sicherzustellen, dass Sie auf dem richtigen Weg bleiben, um Ihre Definition von Erfolg zu erreichen. www.reclaim.ai
> **Cloverleaf** ist ein KI-gestütztes Coaching-Tool, das auf Persönlichkeitsdaten basiert und Ihnen hilft, Ihre eigenen Erfolgsmaßstäbe zu definieren und zu verfolgen. Es bietet personalisierte Einblicke und Empfehlungen, um Ihre beruflichen und persönlichen Ziele kontinuierlich anzupassen und zu optimieren. www.cloverleaf.me

9.1.5 Berücksichtigen Sie bei beruflichen Plänen das private Umfeld

In einer Welt, in der beruflicher Erfolg oft im Mittelpunkt steht, wird das private Umfeld manchmal vernachlässigt. Doch die Balance zwischen Beruf und Privatleben ist entscheidend, um langfristig erfolgreich und zufrieden zu sein. Ihre beruflichen Entscheidungen beeinflussen nicht nur Ihre Karriere, sondern auch Ihr Familienleben, Ihre Gesundheit und Ihr soziales Umfeld.

Es ist wichtig, bei der Planung Ihrer beruflichen Ziele die Auswirkungen auf Ihr privates Leben zu bedenken. Berücksichtigen Sie, wie berufliche Entscheidungen Ihre Beziehungen, Ihre Freizeit und Ihre persönliche Erfüllung beeinflussen. Eine Karriere, die auf Kosten des privaten Wohlbefindens verfolgt wird, kann langfristig zu Stress, Burnout und Unzufriedenheit führen.

Die Integration von KI in diesen Prozess kann Ihnen helfen, diese Balance zu finden. KI-gestützte Tools können Ihnen wertvolle Einblicke geben, wie Sie Ihre beruflichen Verpflichtungen mit Ihrem Privatleben in Einklang bringen können. Diese Tools können beispielsweise Kalender und Zeitmanagement-Anwendungen umfassen, die Ihnen helfen, Ihre Zeit effizienter zu planen, oder sie können Analysen Ihrer Arbeitsbelastung und deren Auswirkungen auf Ihr Wohlbefinden liefern.

Durch den Einsatz solcher Technologien können Sie sicherstellen, dass Ihre beruflichen Pläne im Einklang mit Ihren privaten Prioritäten stehen, sodass Sie sowohl beruflich als auch privat erfolgreich sind.

> **Wichtiges kurzgefasst Abschn. 9.1.5 Berücksichtigen Sie bei beruflichen Plänen das private Umfeld**
>
> **Beruf und Privatleben in Balance:** Beruflicher Erfolg sollte nicht auf Kosten des privaten Wohlbefindens gehen; eine ausgewogene Balance ist entscheidend.
>
> **Auswirkungen beruflicher Entscheidungen:** Berücksichtigen Sie, wie Ihre beruflichen Entscheidungen Ihr Familienleben, Ihre Gesundheit und Ihr soziales Umfeld beeinflussen.

Risiko von Stress und Burnout: Eine Karriere, die das private Umfeld vernachlässigt, kann langfristig zu Stress und Unzufriedenheit führen.
KI-gestützte Unterstützung: KI-Tools können dabei helfen, berufliche Verpflichtungen und privates Leben besser in Einklang zu bringen.
Effizientes Zeitmanagement: KI-basierte Anwendungen bieten Einblicke und Unterstützung bei der Planung von Zeit und Ressourcen, um beide Lebensbereiche erfolgreich zu gestalten.

Geeignete KI-Tools

Clockwise ist ein intelligentes Zeitmanagement-Tool, das mithilfe von KI die Planung und Priorisierung von Aufgaben erleichtert. Es hilft dabei, einen ausgewogenen Zeitplan zu erstellen, der sowohl berufliche Verpflichtungen als auch persönliche Freizeit berücksichtigt, indem es automatisch Pausen und Fokuszeiten einplant. www.getclockwise.com
RescueTime ist ein KI-gestütztes Tool zur Produktivitätsanalyse, das die Nutzung von Zeit und Computeraktivitäten überwacht. Es gibt Einblicke in die tägliche Arbeitsroutine und hilft, ein Gleichgewicht zwischen Arbeit und Freizeit zu finden, indem es Nutzungsgewohnheiten analysiert und personalisierte Empfehlungen zur Verbesserung der Work-Life-Balance bietet. www.rescuetime.com

9.1.6 Die Höhe des Gehalts ist nicht immer ausschlaggebend

In unserer Gesellschaft wird oft die Höhe des Gehalts als Hauptmaßstab für beruflichen Erfolg betrachtet. Doch Geld ist nicht alles. Während ein hohes Einkommen sicher Vorteile bietet, sollte es nicht der einzige Faktor sein, der bei der Beurteilung Ihres beruflichen Erfolgs eine Rolle spielt.

Es gibt viele andere Aspekte, die mindestens ebenso wichtig sind, wenn nicht sogar wichtiger: Arbeitszufriedenheit, Sinnhaftigkeit der Tätigkeit, berufliche Weiterentwicklung, ein gesundes Arbeitsumfeld und die Work-Life-Balance. Ein hoher Gehaltsscheck kann oft nicht die fehlende Erfüllung oder den Mangel an persönlicher Zufriedenheit ausgleichen.

KI kann Ihnen helfen, eine ausgewogene Entscheidung zu treffen, indem sie Analysen und Prognosen bietet, die über die bloße Gehaltshöhe hinausgehen. KI-Tools können verschiedene Karrieremöglichkeiten miteinander vergleichen und Ihnen aufzeigen, welche Positionen und Branchen nicht nur finanziell attraktiv sind, sondern auch besser zu Ihren Werten und langfristigen Zielen passen. Durch die Berücksichtigung von Faktoren wie Unternehmenswerte, Arbeitskultur und persönliche Zufriedenheit können Sie eine Karriere wählen, die wirklich zu Ihnen passt.

> **Wichtiges kurzgefasst Abschn. 9.1.6 Die Höhe des Gehalts ist nicht immer ausschlaggebend**
>
> **Gehalt als Maßstab:** Obwohl das Gehalt oft als Hauptmaßstab für beruflichen Erfolg gesehen wird, sollte es nicht der einzige Faktor sein.
> **Wichtige Erfolgsfaktoren:** Arbeitszufriedenheit, Sinnhaftigkeit, berufliche Weiterentwicklung und eine gesunde Work-Life-Balance sind ebenso wichtig.
> **Fehlende Erfüllung:** Ein hohes Gehalt kann fehlende persönliche Zufriedenheit oder Erfüllung nicht ausgleichen.
> **KI-gestützte Karriereanalysen:** KI-Tools helfen, Karrieremöglichkeiten zu vergleichen und zeigen, welche Optionen nicht nur finanziell, sondern auch persönlich passend sind.
> **Ganzheitliche Karriereentscheidungen:** KI berücksichtigt Faktoren wie Unternehmenswerte, Arbeitskultur und langfristige Zufriedenheit, um die richtige Karrierewahl zu unterstützen.

> **Geeignete KI-Tools**
>
> **Comparably** ist eine Plattform, die mithilfe von KI-Gehaltsdaten, Arbeitsplatzbewertungen und Unternehmensbewertungen aggregiert. Sie ermöglicht es Nutzern, verschiedene Karrieremöglichkeiten zu vergleichen und zeigt auf, welche Unternehmen in Bereichen wie Arbeitskultur, Mitarbeiterzufriedenheit und Work-Life-Balance besonders gut abschneiden. www.comparably.com
> **Pymetrics** nutzt KI und neurowissenschaftliche Spiele, um die kognitiven und emotionalen Eigenschaften der Nutzer zu analysieren und diese Informationen zu nutzen, um maßgeschneiderte Karriereempfehlungen zu geben. Es hilft dabei, Karrierewege zu finden, die nicht nur finanziell, sondern auch persönlich erfüllend sind, basierend auf individuellen Stärken und Präferenzen. www.pymetrics.com

9.1.7 Überspannen Sie den Bogen nicht

In der durch Künstliche Intelligenz geprägten Arbeitswelt ist es verlockend, immer nach Höherem zu streben und ambitionierte Forderungen zu stellen. Doch es ist entscheidend, realistisch zu bleiben und sich nicht selbst zu überfordern. Überzogene Ansprüche oder das Überschätzen der eigenen Fähigkeiten können Ihre Karrierechancen gefährden und das Vertrauen Ihrer Vorgesetzten untergraben.

KI-gestützte Tools zur Selbstbewertung können Ihnen dabei helfen, Ihre Fähigkeiten objektiv einzuschätzen und fundierte Entscheidungen zu treffen. Diese Technologien analysieren Ihre bisherigen Leistungen und geben Ihnen realistische Empfehlungen für Ihre nächsten Karriereschritte. So können Sie sicherstellen, dass Ihre Forderungen im Einklang mit Ihren tatsächlichen Möglichkeiten stehen.

Wenn Ihnen eine neue Position angeboten wird, sollten Sie KI-Tools nutzen, um die Anforderungen dieser Rolle genau zu analysieren. Prüfen Sie, ob Ihre Kompetenzen den Anforderungen entsprechen und ob die Position zu Ihren langfristigen Zielen passt. Sobald Sie sich entschieden haben, bleiben Sie bei Ihrer Wahl und setzen Sie diese entschlossen um. Ihre Beständigkeit und Entschlossenheit werden von Ihren Vorgesetzten geschätzt und sind in einer dynamischen Arbeitswelt von unschätzbarem Wert.

> **Wichtiges kurzgefasst Abschn. 9.1.7 Überspannen Sie den Bogen nicht**
>
> **Realistische Erwartungen:** Es ist wichtig, ambitioniert zu sein, aber überzogene Ansprüche oder Selbstüberschätzung können Ihre Karrierechancen gefährden.
> **Selbstbewertung mit KI:** KI-gestützte Tools helfen Ihnen, Ihre Fähigkeiten objektiv einzuschätzen und fundierte Entscheidungen zu treffen.
> **Karriereschritte analysieren:** Nutzen Sie KI, um neue Positionen und deren Anforderungen zu prüfen und sicherzustellen, dass sie zu Ihren Fähigkeiten und Zielen passen.
> **Entschlossenheit und Beständigkeit:** Sobald Sie eine Entscheidung getroffen haben, setzen Sie diese entschlossen um, was von Vorgesetzten geschätzt wird.

> **Geeignete KI-Tools**
>
> **Skillate** ist ein KI-basiertes Tool zur Talentbewertung, das Mitarbeiter dabei unterstützt, ihre Fähigkeiten objektiv einzuschätzen. Es bietet eine detaillierte Analyse der vorhandenen Kompetenzen und gibt Empfehlungen für die berufliche Weiterentwicklung, basierend auf den aktuellen Fähigkeiten und den Anforderungen des Arbeitsmarktes. www.skillate.com
> **Plum** nutzt KI, um die Persönlichkeit, soziale Intelligenz und kognitive Fähigkeiten von Nutzern zu bewerten. Es hilft dabei, eine realistische Einschätzung der eigenen Stärken und Schwächen zu erhalten und gibt fundierte Karriereempfehlungen, die auf die individuellen Fähigkeiten und langfristigen Ziele abgestimmt sind. www.plum.io

9.1.8 Tun Sie das, wovor Sie Angst haben

Mut und die Bereitschaft, sich neuen Herausforderungen zu stellen, sind entscheidende Faktoren für persönliches und berufliches Wachstum. In einer von Künstlicher Intelligenz geprägten Arbeitswelt können Sie auf innovative Technologien zurückgreifen, um sich optimal auf herausfordernde Situationen vorzubereiten und Ihre Komfortzone zu verlassen.

KI-gestützte Trainingsprogramme und Simulationen bieten Ihnen die Möglichkeit, sich in einem sicheren Umfeld auf neue und anspruchsvolle Aufgaben vorzubereiten. Diese Programme können realitätsnahe Szenarien nachstellen, in denen Sie Ihre Fähigkeiten testen und gezielt an Ihren Schwächen arbeiten können. Indem Sie sich regelmäßig solchen Simulationen stellen, entwickeln Sie nicht nur Ihre fachlichen Kompetenzen weiter, sondern bauen auch die nötige mentale Stärke auf, um in realen Situationen selbstbewusst und souverän zu agieren.

Eine besondere Stärke dieser KI-Tools liegt darin, dass sie Ihnen helfen können, spezifische Ängste zu identifizieren und gezielt daran zu arbeiten, diese zu überwinden. Sei es die Angst vor öffentlichen Reden, das Führen schwieriger Verhandlungen oder das Präsentieren vor einem großen Publikum – die passenden KI-basierten Programme bieten

9 Die Integration von KI in klassische Erfolgsfaktoren 57

maßgeschneiderte Trainings, die Ihnen helfen können, Ihre Ängste zu bewältigen und Ihre Komfortzone Schritt für Schritt zu erweitern.

Diese Programme basieren auf modernen Algorithmen, die Ihre Eingaben – etwa Sprache, Verhalten oder Entscheidungen – analysieren und in Echtzeit darauf reagieren. Mittels Spracherkennung, Stimmen-Feedback und Körpersprache-Analyse werden z. B. Präsentationen simuliert, bei denen virtuelle Zuhörer gezielt Zwischenfragen stellen, Desinteresse zeigen oder auch positiv reagieren. In Verhandlungssimulationen analysiert die KI Ihre Argumentation, Tonlage und Reaktionsgeschwindigkeit, um Sie mit realitätsnahen Herausforderungen zu konfrontieren. Je nach Reaktion passt das System die Schwierigkeit an, gibt direktes Feedback und schlägt individuelle Verbesserungen vor. Auf diese Weise wird nicht nur Wissen abgefragt, sondern gezielt Verhalten trainiert – und zwar in einer sicheren, wiederholbaren Umgebung.

Indem Sie sich bewusst dafür entscheiden, das zu tun, wovor Sie Angst haben, setzen Sie ein starkes Signal – nicht nur an Ihre Vorgesetzten, sondern auch an sich selbst. Sie beweisen Mut, Entschlossenheit und die Fähigkeit, über sich hinauszuwachsen. Dies sind Eigenschaften, die in einer dynamischen Arbeitswelt von unschätzbarem Wert sind und Ihnen auf Ihrem beruflichen Weg entscheidende Vorteile verschaffen können.

Geeignete KI-Tools

VirtualSpeech ist ein KI-gestütztes Virtual-Reality-Tool, das Nutzern ermöglicht, in einem sicheren, virtuellen Umfeld ihre Fähigkeiten im öffentlichen Reden und in der Kommunikation zu verbessern. Es bietet realitätsnahe Simulationen für Präsentationen, Verhandlungen und andere herausfordernde Situationen, um das Selbstvertrauen zu stärken und spezifische Ängste zu überwinden. www.virtualspeech.com

Fearless ist ein KI-Tool, das personalisierte Trainingsprogramme zur Bewältigung spezifischer Ängste und Herausforderungen anbietet. Durch simulationsbasierte Übungen und KI-gestützte Analysen hilft es Nutzern, mentale Stärke aufzubauen und gezielt an ihren Schwächen zu arbeiten, um sich besser auf reale Situationen vorzubereiten. www.fearlessapp.io

9.1.9 Lernen Sie durch Lehren

Lehren ist eine der effektivsten Methoden, um selbst zu lernen. Wenn Sie Ihr Wissen weitergeben, vertiefen Sie nicht nur Ihr eigenes Verständnis, sondern erweitern auch kontinuierlich Ihre fachlichen Kompetenzen. In der modernen Arbeitswelt, die zunehmend durch Künstliche Intelligenz geprägt ist, können Sie diesen Lernprozess weiter optimieren und neue Dimensionen der Wissensvermittlung erschließen.

KI-gestützte Lernplattformen bieten Ihnen die Möglichkeit, Ihr Wissen mit anderen zu teilen und gleichzeitig von deren Rückmeldungen zu profitieren. Diese Plattformen sind in der Lage, personalisierte Lernpfade zu erstellen, die sowohl auf die Bedürfnisse der Lernenden als auch auf Ihre Lehrfähigkeiten abgestimmt sind. Durch den Einsatz von KI können Sie Ihre Lehrmethoden kontinuierlich verbessern und Ihre Fähigkeit, komplexe Themen verständlich zu vermitteln, weiterentwickeln.

Darüber hinaus ermöglichen es Ihnen KI-Tools, Feedback in Echtzeit zu erhalten und Ihre Lehrstrategien auf Basis der Reaktionen der Lernenden anzupassen. So können Sie nicht nur effektiver kommunizieren, sondern auch sicherstellen, dass Ihre Inhalte den größtmöglichen Nutzen für Ihre Zuhörer bieten.

Das Teilen von Wissen fördert nicht nur Ihre eigene Weiterbildung, sondern stärkt auch Ihre Position als Experte in Ihrem Fachgebiet. Es ermöglicht Ihnen, sich in Ihrem Beruf weiterzuentwickeln, neue Kontakte zu knüpfen und Ihre beruflichen Chancen zu verbessern. Gleichzeitig trägt es dazu bei, ein Umfeld zu schaffen, in dem kontinuierliches Lernen und Wissenstransfer gefördert werden – ein wesentlicher Faktor für den Erfolg in einer von KI und Digitalisierung geprägten Welt.

> **Wichtiges kurzgefasst Abschn. 9.1.9 Lernen Sie durch Lehren**
>
> **Wissen vertiefen:** Durch das Lehren vertiefen Sie Ihr eigenes Verständnis und erweitern kontinuierlich Ihre fachlichen Kompetenzen.
>
> **KI-gestützte Lernplattformen:** KI-Plattformen ermöglichen es, Wissen zu teilen und von personalisierten Lernpfaden zu profitieren, die auf die Bedürfnisse der Lernenden und Lehrenden abgestimmt sind.

> **Kontinuierliche Verbesserung:** KI-Tools bieten Feedback in Echtzeit, wodurch Sie Ihre Lehrmethoden anpassen und Ihre Fähigkeit zur Wissensvermittlung verbessern können.
> **Stärkung der Expertenposition:** Das Teilen von Wissen stärkt Ihre Position als Experte und fördert berufliche Weiterentwicklung sowie neue Kontakte.
> **Förderung des Wissenstransfers:** Lehren schafft ein Umfeld, in dem kontinuierliches Lernen und Wissenstransfer, wichtige Faktoren für den Erfolg in der KI-geprägten Arbeitswelt, gefördert werden.

> **Geeignete KI-Tools**
>
> **Khan Academy** ist eine KI-gestützte Lernplattform, die Lehrende dabei unterstützt, Wissen zu vermitteln und gleichzeitig von den Interaktionen mit den Lernenden zu profitieren. Die Plattform bietet personalisierte Lernpfade und Feedback-Mechanismen, die es Lehrenden ermöglichen, ihre Lehrmethoden anzupassen und zu verbessern, basierend auf den Reaktionen der Lernenden. www.khanacademy.org
> **Edmodo** ist eine KI-gestützte Plattform für den Unterricht und die Zusammenarbeit, die Lehrenden ermöglicht, Inhalte zu teilen und interaktive Lernerfahrungen zu schaffen. Mit Funktionen wie Echtzeit-Feedback und datengestützten Analysen hilft Edmodo Lehrenden, ihre Lehrstrategien zu optimieren und die Effektivität ihrer Wissensvermittlung zu maximieren. www.edmodo.com

9.1.10 Arbeiten Sie mehr als der Durchschnitt

Einsatzbereitschaft und harte Arbeit sind zweifellos entscheidende Faktoren für beruflichen Erfolg. Doch in einer modernen, von künstlicher Intelligenz unterstützten Arbeitswelt geht es nicht nur darum, mehr zu arbeiten, sondern vor allem darum, intelligenter zu arbeiten.

KI-Tools bieten Ihnen die Möglichkeit, Routineaufgaben zu automatisieren und dadurch Zeit für strategisch wichtigere Aufgaben freizusetzen. Indem Sie KI nutzen, können Sie Ihre Effizienz steigern und sich auf die Tätigkeiten konzentrieren, die wirklich zählen. Dies bedeutet, dass Sie nicht nur durch die bloße Menge Ihrer Arbeit überzeugen, sondern durch deren Qualität und die durchdachte Nutzung Ihrer Zeit.

Ein Beispiel: Anstatt jede Woche Stunden mit wiederkehrenden administrativen Aufgaben zu verbringen, können Sie KI-basierte Systeme einsetzen, die diese Tätigkeiten für Sie übernehmen. Dadurch gewinnen Sie wertvolle Zeit, die Sie in innovative Projekte oder in die Entwicklung neuer Fähigkeiten investieren können. Ihr Chef und Ihre Kollegen werden Ihre Effizienz und Ihren Beitrag zum Unternehmenserfolg wahrnehmen und schätzen.

Gleichzeitig können KI-gestützte Analysetools Ihre Arbeitsgewohnheiten untersuchen und Ihnen wertvolle Einblicke geben, wie Sie Ihre Produktivität weiter steigern können. Diese Tools können Ihnen helfen, Engpässe zu identifizieren und Ihre Arbeitszeit optimal zu nutzen. So arbeiten Sie nicht nur härter, sondern auch smarter – ein wesentlicher Vorteil in der heutigen Arbeitswelt.

Aber denken Sie daran: Auch wenn der Einsatz von KI Ihre Arbeit erheblich erleichtern kann, sollten Sie auf Ihre Gesundheit und Ihr Wohlbefinden achten. Die richtige Balance zwischen harter Arbeit und notwendigen Erholungsphasen ist entscheidend, um langfristig erfolgreich zu sein. Nutzen Sie die Freiräume, die Ihnen durch die Automatisierung von Routineaufgaben entstehen, um sich zu regenerieren und neue Energie zu tanken.

Wichtiges kurzgefasst Abschn. 9.1.10 Arbeiten Sie mehr als der Durchschnitt

Intelligenter arbeiten: In der modernen Arbeitswelt zählt nicht nur die Arbeitsmenge, sondern vor allem die intelligente Nutzung von Zeit und Ressourcen.

Automatisierung durch KI: Nutzen Sie KI-Tools, um Routineaufgaben zu automatisieren und Zeit für strategisch wichtige Tätigkeiten zu gewinnen.

Effizienzsteigerung: Durch den Einsatz von KI können Sie Ihre Effizienz steigern und sich auf die Aufgaben konzentrieren, die wirklich zählen.

Produktivitätsanalysen: KI-gestützte Analysetools helfen, Engpässe zu identifizieren und Ihre Produktivität zu optimieren.

Balance zwischen Arbeit und Erholung: Trotz der Effizienzsteigerung durch KI sollten Sie auf Ihre Gesundheit und Erholung achten, um langfristig erfolgreich zu sein.

> **Geeignete KI-Tools**
>
> **Zapier** ist ein Automatisierungstool, das mithilfe von KI-Routineaufgaben über verschiedene Apps hinweg automatisiert. Es ermöglicht Nutzern, wiederkehrende Aufgaben ohne manuelle Eingriffe zu erledigen, wodurch wertvolle Zeit für wichtigere und strategischere Aufgaben frei wird. www.zapier.com
>
> **Time Doctor** ist ein KI-gestütztes Analysetool, das die Produktivität und Arbeitsgewohnheiten der Nutzer überwacht. Es liefert detaillierte Berichte und Einblicke, die helfen, Engpässe zu identifizieren und die Arbeitszeit optimal zu nutzen, um die Effizienz zu steigern, ohne das persönliche Wohlbefinden zu vernachlässigen. www.timedoctor.com

9.1.11 Überlegen Sie immer, *wie* Sie etwas tun

In der modernen Arbeitswelt ist der Weg, den Sie einschlagen, genauso wichtig wie das Ziel selbst. Ihre Arbeitsweise bestimmt nicht nur die Qualität Ihrer Ergebnisse, sondern auch Ihren langfristigen Erfolg. Es geht nicht nur darum, Aufgaben zu erfüllen, sondern darum, wie Sie diese Aufgaben angehen und welche Standards Sie dabei setzen.

KI-gestützte Analyse-Tools bieten Ihnen die Möglichkeit, Ihre Arbeitsmethoden kontinuierlich zu überprüfen und gezielt Verbesserungsmöglichkeiten zu identifizieren. Diese Tools analysieren Ihre Prozesse und liefern Ihnen datengestützte Einblicke, wie Sie effizienter arbeiten und gleichzeitig die Qualität Ihrer Ergebnisse steigern können. Indem Sie Ihre Arbeitsweise regelmäßig reflektieren und anpassen, können Sie sicherstellen, dass Ihre Arbeit immer den höchsten Qualitätsstandards entspricht.

Die Funktionsweise dieser Tools basiert auf fortschrittlichen Algorithmen, die große Mengen an Daten aus Ihrem Arbeitsalltag auswerten – etwa Dokumentationszeiten, Kommunikationsverhalten, Projektverläufe oder Feedbackzyklen. Die KI erkennt Muster und Auffälligkeiten, vergleicht diese mit Best Practices und zeigt Ihnen konkrete Handlungsfelder auf:

- Wo wiederholen sich unnötige Schritte?
- Wo geht Zeit verloren?
- Welche Kommunikationswege sind besonders effektiv?

So erhalten Sie nicht nur abstrakte Analysen, sondern praxisnahe Empfehlungen, die Ihnen helfen, Ihre täglichen Abläufe gezielt zu optimieren – fundiert, individuell und stets aktuell.

Das Konzept der „persönlichen Qualität" geht dabei über technische Spezifikationen hinaus. Es umfasst die Anforderungen, die Sie an sich selbst stellen und die Erwartungen, die andere an Sie haben – oft unausgesprochen, aber dennoch entscheidend. Wenn Sie Ihre Arbeit so ausführen, dass Sie stolz darauf sein können, setzen Sie ein Zeichen für Ihre persönliche Qualitätsmarke.

Ein praktischer Ansatz könnte darin bestehen, sich vorzustellen, dass jede Ihrer Arbeiten mit Ihrem Namen versehen ist – als wäre sie Ihre persönliche Visitenkarte. Dieser gedankliche Schritt hilft Ihnen, sich immer bewusst zu machen, wie wichtig es ist, nicht nur das Ziel zu erreichen, sondern auch den Weg dorthin mit höchster Sorgfalt und Professionalität zu gestalten.

Nutzen Sie die Möglichkeiten, die KI bietet, um Ihre Arbeit ständig zu verbessern. Aber vergessen Sie nicht, dass am Ende Ihre persönliche Einstellung zur Qualität den Unterschied macht. Streben Sie nach Exzellenz in allem, was Sie tun, und lassen Sie Fehler erst gar nicht entstehen. So werden Sie nicht nur Ihre eigenen Erwartungen erfüllen, sondern auch die Ihres Unternehmens übertreffen.

> **Wichtiges kurzgefasst Abschn. 9.1.11 Überlegen Sie immer, wie Sie etwas tun**
>
> **Arbeitsweise zählt:** Der Weg, wie Sie Aufgaben angehen, ist ebenso wichtig wie das Ergebnis selbst und beeinflusst langfristigen Erfolg.
>
> **Kontinuierliche Prozessoptimierung:** KI-gestützte Analyse-Tools helfen, Arbeitsmethoden zu überprüfen und gezielt Verbesserungsmöglichkeiten zu identifizieren.
>
> **Persönliche Qualität:** Ihre Arbeitsweise sollte höchsten Standards entsprechen und den unausgesprochenen Erwartungen anderer gerecht werden.

Visitenkarten-Prinzip: Behandeln Sie jede Arbeit, als wäre sie Ihre persönliche Visitenkarte, um höchste Sorgfalt und Professionalität zu gewährleisten.
Streben nach Exzellenz: Nutzen Sie KI, um Ihre Arbeit zu verbessern, aber setzen Sie Ihre persönliche Einstellung zur Qualität an erste Stelle.

Geeignete KI-Tools

Process Street ist ein KI-gestütztes Workflow-Management-Tool, das Nutzern hilft, standardisierte Prozesse zu erstellen, zu überprüfen und zu optimieren. Es ermöglicht eine kontinuierliche Verbesserung der Arbeitsabläufe durch detaillierte Prozessanalysen und bietet Einblicke, wie Aufgaben effizienter und mit höherer Qualität ausgeführt werden können. www.process.st

Trello, kombiniert mit dem Butler Power-Up, nutzt KI, um Workflows zu automatisieren und Teams dabei zu helfen, ihre Arbeit effektiver zu planen und zu organisieren. Es ermöglicht die Überwachung von Fortschritten und die Optimierung von Arbeitsprozessen, wodurch die Qualität der Ergebnisse durch strukturierte und effiziente Arbeitsmethoden gesteigert wird. www.trello.com

9.1.12 Nutzen Sie den Trampolineffekt

Das Berufsleben ist voller Höhen und Tiefen. Manchmal erleben Sie einen Aufstieg, manchmal müssen Sie mit Rückschlägen umgehen. In solchen Momenten ist es entscheidend, einen „Trampolineffekt" zu nutzen – ein Netzwerk von unterstützenden Kollegen und Kontakten, die Ihnen helfen, nach einem Fall wieder weich zu landen und sich neu zu orientieren.

KI-gestützte Tools zur Fehleranalyse bieten Ihnen die Möglichkeit, aus vergangenen Fehlern wertvolle Erkenntnisse zu gewinnen und ähnliche Herausforderungen in der Zukunft besser zu bewältigen. Durch die Nutzung von Datenanalyse und Vorhersagemodellen können Sie potenzielle Risiken frühzeitig erkennen und Maßnahmen ergreifen, um diese zu vermeiden.

Darüber hinaus kann KI Ihnen helfen, neue Chancen zu identifizieren, die sich aus vermeintlichen Rückschlägen ergeben. Indem Sie aus Ihren Erfahrungen lernen und diese Erkenntnisse strategisch nutzen, können Sie nicht nur Rückschläge abfedern, sondern auch gestärkt daraus hervorgehen.

KI-gestützte Fehleranalysesysteme arbeiten auf Basis historischer Daten und nutzen Methoden des maschinellen Lernens, um Muster zu erkennen, die typischerweise zu Problemen führen. Sie analysieren z. B. Arbeitsabläufe, Kommunikationsverläufe oder Projektmeilensteine und vergleichen diese mit erfolgreichen oder gescheiterten Projekten. So lassen sich kritische Faktoren identifizieren – etwa unklare Rollenverteilungen, Verzögerungen in bestimmten Phasen oder wiederkehrende Missverständnisse. Die KI gibt dann konkrete Hinweise auf mögliche Verbesserungen, zeigt Warnsignale frühzeitig auf und hilft dabei, Strategien zu entwickeln, um ähnliche Fehler künftig zu vermeiden.

Es ist jedoch wichtig, dass Sie sich nicht ausschließlich auf technische Lösungen verlassen. Der menschliche Faktor bleibt von zentraler Bedeutung. Behandeln Sie Ihre Kollegen und Mitarbeiter stets fair, offen und freundlich. Diese zwischenmenschlichen Beziehungen sind das eigentliche Trampolin, das Ihnen in schwierigen Zeiten den Rücken stärkt und Ihnen hilft, wieder auf die Beine zu kommen. Menschen, die gerne mit Ihnen zusammenarbeiten, werden auch in der Zukunft bereit sein, Ihnen zu helfen, sollten Sie einmal ins Straucheln geraten.

Der Trampolineffekt ist somit eine Kombination aus kluger Nutzung von KI und einem starken, unterstützenden Netzwerk von Kollegen und Kontakten. Mit dieser Mischung können Sie sicherstellen, dass Sie nicht nur Rückschläge überstehen, sondern auch gestärkt daraus hervorgehen und Ihren Weg zum Erfolg fortsetzen.

> **Wichtiges kurzgefasst Abschn. 9.1.12 Nutzen Sie den Trampolineffekt**
>
> **Rückschläge bewältigen:** Der „Trampolineffekt" hilft, nach Rückschlägen weich zu landen und sich neu zu orientieren.
>
> **Lernen aus Fehlern mit KI:** KI-Tools zur Fehleranalyse ermöglichen es, wertvolle Erkenntnisse aus Rückschlägen zu ziehen und zukünftige Herausforderungen besser zu meistern.

9 Die Integration von KI in klassische Erfolgsfaktoren

Risiken frühzeitig erkennen: Datenanalyse und Vorhersagemodelle helfen, potenzielle Risiken rechtzeitig zu identifizieren und zu vermeiden.
Neue Chancen entdecken: Rückschläge bieten oft neue Chancen, die mithilfe von KI strategisch genutzt werden können.
Menschliche Unterstützung: Ein starkes Netzwerk aus unterstützenden Kollegen bleibt essenziell, um in schwierigen Zeiten Unterstützung zu erhalten.
Kombination von KI und Netzwerk: Durch die Verbindung von kluger KI-Nutzung und zwischenmenschlichen Beziehungen wird der Trampolineffekt verstärkt, sodass Sie gestärkt aus Rückschlägen hervorgehen.

Zusammenfassung Abschn. 9.1: Verbindung traditioneller Erfolgsfaktoren mit modernen KI-Strategien

Traditionelle Erfolgsfaktoren optimiert durch KI: KI ermöglicht eine genauere Selbstanalyse, personalisierte Strategien und proaktive Maßnahmen, während menschliche Fähigkeiten wie Kreativität und emotionale Intelligenz weiterhin essenziell für nachhaltigen Erfolg bleiben.
Personalisierung und Datenanalyse: KI-Tools bieten personalisierte Empfehlungen und eine datenbasierte Entscheidungsfindung, die eine gezielte berufliche und persönliche Entwicklung ermöglichen.
Selbstreflexion und Anpassung: KI-gestützte Analyse-Tools verbessern die Selbstwahrnehmung und geben objektives Feedback, das zu fundierten Entscheidungen und gezielter Weiterentwicklung führt.
Zielsetzung und Unternehmensstrategie: Persönliche Ziele sollten im Einklang mit den Zielen des Unternehmens stehen. KI-Tools helfen, diese Harmonie zu erreichen und zukünftige Entwicklungen zu antizipieren.
Beruflicher und persönlicher Erfolg: Erfolg wird durch individuelle Maßstäbe definiert, und KI kann helfen, diese zu verstehen und rechtzeitig anzupassen, um langfristige Zufriedenheit zu gewährleisten.
Balance zwischen Beruf und Privatleben: KI unterstützt bei der Schaffung einer gesunden Balance zwischen beruflichen Zielen und privatem Wohlbefinden, um Burnout und Unzufriedenheit zu vermeiden.
Gehalt ist nicht alles: Beruflicher Erfolg hängt nicht nur vom Gehalt ab, sondern auch von Faktoren wie Arbeitszufriedenheit und persönlicher Erfüllung.
Realistische Karriereplanung: KI hilft, Fähigkeiten objektiv einzuschätzen, um überzogene Erwartungen zu vermeiden und realistische Karriereentscheidungen zu treffen.

Mut zur Herausforderung: KI-gestützte Simulationen bereiten auf herausfordernde Situationen vor und helfen, Ängste zu überwinden und die persönliche Weiterentwicklung zu fördern.
Lehren als Lernmethode: Das Weitergeben von Wissen fördert die eigene Weiterbildung, und KI-gestützte Lernplattformen optimieren diesen Prozess.
Intelligenter arbeiten mit KI: KI ermöglicht die Automatisierung von Routineaufgaben, sodass mehr Zeit für strategische Aufgaben bleibt, ohne das Wohlbefinden zu vernachlässigen.
Kontinuierliche Verbesserung der Arbeitsmethoden: KI-Tools bieten Einblicke, um Arbeitsmethoden regelmäßig zu optimieren und persönliche Qualitätsstandards zu steigern.
Resilienz und Netzwerke: Der „Trampolineffekt" kombiniert die kluge Nutzung von KI mit einem starken Netzwerk, um Rückschläge zu überstehen und gestärkt daraus hervorzugehen.

Geeignete KI-Tools

Scribe ist ein KI-gestütztes Analysetool, das Fehleranalysen und Erkenntnisse aus vergangenen Projekten ermöglicht. Es hilft Nutzern, aus Fehlern zu lernen, indem es Schwachstellen identifiziert und Verbesserungsvorschläge bietet. Dadurch können zukünftige Herausforderungen besser gemeistert und Risiken frühzeitig erkannt werden. www.scribehow.com

Crystal Knows verwendet KI, um Einblicke in Kommunikationsstile und Persönlichkeitstypen zu geben, die dabei helfen, stärkere Beziehungen am Arbeitsplatz zu knüpfen. Es unterstützt dabei, ein starkes Netzwerk von Kollegen und Kontakten aufzubauen, die in schwierigen Zeiten unterstützend wirken können. www.crystalknows.com

9.2 Optimale Wirkung Ihrer Person auf Andere

Die persönliche Wirkung wird mehr denn je zu einem entscheidenden Erfolgsfaktor. Die Art und Weise, wie wir von anderen wahrgenommen werden, beeinflusst nicht nur unsere beruflichen Chancen, sondern auch die Qualität unserer zwischenmenschlichen Beziehungen. Künstliche

Intelligenz (KI) bietet innovative Möglichkeiten, Ihr Ausstrahlung und Präsenz gezielt zu optimieren- sowohl im direkten Kontakt als auch in virtuellen Umgebungen.

Die Herausforderung besteht darin, sich authentisch und überzeugend zu präsentieren, während Ihre individuellen Stärken gezielt hervorgehoben werden. Hier kommt KI ins Spiel: KI-gestützte Tools können durch die Analyse von Körpersprache, Sprechweise und sogar Ihrer digitalen Präsenz können KI-gestützte Tools wertvolle Einblicke in die eigene Wirkung auf andere geben. Diese Technologien ermöglichen es, gezielt an Aspekten wie nonverbaler Kommunikation, visueller Darstellung und persönlichem Branding zu arbeiten, um die Wirkung zu maximieren.

Ein weiterer wichtiger Aspekt ist die Authentizität. In einer Zeit, in der KI eine Vielzahl von Aufgaben übernehmen kann, bleibt die menschliche Einzigartigkeit ein unschätzbarer Wert. Es geht nicht nur darum, sich gut zu präsentieren, sondern auch darum, eine echte Verbindung zu anderen herzustellen. KI kann uns helfen, unser Selbstverständnis zu schärfen und unsere einzigartigen Eigenschaften zu betonen – Fähigkeiten, die Sie von anderen abheben.

Darüber hinaus eröffnet KI neue Möglichkeiten im Bereich des Selbstmarketings. Durch den gezielten Einsatz von KI können Sie Ihre Online-Präsenz weiter optimieren, indem Sie gezielt Inhalte teilen, die Ihre Kompetenzen und Erfolge hervorheben. KI-gestützte Plattformen analysieren, welche Inhalte bei Ihrer Zielgruppe am besten ankommen, und bieten Vorschläge zur Verbesserung Ihrer Reichweite und Wirkung.

In diesem Kapitel werden wir untersuchen, wie Sie mithilfe von KI Ihre persönliche Wirkung maximieren können. Wir betrachten Tools und Strategien, die Ihnen helfen, eine starke, authentische Präsenz zu entwickeln und Ihre beruflichen und persönlichen Beziehungen zu stärken. Entdecken Sie, wie Sie Ihre Persönlichkeit und Ihre Fähigkeiten optimal präsentieren können, um in einer digitalisierten Welt erfolgreich zu sein.

Ein besonders vielseitiges Tool in diesem Bereich ist Canva (siehe unten). Mithilfe integrierter KI-Funktionen können Sie dort nicht nur professionelle Designs für Präsentationen, Lebensläufe oder Social-Media-Beiträge erstellen, sondern auch Ihre persönliche Markenbotschaft gezielt transportieren. Die KI schlägt auf Wunsch passende

Layouts, Farben und Bildsprache vor – abgestimmt auf Ihre Zielgruppe und den gewünschten Eindruck. So gelingt es selbst ohne grafische Vorkenntnisse, eine klare visuelle Identität zu entwickeln, die Ihre Persönlichkeit unterstreicht und Ihre Inhalte wirkungsvoll präsentiert.

> **Wichtiges kurzgefasst Abschn. 9.2 Optimale Wirkung Ihrer Person auf Andere**
>
> **Persönliche Wirkung im digitalen Zeitalter:** Ihre Wahrnehmung durch andere ist ein entscheidender Erfolgsfaktor. KI kann Ihre Ausstrahlung und Präsenz optimieren – sowohl online als auch offline.
> **Verbesserung der nonverbalen Kommunikation:** KI-gestützte Tools analysieren Ihre Körpersprache, Sprechweise und digitale Präsenz, um Ihnen wertvolle Einblicke in Ihre Wirkung auf andere zu geben.
> **Betonung der Authentizität:** Trotz technologischer Unterstützung bleibt Authentizität unerlässlich. KI hilft Ihnen, Ihre einzigartigen Stärken zu identifizieren und authentisch zu präsentieren.
> **Optimierung des Selbstmarketings:** Nutzen Sie KI, um Ihre Online-Präsenz zu optimieren und gezielt Inhalte zu teilen, die Ihre Kompetenzen und Erfolge hervorheben. KI-gestützte Analysen helfen Ihnen, Ihre Reichweite und Wirkung zu verbessern.
> **Entwicklung einer starken und authentischen Präsenz:** Durch den gezielten Einsatz von KI können Sie Ihre beruflichen und persönlichen Beziehungen stärken und in einer digitalisierten Welt erfolgreich sein.

> **Geeignete KI-Tools**
>
> **Crystal Knows** nutzt KI, um die Persönlichkeit und den Kommunikationsstil eines Nutzers zu analysieren und bietet maßgeschneiderte Empfehlungen zur Verbesserung der Interaktion mit anderen. Es hilft dabei, die nonverbale Kommunikation und die Wirkung auf andere zu optimieren, indem es personalisierte Strategien zur besseren Interaktion in beruflichen und persönlichen Beziehungen bereitstellt. www.crystalknows.com
> **Canva**, mit der Funktion „Magic Write", ist eine KI-gestützte Design- und Schreibplattform, die Nutzern dabei hilft, ihre Online-Präsenz zu optimieren. Die Plattform unterstützt beim Erstellen und Teilen von ansprechenden Inhalten, die die eigenen Kompetenzen und Erfolge hervorheben, und nutzt KI-gestützte Analysen, um herauszufinden, welche Inhalte bei der Zielgruppe am besten ankommen. www.canva.com

9.2.1 Zeigen Sie Persönlichkeit

Während KI-Tools immer mehr in den Arbeitsalltag vordringen, gewinnt die Entwicklung einer starken und authentischen Persönlichkeit zunehmend an Bedeutung. Während KI viele Routineaufgaben übernehmen kann, bleibt die menschliche Einzigartigkeit ein unverzichtbarer Erfolgsfaktor. Aber was bedeutet es, eine Persönlichkeit zu sein?

Eine Persönlichkeit zeichnet sich durch individuelle, authentische Merkmale aus, die über bloße Fachkenntnisse hinausgehen. Es geht darum, in Ihrem Handeln und Auftreten Eigenschaften zu zeigen, die Sie von der Masse abheben und Ihnen helfen, in einer zunehmend digitalisierten Welt erfolgreich zu sein. Die Herausforderung besteht darin, Ihre Stärken und Schwächen zu erkennen und gezielt an den Aspekten Ihrer Persönlichkeit zu arbeiten, die Sie einzigartig machen.

Künstliche Intelligenz kann Ihnen dabei wertvolle Unterstützung bieten. Durch KI-gestützte Tools zur Selbstanalyse können Sie ein klareres Bild Ihrer Persönlichkeit gewinnen. Diese Technologien können Ihre Verhaltensmuster analysieren, Ihre Stärken hervorheben und Bereiche identifizieren, in denen Sie sich weiterentwickeln können. Durch gezieltes Arbeiten an diesen Bereichen können Sie sich zu einer herausragenden Persönlichkeit entwickeln, die nicht nur in durch fachliche Kompetenz überzeugt, sondern auch durch ihre einzigartige Ausstrahlung und ihr Auftreten besticht.

In einer Welt, in der Standardlösungen zunehmend von Maschinen übernommen werden, sind es Ihre persönlichen Qualitäten, die den Unterschied machen. Zeigen Sie Selbstbewusstsein, Entschlossenheit und Durchsetzungsvermögen, ohne dabei auf Kosten anderer zu agieren. Gleichzeitig sollten Sie Kompromissfähigkeit und Empathie für Ihre Mitmenschen aufbringen. Achten Sie auch darauf, dass Ihr äußeres Erscheinungsbild professionell, aber individuell bleibt – nie schrill, übertrieben oder nachlässig.

Ihr Erfolg wird maßgeblich davon abhängen, wie gut es Ihnen gelingt, Ihre Persönlichkeit zu entwickeln und in den Vordergrund zu stellen. Nutzen Sie die Möglichkeiten, die Ihnen KI bietet, um Ihre Persönlichkeit gezielt zu stärken und sich so von der Masse abzuheben.

Wichtiges kurzgefasst Abschn. 9.2.1 Zeigen Sie Persönlichkeit

Wichtigkeit einer authentischen Persönlichkeit: In einer von KI geprägten Welt bleibt die Entwicklung einer starken und authentischen Persönlichkeit ein unverzichtbarer Erfolgsfaktor.

Individuelle Merkmale betonen: Eine herausragende Persönlichkeit zeichnet sich durch Merkmale aus, die über Fachkenntnisse hinausgehen und Sie von anderen abheben.

Unterstützung durch KI-gestützte Tools: KI-Tools zur Selbstanalyse können Ihnen helfen, Ihre Stärken und Schwächen zu erkennen und gezielt an Ihrer Persönlichkeit zu arbeiten.

Einzigartigkeit als Differenzierungsmerkmal: In einer Welt voller Standardlösungen sind es Ihre individuellen Qualitäten, die den Unterschied ausmachen.

Kombination von Selbstbewusstsein und Empathie: Zeigen Sie Selbstbewusstsein und Durchsetzungsvermögen, ohne Empathie und Kompromissbereitschaft zu vernachlässigen.

Professionelles und individuelles Auftreten: Achten Sie darauf, dass Ihr äußeres Erscheinungsbild professionell, aber auch individuell ist, um Ihre Persönlichkeit zu unterstreichen.

Geeignete KI-Tools

Humantic AI ist ein KI-gestütztes Persönlichkeitstool, das auf Verhaltens- und Persönlichkeitsanalysen basiert. Es hilft Nutzern, ihre eigenen Stärken und Schwächen besser zu verstehen und zeigt, wie diese Merkmale in verschiedenen beruflichen und sozialen Kontexten wirken. Das Tool gibt Empfehlungen, wie man seine Persönlichkeit gezielt hervorheben und seine Einzigartigkeit als Differenzierungsmerkmal nutzen kann. www.humantic.ai

Traitify, ein Produkt von Paradox, ist ein KI-gestütztes Tool, das durch kurze, visuelle Persönlichkeitstests ein tiefgehendes Verständnis der eigenen Persönlichkeit ermöglicht. Es identifiziert individuelle Stärken und Schwächen und hilft, gezielt an der Weiterentwicklung spezifischer Eigenschaften zu arbeiten, um eine authentische und starke Persönlichkeit zu präsentieren. www.paradox.ai

Diese Tools unterstützen die Selbsterkenntnis und Persönlichkeitsentwicklung, indem sie mithilfe von KI eine detaillierte Analyse individueller Merkmale bieten und dabei helfen, einzigartige Stärken hervorzuheben und gezielt weiterzuentwickeln.

9.2.2 Zeigen Sie Ausstrahlung

Wie überzeugend wirken Sie eigentlich auf auf andere im wirklichen Leben und auch im virtuellen Bereich? Haben Sie schon einmal ehrliche Meinungen erhalten? In einer zunehmend digitalen Welt, in der viele Interaktionen virtuell stattfinden, gewinnt die persönliche Ausstrahlung eine noch größere Bedeutung. Auch in der Online-Kommunikation können Sie durch gezielte Gesten und einen bewussten Umgang mit Ihrer Körpersprache eine starke Wirkung erzielen. Es ist entscheidend, dass Sie Ihre Präsenz und Ausstrahlung sowohl in physischen als auch in virtuellen Umgebungen bewusst und effektiv einsetzen.

Augenkontakt bleibt von zentraler Bedeutung, selbst wenn er über eine Kamera erfolgt. Ein gezielter Blickkontakt vermittelt Aufmerksamkeit und Respekt, was auch in virtuellen Meetings nicht unterschätzt werden sollte. KI-gestützte Tools können Ihnen dabei helfen, Ihre nonverbale Kommunikation effektiv zu analysieren und zu verbessern. Technologien wie Gesichtserkennungssoftware bieten detailliertes Feedback zu Ihrer Mimik, Gestik und Ihrem Blickkontakt, sodass Sie Ihre Ausstrahlung gezielt optimieren können.

Eine weitere wichtige Komponente ist die Stimme. In virtuellen Meetings kann eine ruhige, gelassene Tonlage Wunder wirken. Hier können KI-Tools zur Stimm- und Sprachanalyse Ihnen helfen, Ihre Sprechweise zu verfeinern und positiver und sympathischer zu gestalten. Ob in einem physischen Raum oder über eine virtuelle Plattform – Ihre Stimme sollte immer Vertrauen, Klarheit und Wärme ausstrahlen.

Indem Sie Ihre innere Balance und positive Ausstrahlung gezielt nach außen tragen, schaffen Sie eine starke Präsenz, die sowohl in direkten als auch in digitalen Interaktionen spürbar ist. Ihre Persönlichkeit und Ihr Auftreten werden so zu einem wesentlichen Erfolgsfaktor, der Ihnen hilft, sich in der digitalen Ära durchzusetzen und nachhaltig Eindruck zu hinterlassen.

Wichtiges kurzgefasst 9.2.2 Zeigen Sie Ausstrahlung

Ausstrahlung auch in der digitalen Welt: In einer zunehmend virtuellen Welt ist Ihre persönliche Ausstrahlung ein entscheidender Erfolgsfaktor, sowohl online als auch offline.

Bedeutung von Augenkontakt: Selbst in virtuellen Meetings bleibt gezielter Augenkontakt wichtig, da er Aufmerksamkeit und Respekt vermittelt.

Nutzung von KI zur Verbesserung der nonverbalen Kommunikation: KI-Tools können Ihre Körpersprache, Mimik und Gestik analysieren, um Ihre Ausstrahlung gezielt zu optimieren.

Kraft der Stimme: Eine ruhige, gelassene Tonlage kann in virtuellen Meetings einen großen Unterschied machen. KI-gestützte Sprachanalysen helfen, die Stimme vertrauenswürdiger und sympathischer zu gestalten.

Innere Balance und positive Ausstrahlung: Ihre innere Balance und positive Ausstrahlung sollten sowohl in physischen als auch in virtuellen Umgebungen bewusst eingesetzt werden, um eine starke Präsenz zu schaffen.

Geeignete KI-Tools

Zoom AI Companion ist ein KI-gestütztes Tool, das in virtuelle Meetings integriert ist und Echtzeit-Feedback zu nonverbalen Kommunikationsaspekten wie Mimik, Gestik und Augenkontakt bietet. Es hilft Nutzern, ihre Ausstrahlung zu verbessern und ihre Präsenz in Online-Meetings zu stärken, indem es Empfehlungen zur Körpersprache und Blickrichtung gibt. www.zoom.us

VoiceVibes ist ein KI-Tool zur Stimm- und Sprachanalyse, das Nutzern hilft, ihre Sprechweise zu verfeinern. Es analysiert Tonlage, Sprechtempo und Stimmfarbe und bietet gezielte Empfehlungen, um die Stimme klarer, vertrauensvoller und sympathischer zu gestalten. Ideal für die Optimierung der Stimme in physischen und virtuellen Umgebungen. www.voicevibes.com

Diese Tools bieten wertvolle Unterstützung bei der Verbesserung der nonverbalen Kommunikation und der Stimmqualität, was entscheidend für eine starke persönliche Ausstrahlung in einer zunehmend digitalen Welt ist.

9.2.3 Sehen Sie erfolgreich aus

Der erste Eindruck ist von entscheidender Bedeutung. Ihr äußeres Erscheinungsbild und Ihr gesamtes Auftreten – sowohl online als auch offline – tragen maßgeblich dazu bei, wie Sie von anderen wahrgenommen werden. Künstliche Intelligenz (KI) kann Ihnen dabei helfen, Ihren Stil gezielt zu finden und zu optimieren und dann bieten sich zahlreiche Möglichkeiten, sich authentisch und professionell zu präsentieren.

KI-gestützte Online-Style-Advisor-Tools bieten Ihnen wertvolle Unterstützung bei der Zusammenstellung von Outfits, die nicht nur zu Ihrem Beruf, sondern auch zu Ihrer Persönlichkeit passen. Diese Tools analysieren aktuelle Modetrends und Ihre individuellen Vorlieben, um Ihnen Empfehlungen zu geben, die Ihrem professionellen Image entsprechen. Ein gepflegtes, stimmiges Äußeres signalisiert nicht nur Erfolg, sondern auch Selbstbewusstsein und Professionalität – und ist damit ein wesentlicher Bestandteil Ihres persönlichen Markenbildes.

Denken Sie daran, dass Ihr äußeres Erscheinungsbild Ihre innere Einstellung widerspiegeln sollte. Ein authentisches Auftreten, das Ihre Persönlichkeit und Ihre beruflichen Ziele klar unterstreicht, wird von Ihren Mitmenschen positiv wahrgenommen. Nutzen Sie KI-Technologien, um sich regelmäßig Feedback zu Ihrem Auftreten einzuholen und sicherzustellen, dass Sie stets den besten Eindruck hinterlassen. Dabei sollten Sie jedoch nie vergessen, dass Authentizität der Schlüssel zum Erfolg ist. Ihr Äußeres sollte nicht nur den gesellschaftlichen Normen entsprechen, sondern auch Ihre individuelle Note bewahren – diejenige, die Sie von der Masse abhebt.

Indem Sie gezielt auf Ihr Erscheinungsbild achten und es entsprechend Ihrer Ziele und Ihrer Persönlichkeit gestalten, setzen Sie ein starkes Zeichen für Ihren Erfolg. Dies trägt nicht nur dazu bei, dass Sie von anderen als erfolgreich wahrgenommen werden, sondern stärkt auch Ihr Selbstbewusstsein und Ihre Position in der beruflichen Welt.

Wichtiges kurzgefasst Abschn. 9.2.3: Sehen Sie erfolgreich aus

Der erste Eindruck zählt – auch im digitalen Zeitalter: Ihr äußeres Erscheinungsbild und Auftreten sind entscheidend für die Wahrnehmung Ihrer Person, sowohl online als auch offline.

Unterstützung durch KI-gestützte Style-Advisor-Tools: KI hilft Ihnen, Outfits zu finden, die sowohl zu Ihrem Beruf als auch zu Ihrer Persönlichkeit passen, und stärkt damit Ihr professionelles Image.

Authentisches Auftreten: Ihr äußeres Erscheinungsbild sollte Ihre innere Einstellung widerspiegeln und Ihre individuellen Stärken betonen.

Regelmäßiges Feedback durch KI nutzen: Nutzen Sie KI-Technologien, um regelmäßig Feedback zu Ihrem Erscheinungsbild zu erhalten und sicherzustellen, dass Sie stets den besten Eindruck hinterlassen.

Stärkung von Selbstbewusstsein und Position: Ein gezielt gestaltetes Erscheinungsbild unterstützt nicht nur den Eindruck von Erfolg, sondern stärkt auch Ihr Selbstbewusstsein und Ihre Position in der beruflichen Welt.

Geeignete KI-Tools

Vue.ai ist ein KI-gestütztes Style-Advisor-Tool, das Nutzern personalisierte Outfit-Empfehlungen basierend auf ihren Vorlieben, dem Anlass und aktuellen Modetrends bietet. Es hilft dabei, ein professionelles Image zu stärken, indem es Outfits vorschlägt, die sowohl zur Persönlichkeit als auch zum Beruf passen, und unterstützt die Entwicklung eines konsistenten, erfolgreichen Erscheinungsbildes. www.vue.ai

Shoptagr ist ein KI-Tool, das personalisierte Shopping-Empfehlungen basierend auf den Stilpräferenzen des Nutzers und den neuesten Trends bietet. Es ermöglicht die Erstellung einer stilvollen Garderobe, die den beruflichen Anforderungen und der persönlichen Marke entspricht. Zudem kann das Tool regelmäßig Feedback zu neuen Modetrends und passenden Artikeln geben, um das Erscheinungsbild ständig zu optimieren. www.shoptagr.com

Diese Tools unterstützen die Gestaltung eines authentischen und professionellen Erscheinungsbildes, das sowohl in der physischen als auch in der digitalen Welt den Eindruck von Erfolg und Selbstbewusstsein vermittelt.

9.2.4 Betreiben Sie Selbstmarketing

Selbstmarketing ist ein unverzichtbares Werkzeug, um sich beruflich zu positionieren und sichtbar zu machen. Es reicht nicht aus, einfach nur gute Arbeit zu leisten – Sie müssen Ihre Fähigkeiten und Erfolge aktiv kommunizieren, um sich von der Masse abzuheben und die Aufmerksamkeit der relevanten Entscheidungsträger auf sich zu ziehen.

Künstliche Intelligenz (KI) kann Ihnen dabei helfen, Ihre Selbstvermarktung auf das nächste Level zu heben. Mit KI-gestützten Plattformen und Tools können Sie Ihre Online-Präsenz gezielt optimieren. Automatisierte Content-Management-Systeme und Social-Media-Analysetools unterstützen Sie dabei, Ihre Reichweite zu erhöhen und die Sichtbarkeit Ihrer Beiträge zu maximieren. Diese Tools analysieren Ihre Online-Aktivitäten und geben Ihnen wertvolle Hinweise, welche Inhalte und Keywords Ihre Sichtbarkeit und Reichweite erhöhen können.

Ein weiterer Aspekt des Selbstmarketings ist die Nutzung von personalisierten E-Mail-Kampagnen, die durch KI optimiert werden, um Ihre Erfolge effektiv zu kommunizieren. Diese automatisierten Systeme ermöglichen es Ihnen, Ihre Botschaften gezielt an die richtigen Empfänger zu senden und so die Wahrscheinlichkeit zu erhöhen, dass Ihre Leistungen wahrgenommen werden.

Denken Sie daran, dass Selbstmarketing eine systematische und strategische Vorgehensweise erfordert. Es geht nicht nur darum, einmalig auf sich aufmerksam zu machen, sondern kontinuierlich an Ihrer persönlichen Marke zu arbeiten. Nutzen Sie die Möglichkeiten der KI, um Ihre Selbstvermarktung effizienter und zielgerichteter zu gestalten und Ihre beruflichen Ziele zu erreichen.

Dazu ein Beispiel: Wenn Sie den HubSpot Marketing Hub nutzen, können Sie Ihre Selbstmarketing-Kampagnen mithilfe von KI gezielt automatisieren und auswerten. Die Plattform analysiert etwa das Verhalten Ihrer Website-Besucher, erkennt Muster im Klickverhalten und schlägt Ihnen automatisch passende Inhalte oder Betreffzeilen für Ihre nächsten E-Mail-Kampagnen vor – abgestimmt auf die Interessen Ihrer Zielgruppe. Sie können zudem Social-Media-Posts terminieren, KI-generierten Contentvorschlägen folgen und in Echtzeit verfolgen, welche

Maßnahmen die größte Resonanz erzielen. So gewinnen Sie datenbasiert wertvolle Erkenntnisse darüber, welche Strategien Ihre Sichtbarkeit steigern – und wie Sie sich künftig noch besser positionieren können.

> **Wichtiges kurzgefasst Abschn. 9.2.4 Betreiben Sie Selbstmarketing**
>
> **Selbstmarketing als Schlüssel zur Sichtbarkeit:** Gute Arbeit allein reicht nicht aus – Sie müssen Ihre Erfolge aktiv kommunizieren, um Aufmerksamkeit zu erlangen.
> **Optimierung durch KI:** Nutzen Sie KI-gestützte Plattformen, um Ihre Online-Präsenz und Reichweite gezielt zu steigern.
> **Personalisierte Kommunikation:** KI-optimierte E-Mail-Kampagnen ermöglichen es, Ihre Erfolge effektiv an relevante Empfänger zu kommunizieren.
> **Strategische Vorgehensweise:** Selbstmarketing erfordert eine kontinuierliche und strategische Vorgehensweise, um langfristig erfolgreich zu sein.

> **Geeignete KI-Tools**
>
> **HubSpot Marketing Hub** ist eine KI-gestützte Plattform, die Tools für Content-Management, SEO-Optimierung, Social-Media-Management und personalisierte E-Mail-Kampagnen bietet. Sie unterstützt Nutzer dabei, ihre Online-Präsenz zu optimieren, Reichweite zu steigern und ihre Erfolge gezielt zu kommunizieren, indem sie datenbasierte Einblicke in die Performance von Inhalten und Kampagnen liefert. www.hubspot.com
> **Canva Pro** bietet KI-gestützte Funktionen wie Magic Resize und einen integrierten Social Media Scheduler, um visuelle Inhalte zu erstellen und automatisch an verschiedene Plattformen anzupassen. Diese Tools helfen dabei, ansprechende Inhalte zu erstellen und effizient zu verbreiten, um die Sichtbarkeit zu erhöhen und das Selbstmarketing zu verbessern. www.canva.com
>
> Diese Tools unterstützen die strategische und kontinuierliche Selbstvermarktung, indem sie eine Kombination aus Content-Optimierung, personalisierten Kampagnen und datenbasierten Analysen bieten, um die berufliche Positionierung und Sichtbarkeit zu stärken.

9.2.5 Bieten Sie anderen einen Nutzen

Es geht nicht nur darum, Ihre eigenen Fähigkeiten zu entwickeln, sondern auch darum, anderen einen echten Mehrwert zu bieten. Dieser Ansatz ist entscheidend für Ihren beruflichen Erfolg und die Pflege wertvoller Beziehungen – sowohl im Unternehmen als auch darüber hinaus.

Künstliche Intelligenz (KI) kann Ihnen helfen, diesen Nutzen auf ein neues Niveau zu heben. Mit KI-gestützten Analyse-Tools können Sie die Bedürfnisse Ihrer Kollegen, Kunden oder Geschäftspartner präzise identifizieren und proaktive Lösungen anbieten, die perfekt auf deren Anforderungen abgestimmt sind. Indem Sie die Bedürfnisse anderer verstehen und darauf reagieren, zeigen Sie nicht nur Ihre Kompetenz, sondern auch Ihr Engagement für den Erfolg Ihres Umfelds.

Beispielsweise können Sie mithilfe von KI innovative Ideen zur Prozessoptimierung entwickeln oder maßgeschneiderte Empfehlungen geben, die den Arbeitsalltag Ihrer Kollegen erleichtern. Die Möglichkeiten, Nutzen zu bieten, sind vielfältig – von der Bereitstellung hilfreicher Tipps bis hin zur Entwicklung komplexer, personalisierter Lösungen.

Es ist wichtig, den Nutzen, den Sie anderen bieten, klar und effektiv zu kommunizieren. Indem Sie dies tun, bauen Sie Vertrauen auf und schaffen langfristige Beziehungen, die auf gegenseitigem Respekt und Unterstützung basieren. Die menschliche Komponente – das Einfühlungsvermögen und das Verständnis für die Bedürfnisse anderer – wird immer wichtiger. Nutzen Sie diese Gelegenheit, um sich als unverzichtbarer Partner zu positionieren, der nicht nur auf den eigenen Vorteil bedacht ist, sondern auch das Wohl anderer im Blick hat.

> **Wichtiges kurzgefasst Abschn. 9.2.5 Bieten Sie anderen einen Nutzen**
>
> **Mehrwert bieten als Erfolgsstrategie:** Der Schlüssel zu beruflichem Erfolg liegt darin, anderen einen echten Mehrwert zu bieten.
> **KI-gestützte Analyse von Bedürfnissen:** KI-Tools helfen Ihnen, die Bedürfnisse anderer präzise zu identifizieren und passende Lösungen anzubieten.
> **Vielfältige Möglichkeiten des Nutzens:** Nutzen Sie KI, um sowohl einfache als auch komplexe, personalisierte Lösungen zu entwickeln.

Wichtige menschliche Komponente: Trotz der Digitalisierung bleibt Einfühlungsvermögen und Verständnis für andere entscheidend für den Aufbau langfristiger Beziehungen.
Positionierung als unverzichtbarer Partner: Indem Sie den Nutzen für andere in den Vordergrund stellen, positionieren Sie sich als wertvoller und verlässlicher Partner.

Geeignete KI-Tools

Crystal ist ein KI-gestütztes Tool, das die Persönlichkeitsprofile von Kollegen, Kunden und Geschäftspartnern analysiert, um deren Bedürfnisse und Kommunikationsstile besser zu verstehen. Es hilft Nutzern, ihre Interaktionen zu personalisieren und maßgeschneiderte Lösungen anzubieten, die auf die individuellen Bedürfnisse und Vorlieben der anderen abgestimmt sind. www.crystalknows.com

Salesforce Einstein Analytics ist ein KI-gestütztes Analyse-Tool, das Unternehmen dabei unterstützt, die Bedürfnisse ihrer Kunden präzise zu identifizieren und maßgeschneiderte Angebote und Lösungen zu entwickeln. Es bietet wertvolle Einblicke in Kundenverhalten und Präferenzen, sodass Unternehmen proaktiv auf die Bedürfnisse eingehen und personalisierte Erlebnisse schaffen können. www.salesforce.com

Diese Tools unterstützen Sie dabei, durch datengestützte Analysen und personalisierte Lösungen einen echten Mehrwert für andere zu bieten, wodurch Sie Vertrauen aufbauen und sich als verlässlicher Partner in einer zunehmend digitalisierten Welt positionieren können.

9.2.6 Versetzen Sie sich in die Situation des Kunden/ Partners

Es ist von unschätzbarem Wert, sich aktiv in die Lage Ihrer Kunden und Partner zu versetzen. Das bedeutet, ihre Bedürfnisse, Erwartungen und

Herausforderungen nicht nur zu erkennen, sondern sie wirklich zu verstehen und entsprechend zu handeln.

Künstliche Intelligenz (KI) kann Ihnen dabei helfen, tiefere Einblicke in das Verhalten und die Vorlieben Ihrer Kunden zu gewinnen. Durch den Einsatz von KI-gestützten Tools, wie Customer-Relationship-Management (CRM)-Systemen, können Sie maßgeschneiderte Erlebnisse schaffen, die genau auf die spezifischen Anforderungen Ihrer Kunden zugeschnitten sind. Diese Tools analysieren Kundendaten und bieten Ihnen die Möglichkeit, personalisierte Empfehlungen oder Lösungen anzubieten, die Ihre Fachkompetenz unterstreichen und Ihr Engagement für das bestmögliche Ergebnis verdeutlichen.

Ein Beispiel: KI-Algorithmen können aus den gesammelten Daten wertvolle Erkenntnisse gewinnen und Ihnen helfen, vorherzusagen, welche Produkte oder Dienstleistungen Ihre Kunden als nächstes benötigen könnten. Diese proaktive Herangehensweise zeigt nicht nur Ihre Fachkompetenz, sondern vermittelt auch, dass Ihnen das Wohl und die Zufriedenheit Ihrer Kunden am Herzen liegt.

Durch den Einsatz von KI können Sie auch die Kommunikation mit Ihren Kunden optimieren. Automatisierte Chatbots (siehe Abschn. 13.1) und personalisierte E-Mail-Marketingkampagnen sind nur einige der Möglichkeiten, wie Sie durch KI Ihre Kundeninteraktionen verbessern können. Der Schlüssel liegt darin, diese Technologien nicht als Ersatz für menschliche Interaktion zu sehen, sondern als Werkzeuge, um die Kommunikation zu verbessern und sicherzustellen, dass Ihre Kunden sich geschätzt und gehört fühlen.

Indem Sie sich in die Lage Ihrer Kunden und Partner versetzen und dabei moderne Technologien nutzen, können Sie nicht nur deren Erwartungen erfüllen, sondern auch Begeisterung erzeugen. Dies stärkt nicht nur die Bindung zu Ihren Kunden, sondern verschafft Ihnen auch einen Wettbewerbsvorteil in einer Welt, die zunehmend von unpersönlichen und automatisierten Prozessen geprägt ist.

> **Wichtiges kurzgefasst Abschn. 9.2.6 Versetzen Sie sich in die Situation des Kunden/Partners**
>
> Kundenzentrierte Perspektive: Sich in die Lage Ihrer Kunden und Partner zu versetzen, ist entscheidend für den Erfolg in einer digitalisierten Welt.
> Nutzen von KI-gestützten Tools: KI-Tools wie CRM-Systeme helfen Ihnen, maßgeschneiderte Erlebnisse zu schaffen, die genau auf die Bedürfnisse Ihrer Kunden zugeschnitten sind.
> Proaktive Kundenbetreuung: KI ermöglicht es Ihnen, zukünftige Bedürfnisse Ihrer Kunden vorherzusagen und proaktive Lösungen anzubieten.
> Verbesserte Kundenkommunikation: Durch den Einsatz von KI wie Chatbots und personalisierten E-Mail-Kampagnen können Sie die Kommunikation optimieren und sicherstellen, dass Kunden sich wertgeschätzt fühlen.
> Wettbewerbsvorteil durch Begeisterung: Durch die Kombination von Empathie und moderner Technologie können Sie nicht nur Erwartungen erfüllen, sondern auch Begeisterung erzeugen und sich so einen Wettbewerbsvorteil sichern.

> **Geeignete KI-Tools**
>
> **Salesforce Einstein** ist ein KI-gestütztes CRM-Tool, das Unternehmen dabei unterstützt, Kundenverhalten zu analysieren und tiefere Einblicke in die Bedürfnisse und Präferenzen der Kunden zu gewinnen. Es ermöglicht die Erstellung maßgeschneiderter Erlebnisse durch personalisierte Empfehlungen und prädiktive Analysen, die zukünftige Kundenbedürfnisse vorhersagen und proaktive Lösungen bieten. www.salesforce.com
> **Intercom** ist eine KI-gestützte Kommunikationsplattform, die Chatbots und personalisierte Messaging-Dienste integriert, um die Kundeninteraktion zu verbessern. Es hilft Unternehmen, schnell und effizient auf Kundenanfragen zu reagieren, maßgeschneiderte Lösungen anzubieten und sicherzustellen, dass sich Kunden geschätzt und gehört fühlen. www.intercom.com
>
> Diese Tools unterstützen eine kundenzentrierte Perspektive, indem sie KI nutzen, um tiefere Einblicke in Kundenbedürfnisse zu gewinnen und die Kundenkommunikation zu optimieren, wodurch die Bindung gestärkt und ein Wettbewerbsvorteil geschaffen wird.

> **Wichtige Zusammenfassung, Abschn. 9.2: Optimale Wirkung Ihrer Person auf Andere**
>
> **Persönliche Wirkung:** Die Art, wie Sie von anderen wahrgenommen werden, ist ein entscheidender Erfolgsfaktor. Künstliche Intelligenz (KI) kann Ihre Ausstrahlung, Körpersprache und digitale Präsenz verbessern.
> **Authentizität und Individualität:** Trotz technologischer Unterstützung bleibt Authentizität wichtig. KI hilft dabei, Ihre einzigartigen Stärken zu erkennen und sie gezielt zu präsentieren.
> **Selbstmarketing:** Nutzen Sie KI-Tools, um Ihre Online-Präsenz zu optimieren und gezielt Inhalte zu teilen, die Ihre Fähigkeiten und Erfolge hervorheben.
> **Menschliche Verbindung:** Einfühlungsvermögen und Verständnis bleiben unerlässlich, selbst in einer zunehmend digitalen Welt. KI unterstützt, um auf die Bedürfnisse von Kunden und Partnern einzugehen und maßgeschneiderte Lösungen anzubieten.

9.3 Zeitmanagement und Effizienzsteigerung mit KI

Zeitmanagement ist eine der größten Herausforderungen im modernen Berufsleben. Die Grenzen zwischen Arbeit und Freizeit verschwimmen zunehmend und die Anforderungen steigen stetig. Die effiziente Nutzung der eigenen Zeit wird zu einem entscheidenden Erfolgsfaktor. Künstliche Intelligenz (KI) bietet innovative Lösungen, um das Zeitmanagement zu optimieren und die persönliche Effizienz zu steigern.

Traditionelle Methoden des Zeitmanagements, wie To-Do-Listen und Kalender, stoßen oft an ihre Grenzen, wenn es darum geht, komplexe Aufgaben zu priorisieren und effizient abzuarbeiten. Hier kann KI eine bedeutende Unterstützung bieten. KI-gestützte Tools sind in der Lage, umfangreiche Datenmengen zu analysieren und daraus präzise Empfehlungen abzuleiten, wie Aufgaben am besten priorisiert und bearbeitet werden sollten. Diese Tools helfen, Engpässe zu identifizieren, Prozesse zu optimieren und den Arbeitsfluss zu verbessern.

Ein besonderer Vorteil von KI im Zeitmanagement liegt in ihrer Fähigkeit zur Vorhersage und Anpassung. Durch die Analyse von Arbeitsmustern und externen Faktoren kann KI zukünftige Herausforderungen vorhersagen und Ihnen helfen, proaktiv darauf zu reagieren. Dies ermöglicht eine flexible Planung, die sich an verändernde Umstände anpasst und so die Produktivität maximiert.

Darüber hinaus können KI-Tools dabei helfen, Ablenkungen zu minimieren und den Fokus zu steigern. Sie können beispielsweise Benachrichtigungen blockieren, gezielte Pausen fördern oder sogar personalisierte Zeitpläne erstellen, die Ihre produktivsten Arbeitszeiten optimal nutzen.

In diesem Kapitel werden wir die verschiedenen Möglichkeiten erkunden, wie KI Ihr Zeitmanagement unterstützen und Ihre Effizienz steigern kann. Wir stellen Tools vor, die Ihnen helfen, Ihre Zeit optimal zu nutzen, und zeigen, wie Sie Ihre Arbeitsweise anpassen können, um den Herausforderungen des modernen Berufslebens gerecht zu werden. Lernen Sie, wie Sie Ihre Zeit mithilfe von KI besser verwalten und so Ihre beruflichen und persönlichen Ziele effektiver erreichen können.

Wichtiges kurzgefasst Abschn. 9.3 Zeitmanagement und Effizienzsteigerung mit KI

Effizientes Zeitmanagement als Erfolgsfaktor: Die effiziente Nutzung der eigenen Zeit ist in der heutigen Arbeitswelt entscheidend für den Erfolg.

Unterstützung durch KI: KI-gestützte Tools bieten präzise Empfehlungen zur Priorisierung und Bearbeitung von Aufgaben und helfen, Engpässe zu identifizieren und den Arbeitsfluss zu verbessern.

Vorhersage und Anpassung: KI kann zukünftige Herausforderungen vorhersagen und eine flexible Planung ermöglichen, die Produktivität maximiert.

Minimierung von Ablenkungen: KI-Tools helfen, Ablenkungen zu minimieren und den Fokus zu steigern, indem sie Benachrichtigungen blockieren und gezielte Pausen fördern.

Optimale Nutzung produktiver Arbeitszeiten: Personalisierte Zeitpläne, die von KI erstellt werden, helfen dabei, die produktivsten Arbeitszeiten optimal zu nutzen und so die Effizienz zu steigern.

> **Geeignete KI-Tools**
>
> **Clockwise** ist ein KI-gestütztes Zeitmanagement-Tool, das automatisch Zeitpläne optimiert, Fokuszeiten blockiert und Besprechungen intelligent priorisiert. Es hilft Nutzern, produktive Arbeitszeiten zu maximieren und den Arbeitsfluss zu verbessern, indem es Aufgaben basierend auf individuellen Arbeitsmustern und Teamprioritäten anpasst. www.getclockwise.com
>
> **RescueTime** ist ein KI-Tool, das die Aktivitäten auf dem Computer überwacht und detaillierte Berichte über die Nutzung der Zeit liefert. Es identifiziert produktive und unproduktive Zeiten, blockiert Ablenkungen, wenn nötig, und hilft Nutzern, personalisierte Zeitpläne zu erstellen, die ihre Effizienz maximieren und Ablenkungen minimieren. www.rescuetime.com
>
> Diese Tools unterstützen eine effiziente Nutzung der Zeit durch präzise Empfehlungen zur Priorisierung von Aufgaben, Vorhersage von Herausforderungen und Minimierung von Ablenkungen, um die Produktivität und Effizienz zu steigern.

9.3.1 Konzentrieren Sie sich auf die momentane Tätigkeit

Im modernen Arbeitsumfeld, in dem Ablenkungen allgegenwärtig sind, ist es wichtiger denn je, sich gezielt auf die aktuelle Aufgabe zu konzentrieren. Dabei spielen sowohl das äußere Umfeld als auch die innere Fokussierung eine zentrale Rolle.

Ein gut gestaltetes Arbeitsumfeld kann helfen, Ablenkungen zu minimieren. Dabei ist es wichtig, eine Umgebung zu schaffen, die Ihrer persönlichen Arbeitsweise entspricht. Während einige in völliger Stille am besten arbeiten, brauchen andere Musik oder eine lebhafte Atmosphäre, um produktiv zu sein. Finden Sie heraus, was für Sie am besten funktioniert.

Neben der äußeren Umgebung ist die mentale Fokussierung entscheidend. Oft schweifen die Gedanken ab – sei es zu vergangenen Erlebnissen, bevorstehenden Aufgaben oder persönlichen Sorgen. Dies kann die Produktivität erheblich beeinträchtigen. Nutzen Sie gezielt Strategien, um sich auf die aktuelle Aufgabe zu konzentrieren und innerlich ruhig zu bleiben.

KI-Tools können dabei eine wertvolle Unterstützung bieten. Fokus-Apps und Aufmerksamkeitsmanagement-Software helfen, ablenkende Webseiten zu blockieren, erinnern an Pausen und fördern die gezielte Fokussierung auf Ihre wichtigsten Aufgaben. Diese digitalen Helfer unterstützen Ihre mentale Zielgerichtetheit und steigern so Ihre Produktivität.

> **Wichtiges kurzgefasst Abschn. 9.3.1 Konzentrieren Sie sich auf die momentane Tätigkeit**
>
> **Bedeutung der Fokussierung**: In einer ablenkungsreichen Arbeitsumgebung ist die gezielte Konzentration auf die aktuelle Aufgabe entscheidend für die Produktivität.
> **Individuell gestaltetes Arbeitsumfeld**: Ein gut gestaltetes Arbeitsumfeld, das Ihrer Arbeitsweise entspricht, hilft, Ablenkungen zu minimieren.
> **Mentale Fokussierung**: Strategien zur inneren Fokussierung sind wichtig, um ablenkende Gedanken zu kontrollieren und die Produktivität zu steigern.
> **Unterstützung durch KI-Tools**: Fokus-Apps und Aufmerksamkeitsmanagement-Software unterstützen die Fokussierung auf wichtige Aufgaben und helfen, Ablenkungen zu minimieren.

> **Geeignete KI-Tools**
>
> **Focus@Will** ist eine KI-gestützte App, die speziell entwickelte Musik abspielt, um die Konzentration und Produktivität zu fördern. Sie passt die Musik an die individuelle Arbeitsweise und Vorlieben des Nutzers an, um Ablenkungen zu minimieren und eine optimale Arbeitsumgebung zu schaffen. www.focusatwill.com
> **Freedom** ist ein KI-gestütztes Aufmerksamkeitsmanagement-Tool, das hilft, ablenkende Webseiten und Apps zu blockieren, um die Konzentration auf wichtige Aufgaben zu fördern. Es ermöglicht Nutzern, personalisierte Zeitpläne zu erstellen, in denen sie sich auf eine Aufgabe konzentrieren und sich regelmäßige Pausen gönnen, um die Produktivität zu steigern. www.freedom.to
>
> Diese Tools bieten wertvolle Unterstützung zur Verbesserung der Konzentration, indem sie sowohl das Arbeitsumfeld optimieren als auch digitale Ablenkungen minimieren, was entscheidend zur Steigerung der Produktivität beiträgt.

9.3.2 Setzen Sie Prioritäten

Prioritäten zu setzen ist im beruflichen Kontext unerlässlich, um sicherzustellen, dass wichtige Aufgaben rechtzeitig und effektiv erledigt werden. Dabei ist es entscheidend, nicht nur nach persönlichen Vorlieben zu handeln, sondern die objektiven Notwendigkeiten der Aufgaben zu berücksichtigen.

Die Festlegung von Prioritäten kann einen erheblichen Einfluss auf den Erfolg Ihrer Projekte und den reibungslosen Ablauf Ihrer täglichen Aufgaben haben. Es ist wichtig, jeden Tag eine klare Prioritätenliste zu erstellen und flexibel genug zu bleiben, um auf unerwartete Ereignisse reagieren zu können.

Eine systematische Herangehensweise, bei der Sie die Dringlichkeit und Bedeutung jeder Aufgabe abwägen, hilft Ihnen dabei, Ihre Zeit effizient zu nutzen und potenzielle Probleme frühzeitig zu erkennen.

Moderne KI-gestützte Tools bieten wertvolle Unterstützung beim Setzen von Prioritäten. Sie analysieren Ihre Aufgaben basierend auf deren Dringlichkeit und Wichtigkeit und sortieren sie automatisch, sodass Sie sich auf die entscheidenden Tätigkeiten konzentrieren können. Diese Tools integrieren sich oft nahtlos in Projektmanagement-Software und bieten Funktionen wie automatische Erinnerungen, Deadline-Management und sogar Vorschläge zur Delegation von Aufgaben.

Wichtiges kurzgefasst Abschn. 9.3.2 Setzen Sie Prioritäten

Wichtigkeit von Prioritäten: Im beruflichen Kontext ist das Setzen von Prioritäten entscheidend, um sicherzustellen, dass wichtige Aufgaben rechtzeitig erledigt werden.
Systematische Herangehensweise: Eine klare Prioritätenliste, die täglich aktualisiert wird, hilft, die Effizienz zu steigern und flexibel auf unerwartete Ereignisse zu reagieren.
Unterstützung durch KI-Tools: KI-gestützte Tools analysieren Aufgaben nach Dringlichkeit und Wichtigkeit und unterstützen dabei, sich auf die entscheidenden Tätigkeiten zu konzentrieren.
Integration in Projektmanagement: KI-Tools bieten nahtlose Integration in Projektmanagement-Software mit Funktionen wie automatische Erinnerungen und Deadline-Management.

> **Geeignete KI-Tools**
>
> **Todoist** ist ein KI-gestütztes Aufgabenmanagement-Tool, das Nutzern hilft, Prioritäten zu setzen und ihre To-Do-Listen effektiv zu verwalten. Mit der Funktion „Todoist Karma" analysiert das Tool das Verhalten der Nutzer, um deren Produktivität zu messen und basierend auf Dringlichkeit und Wichtigkeit Vorschläge für die Aufgabenpriorisierung zu machen. Es integriert sich nahtlos in Projektmanagement-Software und bietet automatische Erinnerungen und Deadline-Management. www.todoist.com
> **Trello**, kombiniert mit dem Butler Power-Up, ist ein KI-gestütztes Projektmanagement-Tool, das durch Automatisierungen und Workflow-Optimierungen die Priorisierung von Aufgaben erleichtert. Butler verwendet KI, um Aufgaben automatisch zu sortieren, basierend auf Dringlichkeit und Wichtigkeit, und unterstützt bei der Erstellung von Prioritätenlisten. Das Tool bietet auch automatische Erinnerungen und Möglichkeiten zur Delegation von Aufgaben. www.trello.com
>
> Diese Tools unterstützen eine systematische Herangehensweise zur Priorisierung von Aufgaben, indem sie mithilfe von KI die Dringlichkeit und Bedeutung jeder Aufgabe analysieren und so die Effizienz steigern und ein reibungsloses Arbeitsumfeld fördern.

9.3.3 Erledigen Sie lieber 80% einer Aufgabe zum richtigen Zeitpunkt als 100% zu spät

Perfektion ist in vielen Bereichen erstrebenswert, doch in der Realität des Arbeitslebens ist es oft wichtiger, eine Aufgabe rechtzeitig abzuschließen, selbst wenn sie nicht zu 100% perfekt ist. Dieses Prinzip kann den Unterschied zwischen Erfolg und Misserfolg ausmachen, insbesondere wenn es um Fristen und Deadlines geht.

Stellen Sie sich vor, Ihr Chef erwartet eine Präsentation, die Sie vorbereiten sollen. Die Inhalte sind klar umrissen, aber einige Daten fehlen noch. Anstatt zu warten, bis Sie alle Details zusammenhaben, erstellen Sie die Präsentation so gut wie möglich mit den vorhandenen Informationen. Sie können dabei notfalls schätzen, extrapolieren oder alternative Darstellungen wählen, um die Lücken zu füllen. Entscheidend ist, dass die Präsentation rechtzeitig fertig ist und die wichtigsten Punkte vermittelt.

Dieses Prinzip lässt sich auf viele Bereiche anwenden, vor allem dort, wo Zeitdruck herrscht und Entscheidungen schnell getroffen werden müssen. Es ist besser, den Großteil einer Aufgabe pünktlich zu erledigen und flexibel zu bleiben, als zu viel Zeit mit der Perfektionierung zu verlieren und am Ende zu spät zu sein.

Moderne KI-basierte Projektmanagement-Tools können Sie dabei unterstützen, den optimalen Zeitpunkt für den Abschluss von Aufgaben zu bestimmen. Diese Tools senden Ihnen rechtzeitig Erinnerungen und helfen Ihnen, das Pareto-Prinzip anzuwenden – also die entscheidenden 20% der Aufgaben zu identifizieren, die 80% des Ergebnisses ausmachen. So können Sie Ihre Arbeit effizient priorisieren und sicherstellen, dass das Wesentliche pünktlich erledigt wird.

Wichtiges kurzgefasst Abschn. 9.3.3 Erledigen Sie lieber 80% einer Aufgabe zum richtigen Zeitpunkt als 100% zu spät

Rechtzeitiges Abschließen: In der Arbeitswelt ist es oft wichtiger, eine Aufgabe rechtzeitig abzuschließen, als sie perfekt zu machen.

Flexibilität statt Perfektion: In Situationen mit Zeitdruck ist es besser, den Großteil der Aufgabe pünktlich zu erledigen und flexibel zu bleiben.

Unterstützung durch KI: KI-Tools helfen, den optimalen Zeitpunkt für den Abschluss von Aufgaben zu bestimmen und Prioritäten effizient zu setzen.

Anwendung des Pareto-Prinzips: KI-basierte Tools unterstützen dabei, die entscheidenden 20% der Aufgaben zu identifizieren, die 80% des Ergebnisses ausmachen.

Geeignete KI-Tools

Asana, mit der Funktion „Asana Goals", ist ein KI-gestütztes Projektmanagement-Tool, das Nutzern hilft, Aufgaben und Projekte effizient zu planen und abzuschließen. Es unterstützt das Priorisieren von Aufgaben nach dem Pareto-Prinzip und gibt Empfehlungen, welche Aufgaben zuerst erledigt werden sollten, um den größten Nutzen zu erzielen. Mit automatischen Erinnerungen und Deadlines hilft Asana, den Fokus auf den rechtzeitigen Abschluss von Aufgaben zu legen, auch wenn sie nicht zu 100% perfekt sind. www.asana.com

> **Notion AI** ist eine Erweiterung der beliebten Produktivitäts-App Notion, die Nutzern hilft, Projekte effizient zu verwalten und Aufgaben priorisiert abzuschließen. Es unterstützt die Anwendung des Pareto-Prinzips durch intelligente Vorschläge zur Aufgabenpriorisierung und hilft dabei, sich auf die wesentlichen 20% der Aufgaben zu konzentrieren, die 80% des Ergebnisses liefern. Notion AI bietet zudem Funktionen wie automatisierte Erinnerungen und dynamische Zeitpläne, um den rechtzeitigen Abschluss von Aufgaben zu gewährleisten. www.notion.so
>
> Diese Tools fördern das effiziente Management von Aufgaben und helfen dabei, den Fokus auf die wichtigsten Aspekte zu legen, um in einem zeitlich begrenzten Umfeld erfolgreich zu sein.

9.3.4 Beginnen Sie!

Der erste Schritt ist oft der schwerste. Das hat schon Sokrates erkannt, als er sagte, dass der Beginn die Hälfte des Ganzen sei. Dieser Gedanke hat auch heute noch Relevanz, besonders in einer Welt, die uns ständig von unseren Aufgaben ablenkt.

Der Beginn einer Aufgabe kann eine psychologische Hürde darstellen. Doch sobald diese Hürde überwunden ist, scheint die Arbeit fast von allein zu fließen. Haben Sie jemals erlebt, wie schnell eine Aufgabe erledigt war, nachdem Sie endlich damit begonnen hatten? Dies gilt sowohl für kleine alltägliche Aufgaben als auch für größere berufliche Projekte.

Der Schlüssel zum Erfolg liegt darin, sofort mit einer Aufgabe zu beginnen, anstatt sie aufzuschieben. Wenn Sie den ersten Schritt machen, ist der Rest der Aufgabe oft leichter zu bewältigen, als Sie es sich zuvor vorgestellt haben. Diese Einstellung kann Ihnen helfen, viele positive Ergebnisse zu erzielen.

Moderne KI-Tools können Ihnen dabei helfen, die Hürde des Anfangs zu überwinden. Durch motivierende Erinnerungen und das Setzen kleiner, erreichbarer Ziele unterstützen Task-Management-Tools mit Gamification-Elementen Ihren Fortschritt. Diese Tools nutzen KI, um Ihre Arbeit in motivierende, spielerische Abschnitte zu unterteilen, was den Einstieg in die Aufgabe erleichtert, und das extreme Aufschieben reduziert.

> **Wichtiges kurzgefasst Abschn. 9.3.4 Beginnen Sie**
>
> **Bedeutung des ersten Schritts:** Der Beginn einer Aufgabe ist oft der schwerste, aber auch der entscheidende Schritt zum Erfolg.
> **Überwindung der psychologischen Hürde:** Sobald die Anfangshürde überwunden ist, fließt die Arbeit oft leichter und schneller.
> **Unterstützung durch KI:** KI-Tools bieten motivierende Erinnerungen und setzen erreichbare Ziele, um den Einstieg in die Aufgabe zu erleichtern.
> **Gamification zur Motivation:** Task-Management-Tools mit Gamification-Elementen helfen, das extreme Aufschieben zu reduzieren und den Fortschritt zu fördern.

> **Geeignete KI-Tools**
>
> **Habitica** ist ein KI-gestütztes Task-Management-Tool, das Gamification-Elemente nutzt, um Aufgaben in spielerische Abschnitte zu unterteilen und die Motivation zu steigern. Es hilft Nutzern, den Einstieg in Aufgaben zu erleichtern, indem es kleine, erreichbare Ziele setzt und den Fortschritt durch Belohnungen und Level-Ups verfolgt. Habitica fördert das Erledigen von Aufgaben durch ein spielerisches und motivierendes Umfeld. www.habitica.com
> **Forest** ist eine Fokus-App, die Gamification verwendet, um Nutzer dazu zu motivieren, mit Aufgaben zu beginnen und konzentriert zu bleiben. Nutzer pflanzen virtuelle Bäume, die wachsen, während sie ununterbrochen arbeiten. Durch dieses motivierende System hilft Forest, die psychologische Hürde des Anfangs zu überwinden und extreme Aufschieberei zu reduzieren. www.forestapp.cc
>
> Diese Tools unterstützen die Überwindung der anfänglichen Hürde bei Aufgaben, indem sie Gamification und motivierende Erinnerungen nutzen, um den Einstieg in die Arbeit zu erleichtern und den Fortschritt zu fördern.

9.3.5 Nutzen Sie den Gewöhnungseffekt

Der Gewöhnungseffekt ist eine mächtige Kraft, die Sie für Ihre berufliche Entwicklung nutzen können. Je häufiger Sie eine Aufgabe erledigen, desto routinierter und selbstsicherer werden Sie darin. Was anfangs stressig oder schwierig erscheint, wird mit der Zeit zur zweiten Natur.

Stellen Sie sich vor, Sie müssen zum ersten Mal einen Fachaufsatz schreiben oder eine Präsentation vor einem großen Publikum halten. Beim ersten Mal mag es Ihnen schwerfallen, doch je öfter Sie solche Aufgaben bewältigen, desto leichter fallen sie Ihnen. Das Vertrauen in Ihre Fähigkeiten wächst, und Sie sind bereit, sich größeren Herausforderungen zu stellen. Dieser Prozess hilft Ihnen, Ihre beruflichen Fähigkeiten stetig zu erweitern und zu verbessern.

Moderne KI-Tools können Ihnen helfen, den Gewöhnungseffekt positiv zu nutzen, indem sie Ihre Routinen analysieren und optimieren. Diese Tools erkennen Muster in Ihrem Arbeitsverhalten und geben Ihnen gezieltes Feedback, um produktive Gewohnheiten zu etablieren und aufrechtzuerhalten. Durch regelmäßige Überwachung und Verbesserungsvorschläge unterstützt KI Sie dabei, Ihre Aufgaben effizienter und mit zunehmender Leichtigkeit zu erledigen.

Wichtiges kurzgefasst Abschn. 9.3.5 Nutzen Sie den Gewöhnungseffekt

Macht des Gewöhnungseffekts: Je häufiger Sie eine Aufgabe erledigen, desto routinierter und sicherer werden Sie darin.
Wachsendes Selbstvertrauen: Mit der Zeit wird das Vertrauen in Ihre Fähigkeiten wachsen, und Sie werden bereit sein, größere Herausforderungen anzunehmen.
Unterstützung durch KI: KI-Tools analysieren und optimieren Ihre Routinen und helfen Ihnen, produktive Gewohnheiten zu entwickeln und aufrechtzuerhalten.
Effizienzsteigerung durch Gewohnheit: Durch den Gewöhnungseffekt erledigen Sie Aufgaben mit zunehmender Leichtigkeit und Effizienz.

Geeignete KI-Tools

Streaks ist eine KI-gestützte App, die Nutzern hilft, positive Gewohnheiten zu etablieren und aufrechtzuerhalten. Durch die Verfolgung von täglichen Routinen und das Setzen von Zielen unterstützt Streaks die Entwicklung von Gewohnheiten, die die Effizienz steigern und den Gewöhnungseffekt fördern. Die App bietet gezielte Erinnerungen und

Feedback, um die Konsistenz bei der Erledigung von Aufgaben zu verbessern. www.streaksapp.com

Momentum ist ein KI-basiertes Tool, das auf der Entwicklung und Verstärkung von Gewohnheiten zur Steigerung der Produktivität basiert. Es analysiert die täglichen Routinen der Nutzer, bietet Feedback und Empfehlungen zur Optimierung der Gewohnheiten und unterstützt den Aufbau routinierter Arbeitsmuster. Momentum hilft Nutzern, durch den Gewöhnungseffekt Aufgaben effizienter und mit mehr Selbstvertrauen zu erledigen. www.momentumdash.com

Diese Tools unterstützen die Nutzung des Gewöhnungseffekts, indem sie Routinen und Gewohnheiten analysieren und optimieren, um die Effizienz und Leichtigkeit bei der Erledigung von Aufgaben zu steigern.

9.3.6 Teilen Sie Ihre Zeit ein

Effektives Zeitmanagement ist der Schlüssel, um Ihren Arbeitstag effizient zu gestalten und Stress zu reduzieren. Anstatt ständig über Zeitmangel zu klagen, sollten Sie sich darauf konzentrieren, Ihre Zeit bewusst und strategisch einzuteilen. Jeder Tag bietet 24 h, aber wie Sie diese nutzen, hängt von Ihrer Planung und Priorisierung ab.

Beginnen Sie damit, Ihre individuellen Leistungshochs und -tiefs im Laufe des Tages zu identifizieren. Nutzen Sie Ihre produktivsten Zeiten für anspruchsvolle Aufgaben und erledigen Sie Routinetätigkeiten in den Phasen, in denen Ihre Konzentration nachlässt. Eine systematische Zeitplanung hilft Ihnen, Ihre Aufgaben besser zu organisieren und Störfaktoren auszuschalten.

Denken Sie daran, dass ein effektiver Zeitplan flexibel sein sollte. Unvorhergesehene Ereignisse können auftreten, und es ist wichtig, diese in Ihrer Planung zu berücksichtigen. Nutzen Sie Ihre Zeit weise, indem Sie auch lernen, „nein" zu sagen und Aufgaben zu delegieren, wenn es nötig ist.

Moderne KI-basierte Zeitmanagement-Tools können Ihnen helfen, Ihren Arbeitstag effizient zu strukturieren. Diese Tools analysieren Ihre Aufgaben und priorisieren sie, während sie gleichzeitig Zeitblöcke für verschiedene Aktivitäten planen. Darüber hinaus bieten sie Einblicke, wie viel Zeit für jede Aufgabe realistisch benötigt wird, und unterstützen Sie dabei, einen umsetzbaren Zeitplan zu erstellen.

> **Wichtiges kurzgefasst Abschn. 9.3.6 Teilen Sie Ihre Zeit ein**
>
> **Bewusstes Zeitmanagement:** Strategische Zeiteinteilung ist entscheidend, um den Arbeitstag effizient zu gestalten und Stress zu reduzieren.
> **Nutzung produktiver Zeiten:** Identifizieren Sie Ihre Leistungshochs und nutzen Sie diese für anspruchsvolle Aufgaben, während Sie Routinetätigkeiten in Phasen geringerer Konzentration erledigen.
> **Flexibilität im Zeitplan:** Ein effektiver Zeitplan sollte flexibel sein und unvorhergesehene Ereignisse berücksichtigen.
> **Unterstützung durch KI-Tools:** KI-basierte Zeitmanagement-Tools analysieren, priorisieren und planen Ihre Aufgaben, um einen effizienten und umsetzbaren Zeitplan zu erstellen.

> **Geeignete KI-Tools**
>
> **TimeHero** ist ein KI-gestütztes Zeitmanagement-Tool, das automatisch Aufgaben priorisiert und Zeitpläne erstellt, basierend auf den individuellen Leistungshochs und -tiefs des Nutzers. Es plant Zeitblöcke für verschiedene Aktivitäten und passt den Zeitplan flexibel an unvorhergesehene Ereignisse an, um sicherzustellen, dass wichtige Aufgaben effizient erledigt werden. www.timehero.com
> **Clockify** ist ein KI-unterstütztes Tool zur Zeiterfassung und Zeitplanung, das Nutzern hilft, ihre Arbeitszeit besser zu strukturieren. Es analysiert die Zeit, die für verschiedene Aufgaben benötigt wird, und bietet Einblicke, wie produktive Phasen am besten genutzt werden können. Clockify ermöglicht die Erstellung eines flexiblen, aber strukturierten Zeitplans, der sowohl anspruchsvolle Aufgaben als auch Routinetätigkeiten berücksichtigt. www.clockify.me
>
> Diese Tools unterstützen ein effektives Zeitmanagement, indem sie die Planung und Priorisierung von Aufgaben optimieren und den Nutzern helfen, ihre produktiven Zeiten optimal zu nutzen und ihre Zeit effizienter einzuteilen.

9.3.7 Planen Sie langfristig voraus

Langfristige Planung ist ein Schlüssel zum Erfolg, sowohl im beruflichen als auch im persönlichen Bereich. Durch vorausschauende Planung können Sie zukünftige Entwicklungen beeinflussen und gezielt Maßnahmen ergreifen, um Ihre Ziele zu erreichen.

Im beruflichen Kontext ist Planung eine alltägliche Praxis. Sie beginnt mit der Analyse der aktuellen Situation und geht über zur Entwicklung von Prognosen, die es ermöglichen, fundierte Entscheidungen zu treffen. Diese Prinzipien lassen sich auch auf Ihre persönliche Erfolgsstrategie anwenden. Indem Sie Ihre derzeitige berufliche Situation genau analysieren und sich Gedanken über Ihre langfristigen Ziele machen, können Sie einen klaren Plan für Ihre Zukunft erstellen.

Dabei ist es wichtig, flexibel zu bleiben. Die Rahmenbedingungen und Annahmen, auf denen Ihre Planung basiert, können sich jederzeit ändern. Es ist daher entscheidend, regelmäßig zu überprüfen, ob Ihre Planung noch relevant ist, und sie gegebenenfalls anzupassen.

Moderne KI-Tools bieten wertvolle Unterstützung bei der langfristigen Planung. Sie analysieren Trends und treffen Vorhersagen, die Ihnen helfen, potenzielle Herausforderungen und Chancen frühzeitig zu erkennen. Diese Tools liefern Empfehlungen für die strategische Ausrichtung und unterstützen Sie dabei, fundierte Entscheidungen zu treffen, die Ihre langfristigen Ziele voranbringen.

> **Wichtige kurzgefasst Abschn. 9.3.7 Planen Sie langfristig voraus**
>
> **Langfristige Planung als Erfolgsfaktor**: Vorausschauende Planung ermöglicht es, zukünftige Entwicklungen zu beeinflussen und gezielte Maßnahmen zu ergreifen.
> **Flexibilität in der Planung**: Regelmäßige Überprüfung und Anpassung der Planung ist entscheidend, um auf Veränderungen reagieren zu können.
> **Unterstützung durch KI-Tools**: KI-Tools analysieren Trends, treffen Vorhersagen und liefern strategische Empfehlungen, um Ihre langfristigen Ziele zu erreichen.

> **Geeignete KI-Tools**
>
> **Gartner Predicts** ist ein KI-gestütztes Tool, das Unternehmen hilft, langfristige Strategien zu entwickeln, indem es zukünftige Trends und Marktentwicklungen analysiert und prognostiziert. Es bietet datenbasierte Vorhersagen und strategische Empfehlungen, um potenzielle Herausforderungen frühzeitig zu erkennen und fundierte Entscheidungen für die Zukunft zu treffen. www.gartner.com
>
> **Crystal Knows** ist ein KI-Tool, das nicht nur zur Analyse von Kommunikationsstilen verwendet wird, sondern auch zur strategischen Planung und Entscheidungsfindung. Es bietet Einblicke in Teamdynamiken und unterstützt die Entwicklung langfristiger Pläne durch die Analyse von Trends und die Erstellung personalisierter, strategischer Empfehlungen. www.crystalknows.com
>
> Diese Tools unterstützen eine effektive langfristige Planung, indem sie aktuelle Daten und Trends analysieren und strategische Empfehlungen bieten, um zukünftige Entwicklungen positiv zu beeinflussen und Ihre Ziele zu erreichen.

9.3.8 Nutzen Sie Totzeiten

In unserem hektischen Alltag gibt es viele Momente, in denen wir scheinbar nichts tun können – sei es auf Reisen, im Wartezimmer oder während anderer Leerläufe. Diese sogenannten Totzeiten bieten jedoch ein großes Potenzial, um produktiv genutzt zu werden.

Anstatt diese Zeiten ausschließlich mit Ablenkungen wie dem Lesen von Zeitungen oder dem Konsum von Medien zu füllen, können Sie sie effektiv nutzen, um sich auf bevorstehende Aufgaben vorzubereiten oder kreative Ideen zu entwickeln. Ob Sie nun gedanklich ein bevorstehendes Projekt durchgehen, Notizen für eine Präsentation machen oder einfach nur Ideen für zukünftige Projekte sammeln – Totzeiten bieten eine hervorragende Gelegenheit, produktiv zu bleiben.

Es ist immer sinnvoll, ein Notizbuch oder ein digitales Gerät zur Hand zu haben, um Ihre Gedanken festzuhalten. So können Sie Ihre Ideen später weiter ausarbeiten und voranbringen. Totzeiten bieten nicht nur die Möglichkeit, kleinere Aufgaben zu erledigen, sondern auch, sich

9 Die Integration von KI in klassische Erfolgsfaktoren

weiterzubilden oder zu regenerieren – alles mit dem Ziel, Ihre Zeit optimal zu nutzen.

Moderne KI-Tools können Ihnen dabei helfen, Totzeiten produktiv zu nutzen. Diese Tools können Ihnen kleinere Aufgaben oder Lernmöglichkeiten vorschlagen, die in kurzen Zeiträumen erledigt werden können. Mobile Lernplattformen, die von KI unterstützt werden, bieten zudem die Möglichkeit, unterwegs neue Fähigkeiten zu erwerben und sich kontinuierlich weiterzubilden.

> **Wichtiges kurzgefasst Abschn. 9.3.8 Nutzen Sie Totzeiten**
>
> **Produktive Nutzung von Totzeiten**: Totzeiten bieten Potenzial, um produktiv genutzt zu werden, sei es zur Vorbereitung auf Aufgaben oder zur Entwicklung kreativer Ideen.
> **Aufzeichnung von Gedanken**: Ein Notizbuch oder digitales Gerät hilft, Gedanken festzuhalten und später weiter auszuarbeiten.
> **Unterstützung durch KI-Tools**: KI-Tools schlagen kleinere Aufgaben oder Lernmöglichkeiten vor, die in kurzen Zeiträumen erledigt werden können.
> **Kontinuierliche Weiterbildung**: Mobile Lernplattformen ermöglichen es, Totzeiten zu nutzen, um unterwegs neue Fähigkeiten zu erwerben und sich weiterzubilden.

> **Geeignete KI-Tools**
>
> **Blinkist** ist eine KI-gestützte Lernplattform, die kurze Zusammenfassungen von Sachbüchern und Artikeln anbietet, ideal für das Lernen unterwegs. Die App empfiehlt Inhalte basierend auf den Interessen und Lernzielen des Nutzers und ermöglicht es, Totzeiten effektiv zu nutzen, um neues Wissen zu erwerben oder sich auf kommende Aufgaben vorzubereiten. www.blinkist.com
> **Todoist** ist ein KI-gestütztes Aufgabenmanagement-Tool, das Nutzern hilft, kleinere Aufgaben zu identifizieren und diese effizient in Totzeiten zu erledigen. Es bietet Funktionen wie automatisierte Erinnerungen und intelligente Priorisierung, die es ermöglichen, produktive Momente in Leerlaufzeiten zu schaffen und die Zeit optimal zu nutzen. www.todoist.com
>
> Diese Tools unterstützen die produktive Nutzung von Totzeiten durch gezielte Vorschläge für kleine Aufgaben oder Lernmöglichkeiten und fördern eine kontinuierliche Weiterbildung, selbst in kurzen, ungenutzten Zeitfenstern.

9.3.9 Verzetteln Sie sich nicht in Einzelheiten

Der Erfolg im Berufsleben hängt stark davon ab, den Überblick zu bewahren und sich nicht in Details zu verlieren. Es ist entscheidend, eine klare „große Linie" zu haben, die Ihre persönliche Route zum Erfolg darstellt. Diese Linie sollten Sie konsequent verfolgen, auch wenn der Arbeitsalltag Sie oft dazu verleiten kann, sich in Kleinigkeiten zu verbeißen.

Allzu leicht kann man sich in den täglichen Routinearbeiten und den vielen kleinen Aufgaben verlieren, die den Tag bestimmen. Diese Arbeiten sind wichtig, sollten jedoch nicht dazu führen, dass Sie den Blick für das Wesentliche verlieren. Es ist daher entscheidend, regelmäßig innezuhalten und sich zu fragen, ob Sie noch auf dem richtigen Weg sind oder ob Sie sich in unwichtigen Details verlieren.

KI-Tools können Ihnen dabei helfen, den Überblick zu behalten und sich nicht in Details zu verlieren. Diese Tools analysieren Ihre Aufgaben und Projekte aus einer höheren Perspektive und bieten Ihnen eine klare Übersicht, die Ihnen hilft, sich auf das Wesentliche zu konzentrieren. Mit ihrer Unterstützung können Sie sicherstellen, dass Sie stets Ihre „große Linie" verfolgen und Ihre Zeit und Energie auf die wichtigsten Aufgaben richten.

Dazu ein Beispiel: Das Projektmanagement-Tool Monday.com nutzt KI-Funktionen, um Ihre Aufgaben und Projekte effizient zu strukturieren. Die Software erkennt wiederkehrende Aufgabenmuster, priorisiert automatisch nach Dringlichkeit oder Projektphase und schlägt Ihnen auf Basis Ihrer bisherigen Arbeitsweise sinnvolle Automatisierungen vor – etwa Erinnerungen, Statusaktualisierungen oder Workflows. Wenn Sie zum Beispiel viele kleine Aufgaben erfassen, kann Monday.com diese bündeln, zeitlich clustern und Ihnen in einer Dashboard-Ansicht anzeigen, welche dieser Aufgaben wirklich relevant für Ihre übergeordneten Ziele sind. Sie erhalten zudem KI-gestützte Warnhinweise, wenn Projekte aus dem Zeitplan geraten oder Sie sich in nebensächlichen Aktivitäten verlieren. So unterstützt Sie das System dabei, strategisch zu denken, operative Tätigkeiten zu filtern und sich konsequent auf Ihre Kernziele zu fokussieren.

Wichtiges kurzgefasst Abschn. 9.3.9 Verzetteln Sie sich nicht in Einzelheiten

Bewahrung des Überblicks: Der Erfolg hängt davon ab, den Überblick zu behalten und sich nicht in Details zu verlieren.
Fokussierung auf das Wesentliche: Regelmäßige Überprüfung hilft, sich auf die „große Linie" zu konzentrieren und unwichtige Details zu vermeiden.
Unterstützung durch KI-Tools: KI-Tools bieten eine höhere Perspektive auf Ihre Aufgaben und Projekte und helfen, sich auf das Wesentliche zu konzentrieren.
Effiziente Nutzung von Zeit und Energie: Durch die Fokussierung auf die wichtigsten Aufgaben können Sie Ihre Zeit und Energie effizient einsetzen.

Geeignete KI-Tools

Monday.com mit Work OS ist ein KI-gestütztes Projektmanagement-Tool, das Nutzern hilft, den Überblick über ihre Aufgaben und Projekte zu behalten, ohne sich in Details zu verlieren. Es bietet eine klare, visuelle Darstellung der Projekte und Aufgaben, Priorisierungsmöglichkeiten und datenbasierte Einblicke, die helfen, den Fokus auf die wichtigsten Ziele und die „große Linie" zu halten. www.monday.com
ClickUp ist ein KI-gestütztes Aufgaben- und Projektmanagement-Tool, das eine ganzheitliche Sicht auf Projekte bietet, um Nutzern zu helfen, sich auf das Wesentliche zu konzentrieren. Es ermöglicht die Priorisierung von Aufgaben auf Basis ihrer Wichtigkeit und bietet Funktionen zur regelmäßigen Überprüfung des Fortschritts, um sicherzustellen, dass der Fokus auf den strategischen Zielen bleibt. www.clickup.com

Diese Tools unterstützen die Fokussierung auf die wichtigsten Aufgaben, indem sie eine klare Übersicht über Projekte und Aufgaben bieten und sicherstellen, dass die Zeit und Energie effizient genutzt werden, ohne sich in unwichtigen Details zu verlieren.

> **Wichtige Zusammenfassung, Abschn. 9.3 Zeitmanagement und Effizienzsteigerung mit KI**
>
> **Effizientes Zeitmanagement als Erfolgsfaktor:** In der modernen Arbeitswelt ist die optimale Nutzung der eigenen Zeit entscheidend für den Erfolg.
> **Unterstützung durch KI:** KI-gestützte Tools helfen, Aufgaben zu priorisieren, Engpässe zu identifizieren und den Arbeitsfluss zu verbessern.
> **Vorhersage und Anpassung:** KI kann Arbeitsmuster analysieren und zukünftige Herausforderungen vorhersagen, was eine flexible Planung ermöglicht.
> **Minimierung von Ablenkungen:** KI-Tools blockieren Ablenkungen, fördern Pausen und nutzen produktive Arbeitszeiten optimal aus.
> **Systematische Priorisierung:** KI-Tools unterstützen die Priorisierung von Aufgaben nach Dringlichkeit und Wichtigkeit und verbessern die Effizienz.
> **Rechtzeitiger Abschluss von Aufgaben:** Es ist oft wichtiger, eine Aufgabe rechtzeitig abzuschließen, selbst wenn sie nicht perfekt ist.
> **Überwindung von Aufschieberitis:** KI-basierte Tools motivieren durch Gamification und gezielte Erinnerungen, Aufgaben anzufangen und abzuschließen.
> **Gewöhnungseffekt nutzen:** Mit steigender Routine wächst das Selbstvertrauen und die Effizienz bei Aufgaben.
> **Flexible Zeitplanung:** Individuelle Leistungshochs sollten für anspruchsvolle Aufgaben genutzt werden; Routinearbeiten in Phasen geringerer Konzentration.
> **Langfristige Planung:** Vorausschauende Planung und flexible Anpassung sind entscheidend, um Ziele zu erreichen.
> **Nutzung von Totzeiten:** Unproduktive Zeiträume können effektiv für kleinere Aufgaben oder Weiterbildung genutzt werden.
> **Vermeidung von Detailverlust:** Der Fokus sollte stets auf den wichtigsten Aufgaben liegen, um den Überblick nicht zu verlieren.

9.4 Kommunikation und Teamarbeit im Zeitalter der KI

Die Fähigkeit zur effektiven Kommunikation und Teamarbeit gewinnt immer mehr an Bedeutung. Die Art und Weise, wie Teams zusammenarbeiten und kommunizieren, hat sich durch den Einsatz von Technologie

9 Die Integration von KI in klassische Erfolgsfaktoren

grundlegend verändert. Künstliche Intelligenz (KI) spielt eine Schlüsselrolle in dieser Transformation, indem sie neue Möglichkeiten bietet, um die Kommunikation zu verbessern und die Zusammenarbeit effizienter zu gestalten.

Traditionelle Kommunikationsmethoden wie E-Mails und persönliche Meetings stoßen in der modernen Arbeitsumgebung oft an ihre Grenzen, insbesondere in global verteilten Teams. KI-gestützte Tools ermöglichen es, diese Herausforderungen zu überwinden, indem sie die Kommunikation automatisieren, Informationen zentralisieren und den Informationsfluss optimieren. Virtuelle Assistenten und Chatbots (Abschn. 13.1) können Routineanfragen bearbeiten und sicherstellen, dass wichtige Informationen nicht verloren gehen.

Ein weiterer Vorteil von KI in der Teamarbeit ist die Fähigkeit zur Analyse und Verbesserung der Teamdynamik. KI-Tools können Kommunikationsmuster analysieren, um Stärken und Schwächen in der Teaminteraktion zu identifizieren. Sie können Feedback geben und Vorschläge machen, wie die Zusammenarbeit verbessert werden kann. Dies umfasst auch die Identifikation potenzieller Konfliktquellen und die Förderung einer offenen und konstruktiven Kommunikationskultur.

Darüber hinaus ermöglicht KI eine personalisierte Kommunikation. Mithilfe von KI können Sie die Bedürfnisse und Präferenzen Ihrer Teammitglieder besser verstehen und darauf eingehen. Dies fördert nicht nur die Zusammenarbeit, sondern trägt auch zur Motivation und Zufriedenheit im Team bei.

In diesem Kapitel werden wir, liebe Leser, die vielfältigen Einsatzmöglichkeiten von KI in der Kommunikation und Teamarbeit untersuchen. Ich stelle Ihnen Werkzeuge vor, die die Effizienz und Qualität der Teamkommunikation steigern, und zeigen, wie Sie KI nutzen können, um eine produktive und harmonische Arbeitsumgebung zu schaffen. Erfahren Sie, wie Sie durch den Einsatz von KI die Zusammenarbeit in Ihrem Team verbessern können und so zu einem erfolgreicheren und zufriedenstellenden Arbeitsalltag beitragen.

> **Wichtiges kurzgefasst Abschn. 9.4 Kommunikation und Teamarbeit im Zeitalter der KI**
>
> **Transformation der Teamarbeit durch KI:** KI verändert die Art und Weise, wie Teams zusammenarbeiten und kommunizieren, und bietet neue Möglichkeiten, die Effizienz und Qualität der Zusammenarbeit zu steigern.
>
> **Überwindung traditioneller Kommunikationsmethoden:** KI-gestützte Tools helfen, die Grenzen traditioneller Kommunikationsmethoden zu überwinden, indem sie die Kommunikation automatisieren und zentralisieren.
>
> **Analyse und Verbesserung der Teamdynamik:** KI-Tools analysieren Kommunikationsmuster und bieten Feedback, um die Teamdynamik zu verbessern und potenzielle Konfliktquellen zu identifizieren.
>
> **Personalisierte Kommunikation durch KI:** KI ermöglicht eine personalisierte Kommunikation, die auf die Bedürfnisse und Präferenzen der Teammitglieder eingeht und so die Zusammenarbeit fördert.
>
> **Förderung einer konstruktiven Arbeitsumgebung:** Der Einsatz von KI trägt zur Schaffung einer produktiven und harmonischen Arbeitsumgebung bei, die zu einem erfolgreichen und zufriedenstellenden Arbeitsalltag führt.

> **Geeignete KI-Tools**
>
> **Microsoft Teams mit Viva Insights,** kombiniert mit Viva Insights, ist ein KI-gestütztes Tool zur Förderung von Teamkommunikation und Zusammenarbeit. Viva Insights analysiert Kommunikationsmuster innerhalb des Teams, gibt Feedback zur Verbesserung der Teamdynamik und bietet Vorschläge zur Förderung einer offenen und konstruktiven Kommunikationskultur. Es hilft auch, persönliche Kommunikationspräferenzen zu verstehen, was eine personalisierte Teamarbeit ermöglicht. www.microsoft.com/teams
>
> **Slack mit Workflow Builder** ist eine KI-unterstützte Kommunikationsplattform, die mit dem Workflow Builder Routineanfragen automatisiert und den Informationsfluss optimiert. Es hilft, die Kommunikation in global verteilten Teams zu zentralisieren und zu automatisieren und unterstützt durch Echtzeit-Feedback und automatisierte Erinnerungen eine effiziente und zielgerichtete Teamarbeit. Slack fördert auch die Erstellung von benutzerdefinierten Workflows, die die Zusammenarbeit weiter verbessern können. www.slack.com
>
> Diese Tools unterstützen die Transformation der Teamarbeit durch KI, indem sie eine effizientere und qualitativ hochwertige Kommunikation ermöglichen, Teamdynamiken analysieren und personalisierte Kommunikationsstrategien fördern.

9.4.1 Stehen Sie zu Ihren Schwächen

In einer Welt, die oft Perfektion verlangt, kann das Eingeständnis von Schwächen eine erfrischende und authentische Haltung sein. Selbst die beeindruckendsten Menschen haben Schwächen – vielleicht sind sie einsam, gestresst oder finden keine innere Ruhe. Diese Schwächen offen zuzugeben, kann nicht nur Ihnen selbst helfen, sondern auch Ihre zwischenmenschlichen Beziehungen stärken.

Indem Sie zu Ihren Schwächen stehen, wirken Sie menschlicher und nahbarer. Dies schafft Vertrauen und Sympathie, denn Ihre Gesprächspartner, Kollegen und Vorgesetzten erkennen, dass Sie trotz Ihrer Fähigkeiten auch Schwächen haben. Diese Authentizität fördert eine offene und ehrliche Kommunikation im Team und macht Sie zu einem angenehmeren und respektierteren Kollegen.

Selbsterkenntnis ist ein wichtiger Bestandteil der Persönlichkeitsentwicklung. KI-gestützte Selbstanalyse-Tools können Ihnen helfen, Ihre persönlichen Schwächen zu identifizieren und gezielte Trainingsprogramme anzubieten, um diese zu überwinden. Diese Tools können auch in der Teamkommunikation offen thematisiert und als Teil eines Entwicklungsplans genutzt werden.

> **Wichtiges kurzgefasst Abschn. 9.4.1 Stehen Sie zu Ihren Schwächen**
>
> **Eingeständnis von Schwächen als Stärke:** Das Offenlegen von Schwächen kann Vertrauen und Sympathie schaffen und Ihre zwischenmenschlichen Beziehungen stärken.
> **Menschliche Authentizität:** Indem Sie zu Ihren Schwächen stehen, wirken Sie nahbarer und fördern eine offene und ehrliche Kommunikation im Team.
> **Unterstützung durch KI-Tools:** KI-gestützte Selbstanalyse-Tools helfen, persönliche Schwächen zu identifizieren und gezielte Entwicklungsprogramme zu nutzen.
> **Förderung der Persönlichkeitsentwicklung:** Selbsterkenntnis und die Offenlegung von Schwächen sind wichtige Schritte zur Persönlichkeitsentwicklung und stärken Ihre Position im Team.

> **Geeignete KI-Tools**
>
> **Lumina Spark** ist ein KI-gestütztes Selbstanalyse-Tool, das dabei hilft, persönliche Stärken und Schwächen zu identifizieren. Es bietet detaillierte Einblicke in Verhaltensmuster und Persönlichkeitsmerkmale und ermöglicht die Erstellung gezielter Entwicklungspläne. Durch das Verständnis der eigenen Schwächen und deren transparente Kommunikation im Team kann eine offenere, authentischere Arbeitsatmosphäre gefördert werden. www.luminalearning.com
>
> **BetterUp** ist eine KI-unterstützte Plattform für persönliches Coaching und Entwicklung, die darauf abzielt, persönliche Schwächen zu erkennen und in Stärken zu verwandeln. Die Plattform bietet maßgeschneiderte Coaching-Programme und KI-gestützte Analysen, um individuelle Entwicklungspläne zu erstellen. Es unterstützt die Selbsterkenntnis und fördert die Kommunikation über Schwächen, um eine stärkere, authentische Teamkultur zu schaffen. www.betterup.com

9.4.2 Bereiten Sie sich vor

Eine sorgfältige Vorbereitung ist entscheidend für den Erfolg bei Präsentationen, Besprechungen und anderen beruflichen Auftritten. Auch wenn es oft so wirkt, als ob erfahrene Redner ihre Inhalte spontan präsentieren, steckt in der Regel eine gründliche Vorbereitung dahinter. Diese Vorbereitung umfasst nicht nur das fachliche Wissen, sondern auch die Berücksichtigung der Rahmenbedingungen, wie z. B. die Verfügbarkeit technischer Hilfsmittel und das Verständnis für das Publikum.

Besonders in Situationen, die vom alltäglichen Standard abweichen, ist es unerlässlich, sich intensiv vorzubereiten. Dazu gehört, sich Gedanken über die Erwartungen der Zuhörer zu machen und sicherzustellen, dass Ihre Präsentation inhaltlich relevant und technisch einwandfrei ist. Wenn die Zeit für Ihren Vortrag oder Ihre Besprechung fest vorgegeben ist, müssen Sie sicherstellen, dass Ihre Ausführungen präzise und auf den Punkt gebracht sind.

Vorbereitung ist der Schlüssel zum Erfolg. KI-Tools wie virtuelle Assistenten und Recherche-Software können Ihnen dabei helfen, relevante Informationen effizient zu sammeln und sich auf Meetings oder

9 Die Integration von KI in klassische Erfolgsfaktoren

Präsentationen vorzubereiten. Diese Tools bieten auch Vorschläge für Gesprächsstrategien und Argumentationen, sodass Sie noch besser auf die Erwartungen Ihrer Zuhörer eingehen können.

> **Wichtiges kurzgefasst Abschn. 9.4.2 Bereiten Sie sich vor**
>
> **Gründliche Vorbereitung als Erfolgsfaktor:** Eine sorgfältige Vorbereitung ist entscheidend für den Erfolg bei Präsentationen und Besprechungen.
> **Berücksichtigung der Rahmenbedingungen:** Neben fachlichem Wissen ist es wichtig, technische Hilfsmittel und das Verständnis für das Publikum in die Vorbereitung einzubeziehen.
> **Effiziente Unterstützung durch KI-Tools:** KI-Tools wie virtuelle Assistenten und Recherche-Software helfen, relevante Informationen effizient zu sammeln und sich optimal vorzubereiten.
> **Strategische Vorbereitung:** KI-Tools bieten Vorschläge für Gesprächsstrategien und Argumentationen, um besser auf die Erwartungen der Zuhörer einzugehen.

> **Geeignete KI-Tools**
>
> **Grammarly Business** ist ein KI-gestütztes Tool, das nicht nur bei der Erstellung von Texten hilft, sondern auch Vorschläge für klare und präzise Formulierungen bietet, die den Erwartungen des Publikums entsprechen. Es hilft dabei, Inhalte zu strukturieren und sicherzustellen, dass die Präsentation oder der Vortrag auf den Punkt gebracht ist und alle wichtigen Aspekte abdeckt. www.grammarly.com/business
>
> **Otter.ai** ist eine KI-gestützte Notiz- und Transkriptionssoftware, die bei der Vorbereitung von Meetings und Präsentationen hilft. Es ermöglicht die automatische Transkription von Gesprächen und bietet Zusammenfassungen, die bei der Erstellung von Präsentationen und der Vorbereitung auf Besprechungen verwendet werden können. Es unterstützt auch bei der Planung von Gesprächsstrategien durch die Analyse der besprochenen Themen. www.otter.ai
>
> Diese Tools unterstützen eine gründliche und strategische Vorbereitung, indem sie relevante Informationen effizient sammeln, Inhalte strukturieren und Gesprächsstrategien entwickeln, um erfolgreich auf die Erwartungen der Zuhörer einzugehen.

9.4.3 Passen Sie sich neuen Situationen an

Veränderungen gehören zum Alltag eines jeden Unternehmens. Egal ob es sich um eine Umstrukturierung, die Übernahme neuer Aufgaben oder andere organisatorische Änderungen handelt – es ist entscheidend, wie Sie auf diese Veränderungen reagieren. Die Anpassungsfähigkeit an neue Situationen ist eine der wichtigsten Eigenschaften, die Sie in der modernen Arbeitswelt mitbringen müssen.

Es ist verständlich, dass Veränderungen oft Unbehagen auslösen, da sie das gewohnte Gleichgewicht stören. Dennoch ist es wichtig, diese Veränderungen als Teil des Unternehmenslebens zu akzeptieren und sich schnell anzupassen. Ihre Fähigkeit, flexibel auf neue Anforderungen zu reagieren und sich in neue Umgebungen einzufinden, wird nicht nur Ihren persönlichen Erfolg fördern, sondern auch Ihre Position im Unternehmen stärken.

Noch besser ist es, wenn Sie nicht nur passiv auf Veränderungen reagieren, sondern selbst zum Treiber positiver Veränderungen werden. Indem Sie aktiv nach Möglichkeiten suchen, wie neue Strukturen und Prozesse verbessert werden können, positionieren Sie sich als wertvoller Mitarbeiter und potenzieller Führungskraft.

In einer sich schnell verändernden Welt ist Anpassungsfähigkeit entscheidend. KI-gestützte Analyse-Tools können Ihnen dabei helfen, Trends und Veränderungen frühzeitig zu erkennen und Strategien zu entwickeln, um sich schnell anzupassen. Diese Tools sind besonders in der Teamarbeit nützlich, um flexibel auf neue Herausforderungen zu reagieren und den Wandel proaktiv zu gestalten.

> **Wichtiges kurzgefasst Abschn. 9.4.3 Passen Sie sich neuen Situationen an**
>
> **Anpassungsfähigkeit als Schlüsselkompetenz**: Die Fähigkeit, sich an neue Situationen anzupassen, ist entscheidend für den Erfolg in der modernen Arbeitswelt.
>
> **Proaktiver Umgang mit Veränderungen**: Akzeptieren Sie Veränderungen nicht nur passiv, sondern werden Sie aktiv zum Treiber positiver Veränderungen.

> **Unterstützung durch KI-Tools**: KI-gestützte Analyse-Tools helfen, Trends frühzeitig zu erkennen und Strategien zur schnellen Anpassung zu entwickeln.
> **Stärkung der Position im Unternehmen**: Durch Anpassungsfähigkeit und proaktive Haltung stärken Sie Ihre Position im Unternehmen und erhöhen Ihre Chancen auf beruflichen Erfolg.

> **Geeignete KI-Tools**
>
> **Adaptable.ai** ist ein KI-gestütztes Tool, das Unternehmen und Einzelpersonen dabei unterstützt, sich schnell an neue Marktbedingungen und interne Veränderungen anzupassen. Es analysiert Trends und zukünftige Entwicklungen und bietet Handlungsempfehlungen, um proaktiv auf Veränderungen zu reagieren. Dieses Tool fördert die Anpassungsfähigkeit, indem es strategische Einsichten liefert, die helfen, auf neue Herausforderungen vorbereitet zu sein. www.adaptable.ai
> **Trello mit Agile Tools Power-Up** ist ein Projektmanagement-Tool, das KI nutzt, um Teams dabei zu unterstützen, sich flexibel an neue Anforderungen und Arbeitsbedingungen anzupassen. Es ermöglicht eine agile Planung und Zusammenarbeit, um schnell auf Veränderungen zu reagieren und Prozesse effizient anzupassen. Trello hilft, Aufgaben dynamisch zu priorisieren und fördert eine proaktive Herangehensweise an Veränderungen. www.trello.com
>
> Diese Tools unterstützen die Anpassungsfähigkeit und proaktive Haltung in der modernen Arbeitswelt, indem sie Trends frühzeitig erkennen und Strategien zur schnellen Anpassung an Veränderungen entwickeln.

9.4.4 Verlassen Sie lang andauernde Besprechungen

Endlose Besprechungen, die keinen zusätzlichen Nutzen mehr bieten, sind nicht nur frustrierend, sondern auch eine Verschwendung wertvoller Zeit. Wenn Sie selbst eine Besprechung leiten, ist es Ihre Aufgabe, den Zeitpunkt zu erkennen, an dem das Ziel erreicht ist, und die Sitzung zu beenden. Sollte das Ziel nicht erreicht werden können, sollten Sie die

Gründe dafür klären und einen neuen Termin vereinbaren, um das Thema zu einem späteren Zeitpunkt weiterzuführen.

Wenn Sie jedoch nicht die Kontrolle über die Besprechung haben, sollten Sie dennoch Ihre Zeit nicht vergeuden. Versuchen Sie, das Gespräch abzukürzen, indem Sie eine Ergebniszusammenfassung anbieten. Wenn das nicht möglich ist, sollten Sie in Erwägung ziehen, die Besprechung physisch oder geistig zu verlassen. Dies kann bedeuten, den Raum zu verlassen, falls dies ohne negative Konsequenzen möglich ist, oder gedanklich abzuschweifen und die Zeit für andere Überlegungen zu nutzen – ohne dabei den Anschein von Desinteresse zu erwecken.

KI-gestützte Meeting-Management-Tools können Ihnen helfen, Besprechungen effizienter zu gestalten. Diese Tools analysieren den optimalen Zeitrahmen für Meetings und senden automatisch Erinnerungen, wenn ein Meeting zu lange dauert. Darüber hinaus können sie Zusammenfassungen und Protokolle erstellen, um sicherzustellen, dass alle wichtigen Punkte erfasst werden und die Besprechung nicht unnötig in die Länge gezogen wird.

Wichtiges kurzgefasst Abschn. 9.4.4 Verlassen Sie lang andauernde Besprechungen

Effiziente Nutzung der Zeit: Endlose Besprechungen sind eine Zeitverschwendung; erkennen Sie den richtigen Zeitpunkt, um eine Sitzung zu beenden oder zu verlassen.

Aktive Steuerung von Meetings: Wenn Sie eine Besprechung leiten, beenden Sie sie, sobald das Ziel erreicht ist, oder klären Sie die Gründe für das Nichterreichen und setzen Sie einen neuen Termin an.

Unterstützung durch KI-Tools: KI-gestützte Meeting-Management-Tools helfen, Meetings effizienter zu gestalten, indem sie den optimalen Zeitrahmen analysieren und automatisch Erinnerungen senden.

Vermeidung von Zeitverschwendung: Wenn Sie keine Kontrolle über ein Meeting haben, versuchen Sie, es abzukürzen, oder nutzen Sie die Zeit anderweitig sinnvoll.

> **Geeignete KI-Tools**
>
> **Fellow** ist ein KI-gestütztes Meeting-Management-Tool, das Nutzern hilft, Meetings effizienter zu planen und durchzuführen. Es analysiert den optimalen Zeitrahmen für Besprechungen, bietet Agenda-Vorlagen und ermöglicht es, automatisch Erinnerungen zu senden, wenn ein Meeting zu lange dauert. Zudem kann Fellow Protokolle und Zusammenfassungen erstellen, um sicherzustellen, dass alle wichtigen Punkte festgehalten werden und die Besprechung nicht unnötig in die Länge gezogen wird. www.fellow.app
>
> **Otter.ai** ist ein KI-gestütztes Notiz- und Transkriptions-Tool, das Meetings in Echtzeit aufzeichnet und transkribiert. Es erstellt automatisch Zusammenfassungen und Protokolle, um sicherzustellen, dass die wichtigsten Informationen dokumentiert sind. Otter.ai hilft dabei, die Effizienz von Besprechungen zu steigern, indem es den Teilnehmern ermöglicht, den Überblick zu behalten und den Zeitpunkt zu erkennen, an dem das Meeting effektiv beendet werden sollte. www.otter.ai
>
> Diese Tools unterstützen eine effiziente Meeting-Gestaltung, indem sie die Zeitplanung optimieren und die Erstellung von Protokollen und Zusammenfassungen automatisieren, wodurch unnötige Zeitverschwendung vermieden wird.

9.4.5 Lernen Sie Teamarbeit

In der modernen Arbeitswelt ist die Bedeutung von Teamarbeit unbestreitbar. Einzelkämpfer haben es schwerer, während gut eingespielte Teams oft erfolgreicher sind. Teams bündeln nicht nur das Fachwissen mehrerer Experten, sondern motivieren ihre Mitglieder auch durch gemeinsame Verantwortung und das Erreichen gemeinsamer Ziele.

Teamarbeit ist jedoch nicht selbstverständlich und erfordert bestimmte Fähigkeiten und Regeln, um erfolgreich zu sein. Es beginnt mit einer guten Vorbereitung und einer klaren Zielsetzung für alle Beteiligten. Eine effektive Teamleitung ist ebenso entscheidend, um sicherzustellen, dass die Diskussionen sachlich bleiben und alle Teilnehmer ihre Meinungen offen äußern können. Ein weiterer wichtiger Aspekt ist die Fähigkeit, kreative Ideen zu entwickeln, beispielsweise durch Techniken wie das Brainstorming, das in diesem Kontext oft verwendet wird.

Teamarbeit kann durch KI-Tools erheblich verbessert werden. Diese Tools bieten Kommunikations- und Kollaborationsplattformen, die die Verteilung von Aufgaben erleichtern, den Fortschritt überwachen und sicherstellen, dass alle Teammitglieder auf dem gleichen Stand sind. KI-gestützte Feedback-Systeme fördern auch die kontinuierliche Verbesserung der Teamarbeit, indem sie Rückmeldungen in Echtzeit ermöglichen und Verbesserungsvorschläge anbieten.

> **Wichtiges kurzgefasst Abschn. 9.4.5 Lernen Sie Teamarbeit**
>
> **Bedeutung von Teamarbeit**: Gut eingespielte Teams sind erfolgreicher, da sie Fachwissen bündeln und durch gemeinsame Ziele motivieren.
> **Erforderliche Fähigkeiten**: Erfolgreiche Teamarbeit erfordert klare Zielsetzungen, effektive Teamleitung und die Fähigkeit zur kreativen Ideenentwicklung.
> **Unterstützung durch KI-Tools**: KI-Tools verbessern die Teamarbeit durch Kommunikationsplattformen, Fortschrittsüberwachung und Echtzeit-Feedback.
> **Kontinuierliche Verbesserung**: KI-gestützte Feedback-Systeme fördern die ständige Verbesserung der Teamarbeit durch gezielte Rückmeldungen.

> **Geeignete KI-Tools**
>
> **Microsoft Teams** bietet eine umfassende Kommunikations- und Kollaborationsplattform, die durch KI-gestützte Funktionen verbessert wird. Es erleichtert die Verteilung von Aufgaben, die Überwachung des Fortschritts und die Abstimmung zwischen Teammitgliedern. KI-Features wie automatische Protokollierung, Echtzeit-Übersetzungen und Meeting-Recaps tragen dazu bei, dass alle Teammitglieder auf dem gleichen Stand bleiben und die Teamarbeit effizient verläuft. www.microsoft.com/teams
> **Miro** ist ein digitales Whiteboard-Tool, das durch KI-gestützte Brainstorming-Funktionen die kreative Ideenentwicklung in Teams unterstützt. Es bietet Vorlagen für Brainstorming-Sessions und ermöglicht es Teams, ihre Ideen visuell zu strukturieren und gemeinsam an Projekten zu arbeiten. KI-basierte Funktionen helfen dabei, Diskussionen zu moderieren, Ideen zu sortieren und den kreativen Prozess zu optimieren, was zu besseren Ergebnissen in der Teamarbeit führt. www.miro.com

> Diese Tools unterstützen die Förderung von Teamarbeit durch klare Kommunikation, effektive Kollaboration und kontinuierliche Verbesserung der Teamdynamik durch Echtzeit-Feedback und innovative Ideenfindungstechniken.

9.4.6 Vorbereitung von Besprechungen

Die effiziente Vorbereitung von Besprechungen ist entscheidend für deren Erfolg. In vielen Fällen kann der Einsatz von KI-Tools diese Vorbereitung erheblich erleichtern und optimieren. Solche Tools sind in der Lage, relevante Informationen aus verschiedenen Quellen zu sammeln und prägnant zusammenzufassen. Darüber hinaus können sie Vorschläge für Tagesordnungen und spezifische Diskussionspunkte generieren, die auf den Zielen der Besprechung basieren.

Eine wesentliche Frage, die bereits vor der Planung einer Besprechung geklärt werden sollte, ist, ob das Meeting überhaupt notwendig ist. Oftmals können Alternativen wie ein kurzes Telefonat oder ein fokussierter E-Mail-Austausch das gleiche Ergebnis erzielen und dabei wertvolle Zeit sparen. Sollte eine Besprechung jedoch unvermeidlich sein, lohnt es sich zu überlegen, ob Ihre persönliche Teilnahme erforderlich ist oder ob ein Stellvertreter Ihre Rolle übernehmen kann. Dies ist besonders dann sinnvoll, wenn Ihre Anwesenheit nur aus formalen Gründen notwendig ist und Sie die Zeitdauer Ihrer Beteiligung minimieren möchten.

Wenn Sie für die Durchführung der Besprechung verantwortlich sind, ist es wichtig, die Teilnehmerzahl möglichst gering zu halten. Nur Personen, die direkt von den Gesprächsinhalten betroffen sind, über die nötigen Fachkenntnisse verfügen oder praktische Erfahrungen einbringen können, sollten eingeladen werden. Dies erhöht die Effizienz und verhindert unnötige Diskussionen.

Auch der Zeitpunkt der Besprechung sollte strategisch gewählt werden, um sicherzustellen, dass alle Teilnehmer ausreichend vorbereitet sind. Ein störungsfreies Umfeld und eine gut durchdachte Tagesordnung tragen ebenfalls maßgeblich zum Erfolg der Besprechung bei. KI-Tools können hierbei unterstützen, indem sie optimale Zeitpunkte vorschlagen und sicherstellen, dass alle notwendigen Ressourcen zur Verfügung stehen.

Wenn Sie die Leitung der Besprechung übernehmen, sollten Sie auf ein positives Gesprächsklima achten. Fördern Sie die Freude an der Arbeit, indem Sie dafür sorgen, dass alle Teilnehmer ausreden können und motiviert sind, aktiv zuzuhören. Toleranz und Respekt sind essenziell, um konstruktive Kritik zu ermöglichen und Polemik zu vermeiden. Eine disziplinierte Gesprächsführung trägt dazu bei, Störungen zu minimieren und die Besprechung effizient abzuschließen.

Wichtiges kurzgefasst Abschn. 9.4.6 Vorbereitung von Besprechungen

Effiziente Vorbereitung als Schlüssel zum Erfolg: Die Vorbereitung einer Besprechung ist entscheidend, und KI-Tools können diesen Prozess erheblich erleichtern.

Notwendigkeit der Besprechung prüfen: Stellen Sie sicher, dass eine Besprechung wirklich erforderlich ist, oder nutzen Sie effizientere Alternativen wie Telefonate oder E-Mails.

Gezielte Teilnehmerauswahl: Laden Sie nur Personen ein, die direkt von den Inhalten betroffen sind, um die Effizienz der Besprechung zu steigern.

Strategische Terminplanung: Wählen Sie den Besprechungszeitpunkt strategisch, um eine optimale Vorbereitung der Teilnehmer zu gewährleisten.

Positives Gesprächsklima fördern: Achten Sie auf ein respektvolles und konstruktives Gesprächsklima, um die Besprechung effektiv zu gestalten.

Geeignete KI-Tools

Otter.ai ist ein KI-gestütztes Tool, das automatische Transkriptionen von Besprechungen in Echtzeit erstellt. Es ermöglicht Benutzern, Gespräche aufzuzeichnen und in Textform umzuwandeln, sodass wichtige Informationen leicht nachverfolgt werden können. Darüber hinaus können Nutzer Notizen hinzufügen, Aufgaben zuweisen und die wichtigsten Diskussionspunkte hervorheben, um eine effiziente Nachbereitung der Besprechung zu gewährleisten. www.otter.ai

> **Fellow** unterstützt Teams bei der Vorbereitung und Durchführung von Besprechungen durch die Bereitstellung gemeinsamer Agenden, Notizen und Aufgabenlisten. Nutzer können im Vorfeld einer Besprechung Tagesordnungspunkte festlegen und relevante Dokumente anhängen. Während der Besprechung ermöglicht das Tool eine strukturierte Diskussion und sorgt dafür, dass alle wichtigen Punkte erfasst und zugewiesen werden, was die Effizienz und Produktivität der Meetings erhöht. www.fellow.app

9.4.7 Dokumentieren Sie Besprechungsergebnisse

Die Dokumentation von Besprechungsergebnissen ist ein entscheidender Schritt, um sicherzustellen, dass alle Teilnehmer den gleichen Kenntnisstand haben und Missverständnisse vermieden werden. KI-gestützte Protokollierungs-Tools bieten hierbei eine wertvolle Unterstützung, indem sie Besprechungen automatisch aufzeichnen und prägnante Zusammenfassungen erstellen. Diese Tools erfassen wichtige Entscheidungen und Aufgaben und stellen sicher, dass alle Teammitglieder über die nächsten Schritte informiert sind.

Es ist nicht immer notwendig, jedes Detail einer Besprechung festzuhalten, aber die wesentlichen Ergebnisse sollten dokumentiert werden. Auch wenn eine Person offiziell für die Protokollierung zuständig ist, kann es sinnvoll sein, dass jeder Teilnehmer für sich selbst Notizen macht, um unterschiedliche Betrachtungsweisen oder Missverständnisse später ausräumen zu können. Eine präzise Zusammenfassung der Ergebnisse ermöglicht es allen Beteiligten, sich auf das Wesentliche zu konzentrieren und die weiteren Schritte klar zu definieren.

Wer während der Besprechung mitschreibt, unterstützt nicht nur seine eigene Erinnerung, sondern auch die Person, die am Ende das Resümee ziehen muss. Die Konzentration auf die wesentlichen Inhalte während der gesamten Besprechung führt dazu, dass die wichtigsten Punkte in die Zusammenfassung einfließen. Selbst wenn Sie nicht die Besprechung leiten oder als Protokollführer benannt sind, kann es von Vorteil sein, die Ergebnisse für sich selbst festzuhalten. Falls andere Teilnehmer nicht in der Lage sind, klare Ergebnisse zu formulieren, könnten Ihre Notizen von großem Wert sein.

Die Möglichkeit, Besprechungsergebnisse aus der eigenen Sicht zu interpretieren und zusammenzufassen, bietet auch die Gelegenheit, Schwerpunkte zu setzen und den weiteren Verlauf positiv zu beeinflussen. Dies sollte natürlich in einer ehrlichen und unverfälschten Weise geschehen.

Wichtiges kurzgefasst Abschn. 9.4.7 Dokumentieren Sie Besprechungsergebnisse

Wichtigkeit der Dokumentation: Die Dokumentation von Besprechungsergebnissen ist entscheidend, um Missverständnisse zu vermeiden und den gleichen Kenntnisstand für alle Teilnehmer sicherzustellen.

Unterstützung durch KI-Tools: KI-gestützte Protokollierungs-Tools helfen, Besprechungen automatisch aufzuzeichnen und prägnante Zusammenfassungen zu erstellen.

Selbstständiges Notieren: Auch wenn eine Person offiziell protokolliert, ist es sinnvoll, eigene Notizen zu machen, um unterschiedliche Sichtweisen festzuhalten und Missverständnisse auszuräumen.

Ehrliche und präzise Zusammenfassung: Die eigene Interpretation und Zusammenfassung der Besprechungsergebnisse ermöglicht es, Schwerpunkte zu setzen und den weiteren Verlauf positiv zu beeinflussen.

Geeignete KI-Tools

Fireflies.ai ist ein KI-gestütztes Protokollierungstool, das automatisch Besprechungen aufzeichnet und transkribiert. Es erstellt prägnante Zusammenfassungen der wichtigsten Punkte, Entscheidungen und zugewiesenen Aufgaben. Fireflies.ai erleichtert die Nachbereitung, indem es alle Informationen an einem zentralen Ort speichert und sicherstellt, dass alle Teammitglieder über die nächsten Schritte informiert sind. www.fireflies.ai

> **Notion AI** bietet eine intelligente Unterstützung bei der Dokumentation von Besprechungen durch die automatische Erstellung von Notizen und Zusammenfassungen. Es kann Informationen aus verschiedenen Quellen integrieren, wichtige Entscheidungen hervorheben und eine übersichtliche Struktur für die Besprechungsprotokolle bieten. Notion AI ermöglicht es den Benutzern, die Ergebnisse effizient zu organisieren und sie jederzeit für das gesamte Team zugänglich zu machen. www.notion.so

9.4.8 Schreiben Sie auf

Im Berufsalltag ist es entscheidend, wichtige Vereinbarungen, Ideen und Gedanken schriftlich festzuhalten. Dies kann nicht nur helfen, Missverständnisse zu vermeiden, sondern auch Ihre Position in Verhandlungen und Diskussionen stärken. Moderne KI-gestützte Schreib- und Notiz-Apps bieten hier wertvolle Unterstützung. Sie helfen dabei, Ideen und Vereinbarungen effizient zu dokumentieren, indem sie Funktionen wie Spracherkennung, automatische Formatierung und Texterkennung bieten. Diese Tools erleichtern das Aufschreiben und Organisieren von Notizen erheblich.

Ein Beispiel verdeutlicht die Wichtigkeit des Aufschreibens: Wenn Sie eine Vereinbarung mit einer anderen Abteilung treffen und diese nicht schriftlich festhalten, kann es später zu Unklarheiten oder gar zur Leugnung der getroffenen Abmachung kommen. Eine kurze Notiz hätte in solchen Fällen ausgereicht, um Ihre Position zu untermauern und Missverständnisse zu vermeiden.

Darüber hinaus schützt das schriftliche Festhalten von Ideen Ihr geistiges Eigentum. Wenn Sie Ihre Gedanken und Konzepte notieren, können Sie später nachweisen, dass die Idee ursprünglich von Ihnen stammt. Eine Veröffentlichung in der Fachpresse kann dies zusätzlich untermauern und Ihre Position stärken.

Wichtiges kurzgefasst Abschn. 9.4.8 Schreiben Sie auf

Schriftliches Festhalten als Schutz: Das Aufschreiben von Vereinbarungen und Ideen schützt vor Missverständnissen und stärkt Ihre Position in Verhandlungen.

Unterstützung durch KI-gestützte Schreib-Apps: Moderne KI-Tools erleichtern das Dokumentieren und Organisieren von Notizen durch Funktionen wie Spracherkennung und automatische Formatierung.

Sicherung des geistigen Eigentums: Das schriftliche Festhalten von Ideen schützt Ihr geistiges Eigentum und ermöglicht es Ihnen, später nachzuweisen, dass die Idee von Ihnen stammt.

Vermeidung von Missverständnissen: Eine kurze schriftliche Notiz kann ausreichen, um Unklarheiten zu vermeiden und getroffene Abmachungen zu sichern.

Geeignete KI-Tools

Evernote ist eine vielseitige Notiz-App, die mit KI-gestützten Funktionen das Schreiben und Organisieren von Notizen erleichtert. Die App bietet Spracherkennung, automatische Formatierung und Texterkennung, um Ideen, Vereinbarungen und Gedanken effizient zu dokumentieren. Nutzer können Notizen in verschiedenen Formaten erstellen, sie schnell durchsuchen und mit anderen teilen, was die Zusammenarbeit im Team verbessert und Missverständnisse minimiert. www.evernote.com

Microsoft OneNote ist eine digitale Notizbuch-App, die durch KI-Funktionen unterstützt wird. Es ermöglicht Benutzern, ihre Notizen effizient zu organisieren, indem es Handschrift in Text umwandelt, automatische Formatierungen vornimmt und mithilfe von KI relevante Informationen aus verschiedenen Quellen zusammenführt. OneNote erleichtert das Festhalten und Teilen von Ideen und Vereinbarungen und unterstützt dabei, Missverständnisse zu vermeiden und geistiges Eigentum zu sichern. www.onenote.com

9.4.9 Führen Sie Protokoll

Die Protokollführung ist ein essenzielles Mittel, um Gespräche und Besprechungen zu dokumentieren und spätere Missverständnisse zu vermeiden. KI-gestützte Tools können diesen Prozess erheblich erleichtern, indem sie automatische Transkriptionen und Zusammenfassungen von Besprechungen erstellen. Diese Tools stellen sicher, dass alle relevanten Informationen festgehalten und leicht zugänglich sind.

Bei Gesprächen, ob im kleinen Kreis oder mit vielen Teilnehmern, kann ein Protokoll als wichtige Unterlage dienen. Es ermöglicht das Nachlesen von Details, das Nachweisen bestimmter Sachverhalte und das Festhalten von technischen Festlegungen. Als Protokollführer ist es entscheidend, während des Gesprächs konzentriert zuzuhören und auch auf scheinbar nebensächliche Details zu achten, die später von großer Bedeutung sein könnten.

Die Erstellung des Protokolls besteht aus zwei Phasen: Zunächst müssen während des Gesprächs Notizen gemacht werden, die dann im Anschluss zu einem vollständigen Protokoll ausgearbeitet werden. Es ist ratsam, diese Ausarbeitung so schnell wie möglich nach dem Gespräch vorzunehmen, um die Erinnerung an den Gesprächsverlauf und die Details frisch zu halten.

Bei der Ausarbeitung des Protokolls sollten die Hauptpunkte strukturiert und klar formuliert werden, sodass auch Personen, die nicht am Gespräch teilgenommen haben, den Inhalt nachvollziehen können. In einigen Fällen kann es notwendig sein, zusätzliche Hintergrundinformationen einzufügen, um den Kontext für Außenstehende verständlich zu machen.

Wenn Sie KI-Tools dazu verwenden, wird alles einfacher und schneller, da sie automatisch strukturierte und prägnante Protokolle erstellen können.

> **Wichtiges kurzgefasst Abschn. 9.4.9 Führen Sie Protokoll**
>
> **Wichtigkeit der Protokollführung:** Ein Protokoll ist essenziell, um Gespräche und Besprechungen zu dokumentieren und Missverständnisse zu vermeiden.
> **Unterstützung durch KI-Tools:** KI-gestützte Tools erleichtern die Protokollführung durch automatische Transkriptionen und Zusammenfassungen.
> **Strukturierte und klare Ausarbeitung:** Ein gut strukturiertes Protokoll sollte auch für Personen verständlich sein, die nicht am Gespräch teilgenommen haben.
> **Schnelle Ausarbeitung:** Es ist ratsam, das Protokoll zeitnah nach dem Gespräch zu erstellen, um die Erinnerung an die Details frisch zu halten.

> **Geeignete KI-Tools**
>
> **Otter.ai** ist ein KI-gestütztes Tool, das automatisch Transkriptionen von Besprechungen und Gesprächen in Echtzeit erstellt. Es ermöglicht die Aufnahme von Audio und die Umwandlung in Text, wobei wichtige Gesprächspunkte hervorgehoben und zusammengefasst werden. Otter.ai erleichtert die Protokollführung durch die Bereitstellung klarer, strukturierter und leicht zugänglicher Dokumente, die nachträglich bearbeitet und geteilt werden können. www.otter.ai
> **Microsoft Teams** bietet eine integrierte KI-gestützte Protokollierungsfunktion, die Besprechungen automatisch aufzeichnet und transkribiert. Das Tool erstellt prägnante Zusammenfassungen und identifiziert wichtige Diskussionspunkte sowie zugewiesene Aufgaben. Die Protokolle sind für alle Teammitglieder leicht zugänglich und können in verschiedenen Formaten exportiert werden, um die Zusammenarbeit und Nachbereitung von Besprechungen zu unterstützen. www.microsoft.com/teams

9.4.10 Üben Sie Fragetechniken

Das Beherrschen der richtigen Fragetechnik ist entscheidend für den Erfolg in jeder Kommunikationssituation. Moderne KI-gestützte Trainings-Tools bieten eine effektive Möglichkeit, diese Techniken zu üben und zu verfeinern. Diese Tools simulieren unterschiedliche Gesprächsszenarien und geben Ihnen sofortiges Feedback, um Ihre Fragetechnik kontinuierlich zu verbessern.

Informationsfragen helfen dabei, gezielte Auskünfte zu erhalten und den Gesprächsverlauf zu lenken. Mit Gegenfragen können Sie Zeit gewinnen oder zusätzliche Informationen aus Ihrem Gesprächspartner herauslocken. Alternativfragen bieten Ihrem Gegenüber eine Auswahl zwischen zwei Optionen und vereinfachen so die Entscheidungsfindung. Suggestivfragen steuern das Gespräch in eine gewünschte Richtung, sollten jedoch vorsichtig eingesetzt werden, um keine negativen Reaktionen zu provozieren.

KI-Tools können Ihnen dabei helfen, diese Fragetechniken in einer sicheren Umgebung zu üben. Sie analysieren Ihre Fragen und geben Hinweise, wie Sie Ihre Technik verfeinern und an unterschiedliche Gesprächspartner anpassen können.

Wichtiges kurzgefasst Abschn. 9.4.10 Üben Sie Fragetechniken

Bedeutung der Fragetechnik: Die richtige Fragetechnik ist entscheidend für den Erfolg in Kommunikationssituationen.

Unterstützung durch KI-Tools: KI-gestützte Trainings-Tools bieten eine sichere Umgebung, um verschiedene Fragetechniken zu üben und zu verfeinern.

Anwendung verschiedener Fragearten: Informationsfragen, Gegenfragen, Alternativfragen und Suggestivfragen haben unterschiedliche Ziele und sollten situationsgerecht eingesetzt werden.

Sofortiges Feedback durch KI: KI-Tools analysieren Ihre Fragen und geben Hinweise zur Verbesserung Ihrer Fragetechnik.

Geeignete KI-Tools

Curious Thing AI ist ein KI-gestütztes Trainings-Tool, das speziell entwickelt wurde, um Benutzer in der Anwendung verschiedener Fragetechniken zu schulen. Es simuliert reale Gesprächsszenarien und bietet sofortiges Feedback zu den gestellten Fragen. Benutzer können ihre Technik in einer sicheren Umgebung üben und lernen, wie sie ihre Fragen effektiv an verschiedene Gesprächspartner und Situationen anpassen können. www.curiousthing.io

> **Practica AI** ist eine Plattform für interaktives Kommunikationstraining, die KI nutzt, um die Fragetechnik der Benutzer zu verbessern. Die App bietet Simulationen von Gesprächen und gibt detailliertes Feedback zu den verwendeten Fragen. Practica AI hilft den Nutzern, verschiedene Fragetechniken zu üben, wie z. B. Informationsfragen, Gegenfragen und Suggestivfragen, und bietet personalisierte Empfehlungen zur Verfeinerung ihrer Kommunikationsfähigkeiten. www.practica.ai

9.4.11 Argumentieren Sie gekonnt

Gekonntes Argumentieren ist eine zentrale Fähigkeit in der Kommunikation, um Zustimmung zu gewinnen oder Widersprüche erfolgreich zu behandeln. Moderne KI-gestützte Tools können Ihnen helfen, Ihre Argumentationsfähigkeiten gezielt zu verbessern. Diese Tools analysieren Gesprächsverläufe, bieten Vorschläge für überzeugende Argumente und helfen dabei, Einwände effizient zu behandeln.

Beim Argumentieren ist es entscheidend, die Perspektive Ihres Gesprächspartners einzunehmen. Ihre Argumente sollten aus seiner Sichtweise heraus sinnvoll und ansprechend wirken, indem sie ihm klare Vorteile und Nutzen aufzeigen. KI-Tools können Ihnen hierbei assistieren, indem sie Vorschläge für passende Argumente auf Basis von Gesprächsthemen und dem Profil Ihres Gegenübers generieren.

Umgang mit Einwänden:
Ein erfolgreicher Umgang mit Einwänden ist ein wichtiger Teil der Argumentation. Wenn Ihr Gesprächspartner Einwände äußert, zeigt das Interesse und Engagement – ein gutes Zeichen! KI-gestützte Anwendungen können Sie in Echtzeit dabei unterstützen, angemessene Antworten zu finden, die die Einwände entkräften und das Gespräch in eine positive Richtung lenken.

Effektive Argumentationsstrategien:
- **Verständlichkeit**: Ihre Argumente sollten leicht verständlich, glaubhaft und nachvollziehbar sein. KI-Tools können dazu beitragen, komplexe Argumente in einfache, überzeugende Sätze zu übersetzen.

- **Empathie:** Indem Sie die Interessen und Gefühle Ihres Gesprächspartners ansprechen, erhöhen Sie die Wahrscheinlichkeit, dass Ihre Argumente auf Zustimmung stoßen. KI-Analysetools können emotionale Hinweise im Gespräch identifizieren und entsprechende Anpassungen vorschlagen.
- **Struktur:** Beginnen Sie mit schwächeren Argumenten und steigern Sie sich zu den stärksten Punkten. KI-gestützte Systeme helfen Ihnen dabei, die Argumente in einer wirkungsvollen Reihenfolge zu präsentieren und sicherzustellen, dass die wichtigsten Punkte wiederholt und verankert werden.

Wichtiges kurzgefasst Abschn. 9.4.11 Argumentieren Sie gekonnt

Gekonnte Argumentation als Schlüssel zum Erfolg: Die Fähigkeit, überzeugend zu argumentieren, ist zentral für den Erfolg in der Kommunikation.

Unterstützung durch KI-Tools: KI-gestützte Tools bieten Vorschläge für überzeugende Argumente und helfen, Einwände effizient zu behandeln.

Verständlichkeit und Empathie: Argumente sollten leicht verständlich und empathisch sein, um Zustimmung zu gewinnen; KI-Tools helfen, diese Aspekte zu optimieren.

Strukturierte Argumentation: Eine gut strukturierte Argumentation, die mit schwächeren Argumenten beginnt und zu den stärksten Punkten übergeht, ist entscheidend; KI-Tools unterstützen bei der optimalen Reihenfolge.

Geeignete KI-Tools

Curious Thing AI ist ein KI-gestütztes Trainings-Tool, das speziell entwickelt wurde, um Benutzer in der Anwendung verschiedener Fragetechniken zu schulen. Es simuliert reale Gesprächsszenarien und bietet sofortiges Feedback zu den gestellten Fragen. Benutzer können ihre Technik in einer sicheren Umgebung üben und lernen, wie sie ihre Fragen effektiv an verschiedene Gesprächspartner und Situationen anpassen können. www.curiousthing.io

> **Practica AI** ist eine Plattform für interaktives Kommunikationstraining, die KI nutzt, um die Fragetechnik der Benutzer zu verbessern. Die App bietet Simulationen von Gesprächen und gibt detailliertes Feedback zu den verwendeten Fragen. Practica AI hilft den Nutzern, verschiedene Fragetechniken zu üben, wie z. B. Informationsfragen, Gegenfragen und Suggestivfragen, und bietet personalisierte Empfehlungen zur Verfeinerung ihrer Kommunikationsfähigkeiten. www.practica.ai

9.4.12 Versetzen Sie sich in die Lage des anderen

Empathie und die Fähigkeit, sich in die Lage anderer zu versetzen, sind entscheidend für eine erfolgreiche Zusammenarbeit und Kommunikation. Im Zeitalter der KI kann diese Fähigkeit durch KI-gestützte Simulationen und Rollenspiele gezielt gefördert werden. Solche Tools bieten die Möglichkeit, verschiedene Szenarien durchzuspielen und die Perspektiven von Kollegen, Kunden und Geschäftspartnern besser zu verstehen.

Das Verständnis für die Situation und die Probleme anderer ist ein wichtiger Schritt, um Missverständnisse zu vermeiden und gemeinsame Ziele zu erreichen. KI-gestützte Programme können dabei helfen, verschiedene Szenarien zu simulieren, in denen Sie die Rolle Ihres Gesprächspartners einnehmen können. Diese Übungen schulen Ihre Empathie und erleichtern es Ihnen, in realen Situationen angemessen zu reagieren.

Vorteile von Empathie in der Arbeitswelt:

- **Verbesserte Kommunikation**: Durch ein tieferes Verständnis der Perspektiven anderer können Missverständnisse vermieden und Konflikte gelöst werden.
- **Effektivere Zusammenarbeit**: Wenn Sie die Anliegen und Motivationen Ihrer Kollegen und Kunden verstehen, können Sie besser auf deren Bedürfnisse eingehen und harmonischere Arbeitsbeziehungen aufbauen.
- **Erhöhte Toleranz**: Indem Sie sich bewusst in die Lage anderer versetzen, entwickeln Sie mehr Geduld und Toleranz, was sowohl im Beruflichen als auch im privaten Leben von Vorteil ist.

Wichtiges kurzgefasst Abschn. 9.4.12 Versetzen Sie sich in die Lage des anderen

Empathie als Schlüssel zur Zusammenarbeit: Die Fähigkeit, sich in die Lage anderer zu versetzen, fördert erfolgreiche Zusammenarbeit und Kommunikation.

Unterstützung durch KI-Tools: KI-gestützte Simulationen und Rollenspiele helfen, die Perspektiven von Kollegen und Kunden besser zu verstehen und die Empathie zu schulen.

Verbesserung der Kommunikation und Zusammenarbeit: Ein tieferes Verständnis der Perspektiven anderer führt zu besserer Kommunikation und effektiverer Zusammenarbeit.

Erhöhung von Geduld und Toleranz: Empathie hilft, Geduld und Toleranz zu entwickeln, was in allen Lebensbereichen von Vorteil ist.

Geeignete KI-Tools

Mpathic AI ist ein KI-gestütztes Tool, das speziell dafür entwickelt wurde, Empathie durch interaktive Simulationen zu fördern. Es bietet Benutzern die Möglichkeit, in verschiedene Rollen zu schlüpfen und unterschiedliche Szenarien durchzuspielen, um die Perspektiven von Kollegen, Kunden und Geschäftspartnern besser zu verstehen. Das Tool analysiert die Reaktionen des Benutzers und gibt sofortiges Feedback, um die empathischen Fähigkeiten kontinuierlich zu verbessern. www.mpathic.ai

VirtualSpeech kombiniert Virtual Reality mit KI-Technologie, um realistische Rollenspiele und Szenarien zu schaffen, in denen Benutzer ihre Empathie und Kommunikationsfähigkeiten trainieren können. Die Plattform simuliert verschiedene berufliche Situationen, wie Verhandlungen, Konfliktmanagement oder Kundeninteraktionen, und bietet den Nutzern die Möglichkeit, die Perspektiven anderer einzunehmen. VirtualSpeech bietet dabei Echtzeit-Feedback und Analysen, um das Verständnis und die Empathie der Benutzer zu fördern. www.virtualspeech.com

9.4.13 Arbeiten Sie im Team, gerade auch mit KI

Erfolgreiche Teamarbeit ist heute wichtiger denn je, und moderne KI-Tools spielen dabei eine entscheidende Rolle. Diese Tools optimieren die Aufgabenverteilung, erleichtern die Kommunikation und verbessern das Projektmanagement. Indem KI repetitive Aufgaben übernimmt, können sich die Teammitglieder auf kreative und strategische Aufgaben konzentrieren, was die Effizienz und die Innovationskraft des gesamten Teams steigern.

Verschiedenste Beispiele in Unternehmen zeigen, wie wichtig es ist, bei Veränderungen im Unternehmen das Team einzubeziehen und gemeinsame Entscheidungen zu treffen. Selbst die besten Ideen können scheitern, wenn sie ohne Rücksprache oder Unterstützung der Kollegen umgesetzt werden. Mithilfe von KI-gestützten Lösungen lassen sich Arbeitskreise und Teams effizienter organisieren. Diese Tools analysieren Daten, schlagen mögliche Lösungen vor und helfen dabei, die beste Vorgehensweise gemeinsam zu entwickeln.

Die Rolle der KI in der Teamarbeit:
- **Aufgabenverteilung**: KI-Tools können die Stärken und Schwächen der Teammitglieder analysieren und auf dieser Basis eine optimale Aufgabenverteilung vorschlagen. Dadurch wird sichergestellt, dass jede Aufgabe von der Person erledigt wird, die dafür am besten geeignet ist.
- **Kommunikation**: KI-gestützte Kommunikationsplattformen erleichtern den Austausch im Team und sorgen dafür, dass wichtige Informationen nicht verloren gehen. Sie bieten auch die Möglichkeit, Kommunikationsbarrieren zu identifizieren und zu überwinden.
- **Projektmanagement**: Mithilfe von KI können Projekte in Echtzeit überwacht und angepasst werden. KI-Tools erkennen frühzeitig mögliche Probleme und schlagen proaktiv Lösungen vor, um den Projektverlauf auf Kurs zu halten.

Wichtiges kurzgefasst Abschn. 9.4.13 Arbeiten Sie im Team, gerade auch mit KI

Wichtigkeit von Teamarbeit mit KI: Moderne KI-Tools optimieren Aufgabenverteilung, Kommunikation und Projektmanagement in Teams.

Einbeziehung des Teams bei Veränderungen: Bei Unternehmensveränderungen ist es wichtig, das Team einzubeziehen und gemeinsame Entscheidungen zu treffen.

Rolle der KI in der Teamarbeit: KI-Tools analysieren Stärken und Schwächen der Teammitglieder, erleichtern die Kommunikation und unterstützen das Projektmanagement.

Steigerung von Effizienz und Innovationskraft: Indem KI repetitive Aufgaben übernimmt, können sich Teammitglieder auf kreative und strategische Aufgaben konzentrieren, was die Effizienz und Innovationskraft steigern.

Geeignete KI-Tools

Asana ist ein leistungsfähiges Projektmanagement-Tool, das mit KI-Funktionen ausgestattet ist, um die Teamarbeit zu optimieren. Es hilft Teams, Aufgaben effizient zu verteilen, Fortschritte zu überwachen und Fristen einzuhalten. Die KI-Funktionalität von Asana analysiert Teamdynamiken und schlägt die optimale Verteilung von Aufgaben basierend auf den Stärken und Verfügbarkeiten der Teammitglieder vor. Dadurch können sich die Teammitglieder besser auf strategische und kreative Aufgaben konzentrieren. www.asana.com

Slack ist eine Kommunikationsplattform, die KI-gestützte Funktionen integriert, um die Teamkommunikation zu verbessern und zu organisieren. Mit Funktionen wie automatischer Sortierung von Nachrichten, Zusammenfassungen von Diskussionen und intelligenten Erinnerungen sorgt Slack dafür, dass wichtige Informationen nicht verloren gehen und Kommunikationsbarrieren abgebaut werden. Die Plattform bietet zudem Integrationen mit anderen KI-Tools, um eine nahtlose Zusammenarbeit zu gewährleisten. www.slack.com

9.4.14 Gönnen Sie anderen den Erfolg

Neid und Missgunst sind in vielen menschlichen Beziehungen präsent und machen auch vor den Toren von Unternehmen nicht halt. Doch in einer modernen Arbeitswelt, die von Zusammenarbeit und Innovation lebt, ist es entscheidend, eine Kultur der Wertschätzung und Anerkennung zu fördern. KI-gestützte Systeme können hierbei eine wertvolle Rolle spielen, indem sie die Erfolge und Beiträge von Teammitgliedern transparent machen und sichtbar anerkennen.

Durch den Einsatz von KI können individuelle Leistungen objektiv erfasst und gewürdigt werden. Dies hilft nicht nur, Neid und Missgunst entgegenzuwirken, sondern stärkt auch den Zusammenhalt im Team. Wenn die Erfolge anderer klar und nachvollziehbar dokumentiert werden, fällt es leichter, sich ehrlich mit ihnen zu freuen. Eine solche Kultur der Anerkennung trägt langfristig zu einer positiven und produktiven Arbeitsumgebung bei.

Vorteile der KI-gestützten Anerkennung:
- **Transparenz:** KI-Systeme ermöglichen eine klare und faire Dokumentation von Erfolgen und tragen so dazu bei, dass Leistungen nicht übersehen werden.
- **Förderung der Teamkultur:** Durch die regelmäßige Anerkennung von Beiträgen wird eine Kultur der Wertschätzung geschaffen, die das Wohlbefinden und die Motivation aller Teammitglieder stärkt.
- **Objektivität:** KI kann helfen, subjektive Verzerrungen zu vermeiden und sicherstellen, dass Anerkennung auf Basis tatsächlicher Leistungen erfolgt.

Wichtiges kurzgefasst Abschn. 9.4.14 Gönnen Sie Anderen den Erfolg

Kultur der Wertschätzung fördern: Eine Kultur der Anerkennung und Wertschätzung ist entscheidend für Zusammenarbeit und Innovation in der modernen Arbeitswelt.

Unterstützung durch KI-gestützte Anerkennung: KI-gestützte Systeme erfassen und würdigen individuelle Leistungen objektiv, was Neid und Missgunst entgegenwirkt.
Stärkung des Teamzusammenhalts: Transparente Dokumentation und Anerkennung von Erfolgen stärken den Zusammenhalt im Team und fördern eine positive Arbeitsumgebung.
Objektivität in der Anerkennung: KI hilft, subjektive Verzerrungen zu vermeiden und sicherzustellen, dass Anerkennung auf tatsächlichen Leistungen basiert.

Geeignete KI-Tools

15Five ist ein KI-gestütztes Mitarbeiter-Engagement-Tool, das Unternehmen dabei hilft, eine Kultur der Wertschätzung und Anerkennung zu fördern. Das Tool ermöglicht es Führungskräften und Kollegen, Erfolge und Beiträge von Teammitgliedern transparent und objektiv zu erfassen und anzuerkennen. Durch automatisierte Feedback-Schleifen und regelmäßige Anerkennungsfunktionen unterstützt 15Five eine positive Arbeitsumgebung und stärkt den Teamzusammenhalt. www.15five.com
Bonusly ist ein KI-unterstütztes Anerkennungstool, das es Teams ermöglicht, sich gegenseitig für außergewöhnliche Leistungen zu würdigen. Die Plattform nutzt KI, um Beiträge und Erfolge zu analysieren und sichtbar zu machen. Bonusly fördert die Transparenz in der Anerkennung von Leistungen und trägt dazu bei, eine faire und motivierende Teamkultur zu etablieren, die auf echter Wertschätzung basiert. www.bonusly.com

9.4.15 Vertrauen schenken und tolerant sein

Vertrauen und Toleranz sind grundlegende Werte für eine erfolgreiche Zusammenarbeit und ein harmonisches Miteinander, sowohl im beruflichen als auch im privaten Bereich. In einer zunehmend digitalisierten Arbeitswelt kann auch hier der Einsatz von KI-Tools dazu beitragen, diese Werte zu stärken und zu fördern.

Vertrauen im Berufsleben:
Vertrauen ist die Basis jeder erfolgreichen Zusammenarbeit. KI-gestützte Systeme können dabei unterstützen, Vertrauen innerhalb eines Teams aufzubauen, indem sie transparente Prozesse fördern und objektive Daten liefern, die Entscheidungen nachvollziehbar machen. Durch diese Transparenz wird das Vertrauen gestärkt, da Unsicherheiten reduziert und die Arbeit anderer nicht ständig hinterfragt werden muss.

Gleichzeitig müssen Sie Vertrauen aufbauen, indem Sie authentisch und verlässlich handeln. KI-gestützte Tools können helfen, Ihre Kommunikation zu analysieren und sicherzustellen, dass Ihre Botschaften klar und konsistent sind, was wiederum das Vertrauen Ihrer Kollegen und Mitarbeiter in Sie stärkt.

Toleranz in der Arbeitswelt:
Toleranz, verstanden als das Akzeptieren und Respektieren von unterschiedlichen Meinungen und Verhaltensweisen, ist entscheidend für ein positives Arbeitsklima. KI-gestützte Tools können dabei helfen, eine Kultur der Inklusion und des Respekts zu fördern, indem sie beispielsweise auf mögliche Spannungen im Team hinweisen und Vorschläge für ein besseres Miteinander bieten.

Diese Tools können auch Schulungen und Simulationen anbieten, die Ihnen helfen, Ihre eigene Toleranz zu prüfen und zu verbessern. So können Sie lernen, wie Sie besser auf unterschiedliche Persönlichkeiten und Meinungen reagieren und ein Umfeld schaffen, in dem sich jeder wohl und wertgeschätzt fühlt.

Wichtiges kurzgefasst Abschn. 9.4.15 Vertrauen schenken und tolerant sein

Vertrauen als Basis für Zusammenarbeit: Vertrauen ist entscheidend für erfolgreiche Zusammenarbeit, und KI-Tools können helfen, durch Transparenz Vertrauen aufzubauen.

Authentizität und Verlässlichkeit: Authentisches und verlässliches Handeln stärkt das Vertrauen Ihrer Kollegen, unterstützt durch klare und konsistente Kommunikation.

Förderung von Toleranz: Toleranz im Umgang mit unterschiedlichen Meinungen und Verhaltensweisen ist entscheidend für ein positives Arbeitsklima, das durch KI-gestützte Tools gefördert werden kann.

Schulung von Toleranz durch KI: KI-Tools bieten Schulungen und Simulationen, um Ihre Toleranz zu verbessern und ein respektvolles Arbeitsumfeld zu schaffen.

Geeignete KI-Tools

Crystal Knows ist ein KI-gestütztes Tool, das dazu beiträgt, Vertrauen und Toleranz in Teams zu stärken, indem es die Kommunikationsstile von Teammitgliedern analysiert und personalisierte Empfehlungen gibt. Das Tool hilft Nutzern, ihre Kommunikation klar und konsistent zu gestalten, was das Vertrauen fördert. Außerdem bietet es Einblicke in die Persönlichkeiten und Präferenzen der Kollegen, um Missverständnisse zu minimieren und die Toleranz gegenüber unterschiedlichen Meinungen und Verhaltensweisen zu erhöhen. www.crystalknows.com

Culture Amp ist eine KI-gestützte Plattform, die Unternehmen dabei unterstützt, eine Kultur des Vertrauens und der Toleranz zu fördern. Die Plattform sammelt und analysiert Feedback von Mitarbeitern, um Transparenz zu schaffen und potenzielle Spannungen im Team zu identifizieren. Mit diesen Erkenntnissen hilft Culture Amp, gezielte Maßnahmen zu entwickeln, um Vertrauen zu stärken und Toleranz im Umgang miteinander zu fördern. Zudem bietet das Tool Schulungen und Ressourcen, um die Fähigkeiten der Mitarbeiter im Bereich der inklusiven Kommunikation zu verbessern. www.cultureamp.com

9.4.16 Zusagen immer einhalten

In der Geschäftswelt ist Verlässlichkeit von entscheidender Bedeutung. Das Einhalten von Zusagen und Deadlines ist nicht nur ein Zeichen von Professionalität, sondern stärkt auch das Vertrauen und die Zusammenarbeit im Team. Moderne KI-basierte Planungstools spielen eine wichtige Rolle, um diese Verlässlichkeit sicherzustellen.

Die Bedeutung der Verlässlichkeit:
Wenn Sie eine Zusage machen, sei es gegenüber einem Kunden, einem Kollegen oder einem Vorgesetzten oder als Politiker gegenüber den Bürgern, dann setzen Sie ein klares Zeichen von Engagement und Verantwortungsbewusstsein. Das Vertrauen, das andere in Sie setzen, basiert auf der Annahme, dass Sie Ihre Versprechen einhalten. Wenn Zusagen jedoch nicht eingehalten werden, leidet nicht nur das Vertrauen, sondern auch die Teamdynamik und die gesamte Arbeitsmoral.

Unterstützung durch KI-Tools:
KI-gestützte Planungstools helfen Ihnen, Ihre Verpflichtungen im Blick zu behalten. Diese Tools erinnern Sie an anstehende Aufgaben, priorisieren Ihre To-Do-Liste und unterstützen Sie dabei, Ihre Zeit effizient zu managen. So stellen Sie sicher, dass Sie Ihre Deadlines einhalten und Ihre Zusagen zuverlässig erfüllen.

Ein weiterer Vorteil von KI-basierten Planungstools ist ihre Fähigkeit, mögliche Engpässe frühzeitig zu erkennen und alternative Lösungen vorzuschlagen. Dadurch können Sie rechtzeitig reagieren und Ihre Zusagen trotz unvorhergesehener Herausforderungen einhalten.

Wichtiges kurzgefasst Abschn. 9.4.16 Zusagen immer einhalten

Verlässlichkeit als Schlüssel zur Professionalität: Das Einhalten von Zusagen und Deadlines stärkt das Vertrauen und die Zusammenarbeit im Team.
Vertrauensbasis schaffen: Engagement und Verantwortungsbewusstsein sind entscheidend, um das Vertrauen von Kunden und Kollegen zu gewinnen.
Unterstützung durch KI-Tools: KI-basierte Planungstools helfen, Verpflichtungen zu managen und Deadlines einzuhalten.
Frühzeitige Erkennung von Engpässen: KI-Tools identifizieren mögliche Engpässe und schlagen alternative Lösungen vor, um Zusagen trotz Herausforderungen einzuhalten.

> **Geeignete KI-Tools**
>
> **Todoist** ist ein KI-gestütztes Task-Management-Tool, das Benutzern hilft, ihre Verpflichtungen und Deadlines effizient zu verwalten. Das Tool erinnert an bevorstehende Aufgaben, priorisiert die To-Do-Liste basierend auf Dringlichkeit und Wichtigkeit und schlägt die besten Zeitfenster zur Erledigung vor. Todoist hilft dabei, Engpässe frühzeitig zu erkennen und bietet alternative Planungsmöglichkeiten, um sicherzustellen, dass alle Zusagen eingehalten werden. www.todoist.com
>
> **Trello** ist ein Projektmanagement-Tool, das durch KI-gestützte Funktionen wie Workflow-Automatisierung und Aufgabenplanung die Einhaltung von Zusagen erleichtert. Mit Trello können Teams ihre Projekte in übersichtlichen Boards organisieren, Fristen setzen und Fortschritte in Echtzeit überwachen. Die KI-Funktionalität erkennt mögliche Engpässe und erinnert an bevorstehende Deadlines, um sicherzustellen, dass Aufgaben rechtzeitig erledigt werden. www.trello.com

9.4.17 Sparen mit Kritik, Lob verschwenden

In der Führung und Zusammenarbeit gilt eine einfache, aber wirkungsvolle Regel: Sparen Sie mit Kritik und verschwenden Sie Lob. Lob motiviert, stärkt das Selbstbewusstsein und fördert eine positive Arbeitsatmosphäre. Kritik hingegen sollte sorgfältig und konstruktiv eingesetzt werden, um Verbesserungen anzustoßen, ohne das Engagement zu mindern.

Die Kraft des Lobs:
Lob ist ein starkes Werkzeug, um die Leistung und Motivation von Mitarbeitern und Kollegen zu fördern. Wenn Sie Lob großzügig verteilen, schaffen Sie eine positive Arbeitsumgebung, in der sich jeder wertgeschätzt fühlt. Ein aufrichtiges und gut platziertes Lob kann das Vertrauen stärken, die Zusammenarbeit verbessern und das gesamte Team motivieren, weiterhin Höchstleistungen zu erbringen.

Kritik gezielt und konstruktiv einsetzen:
Kritik sollte sparsam und bedacht eingesetzt werden. Unbedachte oder zu häufige Kritik kann das Selbstbewusstsein schwächen und die Motivation mindern. Stattdessen sollte Kritik immer konstruktiv und lösungsorientiert sein, um Verbesserungen zu fördern, ohne dabei die Beziehung zum Kritisierten zu belasten. Es ist wichtig, Kritik in einem Rahmen zu äußern, der die Würde und den Respekt des Gegenübers wahrt.

Unterstützung durch KI-Tools:
KI-gestützte Analyse-Tools können helfen, das richtige Gleichgewicht zwischen Lob und Kritik zu finden. Diese Tools analysieren das Feedback, das Sie im Team geben, und bieten Vorschläge, wie Sie Ihre Kommunikation optimieren können. Sie können auch dabei unterstützen, Feedbacksituationen zu reflektieren und sicherzustellen, dass Lob und Kritik so vermittelt werden, dass sie die gewünschte Wirkung erzielen.

Wichtiges kurzgefasst Abschn. 9.4.17 Sparen mit Kritik, Lob verschwenden

Lob als Motivationswerkzeug: Großzügiges Lob fördert Motivation, stärkt das Selbstbewusstsein und schafft eine positive Arbeitsumgebung.
Konstruktive Kritik sparsam einsetzen: Kritik sollte bedacht und konstruktiv eingesetzt werden, um Verbesserungen zu fördern, ohne die Motivation zu mindern.
Unterstützung durch KI-Tools: KI-gestützte Tools helfen, das richtige Gleichgewicht zwischen Lob und Kritik zu finden und die Kommunikation zu optimieren.
Respektvolle Feedbackkultur: Lob und Kritik sollten so vermittelt werden, dass sie respektvoll und effektiv sind, um die gewünschte Wirkung zu erzielen.

Geeignete KI-Tools

Motivosity ist ein KI-gestütztes Tool zur Mitarbeiteranerkennung, das Führungskräften und Teammitgliedern hilft, Lob effektiv zu verteilen und eine positive Arbeitsatmosphäre zu schaffen. Es bietet Funktionen zur regelmäßigen Anerkennung von Leistungen und ermöglicht es,

9 Die Integration von KI in klassische Erfolgsfaktoren 131

> Feedback gezielt und konstruktiv zu geben. Die KI-gestützten Analysen von Motivosity helfen, das richtige Gleichgewicht zwischen Lob und Kritik zu finden, um die Motivation und das Engagement der Mitarbeiter zu stärken. www.motivosity.com
> **Cultivate AI** ist ein KI-Tool, das Führungskräften dabei hilft, ihre Feedbackstrategien zu optimieren. Es analysiert Kommunikationsmuster und Feedback-Interaktionen, um zu gewährleisten, dass Lob und Kritik effektiv und ausgewogen eingesetzt werden. Cultivate AI bietet auch personalisierte Empfehlungen für eine respektvolle und motivierende Feedbackkultur, die sowohl Lob als auch konstruktive Kritik umfasst, um eine produktive Arbeitsumgebung zu fördern. www.cultivate.ai

9.4.18 Nutzen Sie die Vorteile der informellen Gruppe

In jedem Unternehmen existieren neben den offiziellen Strukturen auch informelle Gruppen und Netzwerke, die oft ebenso wichtig für den Erfolg sind. Diese informellen Gruppen entstehen durch persönliche Beziehungen, gemeinsame Interessen oder ähnliche Arbeitsweisen und können eine entscheidende Rolle beim Wissensaustausch und der Problemlösung spielen.

Die Macht der informellen Netzwerke:
Informelle Gruppen sind oft der Ort, an dem Innovationen entstehen, Ideen ausgetauscht werden und schnelle Lösungen für komplexe Probleme gefunden werden. Sie bieten die Möglichkeit, jenseits der formalen Hierarchien und Prozesse flexibel und kreativ zu agieren. Diese Netzwerke fördern die Zusammenarbeit und das Gemeinschaftsgefühl innerhalb des Unternehmens und können entscheidend dazu beitragen, eine starke Unternehmenskultur zu entwickeln.

Unterstützung durch KI-Tools:
Moderne KI-gestützte Tools können dabei helfen, informelle Kommunikationswege und Netzwerke innerhalb eines Unternehmens zu analysieren und zu fördern. Diese Tools identifizieren wichtige informelle Gruppen und zeigen auf, wie diese Netzwerke zur Förderung von

Innovation und Zusammenarbeit genutzt werden können. Sie bieten auch Einblicke, wie Wissen effektiv innerhalb dieser Gruppen geteilt und verbreitet werden kann, um die gesamte Organisation zu stärken.

Vorteile der Nutzung informeller Gruppen:

- **Schnelle Problemlösung:** Informelle Netzwerke ermöglichen es, Probleme schneller zu identifizieren und Lösungen zu finden, da sie nicht an formale Entscheidungswege gebunden sind.
- **Förderung von Innovation:** Durch den offenen Austausch von Ideen und Erfahrungen in informellen Gruppen entstehen oft innovative Ansätze und kreative Lösungen.
- **Stärkung der Unternehmenskultur:** Die Pflege und Förderung informeller Netzwerke trägt zu einem positiven Arbeitsklima bei und stärkt das Gemeinschaftsgefühl im Unternehmen.

> **Wichtiges kurzgefasst Abschn. 9.4.18 Nutzen Sie die Vorteile der informellen Gruppe**
>
> **Bedeutung informeller Gruppen**: Informelle Netzwerke spielen eine wichtige Rolle beim Wissensaustausch, der Problemlösung und der Innovationsförderung.
>
> **Unterstützung durch KI-Tools**: KI-gestützte Tools analysieren und fördern informelle Kommunikationswege, um Innovation und Zusammenarbeit zu stärken.
>
> **Vorteile informeller Netzwerke**: Informelle Gruppen ermöglichen schnelle Problemlösungen, fördern Innovationen und stärken die Unternehmenskultur.
>
> **Stärkung der Organisation**: Effektive Nutzung informeller Gruppen kann die gesamte Organisation durch verbesserten Wissensaustausch und Zusammenarbeit stärken.

> **Geeignete KI-Tools**
>
> **Microsoft Viva Insights** ist ein KI-gestütztes Tool, das Unternehmen dabei unterstützt, die Dynamiken informeller Netzwerke zu verstehen und zu fördern. Es analysiert Kommunikationsmuster und Zusammen-

arbeitstrends innerhalb eines Unternehmens, um informelle Gruppen zu identifizieren, die eine wichtige Rolle im Wissensaustausch und der Problemlösung spielen. Viva Insights bietet Empfehlungen, wie diese Netzwerke effektiv genutzt werden können, um Innovation und Zusammenarbeit zu stärken und die Unternehmenskultur zu fördern. www.microsoft.com/viva/insights

Slack ist eine Kommunikationsplattform, die durch KI-gestützte Funktionen erweitert wurde, um informelle Netzwerke innerhalb eines Unternehmens zu analysieren und zu fördern. Die Plattform erkennt, wie Mitarbeiter in informellen Gruppen zusammenarbeiten, und ermöglicht es, diese Kommunikationswege zu unterstützen und zu optimieren. Slack bietet Funktionen zur Förderung des Wissensaustauschs und der Zusammenarbeit, indem es informelle Gruppen sichtbar macht und den offenen Austausch von Ideen und Erfahrungen unterstützt. www.slack.com

9.4.19 Schaffen Sie sich ein gutes Fundament an Wissen über KI

In der heutigen Arbeitswelt ist ein solides Verständnis von Künstlicher Intelligenz (KI) und deren Anwendungsmöglichkeiten von entscheidender Bedeutung. KI durchdringt immer mehr Bereiche und beeinflusst, wie wir arbeiten, Entscheidungen treffen und Innovationen vorantreiben. Ein fundiertes Wissen über KI ist daher nicht nur für Führungskräfte, sondern für alle Mitarbeiter dringend notwendig.

Wissensaufbau durch Schulungen und E-Learning:
Regelmäßige Schulungen und der Einsatz von E-Learning-Plattformen sind effektive Methoden, um das Wissen über KI im Team kontinuierlich zu erweitern. Diese Plattformen bieten Zugang zu aktuellen Informationen, praxisnahen Übungen und interaktiven Lernmodulen, die das Verständnis für KI und deren Potenziale vertiefen. Mitarbeiter können so nicht nur ihre technischen Fähigkeiten ausbauen, sondern auch lernen, wie KI in ihrem spezifischen Arbeitsbereich gewinnbringend eingesetzt werden kann.

> **Wichtiges kurzgefasst Abschn. 9.4.19 Schaffen Sie sich ein gutes Fundament an Wissen über KI**
>
> **Bedeutung von KI-Wissen**: Ein solides Verständnis von KI ist entscheidend für alle Mitarbeiter, um die Arbeitsweise und Innovationen zu beeinflussen.
> **Wissensaufbau durch Schulungen**: Regelmäßige Schulungen und E-Learning-Plattformen sind effektive Methoden, um das Wissen über KI kontinuierlich zu erweitern.
> **Vertiefung der KI-Kenntnisse**: E-Learning-Plattformen bieten praxisnahe Übungen und interaktive Lernmodule, die das Verständnis für KI vertiefen.
> **Anwendung von KI im Arbeitsbereich**: Mitarbeiter lernen, wie KI gewinnbringend in ihrem spezifischen Arbeitsbereich eingesetzt werden kann.

> **Geeignete KI-Tools**
>
> **Coursera AI for Everyone** ist eine E-Learning-Plattform, die einen umfassenden Überblick über die Grundlagen und Anwendungen von Künstlicher Intelligenz bietet. Der Kurs richtet sich an alle Mitarbeiter und Führungskräfte, die ein solides Verständnis von KI entwickeln möchten. Er umfasst interaktive Lernmodule, praxisnahe Übungen und aktuelle Informationen über KI-Technologien und deren Potenziale in verschiedenen Arbeitsbereichen. www.coursera.org
> **DataCamp** bietet eine breite Palette an interaktiven Kursen und Tutorials zur Künstlichen Intelligenz, maschinellem Lernen und Datenwissenschaft. Die Plattform ermöglicht es den Nutzern, ihre technischen Fähigkeiten zu erweitern und zu vertiefen, indem sie praxisorientierte Schulungen zu verschiedenen Aspekten der KI anbietet. Mitarbeiter können lernen, wie KI in ihrem spezifischen Arbeitsbereich angewendet werden kann, um Effizienz und Innovation zu fördern. www.datacamp.com

9.4.20 Kreativität und Innovation fördern

Kreativität und Innovation sind die Triebfedern des Fortschritts in jedem Unternehmen. Künstliche Intelligenz kann eine entscheidende Rolle dabei spielen, kreative Prozesse zu unterstützen und neue Ideen zu entwickeln. Durch den Einsatz von KI-gestützten Brainstorming-Tools und kreativen Algorithmen können Unternehmen ihre Innovationskraft erheblich steigern.

Unterstützung durch KI in kreativen Prozessen:
KI-Tools bieten eine Vielzahl von Möglichkeiten, um den kreativen Prozess zu fördern. Sie können Daten analysieren, Trends erkennen und neue Perspektiven aufzeigen, die in traditionellen Brainstorming-Sitzungen möglicherweise übersehen werden. KI kann auch helfen, kreative Blockaden zu überwinden, indem sie unkonventionelle Ideen und Ansätze vorschlägt, die als Ausgangspunkt für innovative Lösungen dienen können.

Durch die Kombination von menschlicher Kreativität und der analytischen Power von KI entstehen neue Wege, um Produkte zu entwickeln, Probleme zu lösen und Märkte zu erschließen.

Wichtiges kurzgefasst Abschn. 9.4.20 Kreativität und Innovation fördern

Wichtigkeit von Kreativität und Innovation: Kreativität und Innovation sind entscheidend für den Fortschritt in jedem Unternehmen.
Rolle der KI in kreativen Prozessen: KI-Tools unterstützen kreative Prozesse durch Datenanalyse, Trendidentifikation und das Aufzeigen neuer Perspektiven.
Überwindung kreativer Blockaden: KI hilft, kreative Blockaden zu überwinden, indem sie unkonventionelle Ideen und Ansätze vorschlägt.
Kombination von Kreativität und KI: Die Verbindung von menschlicher Kreativität und der analytischen Power von KI eröffnet neue Wege zur Produktentwicklung und Problemlösung.

Geeignete KI-Tools

Miro AI ist ein digitales Whiteboard-Tool, das durch KI-gestützte Funktionen kreative Prozesse unterstützt. Es bietet Brainstorming-Tools, die Teams helfen, kreative Ideen zu entwickeln, indem sie Daten analysieren, Trends identifizieren und neue Perspektiven aufzeigen. Miro AI kann kreative Blockaden überwinden, indem es unkonventionelle Ideen und Ansätze vorschlägt, die als Ausgangspunkt für innovative Lösungen dienen. www.miro.com

Ideaflip ist ein KI-unterstütztes Brainstorming-Tool, das Teams hilft, ihre kreativen Prozesse zu verbessern. Es ermöglicht Benutzern, Ideen in einem flexiblen, visuellen Format zu organisieren und bietet KI-gestützte Analysen, um innovative Ansätze und unkonventionelle Ideen zu identifizieren. Ideaflip unterstützt den kreativen Fluss, indem es eine Umgebung schafft, in der Ideen schnell und effektiv ausgetauscht und weiterentwickelt werden können. www.ideaflip.com

---

Wichtige Zusammenfassung, Abschn. 9.4: Kommunikation und Teamarbeit im Zeitalter der KI

Transformation der Teamarbeit durch KI: KI verändert, wie Teams zusammenarbeiten und kommunizieren, und steigert Effizienz und Qualität.

Überwindung traditioneller Kommunikationsmethoden: KI-Tools automatisieren und zentralisieren die Kommunikation, um Herausforderungen moderner Arbeitsumgebungen zu meistern.

Analyse und Verbesserung der Teamdynamik: KI analysiert Kommunikationsmuster und bietet Feedback, um Teamdynamik zu verbessern und Konflikte zu erkennen.

Personalisierte Kommunikation: KI unterstützt maßgeschneiderte Kommunikation, basierend auf den individuellen Bedürfnissen der Teammitglieder.

Förderung einer konstruktiven Arbeitsumgebung: Der Einsatz von KI schafft eine produktive und harmonische Teamatmosphäre

10
Herausforderungen und ethische Überlegungen

Künstliche Intelligenz (KI) hat in den letzten Jahren signifikante Fortschritte gemacht und bietet eine Vielzahl von Möglichkeiten zur Verbesserung unseres täglichen Lebens und unserer Arbeit. Allerdings bringt diese Technologie auch zahlreiche Herausforderungen und ethische Überlegungen mit sich, die sorgfältig betrachtet werden müssen. In diesem Kapitel werden wir uns mit den wichtigsten ethischen Fragen, dem Datenschutz und der Datensicherheit sowie dem Einfluss von KI auf den Arbeitsmarkt und die berufliche Zukunft befassen.

10.1 Ethische Fragen im Umgang mit KI

Die Einführung und Integration von KI in verschiedene Bereiche der Gesellschaft wirft eine Reihe von ethischen Fragen auf. Eine der grundlegendsten ethischen Überlegungen ist die Frage der Verantwortlichkeit. Wer ist verantwortlich, wenn eine KI-gestützte Entscheidung negative Konsequenzen hat? Diese Frage wird besonders brisant in Bereichen wie der Medizin oder im autonomen Fahren, wo Fehlentscheidungen fatale Folgen haben können.

Ein weiterer ethischer Aspekt betrifft die Transparenz von KI-Systemen. Oftmals sind die Entscheidungsprozesse von KI-Systemen nicht nachvollziehbar, was zu einem Mangel an Vertrauen führen kann. Es ist entscheidend, dass die Systeme so gestaltet werden, dass ihre Entscheidungen nachvollzogen und überprüft werden können.

Zusätzlich müssen ethische Bedenken bezüglich der Voreingenommenheit von KI-Systemen berücksichtigt werden. Wenn die Daten, mit denen die KI trainiert wird, vorurteilsbehaftet sind, spiegelt die KI diese Voreingenommenheit wider. Dies kann zu Diskriminierung und Ungleichheit führen, insbesondere in sensiblen Bereichen wie der Strafjustiz oder dem Personalwesen.

> **Ausgewählte KI-Tools zum Thema:**
>
> **IBM AI Fairness 360** ist ein Open-Source-Toolkit, das entwickelt wurde, um Entwickler und Datenwissenschaftler bei der Identifizierung und Minderung von Voreingenommenheit in KI-Modellen zu unterstützen. Das Tool bietet eine Sammlung von Metriken und Algorithmen, die helfen, die Fairness von KI-Systemen zu bewerten und zu verbessern, um Diskriminierung und Ungleichheit zu vermeiden. Es bietet auch Best Practices und Empfehlungen, um ethische Standards in der Entwicklung von KI-Anwendungen zu gewährleisten. www.ibm.com/aim/air/fairness-360
>
> **Google Explainable AI** ist ein Toolkit, das Unternehmen dabei unterstützt, die Entscheidungsprozesse ihrer KI-Modelle zu verstehen und zu interpretieren. Das Tool bietet Techniken zur Erklärung und Visualisierung von KI-Modellen, um die Transparenz und Nachvollziehbarkeit der KI-Entscheidungen zu verbessern. Dadurch können Organisationen sicherstellen, dass ihre KI-Systeme vertrauenswürdig sind und ethische Standards einhalten, was besonders in sensiblen Bereichen wie Medizin und Strafjustiz wichtig ist. cloud.google.com/explainable-ai
>
> **Pymetrics** ist ein KI-gestütztes Personalbeschaffungstool, das ethische Prinzipien in den Mittelpunkt stellt, um faire und unvoreingenommene Entscheidungsprozesse zu gewährleisten. Das Tool nutzt eine Kombination aus spielbasierter Datenanalyse und KI, um die besten Kandidaten zu identifizieren, während es gleichzeitig auf Voreingenommenheit prüft und diese minimiert. Pymetrics bietet Unternehmen eine Möglichkeit, die Fairness und Gleichheit bei der Personalbeschaffung zu verbessern. www.pymetrics.ai
>
> Diese drei Tools bieten gezielte Unterstützung bei der Bewältigung ethischer Herausforderungen und der Verbesserung der Transparenz, Nachvollziehbarkeit und Fairness von KI-Systemen.

10.2 Datenschutz und Datensicherheit

Mit der zunehmenden Nutzung von KI-Systemen steigt auch die Menge an Daten, die gesammelt und verarbeitet werden. Dies führt zu ernsthaften Bedenken hinsichtlich des Datenschutzes und der Datensicherheit. Persönliche Daten, die zur Verbesserung von KI-Systemen verwendet werden, können missbraucht werden, wenn sie nicht ordnungsgemäß geschützt sind.

Der Schutz der Privatsphäre der Nutzer ist von größter Bedeutung. Es ist wichtig, dass Unternehmen und Organisationen, die KI-Technologien einsetzen, robuste Datenschutzrichtlinien und -verfahren implementieren. Dies umfasst die Anonymisierung von Daten, die Minimierung der Datenerfassung auf das Notwendigste und die transparente Kommunikation darüber, wie und warum Daten gesammelt werden.

Zusätzlich zur Einhaltung gesetzlicher Vorschriften wie der Datenschutz-Grundverordnung (DSGVO) sollten Unternehmen auch ethische Überlegungen anstellen, um das Vertrauen der Nutzer zu gewinnen und zu erhalten. Es müssen Mechanismen zur Sicherstellung der Datensicherheit implementiert werden, um Cyberangriffe und Datenlecks zu verhindern.

> **Ausgewählte KI-Tools zum Thema:**
>
> **Privitar** ist ein Datenschutz-Tool, das Unternehmen dabei unterstützt, die Privatsphäre ihrer Nutzer zu schützen und DSGVO-konform zu handeln. Das Tool bietet Funktionen zur Anonymisierung und Maskierung von Daten, sodass sensible Informationen geschützt und Datenlecks vermieden werden. Privitar hilft Organisationen, die Menge der gesammelten Daten zu minimieren und die Datennutzung transparent zu kommunizieren, um das Vertrauen der Nutzer zu stärken. www.privitar.com
>
> **BigID** ist eine datenzentrierte Plattform, die Unternehmen hilft, den Datenschutz und die Datensicherheit zu verbessern. Mithilfe von KI- und maschinellen Lerntechniken identifiziert und klassifiziert BigID sensible Daten, um Datenschutzverletzungen zu verhindern. Die Plattform bietet Funktionen zur Datenanonymisierung, Datenminimierung und Verwaltung der Datenschutzrichtlinien, um Unternehmen bei der Einhaltung der DSGVO und anderer Datenschutzgesetze zu unterstützen. www.bigid.com

> **Varonis** ist ein KI-gestütztes Datensicherheits-Tool, das Bedrohungen erkennt und den unbefugten Zugriff auf sensible Daten verhindert. Es bietet Funktionen zur Überwachung und Analyse von Datenaktivitäten, um potenzielle Sicherheitslücken zu identifizieren und Cyberangriffe zu verhindern. Varonis hilft Unternehmen, robuste Sicherheitsmechanismen zu implementieren, um die Datensicherheit zu gewährleisten und das Risiko von Datenlecks zu minimieren. www.varonis.com
> Diese drei Tools bieten gezielte Unterstützung für den Datenschutz und die Datensicherheit im Zusammenhang mit der Nutzung von KI-Systemen.

10.3 Der Einfluss von KI auf den Arbeitsmarkt und die berufliche Zukunft

Die Auswirkungen von KI auf den Arbeitsmarkt sind weitreichend und vielfältig. Einerseits kann KI die Produktivität und Effizienz in vielen Branchen erheblich steigern, indem sie Routineaufgaben automatisiert und komplexe Datenanalysen durchführt. Andererseits besteht die Befürchtung, dass viele Arbeitsplätze durch die Automatisierung verloren gehen könnten.

Ein zentrales Anliegen ist die Umschulung und Weiterbildung der Arbeitskräfte. Es wird immer wichtiger, dass Arbeitnehmer neue Fähigkeiten erwerben, die im Zeitalter der KI gefragt sind, wie z. B. Programmierung, Datenanalyse und ein grundlegendes Verständnis von KI-Technologien. Bildungseinrichtungen und Unternehmen müssen zusammenarbeiten, um entsprechende Weiterbildungsprogramme anzubieten.

Es gibt jedoch auch positive Aspekte. KI kann neue Arbeitsplätze schaffen, insbesondere in den Bereichen Forschung, Entwicklung und Wartung von KI-Systemen. Darüber hinaus kann sie die Qualität der Arbeit verbessern, indem sie repetitive und gefährliche Aufgaben übernimmt und den Menschen mehr Zeit für kreative und strategische Tätigkeiten lässt.

10.4 ACHTUNG: Risiken durch ungeklärte Quellen, Falschaussagen und begrenztes Wissen von KI-Systemen

Neben ethischen, sicherheitstechnischen und arbeitsmarktrelevanten Aspekten werfen KI-Systeme auch inhaltliche und rechtliche Fragen auf, die im beruflichen Kontext besondere Aufmerksamkeit verdienen. Dazu gehört in erster Linie das Thema Urheberrecht. Viele KI-Modelle wurden mit großen Datenmengen aus dem Internet trainiert – oft ohne explizite Zustimmung der Urheber. Daher ist es möglich, dass KI-generierte Inhalte auf geschützten Werken basieren oder diese in Teilen reproduzieren. Dies kann rechtliche Konsequenzen haben, insbesondere, wenn solche Inhalte kommerziell genutzt oder veröffentlicht werden.

Ein weiteres Problem sind sogenannte Halluzinationen. KI-Modelle können Informationen generieren, die zwar plausibel erscheinen, in Wirklichkeit aber falsch oder erfunden sind. Solche inhaltlichen Fehler entstehen nicht „absichtlich", sondern durch statistische Wahrscheinlichkeiten im Sprachmodell. Besonders kritisch ist dies, wenn Aussagen ohne Quellenangabe übernommen werden – etwa in Bewerbungen, Präsentationen oder Berichten. Es ist daher essenziell, alle von der KI gelieferten Inhalte zu prüfen und gegebenenfalls mit verlässlichen Quellen zu belegen.

Zudem besteht das Risiko, dass eine KI sich selbst zitiert – also frühere, von ihr generierte Aussagen wiederverwendet, ohne auf verifizierte Quellen zurückzugreifen. Dadurch können Fehler oder ungenaue Informationen unbeabsichtigt mehrfach erscheinen und sich im schlimmsten Fall verfestigen. Nutzer sollten deshalb sensibel auf Wiederholungen achten und insbesondere bei fachlichen Themen stets eine Quellenrecherche durchführen.

> Es ist essenziell, **alle von der KI gelieferten Inhalte gründlich zu prüfen** und gegebenenfalls mit verlässlichen Quellen zu belegen.

Schließlich ist zu beachten, dass jede KI-Version einen begrenzten Wissensstand hat. So basieren viele Systeme auf Informationen bis zu einem bestimmten Stichtag (z. B. Ende 2023) und berücksichtigen keine späteren Entwicklungen. Gesetzesänderungen, neue Forschungsergebnisse oder gesellschaftliche Debatten können also fehlen. Für alle, die KI im beruflichen Kontext nutzen, ist es daher ratsam, die Versionsangabe zu beachten und die generierten Inhalte kritisch auf Aktualität zu prüfen.

> **Ausgewählte KI-Tools zum Thema:**
>
> **LinkedIn Learning** bietet eine breite Palette an Kursen und Schulungen, die speziell darauf ausgelegt sind, Arbeitskräfte auf die Anforderungen des KI-Zeitalters vorzubereiten. Mit Kursen zu Programmierung, Datenanalyse, maschinellem Lernen und KI-Technologien hilft LinkedIn Learning, die notwendigen Fähigkeiten für neue berufliche Chancen zu erwerben und die Beschäftigungsfähigkeit in einem sich schnell verändernden Arbeitsmarkt zu sichern. www.linkedin.com/learning
>
> **Coursera for Business** ist eine E-Learning-Plattform, die Unternehmen dabei unterstützt, ihre Mitarbeiter auf die Zukunft der Arbeit vorzubereiten. Die Plattform bietet spezialisierte Kurse und Zertifizierungen in Bereichen wie KI, maschinelles Lernen, Datenwissenschaft und mehr. Unternehmen können maßgeschneiderte Lernpfade erstellen, um die Umschulung und Weiterbildung ihrer Belegschaft zu fördern und sicherzustellen, dass sie über die erforderlichen Fähigkeiten für eine erfolgreiche Karriere im KI-Zeitalter verfügen. www.coursera.org/business
>
> **Udacity Nanodegree Programs** bieten spezialisierte Programme, die sich auf KI, maschinelles Lernen und datenwissenschaftliche Fähigkeiten konzentrieren. Diese Programme sind darauf ausgelegt, Berufstätigen praktische, arbeitsmarktrelevante Fähigkeiten zu vermitteln, die direkt auf die Anforderungen der Industrie zugeschnitten sind. Udacity unterstützt Lernende dabei, sich auf die wachsenden Karrieremöglichkeiten im Bereich der KI und der Automatisierung vorzubereiten. www.udacity.com
>
> Diese drei Tools bieten gezielte Unterstützung für die Umschulung und Weiterbildung von Arbeitskräften sowie für die Vorbereitung auf die Anforderungen des Arbeitsmarktes im Zeitalter der KI.

Wichtiges kurzgefasst Kap. 10: Herausforderungen und ethische Überlegungen

Ethische Fragen: Verantwortung für KI-Entscheidungen, Transparenz der Entscheidungsprozesse und die Vermeidung von Voreingenommenheit sind zentrale ethische Überlegungen. Tools wie IBM AI Fairness 360 und Google Explainable AI helfen, die Fairness und Transparenz von KI-Systemen zu gewährleisten.

Datenschutz und Datensicherheit: Der Schutz persönlicher Daten und die Einhaltung von Datenschutzgesetzen wie der DSGVO sind essenziell. Anonymisierung und Minimierung der Datenerfassung, kombiniert mit robusten Sicherheitsmechanismen, sind erforderlich, um Datenmissbrauch und Cyberangriffe zu verhindern. Tools wie Privitar, BigID und Varonis unterstützen hierbei.

Einfluss auf den Arbeitsmarkt: KI steigert die Produktivität, führt aber auch zur Automatisierung von Arbeitsplätzen. Umschulung und Weiterbildung sind entscheidend, um den Arbeitsmarkt auf die KI-Ära vorzubereiten. Plattformen wie LinkedIn Learning, Coursera und Udacity bieten spezialisierte Schulungen, um die notwendigen Fähigkeiten für die Zukunft zu erwerben.

Urheberrechtliche Risiken: KI kann auf Inhalte zurückgreifen, deren Herkunft nicht eindeutig geklärt ist. Dies kann urheberrechtlich problematisch werden, insbesondere bei Veröffentlichung oder kommerzieller Nutzung.

Halluzinationen der KI: KI-Modelle können falsche oder erfundene Inhalte generieren, die überzeugend wirken, aber sachlich nicht korrekt sind. Eine manuelle Prüfung und Quellenkontrolle ist unerlässlich.

Selbstzitation: KI kann eigene frühere Aussagen wiederholen, ohne neue Informationen oder externe Quellen einzubeziehen. Das kann zur Verstärkung von Fehlern führen.

Versionsabhängigkeit: Das Wissen der KI ist auf den Stand ihrer Trainingsdaten begrenzt. Aktuelle Entwicklungen, neue Gesetze oder wissenschaftliche Erkenntnisse nach dem jeweiligen Stand (z. B. 2024/2025) werden unter Umständen nicht berücksichtigt.

11

Zukunftsperspektiven: KI und Karriereplanung

Die rasante Entwicklung der Künstlichen Intelligenz (KI) hat tiefgreifende Auswirkungen auf den Arbeitsmarkt und die Karriereplanung. KI-Technologien verändern nicht nur die Art und Weise, wie wir arbeiten, sondern auch die Fähigkeiten und Kompetenzen, die in der Zukunft gefragt sein werden. Für Fachkräfte bedeutet dies, sich kontinuierlich weiterzubilden und an die sich wandelnden Anforderungen anzupassen. In diesem Kapitel werden die langfristigen Perspektiven beleuchtet, die KI für die Karriereplanung bietet, und es wird aufgezeigt, wie Individuen und Unternehmen diese technologischen Veränderungen proaktiv gestalten können.

Die Integration von KI in die Karriereplanung ermöglicht es, präzise und datengestützte Entscheidungen zu treffen. Durch die Analyse von Arbeitsmarkttrends, Fähigkeiten und zukünftigen Anforderungen können Fachkräfte ihre berufliche Laufbahn gezielt steuern und sich optimal positionieren. Dabei spielen nicht nur technische Fähigkeiten eine Rolle, sondern auch soziale und kreative Kompetenzen, die durch KI ergänzt und verstärkt werden können. Dieses Kapitel bietet einen umfassenden Überblick über die Möglichkeiten und Herausforderungen der KI in der

Karriereplanung und gibt praktische Ratschläge, wie man diese Technologie nutzen kann, um beruflichen Erfolg langfristig zu sichern.

> **Geeignete KI-Tools**
>
> **LinkedIn Learning** bietet eine breite Palette von Kursen und Lernpfaden an, die speziell auf die Bedürfnisse von Fachkräften in der sich wandelnden Arbeitswelt zugeschnitten sind. Die Plattform nutzt KI, um personalisierte Kursvorschläge basierend auf den Karrierezielen und den aktuellen Fähigkeiten der Benutzer zu machen. Durch die Analyse von Arbeitsmarkttrends und gefragten Kompetenzen unterstützt LinkedIn Learning Fachkräfte dabei, ihre Fähigkeiten kontinuierlich weiterzuentwickeln und sich optimal auf die Anforderungen des zukünftigen Arbeitsmarktes vorzubereiten. www.linkedin.com/learning
>
> **Eightfold AI** ist eine KI-basierte Talentmanagement-Plattform, die Unternehmen und Fachkräfte bei der Karriereplanung unterstützt. Sie verwendet maschinelles Lernen und umfangreiche Datensätze, um Karrierewege vorherzusagen und Weiterbildungsmöglichkeiten zu identifizieren. Die Plattform hilft Fachkräften, ihre Fähigkeiten zu analysieren und Lücken zu erkennen, um gezielte Lern- und Entwicklungspläne zu erstellen. Unternehmen können Eightfold AI nutzen, um ihre Mitarbeiter zu fördern und die strategische Personalentwicklung zu optimieren. www.eightfold.ai

> **Wichtiges kurzgefasst Kap. 11: Zukunftsperspektiven: KI und Karriereplanung**
>
> **Veränderung der Arbeitswelt durch KI**: KI-Technologien beeinflussen nicht nur die Art der Arbeit, sondern auch die erforderlichen Fähigkeiten und Kompetenzen.
> **Wichtigkeit der kontinuierlichen Weiterbildung**: Fachkräfte müssen sich kontinuierlich weiterbilden, um mit den sich wandelnden Anforderungen Schritt zu halten.
> **Datengestützte Karriereplanung**: KI ermöglicht präzise Karriereentscheidungen durch die Analyse von Arbeitsmarkttrends und zukünftigen Anforderungen.
> **Balance zwischen technischen und sozialen Kompetenzen**: Sowohl technische Fähigkeiten als auch soziale und kreative Kompetenzen werden durch KI ergänzt und verstärkt.

11.1 Langfristige Planung und Anpassung an technologische Veränderungen

Langfristige Karriereplanung erfordert heute mehr denn je die Fähigkeit, sich an technologische Veränderungen anzupassen. Die Einführung von KI in verschiedenen Branchen stellt eine bedeutende Veränderung dar, die neue Chancen, aber auch Herausforderungen mit sich bringt. Eine proaktive Herangehensweise an die eigene berufliche Entwicklung beinhaltet die kontinuierliche Weiterbildung und die Bereitschaft, sich auf neue Technologien einzulassen.

Die langfristige Planung sollte daher nicht nur auf kurzfristige Ziele fokussiert sein, sondern auch auf die Entwicklung von Fähigkeiten, die in einer zunehmend automatisierten und datengesteuerten Arbeitswelt gefragt sind. Dies umfasst technische Kompetenzen wie Datenanalyse und Programmierung, aber auch „Soft Skills" wie Problemlösung, Kreativität und emotionale Intelligenz. Durch die Nutzung von KI-gestützten Tools und Plattformen können Fachkräfte ihre Karrierechancen verbessern, indem sie relevante Trends identifizieren und ihre Fähigkeiten entsprechend anpassen.

Ein wesentlicher Aspekt der langfristigen Planung ist die Fähigkeit, technologische Trends zu erkennen und sich frühzeitig darauf einzustellen. Dies erfordert nicht nur das Verständnis aktueller Entwicklungen, sondern auch die Fähigkeit, zukünftige Trends zu antizipieren. KI kann hierbei eine entscheidende Rolle spielen, indem sie große Datenmengen analysiert und Vorhersagen über zukünftige Entwicklungen trifft. Fachkräfte können diese Erkenntnisse nutzen, um ihre Karriereplanung strategisch auszurichten und sich gezielt auf zukünftige Anforderungen vorzubereiten.

> **Geeignete KI-Tools**
>
> **FutureFit AI** ist eine KI-gestützte Plattform, die Fachkräften hilft, ihre Karrierepfade zu planen und sich auf zukünftige technologische Veränderungen vorzubereiten. Die Plattform nutzt Datenanalysen und maschinelles Lernen, um individuelle Karriereempfehlungen zu geben und die Entwicklung benötigter Fähigkeiten zu unterstützen. Durch die Analyse von Arbeitsmarkttrends und die Bewertung persönlicher Kompetenzen können Nutzer gezielte Lern- und Entwicklungspläne erstellen, die sie fit für die Zukunft machen. www.futurefit.ai
>
> **Degreed** ist eine Lern- und Entwicklungsplattform, die es Fachkräften ermöglicht, kontinuierlich neue Fähigkeiten zu erlernen und sich an technologische Veränderungen anzupassen. Die Plattform bietet personalisierte Lerninhalte, die auf die individuellen Bedürfnisse und Karriereziele der Nutzer zugeschnitten sind, und nutzt KI, um Empfehlungen basierend auf aktuellen Markttrends und zukünftigen Anforderungen zu geben. Degreed unterstützt die Entwicklung sowohl technischer als auch sozialer Kompetenzen und fördert eine proaktive Herangehensweise an die berufliche Weiterbildung. www.degreed.com

11.1.1 Schaffen Sie Ihre persönliche Vision mit KI

Die Erstellung einer klaren und inspirierenden beruflichen Vision ist entscheidend für eine erfolgreiche Karriereplanung. KI kann dabei eine wertvolle Unterstützung bieten, indem sie nicht nur Ihre aktuellen Fähigkeiten und Interessen analysiert, sondern auch langfristige Markttrends und Entwicklungen berücksichtigt. Mit Hilfe von KI-gestützten Tools können Sie personalisierte Karrierepfade und Entwicklungsstrategien entwerfen, die Ihre individuellen Stärken und Ziele in den Vordergrund stellen.

Ein besonderer Vorteil von KI ist die Möglichkeit, verschiedene berufliche Szenarien durchzuspielen. KI-gestützte Simulationen ermöglichen es Ihnen, die potenziellen Ergebnisse unterschiedlicher Karriereentscheidungen zu bewerten und zu visualisieren. So können Sie fundierte Entscheidungen treffen, die langfristig zu Ihrem Erfolg beitragen. Darüber hinaus bieten KI-Tools kontinuierliches Feedback, das Ihnen hilft, Ihre berufliche Entwicklung zu reflektieren und gezielt zu optimieren.

11 Zukunftsperspektiven: KI und Karriereplanung

> **Wichtiges kurzgefasst Abschn. 11.1.1 Schaffen Sie Ihre persönliche Vision mit KI**
>
> **Personalisierte Karriereplanung**: KI hilft dabei, eine klare berufliche Vision zu entwickeln, indem sie Ihre Fähigkeiten und Markttrends analysiert.
>
> **Szenarien durchspielen**: KI-gestützte Simulationen ermöglichen es, verschiedene Karrierewege zu evaluieren und fundierte Entscheidungen zu treffen.
>
> **Kontinuierliches Feedback**: KI-Tools bieten kontinuierliches Feedback, um Ihre berufliche Entwicklung zu reflektieren und zu optimieren.
>
> **Strategische Karriereausrichtung**: KI unterstützt die Entwicklung von individuellen Karrierepfaden, die auf Ihre Stärken und Ziele abgestimmt sind.

> **Geeignete KI-Tools**
>
> **Plum** ist ein KI-basiertes Tool, das Fachkräften dabei hilft, ihre berufliche Vision und strategische Karriereplanung zu gestalten. Durch die Analyse von individuellen Persönlichkeitsmerkmalen, Fähigkeiten und Präferenzen bietet Plum personalisierte Empfehlungen für Karrierewege, die zu den langfristigen Zielen und Stärken der Nutzer passen. Die Plattform nutzt KI-gestützte Simulationen, um verschiedene Szenarien zu durchspielen und die besten beruflichen Entscheidungen zu treffen, die auf persönliche Vorlieben und Markttrends abgestimmt sind. www.plum.io
>
> **Pymetrics** verwendet neurowissenschaftliche Spiele und KI, um individuelle Stärken, Fähigkeiten und Potenziale zu analysieren und zu bewerten. Das Tool hilft Fachkräften, eine klare berufliche Vision zu entwickeln und strategische Karriereentscheidungen zu treffen, indem es datenbasierte Einblicke und personalisierte Empfehlungen bietet. Pymetrics ermöglicht die Simulation verschiedener Karrierepfade und liefert kontinuierliches Feedback, um die berufliche Entwicklung zu optimieren und gezielt zu steuern. www.pymetrics.ai

11.1.2 Werden oder bleiben Sie optimistisch

Optimismus ist eine wesentliche Eigenschaft, um in Zeiten des Wandels erfolgreich zu sein. Obwohl in der jetzigen, aktuellen Zeit Optimismus vielen Menschen schwerfallen wird, ist es jedoch wichtig, eine positive Einstellung zu seinen Tätigkeiten zu finden. KI kann eine entscheidende Rolle dabei spielen, eine optimistische Einstellung zu fördern und aufrechtzuerhalten. Durch positive Verstärkung und personalisierte Lernprogramme unterstützt KI nicht nur die Entwicklung eines positiven Denkens, sondern stärkt auch Ihre Resilienz und Anpassungsfähigkeit.

KI-Tools können Ihnen helfen, Herausforderungen als Chancen zu sehen und sich kontinuierlich weiterzuentwickeln. Sie bieten gezielte Übungen und Trainings, die darauf abzielen, Ihre Selbstwirksamkeit zu steigern und Sie zu ermutigen, neue Herausforderungen anzunehmen. Eine optimistische Einstellung verbessert Ihre Fähigkeit, Chancen zu erkennen und proaktiv auf Veränderungen zu reagieren, was in einer sich ständig verändernden Arbeitswelt unerlässlich ist.

Dazu ein Beispiel: Das KI-gestützte Tool Positive Prime wurde speziell entwickelt, um das Wohlbefinden und die Resilienz von Menschen durch gezielte mentale Impulse zu stärken. Die Plattform nutzt wissenschaftlich fundierte Prinzipien aus der Positiven Psychologie und Neuroplastizität, um durch personalisierte visuelle und auditive Inhalte positive Denkprozesse zu fördern. Dabei erstellt das System individuell zugeschnittene Sessions – kurze Videosequenzen mit positiven Botschaften, inspirierenden Bildern und Musik –, die auf Ihr aktuelles Stimmungsprofil abgestimmt werden. Mithilfe von KI analysiert das Tool Ihre Fortschritte und passt die Inhalte dynamisch an Ihre emotionalen Bedürfnisse an. Studien zeigen, dass bereits eine tägliche Anwendung von wenigen Minuten zu mehr Optimismus, gesteigerter Konzentration und emotionaler Stabilität führen kann. So unterstützt Positive Prime auf eine sehr persönliche Weise Ihre Fähigkeit, in unsicheren Zeiten zuversichtlich zu bleiben.

> **Wichtiges kurzgefasst Abschn. 11.1.2 Werden oder bleiben Sie Optimist**
> **Förderung von Optimismus durch KI**: KI unterstützt die Entwicklung einer optimistischen Einstellung durch positive Verstärkung und personalisierte Lernprogramme.
> **Resilienz und Anpassungsfähigkeit stärken**: KI hilft dabei, Ihre Resilienz zu stärken und Herausforderungen als Chancen zu sehen.
> **Selbstwirksamkeit steigern**: KI-Tools bieten Übungen, um Ihre Selbstwirksamkeit zu erhöhen und Sie zu ermutigen, neue Herausforderungen anzunehmen.
> **Proaktive Reaktion auf Veränderungen**: Eine optimistische Einstellung erleichtert es, Chancen zu erkennen und proaktiv auf Veränderungen zu reagieren.

> **Geeignete KI-Tools**
>
> **Positive Prime** ist ein KI-gestütztes Tool, das speziell darauf ausgelegt ist, Optimismus und positive Denkmuster zu fördern. Es bietet personalisierte Sessions mit visuellen und auditiven Inhalten, die darauf abzielen, die Resilienz und Anpassungsfähigkeit der Nutzer zu stärken. Durch regelmäßige Übungen und positive Verstärkung hilft Positive Prime, eine optimistische Einstellung zu entwickeln und aufrechtzuerhalten, was entscheidend für den Umgang mit Veränderungen und Herausforderungen in der Arbeitswelt ist. www.positiveprime.com
>
> **Happify** ist eine Plattform, die KI nutzt, um das Wohlbefinden und die mentale Gesundheit der Nutzer zu fördern. Mit wissenschaftlich fundierten Aktivitäten und Spielen hilft Happify, Stress zu reduzieren, Resilienz zu stärken und eine positive Einstellung zu entwickeln. Die Plattform bietet personalisierte Programme, die auf die individuellen Bedürfnisse und Ziele der Nutzer zugeschnitten sind, und unterstützt dabei, eine optimistische Haltung zu fördern, die es erleichtert, Veränderungen proaktiv zu begegnen und Chancen zu erkennen. www.happify.com

11.1.3 Setzen Sie kreative Ideen sofort um

Die Umsetzung kreativer Ideen ist ein Schlüssel zum Erfolg in einer innovationsgetriebenen Welt. KI-Tools bieten hierbei wertvolle Unterstützung, indem sie kreative Prozesse beschleunigen und optimieren. Ob es sich um die Entwicklung neuer Produkte, Dienstleistungen oder Prozesse handelt – KI kann Ihnen helfen, innovative Konzepte zu entwickeln, zu testen und zu verfeinern.

Darüber hinaus tragen KI-gestützte Tools dazu bei, eine Innovationskultur zu schaffen, indem sie repetitive Aufgaben automatisieren und so mehr Raum für kreatives Denken lassen. In Teams können KI-Plattformen die Zusammenarbeit fördern, indem sie Ideen in Echtzeit teilen und weiterentwickeln. Dies erleichtert die schnelle Umsetzung von Ideen und erhöht die Chancen auf Markterfolg. Z. B. könnten Sie als Nutzer die neueste Version der ChatGPT-App von OpenAI bequem im App Store herunterladen und von unterwegs auf die leistungsstarke GPT-4-Technologie zugreifen, um Ideen schnell festhalten zu können oder unterwegs für Sie wichtige Fragen zu stellen, die sofort beantwortet werden.

Wichtiges kurzgefasst Abschn. 11.1.3 Setzen Sie kreative Ideen sofort um

Beschleunigte kreative Prozesse durch KI: KI-Tools unterstützen die schnelle Entwicklung, Testung und Verfeinerung kreativer Konzepte.

Schaffung einer Innovationskultur: KI hilft dabei, repetitive Aufgaben zu automatisieren und mehr Raum für kreatives Denken zu schaffen.

Förderung der Teamzusammenarbeit: KI-Plattformen ermöglichen es Teams, Ideen in Echtzeit zu teilen und weiterzuentwickeln.

Erhöhung der Chancen auf Markterfolg: Schnelle Umsetzung von Ideen durch KI-Tools steigert die Chancen auf Erfolg am Markt.

Geeignete KI-Tools

Notion AI ist ein vielseitiges KI-gestütztes Tool, das Teams und Einzelpersonen dabei unterstützt, kreative Ideen schnell umzusetzen und zu organisieren. Die Plattform bietet Funktionen wie Echtzeit-Kollaboration, Ideenmanagement und Projektplanung, um den kreativen Prozess zu beschleunigen. Notion AI hilft dabei, repetitive Aufgaben zu automatisieren, was den Nutzern mehr Zeit für innovatives Denken und die Weiterentwicklung ihrer Ideen lässt. Mit der Unterstützung von Notion AI können Teams ihre kreativen Konzepte effizienter testen, verfeinern und in die Tat umsetzen, was die Chancen auf Markterfolg erhöht. www.notion.so

Miro AI ist ein kollaboratives Whiteboard-Tool, das mit KI-Funktionen ausgestattet ist, um kreative Prozesse zu fördern und zu beschleunigen. Die Plattform ermöglicht es Teams, Ideen in Echtzeit zu teilen, zu visualisieren und weiterzuentwickeln. Miro AI unterstützt die Entwicklung innovativer Konzepte durch Tools wie Brainstorming-Vorlagen, Mindmaps und die automatische Erzeugung von Konzepten. Darüber hinaus erleichtert es die Automatisierung von Routineaufgaben und schafft eine Umgebung, die eine Innovationskultur fördert, indem mehr Raum für kreatives Denken und Zusammenarbeit entsteht. www.miro.com

11.1.4 Stellen Sie sich dem Trend der Zeit mit KI

In einer Welt, die sich ständig verändert, ist es unerlässlich, stets auf dem neuesten Stand der technologischen Entwicklungen zu bleiben. KI kann Ihnen dabei helfen, relevante Informationen zu sammeln, zu analysieren und zu interpretieren, sodass Sie fundierte Entscheidungen für Ihre Karriereplanung treffen können. Aber entscheidend ist selbstverständlich zunächst, dass Sie die KI akzeptieren, als Werkzeug anerkennen und dann auch nutzen.

KI-Tools analysieren kontinuierlich Daten aus verschiedenen Quellen, um aktuelle und zukünftige Trends zu identifizieren. Diese Informationen können Sie nutzen, um Ihre Fähigkeiten gezielt weiterzuentwickeln und sich an die sich wandelnden Anforderungen des Arbeitsmarktes anzupassen. Darüber hinaus unterstützen KI-gestützte Weiterbildungsplattformen das lebenslange Lernen und Sie stellen dadurch sicher, dass Sie immer auf dem neuesten Stand bleiben.

> **Wichtiges kurzgefasst Abschn. 11.1.4 Stellen Sie sich dem Trend der Zeit mit KI**
>
> **Auf dem neuesten Stand bleiben**: KI hilft, relevante technologische Trends zu identifizieren und fundierte Entscheidungen für die Karriereplanung zu treffen.
> **Datengetriebene Entscheidungen**: Durch kontinuierliche Analyse von Datenquellen ermöglicht KI die frühzeitige Anpassung an sich ändernde Marktanforderungen.
> **Lebenslanges Lernen fördern**: KI-gestützte Weiterbildungsplattformen unterstützen das kontinuierliche Lernen und halten Sie stets auf dem neuesten Stand.
> **Gezielte Weiterentwicklung**: KI-Tools helfen, Fähigkeiten gezielt weiterzuentwickeln, um den Anforderungen des Arbeitsmarktes gerecht zu werden.

> **Geeignete KI-Tools**
>
> **Feedly AI** ist ein intelligenter Nachrichtenaggregator, der mithilfe von Künstlicher Intelligenz relevante Inhalte und Trends aus einer Vielzahl von Quellen filtert und bereitstellt. Das Tool ermöglicht es Nutzern, benutzerdefinierte Feeds zu erstellen, die auf spezifische Interessengebiete und Markttrends abgestimmt sind. Durch die kontinuierliche Analyse und Zusammenfassung von Informationen unterstützt Feedly AI Fachkräfte dabei, immer auf dem neuesten Stand der technologischen Entwicklungen zu bleiben und fundierte Entscheidungen für ihre Karriereplanung zu treffen. www.feedly.com
>
> **Coursera Skillsets** ist ein KI-gestütztes Weiterbildungsprogramm, das Fachkräften hilft, sich kontinuierlich weiterzubilden und ihre Fähigkeiten gezielt weiterzuentwickeln. Die Plattform nutzt Datenanalyse, um individuelle Lernbedürfnisse zu identifizieren und maßgeschneiderte Kurse anzubieten, die auf die aktuellen und zukünftigen Anforderungen des Arbeitsmarktes ausgerichtet sind. Coursera Skillsets unterstützt lebenslanges Lernen und hilft Nutzern, auf dem neuesten Stand der technologischen Trends zu bleiben und ihre Karrierechancen zu maximieren. www.coursera.org

11.1.5 Entwickeln Sie eine Lernstrategie mit KI

Kontinuierliche Weiterbildung ist unerlässlich. KI-gestützte Lernplattformen bieten Ihnen die Möglichkeit, personalisierte Lernstrategien zu entwickeln, die genau auf Ihre individuellen Bedürfnisse und beruflichen Ziele zugeschnitten sind. Durch die Nutzung dieser Technologien können Sie nicht nur relevante Inhalte schneller identifizieren, sondern auch Ihren Lernfortschritt in Echtzeit überwachen.

Eine KI-gestützte Lernstrategie berücksichtigt Ihre bisherigen Kenntnisse und Erfahrungen, um gezielt Lerninhalte vorzuschlagen, die Ihre Fähigkeiten effektiv erweitern. Gleichzeitig können Sie mit KI-Tools Ihren Lernrhythmus optimieren, indem diese Ihre Lerngewohnheiten analysieren und Ihnen Vorschläge für die effizienteste Vorgehensweise machen.

Darüber hinaus ermöglichen es KI-gestützte Systeme, Lerninhalte dynamisch anzupassen, basierend auf den neuesten Entwicklungen in Ihrer Branche. So bleiben Sie stets auf dem neuesten Stand und können Ihre

Expertise kontinuierlich ausbauen. Dies erhöht nicht nur Ihre beruflichen Chancen, sondern fördert auch Ihre persönliche Entwicklung und Anpassungsfähigkeit in einer sich schnell verändernden Welt.

> **Wichtiges kurzgefasst Abschn. 11.1.5 Entwickeln Sie eine Lernstrategie mit KI**
>
> **Personalisierte Lernstrategien:** KI-gestützte Lernplattformen bieten individuell zugeschnittene Lernstrategien, die auf Ihre Bedürfnisse und Ziele abgestimmt sind.
> **Echtzeit-Überwachung des Lernfortschritts:** KI-Tools ermöglichen es, den Lernfortschritt in Echtzeit zu überwachen und Lerninhalte gezielt zu identifizieren.
> **Dynamische Anpassung von Lerninhalten:** KI-Systeme passen Lerninhalte basierend auf den neuesten Branchenentwicklungen an, um Ihre Expertise kontinuierlich zu erweitern.
> **Optimierung des Lernrhythmus:** KI analysiert Ihre Lerngewohnheiten und gibt Empfehlungen für die effizienteste Vorgehensweise.

> **Geeignete KI-Tools**
>
> **edX Learning Pathways** ist eine KI-gestützte Lernplattform, die es Fachkräften ermöglicht, maßgeschneiderte Lernstrategien zu entwickeln, die genau auf ihre individuellen Bedürfnisse und beruflichen Ziele abgestimmt sind. Die Plattform bietet eine Vielzahl von Kursen in verschiedenen Fachgebieten und verwendet KI, um relevante Lerninhalte basierend auf den bisherigen Kenntnissen und Erfahrungen der Nutzer vorzuschlagen. Mit Echtzeit-Überwachung des Lernfortschritts und dynamischer Anpassung der Inhalte unterstützt edX eine kontinuierliche und effiziente Weiterbildung. www.edx.org
> **Learnosity** ist eine KI-gestützte Bildungsplattform, die personalisierte Lernerfahrungen bietet und den Lernfortschritt der Nutzer in Echtzeit überwacht. Die Plattform analysiert die Lerngewohnheiten der Nutzer und passt die Inhalte dynamisch an, um eine effektive und effiziente Wissensvermittlung zu gewährleisten. Learnosity hilft dabei, eine optimale Lernstrategie zu entwickeln, indem es Empfehlungen für die beste Vorgehensweise gibt und den Nutzern ermöglicht, stets auf dem neuesten Stand der Entwicklungen in ihrer Branche zu bleiben. www.learnosity.com

11.1.6 Vernetzen Sie sich intelligent

Erfolgreiches Netzwerken ist ein entscheidender Faktor für den beruflichen Erfolg. KI kann dabei eine bedeutende Rolle spielen, indem sie Ihnen hilft, gezielt die richtigen Kontakte zu knüpfen und Ihre Netzwerke strategisch auszubauen. Durch die Analyse von Verbindungen, Interessen und gemeinsamen Themen können KI-Tools Ihnen wertvolle Einblicke in potenzielle Netzwerkpartner geben, die Ihre Karriere unterstützen können.

Ein weiterer Vorteil von KI im Networking ist die Automatisierung von Routineaufgaben, wie das Nachverfolgen von Gesprächen oder das Planen von Netzwerkveranstaltungen. KI kann auch dabei helfen, Synergien zwischen Ihren Kontakten zu identifizieren und Ihnen Vorschläge machen, wie Sie Ihr Netzwerk effektiv erweitern können.

Zusätzlich kann KI dabei unterstützen, Ihre Online-Präsenz zu optimieren, indem sie relevante Inhalte und Beiträge vorschlägt, die Ihre Expertise unterstreichen und Ihre Sichtbarkeit in beruflichen Netzwerken erhöhen. Dies fördert nicht nur Ihre berufliche Reichweite, sondern auch Ihre Position als Experte in Ihrem Fachgebiet.

> **Wichtiges kurzgefasst Abschn. 11.1.6 Vernetzen Sie sich intelligent**
>
> **Gezieltes Netzwerken mit KI**: KI hilft, die richtigen Kontakte zu knüpfen und Netzwerke strategisch auszubauen.
>
> **Automatisierung von Networking-Aufgaben**: KI übernimmt Routineaufgaben wie das Nachverfolgen von Gesprächen und die Planung von Veranstaltungen, um das Networking zu optimieren.
>
> **Identifikation von Synergien**: KI-Tools analysieren Verbindungen und Interessen, um wertvolle Synergien zwischen Kontakten zu identifizieren.
>
> **Optimierung der Online-Präsenz**: KI unterstützt die Verbesserung der Online-Präsenz durch Vorschläge für relevante Inhalte, die Ihre Expertise unterstreichen und Ihre Sichtbarkeit erhöhen.

> **Geeignete KI-Tools**
>
> **Nimble** ist ein KI-gestütztes CRM-Tool, das speziell für die effiziente Verwaltung von Kontakten und das strategische Netzwerken entwickelt wurde. Die Plattform hilft Nutzern, gezielt die richtigen Kontakte zu identifizieren und Beziehungen auf Basis gemeinsamer Interessen und beruflicher Ziele zu stärken. Nimble automatisiert Routineaufgaben wie das Nachverfolgen von Gesprächen und das Planen von Netzwerkveranstaltungen, sodass sich Nutzer auf den Aufbau wertvoller Verbindungen konzentrieren können. Zudem bietet Nimble Einblicke in Synergien zwischen Kontakten, um das Netzwerk strategisch zu erweitern. www.nimble.com
>
> **Crystal** ist ein KI-basiertes Tool, das soziale Netzwerke und Kommunikationsstile analysiert, um gezielte Empfehlungen für effektive Interaktionen zu geben. Es hilft Nutzern, ihre Online-Präsenz zu optimieren und ihre Networking-Strategien zu verbessern, indem es Vorschläge für relevante Inhalte und Beiträge bietet, die die eigene Expertise hervorheben. Crystal analysiert Verbindungen und gemeinsame Themen, um wertvolle Netzwerkpartner zu identifizieren und personalisierte Kommunikationsempfehlungen zu geben, die helfen, berufliche Beziehungen zu stärken und die Reichweite in professionellen Netzwerken zu erhöhen. www.crystalknows.com

11.1.7 Nutzen Sie KI zur Selbstreflexion

Selbstreflexion ist ein entscheidender Bestandteil persönlicher und beruflicher Weiterentwicklung. KI-gestützte Analyse-Tools bieten Ihnen die Möglichkeit, tiefere Einblicke in Ihre Stärken, Schwächen und Fortschritte zu gewinnen. Diese Tools können Muster und Trends in Ihrem Verhalten und Ihren Leistungen erkennen, die Ihnen möglicherweise selbst nicht bewusst sind.

Durch die Analyse Ihrer Arbeitsgewohnheiten und Leistungsmuster können KI-Tools Ihnen gezielte Empfehlungen für Verbesserungen geben. Dies kann Ihnen helfen, Ihre Produktivität zu steigern, Ihre Arbeitsweise effizienter zu gestalten und Ihre Karriereziele klarer zu definieren. Zudem können Sie durch die Rückmeldungen der KI Ihre Lern- und Entwicklungsstrategien kontinuierlich anpassen und optimieren.

KI kann auch dazu beitragen, eine objektivere Perspektive auf Ihre berufliche Entwicklung zu gewinnen, indem sie datenbasierte Bewertungen und Fortschrittsberichte liefert. Dies fördert eine ganzheitliche Sicht auf Ihre Karriere und ermöglicht es Ihnen, fundierte Entscheidungen für Ihre berufliche Zukunft zu treffen.

> **Wichtiges kurzgefasst Abschn. 11.1.7 Nutzen Sie KI zur Selbstreflexion**
>
> **Tiefere Einblicke durch KI**: KI-Tools analysieren Ihre Stärken, Schwächen und Fortschritte, um tiefere Einblicke in Ihre berufliche Entwicklung zu gewinnen.
> **Produktivität steigern**: KI gibt gezielte Empfehlungen zur Steigerung der Produktivität und Effizienz Ihrer Arbeitsweise.
> **Objektive Selbstreflexion**: KI bietet datenbasierte Bewertungen und Fortschrittsberichte, die eine objektive Perspektive auf Ihre Karriere ermöglichen.
> **Kontinuierliche Anpassung**: Rückmeldungen der KI helfen, Lern- und Entwicklungsstrategien kontinuierlich zu optimieren.

> **Geeignete KI-Tools**
>
> **Reflect by Adaptive** ist ein KI-gestütztes Tool, das Fachkräften ermöglicht, ihre berufliche Entwicklung durch tiefgehende Selbstreflexion zu fördern. Die Plattform analysiert Verhaltensmuster, Arbeitsgewohnheiten und Leistungstrends, um detaillierte Einblicke in persönliche Stärken und Schwächen zu bieten. Reflect by Adaptive liefert gezielte Empfehlungen zur Steigerung der Produktivität und Effizienz und unterstützt Nutzer dabei, ihre Karriereziele klarer zu definieren und ihre Lernstrategien kontinuierlich zu verbessern. www.adaptive.com/reflect
> **Replika** ist ein KI-basierter Chatbot, der als persönlicher Mentor und Coach fungiert, um die Selbstreflexion zu fördern und persönliche sowie berufliche Entwicklungen zu unterstützen. Replika bietet datengestützte Feedbacks und ermöglicht Nutzern, eine objektivere Perspektive auf ihre beruflichen Leistungen und Fortschritte zu gewinnen. Durch regelmäßige Interaktionen hilft Replika, Muster in Verhalten und Denkweisen zu erkennen, die für die Optimierung der eigenen Arbeitsweise und die kontinuierliche Anpassung von Lern- und Entwicklungsstrategien genutzt werden können. www.replika.ai

11.1.8 Identifizieren Sie zukünftige Schlüsselkompetenzen

Es ist nicht nur wichtig, auf aktuelle Anforderungen zu reagieren, sondern auch zukünftige Entwicklungen im Blick zu behalten. KI-gestützte Systeme sind in der Lage, große Mengen an Daten zu analysieren und daraus Trends und Muster abzuleiten, die aufkommende Veränderungen in der Arbeitswelt hinweisen. Diese Analysen können Ihnen helfen, frühzeitig zu erkennen, welche Fähigkeiten und Kompetenzen in der Zukunft besonders gefragt sein werden.

Indem Sie diese Erkenntnisse in Ihre Weiterbildungsstrategie einfließen lassen, können Sie sich gezielt auf die Entwicklung dieser Schlüsselkompetenzen konzentrieren. Dies verschafft Ihnen einen entscheidenden Wettbewerbsvorteil, da Sie nicht nur auf aktuelle Anforderungen vorbereitet sind, sondern auch auf zukünftige Herausforderungen. Darüber hinaus können Sie durch den Einsatz von KI herausfinden, welche Kompetenzen in Ihrer Branche besonders an Bedeutung gewinnen, und Ihre Karriereplanung entsprechend ausrichten.

> **Wichtiges kurzgefasst Abschn. 11.1.8 Identifizieren Sie zukünftige Schlüsselkompetenzen**
>
> **Zukunftsorientierte Weiterbildung**: KI-gestützte Systeme helfen, Trends und Muster zu identifizieren, um zukünftige Schlüsselkompetenzen frühzeitig zu erkennen.
> **Wettbewerbsvorteil sichern**: Durch die gezielte Entwicklung zukünftiger Schlüsselkompetenzen verschaffen Sie sich einen entscheidenden Wettbewerbsvorteil.
> **Branchenrelevante Kompetenzen**: KI analysiert, welche Kompetenzen in Ihrer Branche an Bedeutung gewinnen, um Ihre Karriereplanung optimal auszurichten.
> **Proaktive Anpassung**: Nutzen Sie KI-Analysen, um Ihre Weiterbildungsstrategie proaktiv an zukünftige Herausforderungen anzupassen.

> **Geeignete KI-Tools**
>
> **Burning Glass Technologies** ist ein KI-gestütztes Analysetool, das Echtzeitdaten aus dem Arbeitsmarkt nutzt, um zukünftige Trends und Schlüsselkompetenzen zu identifizieren. Das Tool analysiert große Mengen an Stellenanzeigen, Arbeitgeberanforderungen und Arbeitsmarkttrends, um aufkommende Fähigkeiten und Kompetenzen zu erkennen, die in verschiedenen Branchen zunehmend gefragt sind. Fachkräfte können diese Analysen nutzen, um ihre Weiterbildungsstrategien gezielt auf die Entwicklung dieser Kompetenzen auszurichten und sich so einen Wettbewerbsvorteil zu sichern. www.burning-glass.com
>
> **Skillsoft Percipio** ist eine KI-gestützte Lernplattform, die es Fachkräften ermöglicht, ihre Weiterbildungsstrategien zukunftsorientiert zu gestalten. Die Plattform nutzt maschinelles Lernen, um Trends zu analysieren und die Fähigkeiten zu identifizieren, die in der Zukunft an Bedeutung gewinnen werden. Skillsoft Percipio bietet personalisierte Lernpfade und empfiehlt Kurse, die speziell auf diese aufkommenden Schlüsselkompetenzen abzielen. Dadurch können Fachkräfte ihre Karriereplanung proaktiv an den sich verändernden Anforderungen des Arbeitsmarktes ausrichten und ihre berufliche Entwicklung optimal steuern. www.skillsoft.com

11.1.9 Nutzen Sie KI zur Effizienzsteigerung

Effizienz ist ein entscheidender Faktor für den Erfolg. KI-Tools bieten vielfältige Möglichkeiten, Prozesse zu automatisieren und zu optimieren, wodurch Sie Ihre Effizienz erheblich steigern können. Ob es sich um die Automatisierung wiederkehrender Aufgaben, die Optimierung von Workflows oder die Verbesserung der Entscheidungsfindung handelt – KI kann Ihnen helfen, Ihre Arbeitsweise grundlegend zu verbessern.

Durch den gezielten Einsatz von KI können Sie nicht nur Zeit sparen, sondern auch die Qualität Ihrer Arbeit erhöhen. Dies gibt Ihnen die Möglichkeit, sich auf strategisch wichtige Aufgaben zu konzentrieren, die Kreativität und analytisches Denken erfordern. Gleichzeitig erhöhen Sie Ihre Wettbewerbsfähigkeit, da Sie in der Lage sind, schneller und effektiver auf Veränderungen zu reagieren und Ressourcen effizienter einzusetzen.

> **Wichtiges kurzgefasst Abschn. 11.1.9 Nutzen Sie KI zur Effizienzsteigerung**
>
> **Prozessautomatisierung durch KI**: KI-Tools automatisieren und optimieren Prozesse, um Ihre Effizienz erheblich zu steigern.
> **Zeit sparen und Qualität erhöhen**: Durch den Einsatz von KI sparen Sie Zeit und erhöhen gleichzeitig die Qualität Ihrer Arbeit.
> **Fokus auf strategische Aufgaben**: KI ermöglicht es, sich auf wichtige Aufgaben zu konzentrieren, die Kreativität und analytisches Denken erfordern.
> **Wettbewerbsfähigkeit steigern**: KI unterstützt Sie dabei, schneller und effektiver auf Veränderungen zu reagieren und Ressourcen effizienter zu nutzen.

> **Geeignete KI-Tools**
>
> **Zapier** ist eine Automatisierungsplattform, die KI nutzt, um Routineaufgaben zu automatisieren und verschiedene Apps und Dienste miteinander zu verbinden. Durch die Automatisierung wiederkehrender Aufgaben und die Integration von Workflows in Echtzeit hilft Zapier, die Effizienz zu steigern und Zeit zu sparen. Nutzer können benutzerdefinierte „Zaps" erstellen, um Prozesse zu optimieren und sich auf strategisch wichtigere Aufgaben zu konzentrieren, was die Gesamtproduktivität erhöht und die Arbeitsweise verbessert. www.zapier.com
> **Trello mit Butler-Bot** ist ein Projektmanagement-Tool, das mit dem KI-gestützten Butler-Bot erweitert werden kann, um Workflows zu automatisieren und die Effizienz zu verbessern. Butler verwendet Regeln und Trigger, um wiederkehrende Aufgaben zu automatisieren, Workflows zu optimieren und die Zusammenarbeit im Team zu erleichtern. Durch die Automatisierung von Prozessen und die effiziente Verwaltung von Projekten hilft Trello mit Butler, Zeit zu sparen und sich auf kreative und strategische Aufgaben zu konzentrieren, was zu einer gesteigerten Wettbewerbsfähigkeit führt. www.trello.com

11.1.10 Fördern Sie Ihre digitale Kompetenz

Die digitale Kompetenz ist heute in vielen Berufen eine unverzichtbare Grundlage. Um in der sich ständig weiterentwickelnden digitalen Welt erfolgreich zu sein, ist es wichtig, Ihre digitalen Fähigkeiten kontinuierlich zu erweitern und auf dem neuesten Stand zu halten. KI-gestützte Lernplattformen bieten hierbei eine wertvolle Unterstützung, indem sie maßgeschneiderte Lernprogramme anbieten, die genau auf Ihre individuellen Bedürfnisse und Lernziele abgestimmt sind.

Durch den Einsatz dieser Plattformen können Sie nicht nur Ihre bestehenden Fähigkeiten vertiefen, sondern auch neue, zukunftsrelevante Kompetenzen erlernen. Gleichzeitig bieten Ihnen KI-Tools die Möglichkeit, in Ihrem eigenen Tempo zu lernen und Ihre Fortschritte zu überwachen, was zu einer effektiveren und nachhaltigeren Wissensvermittlung führt. Dies stärkt Ihre Position auf dem Arbeitsmarkt und macht Sie fit für die Herausforderungen der digitalen Transformation.

> **Wichtiges kurzgefasst Abschn. 11.1.10 Fördern Sie Ihre digitale Kompetenz**
>
> **Kontinuierliche Erweiterung digitaler Fähigkeiten**: Digitale Kompetenz ist unverzichtbar, und KI-gestützte Lernplattformen unterstützen die kontinuierliche Erweiterung dieser Fähigkeiten.
> **Maßgeschneiderte Lernprogramme**: KI bietet individuell angepasste Lernprogramme, die auf Ihre spezifischen Bedürfnisse und Ziele abgestimmt sind.
> **Lernen im eigenen Tempo**: KI-Tools ermöglichen das Lernen im eigenen Tempo und überwachen den Lernfortschritt für eine effektivere Wissensvermittlung.
> **Stärkung der Marktposition**: Durch den Ausbau Ihrer digitalen Kompetenz mit KI bleiben Sie wettbewerbsfähig und fit für die digitale Transformation.

> **Geeignete KI-Tools**
>
> **LinkedIn Learning with AI Insights** nutzt Künstliche Intelligenz, um maßgeschneiderte Lernprogramme anzubieten, die auf die individuellen Bedürfnisse und beruflichen Ziele der Nutzer abgestimmt sind. Die Plattform bietet eine breite Palette von Kursen zur Erweiterung digitaler Fähigkeiten und verwendet KI, um personalisierte Empfehlungen basierend auf den aktuellen Fähigkeiten und dem Lernfortschritt der Nutzer zu erstellen. Nutzer können in ihrem eigenen Tempo lernen und ihre Fortschritte überwachen, was eine effektive und nachhaltige Wissensvermittlung ermöglicht und die digitale Kompetenz stärkt. www.linkedin.com/learning

Pluralsight Skills ist eine KI-gestützte Lernplattform, die speziell darauf ausgelegt ist, digitale Kompetenzen zu fördern und zu erweitern. Die Plattform bietet personalisierte Lernpfade und Kurse, die auf die individuellen Bedürfnisse und Lernziele der Nutzer zugeschnitten sind. Pluralsight Skills nutzt KI, um Lerninhalte dynamisch anzupassen und Fortschritte in Echtzeit zu überwachen, was eine effektive und kontinuierliche Erweiterung der digitalen Fähigkeiten ermöglicht. Dies stärkt die Position der Nutzer auf dem Arbeitsmarkt und bereitet sie optimal auf die Herausforderungen der digitalen Transformation vor. www.pluralsight.com

11.1.11 Entwickeln Sie eine agile Denkweise

Agilität ist eine Schlüsselkompetenz. Eine agile Denkweise ermöglicht es Ihnen, flexibel auf neue Herausforderungen zu reagieren und sich schnell an veränderte Bedingungen anzupassen. KI-gestützte Tools können Sie dabei unterstützen, indem sie Ihnen helfen, neue Fähigkeiten schneller zu erlernen und Veränderungen als Chancen zu erkennen.

Durch den Einsatz von KI können Sie komplexe Probleme effizienter lösen und Ihre Entscheidungsfindung verbessern. KI-Tools können Ihnen auch dabei helfen, Trends und Muster frühzeitig zu erkennen, sodass Sie proaktiv auf Veränderungen reagieren können. Dies fördert nicht nur Ihre Anpassungsfähigkeit, sondern stärkt auch Ihre Fähigkeit, in einer dynamischen Umgebung erfolgreich zu agieren.

> **Wichtiges kurzgefasst Abschn. 11.1.11 Entwickeln Sie eine agile Denkweise**
>
> **Flexibilität durch Agilität**: Eine agile Denkweise ermöglicht es, flexibel auf Herausforderungen zu reagieren und sich an veränderte Bedingungen anzupassen.
> **Effiziente Problemlösung mit KI**: KI-Tools unterstützen die effiziente Lösung komplexer Probleme und verbessern Ihre Entscheidungsfindung.
> **Frühzeitige Erkennung von Trends**: KI hilft, Trends und Muster frühzeitig zu erkennen, sodass Sie proaktiv auf Veränderungen reagieren können.
> **Erfolgreich in dynamischen Umgebungen**: Agilität, unterstützt durch KI, stärkt Ihre Fähigkeit, in einer dynamischen Umgebung erfolgreich zu agieren.

> **Geeignete KI-Tools**
>
> **Mural with AI Features** ist ein kollaboratives Whiteboard-Tool, das KI-Funktionen integriert hat, um die Zusammenarbeit und Problemlösung in Teams zu fördern. Es unterstützt eine agile Denkweise, indem es Teams ermöglicht, flexibel und kreativ auf Herausforderungen zu reagieren und sich schnell an Veränderungen anzupassen. Mit KI-gestützten Funktionen zur Erkennung von Trends und Mustern hilft Mural dabei, Ideen schneller zu entwickeln und komplexe Probleme effizienter zu lösen. Die Plattform fördert die Entwicklung von Agilität durch interaktive Workshops, Brainstorming-Sessions und die dynamische Anpassung von Arbeitsabläufen. www.mural.co
>
> **IBM Watson Studio** ist eine KI-gestützte Plattform, die speziell für die Analyse großer Datenmengen und die Erkennung von Trends und Mustern entwickelt wurde. Es hilft Fachkräften, eine agile Denkweise zu entwickeln, indem es ihnen ermöglicht, flexibel auf neue Daten und Erkenntnisse zu reagieren und ihre Strategien entsprechend anzupassen. Watson Studio unterstützt die effiziente Lösung komplexer Probleme durch fortschrittliche Analytik- und Machine-Learning-Modelle, die die Entscheidungsfindung verbessern und die Anpassungsfähigkeit in dynamischen Umgebungen stärken. www.ibm.com/cloud/watson-studio

11.1.12 Setzen Sie auf lebenslanges Lernen

Technologische Innovationen und Branchenanforderungen entwickeln sich ständig weiter, daher ist lebenslanges Lernen unverzichtbar. KI kann eine entscheidende Rolle spielen, indem sie Ihnen dabei hilft, kontinuierlich neue Kenntnisse und Fähigkeiten zu erwerben, die Ihre Karriere voranbringen. Durch KI-gestützte Lernplattformen können personalisierte Lernpläne erstellt werden, die sich an Ihren individuellen Zielen und Bedürfnissen orientieren.

Diese Lernpläne berücksichtigen nicht nur Ihre aktuellen Fähigkeiten, sondern passen sich auch an Ihre Fortschritte an, um Sie stets auf dem optimalen Lernpfad zu halten. Außerdem bieten KI-Tools Zugang zu den neuesten und relevantesten Informationen in Ihrem Fachgebiet, sodass Sie stets auf dem neuesten Stand bleiben. Dies fördert nicht nur Ihre berufliche Entwicklung, sondern trägt auch zu einer höheren Anpassungsfähigkeit und Widerstandsfähigkeit gegenüber Veränderungen bei.

11 Zukunftsperspektiven: KI und Karriereplanung

Wichtiges kurzgefasst Abschn. 11.1.12 Setzen Sie auf lebenslanges Lernen

Lebenslanges Lernen als Schlüssel: In einer sich ständig verändernden Welt ist lebenslanges Lernen unerlässlich für den beruflichen Erfolg.

Personalisierte Lernpläne mit KI: KI-gestützte Lernplattformen erstellen personalisierte Lernpläne, die sich an Ihren Zielen und Bedürfnissen orientieren.

Kontinuierliche Anpassung: KI passt Lernpläne an Ihre Fortschritte an und hält Sie stets auf dem optimalen Lernpfad.

Zugang zu aktuellen Informationen: KI-Tools bieten Zugang zu den neuesten und relevantesten Informationen in Ihrem Fachgebiet.

Geeignete KI-Tools

Khan Academy with AI Coach bietet eine Vielzahl von Bildungsressourcen, die durch KI-gestützte Funktionen erweitert werden. Der KI-Coach der Khan Academy erstellt personalisierte Lernpläne, die auf den individuellen Zielen und Bedürfnissen der Nutzer basieren. Diese Lernpläne passen sich kontinuierlich an den Lernfortschritt an, um den optimalen Lernpfad zu gewährleisten. Die Plattform bietet zudem Zugang zu aktuellen und relevanten Lernmaterialien in verschiedenen Fachgebieten, was das lebenslange Lernen unterstützt und sicherstellt, dass Nutzer immer auf dem neuesten Stand der Entwicklungen in ihrem Bereich bleiben. www.khanacademy.org

Degreed ist eine umfassende Lernplattform, die KI nutzt, um lebenslanges Lernen zu fördern. Die Plattform erstellt personalisierte Lernpfade basierend auf den individuellen beruflichen Zielen und den aktuellen Fähigkeiten der Nutzer. Degreed passt die Lernpläne dynamisch an den Fortschritt des Lernenden an und empfiehlt relevante Kurse, Bücher, Artikel und Videos, um den Lernenden stets auf dem optimalen Pfad zu halten. Darüber hinaus bietet Degreed Zugang zu den neuesten Informationen und Trends in verschiedenen Branchen, was die kontinuierliche berufliche Entwicklung und Anpassungsfähigkeit fördert. www.degreed.com

11.1.13 Nutzen Sie KI für das Zeitmanagement

Auch ein effizientes Zeitmanagement ist entscheidend für den langfristigen beruflichen Erfolg und die Erreichung persönlicher Ziele. KI-gestützte Zeitmanagement-Tools bieten Ihnen die Möglichkeit, Ihre Aufgaben und Projekte präzise zu organisieren und Prioritäten effizient zu setzen. Diese Tools können Muster in Ihrem Arbeitsverhalten analysieren und Ihnen Vorschläge machen, wie Sie Ihre Zeit optimal nutzen können.

Durch die Automatisierung von Aufgaben und die Priorisierung Ihrer To-Do-Liste unterstützt KI Sie dabei, den Überblick zu behalten und sich auf die wirklich wichtigen Aufgaben zu konzentrieren. Zudem können Sie durch die Nutzung dieser Tools Stress reduzieren, da sie Ihnen helfen, realistische Zeitpläne zu erstellen und Ihre Aufgaben effizient zu delegieren. Ein effektives Zeitmanagement führt letztlich zu einer höheren Produktivität und besseren Work-Life-Balance.

> **Wichtiges kurzgefasst Abschn. 11.1.13 Nutzen Sie KI für das Zeitmanagement**
>
> **Effizientes Zeitmanagement durch KI**: KI-gestützte Tools helfen, Aufgaben und Projekte präzise zu organisieren und Prioritäten effizient zu setzen.
> **Optimale Nutzung der Zeit**: KI analysiert Arbeitsmuster und gibt Vorschläge zur optimalen Zeitnutzung.
> **Stressreduktion durch Automatisierung**: KI automatisiert Aufgaben und hilft, realistische Zeitpläne zu erstellen, was Stress reduziert.
> **Erhöhung der Produktivität**: Effektives Zeitmanagement mit KI führt zu höherer Produktivität und einer besseren Work-Life-Balance.

> **Geeignete KI-Tools**
>
> **Todoist with AI Features** ist ein leistungsstarkes Aufgabenmanagement-Tool, das KI-gestützte Funktionen integriert hat, um die Effizienz des Zeitmanagements zu verbessern. Die Plattform hilft Nutzern, ihre Aufgaben und Projekte präzise zu organisieren und Prioritäten effizient zu setzen. Mit KI-gestützten Funktionen analysiert Todoist Arbeitsmuster und gibt Empfehlungen, wie die Zeit optimal genutzt werden kann. Es unterstützt die Automatisierung von Routineaufgaben und hilft, realistische Zeitpläne zu erstellen, wodurch Stress reduziert und die Produktivität erhöht wird. www.todoist.com

> **Clockwise** ist ein KI-gestütztes Zeitmanagement-Tool, das speziell dafür entwickelt wurde, den Kalender effizient zu verwalten und Zeit für fokussiertes Arbeiten freizuhalten. Clockwise analysiert Arbeitsgewohnheiten und schlägt automatisch die beste Zeit für Meetings und konzentrierte Arbeitsphasen vor, um die Produktivität zu maximieren. Es hilft dabei, den Kalender zu optimieren, indem es Aufgaben priorisiert und Meetings intelligent plant, was zu einer besseren Work-Life-Balance und einem effektiveren Zeitmanagement führt. www.getclockwise.com

11.1.14 Fördern Sie interdisziplinäre Zusammenarbeit

Die interdisziplinäre Zusammenarbeit ist ein Schlüssel zur Entwicklung innovativer Lösungen. KI kann eine zentrale Rolle dabei spielen, Synergien zwischen unterschiedlichen Fachbereichen zu schaffen und interdisziplinäre Projekte erfolgreich zu managen. Durch den Einsatz von KI-Tools können Sie Kommunikationsbarrieren überwinden und das Wissen aus verschiedenen Disziplinen effektiv zusammenführen.

Diese Tools ermöglichen es, gemeinsame Plattformen für den Wissensaustausch zu schaffen, in denen Experten aus verschiedenen Bereichen zusammenarbeiten können. Darüber hinaus hilft KI dabei, relevante Informationen aus unterschiedlichen Disziplinen zu analysieren und zu integrieren, was zu einer breiteren Perspektive und innovativeren Lösungsansätzen führt. Die Förderung interdisziplinärer Zusammenarbeit durch KI trägt somit nicht nur zur Innovation bei, sondern erweitert auch das kollektive Wissensspektrum Ihres Teams.

> **Wichtiges kurzgefasst Abschn. 11.1.14 Fördern Sie interdisziplinäre Zusammenarbeit**
>
> **Interdisziplinäre Zusammenarbeit fördern:** KI schafft Synergien zwischen Fachbereichen und unterstützt das Management interdisziplinärer Projekte.
> **Überwindung von Kommunikationsbarrieren:** KI-Tools helfen, Kommunikationsbarrieren zu überwinden und Wissen aus verschiedenen Disziplinen zusammenzuführen.

Gemeinsame Plattformen für Wissensaustausch: KI ermöglicht die Schaffung von Plattformen, auf denen Experten unterschiedlicher Disziplinen zusammenarbeiten.

Breitere Perspektive und Innovation: Durch die Integration relevanter Informationen aus verschiedenen Disziplinen erweitert KI die Perspektiven und fördert innovative Lösungsansätze.

Geeignete KI-Tools

Microsoft Teams with AI Features ist eine Kollaborationsplattform, die KI-gestützte Funktionen bietet, um die interdisziplinäre Zusammenarbeit zu fördern. Mit integrierten KI-Tools hilft Microsoft Teams dabei, Kommunikationsbarrieren zu überwinden und Wissen aus verschiedenen Fachbereichen zusammenzuführen. Die Plattform ermöglicht es Teams, gemeinsam an Projekten zu arbeiten, Dokumente in Echtzeit zu teilen und Meetings effizient zu organisieren. KI-Funktionen wie automatische Übersetzungen, intelligente Suche und Zusammenfassungen von Meetings unterstützen die Schaffung einer gemeinsamen Wissensbasis und fördern innovative Lösungsansätze. www.microsoft.com/teams

Asana with AI Workflows ist ein Projektmanagement-Tool, das mit KI-Funktionen erweitert wurde, um die interdisziplinäre Zusammenarbeit zu verbessern und Projekte effizient zu verwalten. Asana unterstützt Teams dabei, Aufgaben und Projekte zu koordinieren, Kommunikationsbarrieren zu überwinden und Synergien zwischen unterschiedlichen Disziplinen zu schaffen. Die Plattform bietet KI-gestützte Workflows, die relevante Informationen aus verschiedenen Fachbereichen analysieren und integrieren, was zu einer breiteren Perspektive und innovativeren Lösungen führt. Durch die Förderung eines effizienten Wissensaustauschs unterstützt Asana die Entwicklung interdisziplinärer Projekte. www.asana.com

11.1.15 Entwickeln Sie ethisches Bewusstsein im Umgang mit KI

Die zunehmende Nutzung von KI bringt auch eine Vielzahl ethischer Herausforderungen mit sich, die nicht ignoriert werden dürfen. Es ist wichtig, ein tiefes Bewusstsein für die ethischen Implikationen der KI-Nutzung zu entwickeln und sicherzustellen, dass diese Technologien verantwortungsbewusst eingesetzt werden. Dazu gehört, sich über mögliche Vorurteile und Diskriminierungen in KI-Algorithmen bewusst zu sein und sicherzustellen, dass Entscheidungen, die durch KI unterstützt werden, transparent und nachvollziehbar sind.

Darüber hinaus sollten Sie sich über die sozialen und ökologischen Auswirkungen der KI-Nutzung im Klaren sein und Maßnahmen ergreifen, um negative Effekte zu minimieren. Die Entwicklung eines ethischen Bewusstseins im Umgang mit KI erfordert auch, dass Sie sich kontinuierlich über die neuesten Entwicklungen im Bereich der KI-Ethik informieren und diese in Ihre Praxis integrieren. Dies stärkt nicht nur das Vertrauen in KI-Technologien, sondern trägt auch zu einem verantwortungsbewussten und nachhaltigen Einsatz von KI in Ihrem beruflichen Umfeld bei.

> **Wichtiges kurzgefasst Abschn. 11.1.15 Entwickeln Sie ethisches Bewusstsein im Umgang mit KI**
>
> **Ethische Implikationen erkennen**: Entwickeln Sie ein tiefes Bewusstsein für die ethischen Herausforderungen der KI-Nutzung.
> **Verantwortungsbewusster Einsatz von KI**: Stellen Sie sicher, dass KI-Technologien transparent, nachvollziehbar und frei von Vorurteilen eingesetzt werden.
> **Soziale und ökologische Verantwortung**: Berücksichtigen Sie die sozialen und ökologischen Auswirkungen der KI-Nutzung und ergreifen Sie Maßnahmen zur Minimierung negativer Effekte.
> **Kontinuierliche Weiterbildung in KI-Ethik**: Informieren Sie sich regelmäßig über die neuesten Entwicklungen in der KI-Ethik und integrieren Sie diese in Ihre Praxis.

> **Geeignete KI-Tools**
>
> **AI Ethics Toolkit by The Alan Turing Institute** ist ein umfassendes Ressourcenpaket, das Fachkräften und Organisationen hilft, ein tiefes ethisches Bewusstsein im Umgang mit KI zu entwickeln. Das Toolkit bietet Leitlinien, Checklisten und Fallstudien, um die ethischen Implikationen der KI-Nutzung zu verstehen und zu bewerten. Es unterstützt Nutzer

> dabei, sicherzustellen, dass KI-Technologien verantwortungsbewusst eingesetzt werden – transparent, nachvollziehbar und frei von Vorurteilen. www.turing.ac.uk
> **IBM Watson OpenScale** ist ein KI-Management-Tool, das speziell entwickelt wurde, um die Fairness, Erklärbarkeit und Transparenz von KI-Modellen zu gewährleisten. Es überwacht KI-Systeme kontinuierlich, erkennt mögliche Vorurteile oder Diskriminierungen und bietet Lösungen zu deren Korrektur. Watson OpenScale unterstützt Organisationen dabei, die sozialen und ethischen Auswirkungen ihrer KI-Nutzung zu verstehen und sicherzustellen, dass KI-gestützte Entscheidungen nachvollziehbar und verantwortungsvoll getroffen werden. Das stärkt Vertrauen in moderne KI-Technologien. www.ibm.com/watson-openscale

11.1.16 Schaffen Sie ein inklusives Arbeitsumfeld

Ein inklusives Arbeitsumfeld, in dem Vielfalt und Chancengleichheit gefördert werden, ist nicht nur sozial wertvoll, sondern auch ein wichtiger Erfolgsfaktor für Unternehmen. KI kann eine zentrale Rolle dabei spielen, unbewusste Vorurteile zu minimieren und eine Kultur der Inklusion zu fördern. Durch den Einsatz von KI-Tools können Rekrutierungsprozesse objektiver gestaltet und potenzielle Diskriminierungen vermieden werden.

Darüber hinaus kann KI dabei helfen, die Vielfalt im Team zu fördern, indem sie unvoreingenommene Vorschläge für Teamzusammensetzungen und Aufstiegsmöglichkeiten liefert. KI-gestützte Analysen von Mitarbeiterfeedback und -daten können zudem genutzt werden, um das Arbeitsklima kontinuierlich zu verbessern und sicherzustellen, dass alle Mitarbeiter die gleichen Chancen haben, ihre Fähigkeiten einzubringen und sich weiterzuentwickeln.

Wichtiges kurzgefasst Abschn. 11.1.16 Schaffen Sie ein inklusives Arbeitsumfeld

Förderung von Vielfalt und Chancengleichheit: KI hilft, ein inklusives Arbeitsumfeld zu schaffen, indem sie unbewusste Vorurteile minimiert und objektive Entscheidungen unterstützt.

Objektivere Rekrutierungsprozesse: KI-Tools gestalten Rekrutierungsprozesse objektiver und helfen, Diskriminierung zu vermeiden.

Vielfalt im Team fördern: KI liefert unvoreingenommene Vorschläge für Teamzusammensetzungen und Aufstiegsmöglichkeiten.

Kontinuierliche Verbesserung des Arbeitsklimas: KI-gestützte Analysen von Mitarbeiterfeedback unterstützen die kontinuierliche Verbesserung des Arbeitsklimas.

Geeignete KI-Tools

Pymetrics ist ein KI-gestütztes Tool, das speziell entwickelt wurde, um unbewusste Vorurteile in Rekrutierungsprozessen zu minimieren und Chancengleichheit zu fördern. Mithilfe neurowissenschaftlicher Spiele und Algorithmen, die auf objektiven Daten beruhen, bewertet Pymetrics Kandidaten anhand ihrer Fähigkeiten und Potenziale – nicht anhand traditioneller demografischer Merkmale. So trägt die Plattform dazu bei, ein inklusiveres Arbeitsumfeld zu schaffen, in dem Vielfalt und gleiche Chancen gefördert werden. www.pymetrics.ai

Textio ist ein KI-basiertes Tool, das inklusive Sprache in Stellenausschreibungen und anderen HR-Dokumenten fördert. Es analysiert Texte in Echtzeit und gibt Vorschläge, wie geschlechterneutrale und vielfältigkeitsfördernde Formulierungen genutzt werden können, um ein breiteres Bewerberfeld anzusprechen. Textio unterstützt Unternehmen dabei, unbewusste Vorurteile in der Kommunikation zu erkennen und zu vermeiden – und so ein inklusiveres Arbeitsumfeld zu schaffen. www.textio.com

11.1.17 Zukunftsperspektiven in der Elektro- und Energietechnik

Die Elektro- und Energietechnik befindet sich in einer Phase des tiefgreifenden Wandels. Neue Technologien und der Übergang zu nachhaltigen Energiequellen prägen die Branche maßgeblich. Fachkräfte in diesen Bereichen müssen sich kontinuierlich weiterbilden und an die neuesten technologischen Entwicklungen anpassen, um ihre Relevanz und Expertise zu bewahren.

KI spielt eine entscheidende Rolle in diesem Transformationsprozess. Sie unterstützt bei der Analyse großer Datenmengen, um fundierte Entscheidungen über zukünftige technologische Entwicklungen zu treffen. Gleichzeitig ermöglicht KI die Optimierung bestehender Systeme und die Entwicklung innovativer Lösungen, die die Effizienz und Nachhaltigkeit in der Elektro- und Energietechnik steigern.

Dazu ein Beispiel: Das KI-gestützte Tool Grid AI kommt besonders im Bereich der Netzplanung und Netzüberwachung zum Einsatz – etwa bei der Integration dezentraler Energiequellen wie PV-Anlagen, Batteriespeichern oder Ladeinfrastrukturen. Grid AI analysiert in Echtzeit große Mengen an Netzdaten, erkennt automatisch Lastspitzen, kritische Schieflagen oder Einspeiseprobleme und schlägt Optimierungsmaßnahmen vor. Für Elektrofachkräfte bedeutet das: Statt einzelne Messwerte manuell auszuwerten oder Engpässe erst im Nachhinein zu erkennen, liefert das System proaktiv Handlungsempfehlungen – beispielsweise zur Umverteilung von Lastflüssen oder zur gezielten Steuerung von Flexibilitätsoptionen. Besonders in Niederspannungsnetzen mit hoher Volatilität sorgt Grid AI damit für mehr Transparenz, Stabilität und Planungssicherheit – und entlastet gleichzeitig den Fachplaner durch automatisierte Auswertungen und Priorisierungen.

11 Zukunftsperspektiven: KI und Karriereplanung

Wichtiges kurzgefasst Abschn. 11.1.17 Zukunftsperspektiven in der Elektro- und Energietechnik

Wandel in der Energietechnik: Die Elektro- und Energietechnik wird durch neue Technologien und den Übergang zu nachhaltigen Energiequellen geprägt.

Kontinuierliche Weiterbildung erforderlich: Fachkräfte müssen sich kontinuierlich weiterbilden, um ihre Relevanz und Expertise zu bewahren.

Rolle der KI im Transformationsprozess: KI unterstützt die Analyse großer Datenmengen und die Entwicklung innovativer, nachhaltiger Lösungen.

Optimierung durch KI: KI ermöglicht die Optimierung bestehender Systeme und steigert die Effizienz und Nachhaltigkeit in der Elektro- und Energietechnik.

Geeignete KI-Tools

GridAI ist ein KI-gestütztes Tool zur Optimierung von Energiesystemen und Netzwerken. Es unterstützt Fachkräfte in der Elektro- und Energietechnik dabei, große Datenmengen zu analysieren und fundierte Entscheidungen für die Entwicklung und Implementierung neuer Technologien zu treffen. GridAI trägt zur Effizienzsteigerung und zur Reduktion von Energieverlusten im Netzbetrieb bei – und ermöglicht innovative Lösungen, die gezielt auf die Anforderungen nachhaltiger Energiequellen abgestimmt sind. www.grid.ai

Siemens Mindsphere ist eine cloudbasierte, offene IoT-Betriebssystemplattform, die Künstliche Intelligenz nutzt, um Daten aus unterschiedlichen Energiequellen und -systemen zu sammeln, zu analysieren und anschaulich zu visualisieren. Sie hilft Fachkräften, datenbasierte Entscheidungen zu treffen, Prozesse zu optimieren und Energiesysteme kontinuierlich zu verbessern. Mindsphere unterstützt damit den Übergang zu erneuerbaren Energien und die Entwicklung nachhaltiger, innovativer Lösungen. www.siemens.com/mindsphere

11.1.18 Fokus auf zukünftige regenerative Energien

Erneuerbare Energien spielen eine zentrale Rolle in der globalen Energiewende. Technologien wie Solar- und Windkraft, Brennstoffzellen und Wärmepumpen sind entscheidend für eine nachhaltige Energiezukunft. KI kann helfen, diese Technologien effizienter zu gestalten und ihre Integration in bestehende Energiesysteme zu verbessern.

Durch die Analyse von Wetter- und Betriebsdaten kann KI beispielsweise die Leistung von Solaranlagen und Windparks optimieren, indem sie präzise Vorhersagen über Energieproduktion und Wartungsbedarfe ermöglicht. Darüber hinaus kann KI neue Einsatzmöglichkeiten für regenerative Energien identifizieren und zur Entwicklung von innovativen, maßgeschneiderten Lösungen beitragen, die den Übergang zu einer nachhaltigen Energieversorgung beschleunigen.

> **Wichtiges kurzgefasst Abschn. 11.1.18 Fokus auf zukünftige regenerative Energien**
>
> **Zentrale Rolle erneuerbarer Energien**: Technologien wie Solar- und Windkraft, Brennstoffzellen und Wärmepumpen sind entscheidend für eine nachhaltige Energiezukunft.
>
> **Effizienzsteigerung durch KI**: KI hilft, die Effizienz erneuerbarer Energien zu steigern und ihre Integration in bestehende Energiesysteme zu verbessern.
>
> **Optimierung von Energiesystemen**: KI optimiert die Leistung von Solaranlagen und Windparks durch die Analyse von Wetter- und Betriebsdaten.
>
> **Beschleunigung der Energiewende**: KI identifiziert neue Einsatzmöglichkeiten für regenerative Energien und trägt zur Entwicklung innovativer Lösungen bei, die den Übergang zu einer nachhaltigen Energieversorgung beschleunigen.

> **Geeignete KI-Tools**
>
> **Aurora Solar** ist eine KI-gestützte Plattform zur Planung, Gestaltung und Optimierung von Solaranlagen. Mithilfe künstlicher Intelligenz erstellt sie präzise Simulationen, berücksichtigt Wetterdaten, Dachgeometrien und Schattensituationen – und zeigt so, wie die Effizienz von Solaranlagen gesteigert werden kann. Fachkräfte profitieren von einer zuverlässigen Grundlage für die Integration erneuerbarer Energien in bestehende Systeme, was die Effizienz und Rentabilität von Solarprojekten erhöht. www.aurorasolar.com
>
> **WindESCo** ist eine spezialisierte KI-Plattform zur Optimierung von Windparks. Sie nutzt maschinelles Lernen und Datenanalysen, um Betriebsdaten mit Wettervorhersagen zu verknüpfen und die Energieproduktion von Windturbinen zu maximieren. Neben prädiktiven Wartungsstrategien zur Reduzierung von Ausfallzeiten trägt WindESCo entscheidend zur Effizienzsteigerung von Windenergieprojekten bei – und unterstützt damit die Integration erneuerbarer Energien ins Stromnetz. www.windesco.com

11.1.19 Innovationen in der Wärmepumpentechnologie

Die Wärmepumpentechnologie hat das Potenzial, die nachhaltige Energieversorgung erheblich voranzutreiben. KI-gestützte Systeme bieten vielfältige Möglichkeiten, die Effizienz und Leistung von Wärmepumpen zu optimieren. Durch den Einsatz von KI können präzise Steuerungsmechanismen entwickelt werden, die den Betrieb von Wärmepumpen an die jeweiligen Umweltbedingungen anpassen und so ihre Effizienz maximieren.

Zusätzlich ermöglicht KI die vorausschauende Wartung von Wärmepumpen, indem sie potenzielle Ausfälle frühzeitig erkennt und so die Lebensdauer der Anlagen verlängert. Diese Innovationen tragen nicht nur zu einer effizienteren Energienutzung bei, sondern machen Wärmepumpen auch zu einer attraktiveren Option für die nachhaltige Gebäudeheizung.

> **Wichtiges kurzgefasst Abschn. 11.1.19 Innovationen in der Wärmepumpentechnologie**
>
> **Optimierung der Effizienz**: KI-gestützte Systeme maximieren die Effizienz von Wärmepumpen durch präzise Steuerungsmechanismen.
> **Vorausschauende Wartung**: KI ermöglicht die frühzeitige Erkennung potenzieller Ausfälle und verlängert die Lebensdauer von Wärmepumpen.
> **Nachhaltige Energienutzung**: Innovationen in der Wärmepumpentechnologie tragen zu einer effizienteren und nachhaltigeren Energienutzung bei.
> **Attraktive Heizlösung**: KI macht Wärmepumpen zu einer attraktiven Option für die nachhaltige Gebäudeheizung.

> **Geeignete KI-Tools**
>
> **BrainBox AI** ist ein KI-basiertes System zur Effizienzsteigerung von Heizungs-, Lüftungs- und Klimaanlagen (HVAC), einschließlich Wärmepumpen. Mithilfe fortschrittlicher Algorithmen überwacht und optimiert die Plattform den Betrieb in Echtzeit – abgestimmt auf Umweltbedingungen und Nutzungsverhalten. So lassen sich Energieverbrauch und Kosten senken, während gleichzeitig die Lebensdauer der Geräte durch vorausschauende Wartung und frühzeitige Fehlererkennung verlängert wird. www.brainboxai.com
> **Tado° Smart Control** ist ein intelligentes Heizungssteuerungssystem, das mit KI die Effizienz von Wärmepumpen und anderen Heizsystemen maximiert. Es lernt kontinuierlich aus den Nutzungsgewohnheiten und den Wetterbedingungen, um die Wärmepumpe automatisch anzupassen und die Energieeffizienz zu steigern. Zudem bietet Tado° Funktionen zur vorausschauenden Wartung, die potenzielle Probleme frühzeitig erkennen und damit Ausfallzeiten minimieren sowie die Lebensdauer der Anlagen verlängern. www.tado.com

11.1.20 Elektromobilität und KI

Die Elektromobilität ist ein wachsender Bereich, der stark von den Fortschritten in der KI-Technologie profitiert. KI spielt eine Schlüsselrolle bei der Verbesserung der Batterielebensdauer und der Optimierung des Energieverbrauchs in Elektrofahrzeugen. Durch die Analyse von Fahr- und Ladeverhalten kann KI effiziente Ladezyklen vorschlagen und die Reichweite von Elektrofahrzeugen maximieren.

11 Zukunftsperspektiven: KI und Karriereplanung

Darüber hinaus ist KI entscheidend für die Entwicklung autonomer Fahrzeuge, die als nächste große Innovation im Bereich der Elektromobilität gelten. KI-Systeme ermöglichen die Echtzeitverarbeitung von Sensor- und Verkehrsdaten, was zu sichereren und effizienteren Fahrstrategien führt. Insgesamt treibt KI die Innovationskraft in der Elektromobilität voran und macht diese Technologie zukunftsfähig.

Dazu ein Beispiel: Die Ladeplattform ChargePoint nutzt Künstliche Intelligenz, um das Ladeverhalten von Elektroautofahrerinnen und -fahrern zu analysieren und zu optimieren. Das System wertet dabei wiederkehrende Fahrmuster, Standortdaten, Ladezeiten und Netzbelastung aus, um individuelle Ladeempfehlungen zu geben – etwa: „Laden Sie heute besser zwischen 22 und 6 Uhr – günstiger, netzfreundlicher und besser für Ihre Batterie."

Dank KI kann ChargePoint auch Ladepunkte vorausschauend reservieren, alternative Standorte bei hoher Auslastung vorschlagen und bei zeitabhängigen Tarifen automatisch den günstigsten Ladezeitpunkt ermitteln. Für Elektroautofahrer bedeutet das: mehr Komfort, niedrigere Betriebskosten und eine verlängerte Batterielebensdauer – ohne aktives Zutun. Gleichzeitig profitieren Netzbetreiber von einer intelligenten Lastverteilung, die Spitzen vermeidet und das Netz stabil hält. Ein Paradebeispiel dafür, wie KI die Elektromobilität alltagstauglich und zukunftssicher gestaltet.

Die Nutzung erfolgt in der Regel über eine kostenlose Smartphone-App oder das zentrale Infotainmentsystem des Fahrzeugs, sofern dieses ChargePoint integriert hat – viele Fahrzeughersteller bieten hierfür bereits entsprechende Schnittstellen oder vorinstallierte Dienste an.

Wichtiges kurzgefasst Abschn. 11.1.20 Elektromobilität und KI

Verbesserung der Batterielebensdauer: KI optimiert den Energieverbrauch und verlängert die Batterielebensdauer von Elektrofahrzeugen.
Effiziente Ladezyklen: KI analysiert Fahr- und Ladeverhalten, um effiziente Ladezyklen zu entwickeln und die Reichweite zu maximieren.
Entwicklung autonomer Fahrzeuge: KI ist entscheidend für die Echtzeitverarbeitung von Daten und die Entwicklung sicherer, autonomer Fahrstrategien.
Zukunftsfähigkeit der Elektromobilität: KI treibt die Innovationskraft der Elektromobilität voran und macht diese Technologie zukunftssicher.

> **Geeignete KI-Tools**
>
> **NVIDIA DRIVE** ist eine KI-gestützte Plattform für die Entwicklung und Implementierung autonomer Fahrzeuge. Mithilfe fortschrittlicher KI-Algorithmen und maschinellen Lernens verarbeitet die Plattform Sensordaten in Echtzeit, entwickelt sichere Fahrstrategien und optimiert die Fahrzeugsteuerung. So unterstützt NVIDIA DRIVE die präzise Umgebungswahrnehmung und trägt dazu bei, die Sicherheit und Effizienz von Elektrofahrzeugen zu verbessern. www.nvidia.com/drive
>
> **ChargePoint** ist eine KI-basierte Plattform für das Management und die Optimierung von Ladeinfrastrukturen für Elektrofahrzeuge. Sie analysiert Fahr- und Ladeverhalten, um optimale Ladezyklen zu planen und die Batterielebensdauer zu verlängern. Mit Echtzeit-Überwachung und Verwaltungsfunktionen hilft ChargePoint Betreibern, den Energieverbrauch zu optimieren, Betriebskosten zu senken und die Zukunftsfähigkeit der Elektromobilität zu sichern. www.chargepoint.com

11.1.21 Integration von Smart Grids und KI

Smart Grids repräsentieren die nächste Generation von Stromnetzen, die durch die Integration von KI und IoT (Internet of Things) erheblich an Intelligenz gewinnen. Diese fortschrittlichen Netzwerke ermöglichen es, Energieflüsse in Echtzeit zu überwachen und zu steuern, was zu einer effizienteren und zuverlässigeren Energieverteilung führt. KI analysiert kontinuierlich die Daten aus verschiedenen Quellen, um Lastspitzen zu glätten, Engpässe zu vermeiden und die Integration erneuerbarer Energien zu optimieren.

Durch die Implementierung von Smart Grids können Versorgungsunternehmen nicht nur den Energieverbrauch besser vorhersagen, sondern auch proaktiv auf Störungen reagieren, bevor sie zu Ausfällen führen. Dies erhöht die Stabilität und Sicherheit der Stromversorgung und trägt gleichzeitig zur Reduzierung von Betriebskosten bei. Die Kombination von Smart Grids und KI stellt somit einen wesentlichen Fortschritt in der Energietechnik dar, der die Grundlage für ein nachhaltiges und zukunftssicheres Energiesystem bildet.

11 Zukunftsperspektiven: KI und Karriereplanung

Wichtiges kurzgefasst Abschn. 11.1.21 Integration von Smart Grids und KI

Intelligente Stromnetze: Smart Grids mit KI und IoT überwachen und steuern Energieflüsse in Echtzeit, um Effizienz und Zuverlässigkeit zu erhöhen.
Optimierung der Energieverteilung: KI glättet Lastspitzen, vermeidet Engpässe und optimiert die Integration erneuerbarer Energien.
Proaktive Störungsreaktion: KI ermöglicht es Versorgungsunternehmen, Störungen vorherzusagen und proaktiv zu reagieren.
Nachhaltiges Energiesystem: Die Kombination von Smart Grids und KI bildet die Grundlage für ein nachhaltiges und zukunftssicheres Energiesystem.

Geeignete KI-Tools

AutoGrid Flex ist eine KI-basierte Plattform für die Verwaltung und Optimierung von Smart Grids. Mit maschinellem Lernen und Big-Data-Analysen überwacht und steuert AutoGrid Flex den Energiefluss in Echtzeit. So können Lastspitzen geglättet, Engpässe vermieden und die Integration erneuerbarer Energien verbessert werden. Zusätzlich bietet die Plattform prädiktive Analysen, um mögliche Störungen frühzeitig zu erkennen und proaktiv gegenzusteuern – ein entscheidender Beitrag zu mehr Zuverlässigkeit und Effizienz in der Energieversorgung. www.auto-grid
Siemens Smart Grid Suite ist eine umfassende KI-gestützte Lösung für das Management moderner Stromnetze. Durch die Kombination von Datenanalysen und maschinellem Lernen optimiert die Suite die Energieverteilung in Echtzeit, sorgt für eine effiziente Lastverwaltung und erhöht die Netzstabilität. Sie ermöglicht eine proaktive Überwachung des Energieflusses, unterstützt die Integration erneuerbarer Energiequellen und hilft, Störungen vorherzusagen und zu verhindern. Damit liefert die Siemens Smart Grid Suite einen zentralen Baustein für ein nachhaltiges und zukunftssicheres Energiesystem. www.Siemens.com/smartgrid

11.1.22 Optimierung der Energieeffizienz mit KI

Energieeffizienz ist ein zentraler Aspekt in der modernen Energiewirtschaft, und KI spielt eine Schlüsselrolle bei der Optimierung des Energieverbrauchs in verschiedenen Sektoren. Durch die Analyse großer Mengen an Nutzungsdaten können KI-gestützte Systeme ineffiziente Prozesse identifizieren und optimieren. Intelligente Steuerungssysteme, die auf KI basieren, ermöglichen es, Energieflüsse präzise zu regulieren und so unnötigen Verbrauch zu vermeiden.

Diese Technologien können in Industrieanlagen, Gebäudemanagementsystemen und sogar in Haushalten eingesetzt werden, um den Energieverbrauch zu senken und die Betriebskosten zu reduzieren. Zudem hilft KI dabei, die Effizienz von Energieerzeugungs- und Energieverteilungssystemen zu steigern, indem sie Prognosen über den Energiebedarf erstellt und die Energieproduktion entsprechend anpasst. Dadurch trägt KI nicht nur zur Kostensenkung bei, sondern unterstützt auch die globalen Bemühungen zur Verringerung des CO_2-Ausstoßes.

Dazu ein Beispiel: Auch Privathaushalte können von KI-gestützter Energieoptimierung profitieren – etwa durch smarte Energiemanagementsysteme wie *tado°*, *Bosch Smart Home* oder *Smappee*. Diese Systeme analysieren Heiz- und Stromverbrauch in Echtzeit, lernen aus dem individuellen Nutzerverhalten und passen die Steuerung automatisch an. So erkennt das System beispielsweise, wann niemand zu Hause ist und senkt die Heizung ab oder schaltet ungenutzte Geräte aus. KI hilft auch dabei, den Stromverbrauch von Haushaltsgeräten zu erfassen, Stromfresser zu identifizieren und Ladezeiten für E-Autos oder Waschmaschinen in günstige Tarifzeiten zu verschieben. Die Bedienung erfolgt in der Regel per App – intuitiv, ohne technisches Vorwissen – und erlaubt den sogenannten Otto-Normalverbrauchern eine direkte Kostenersparnis und mehr Energieeffizienz im Alltag.

11 Zukunftsperspektiven: KI und Karriereplanung

Wichtiges kurzgefasst Abschn. 11.1.22 Optimierung der Energieeffizienz mit KI

Schlüsselrolle von KI in der Energieeffizienz: KI optimiert den Energieverbrauch in verschiedenen Sektoren durch die Analyse großer Datenmengen.

Identifikation und Optimierung ineffizienter Prozesse: KI-gestützte Systeme identifizieren und optimieren ineffiziente Prozesse.

Präzise Regulierung von Energieflüssen: Intelligente Steuerungssysteme regulieren Energieflüsse präzise, um unnötigen Verbrauch zu vermeiden.

Kostensenkung und CO2-Reduktion: KI steigert die Effizienz von Energieerzeugungs- und Verteilungssystemen und unterstützt globale Klimaziele.

Geeignete KI-Tools

EnergyHub ist ein KI-gestütztes Energiemanagement-Tool, das speziell entwickelt wurde, um die Energieeffizienz in Haushalten, Unternehmen und Versorgungsnetzen zu optimieren. Die Plattform analysiert große Mengen an Energieverbrauchsdaten, um ineffiziente Prozesse zu identifizieren und zu optimieren. Mit intelligenten Steuerungssystemen ermöglicht EnergyHub die präzise Regulierung von Energieflüssen und die Anpassung des Energieverbrauchs in Echtzeit, um unnötigen Verbrauch zu vermeiden und die Betriebskosten zu senken. Diese Effizienzsteigerungen tragen auch zur Reduktion des CO_2-Ausstoßes bei und unterstützen globale Klimaziele. www.energyhub.com

Verdigris ist eine fortschrittliche KI-basierte Lösung für das Energiemanagement, die speziell für Gebäude und Industrieanlagen entwickelt wurde. Die Plattform nutzt maschinelles Lernen, um den Energieverbrauch zu überwachen und ineffiziente Prozesse zu identifizieren. Verdigris bietet Echtzeit-Einblicke und prädiktive Analysen, die es ermöglichen, den Energieverbrauch zu optimieren und Kosten zu senken. Das Tool hilft dabei, die Energieflüsse präzise zu steuern und die Effizienz von Energieerzeugungs- und Verteilungssystemen zu steigern, was zu einer Verringerung des CO_2-Ausstoßes beiträgt. www.verdigris.co

11.1.23 Predictive Maintenance in der Energietechnik

Predictive Maintenance, also die vorausschauende Wartung, revolutioniert die Energietechnik durch den Einsatz von KI. Diese Technologie ermöglicht es, den Zustand von Anlagen und Systemen in Echtzeit zu überwachen und aufkommende Probleme frühzeitig zu erkennen. KI-Algorithmen analysieren kontinuierlich Daten aus Sensoren und anderen Überwachungssystemen, um Anzeichen von Verschleiß oder Fehlfunktionen zu identifizieren.

Durch diese proaktive Herangehensweise können Wartungsmaßnahmen geplant und durchgeführt werden, bevor es zu kostspieligen Ausfällen kommt. Dies reduziert nicht nur die Ausfallzeiten, sondern verlängert auch die Lebensdauer der Anlagen und senkt die Wartungskosten erheblich. Predictive Maintenance sorgt somit für eine höhere Betriebssicherheit und Effizienz in der Energiewirtschaft, was zu einer nachhaltigen und kosteneffizienten Energieversorgung beiträgt.

> **Wichtiges kurzgefasst Abschn. 11.1.23 Predictive Maintenance in der Energietechnik**
>
> **Echtzeitüberwachung durch KI**: Predictive Maintenance ermöglicht die Überwachung des Anlagenzustands in Echtzeit und die frühzeitige Erkennung von Problemen.
> **Proaktive Wartung**: Durch vorausschauende Wartung können kostspielige Ausfälle vermieden und die Lebensdauer der Anlagen verlängert werden.
> **Kostenreduktion und Effizienzsteigerung**: Predictive Maintenance senkt Wartungskosten und erhöht die Betriebssicherheit und Effizienz in der Energiewirtschaft.
> **Nachhaltige Energieversorgung**: Die Anwendung von Predictive Maintenance trägt zu einer nachhaltigen und kosteneffizienten Energieversorgung bei.

> **Geeignete KI-Tools**
>
> **SparkCognition SparkPredict** ist eine KI-gestützte Plattform für Predictive Maintenance in der Energietechnik. Sie analysiert Sensordaten in Echtzeit mit fortschrittlichen Algorithmen, erkennt frühzeitig Verschleißmuster und potenzielle Fehlfunktionen und ermöglicht so proaktive Wartung. Das verlängert die Lebensdauer von Anlagen, vermeidet teure Ausfälle, senkt Betriebskosten und steigert Sicherheit und Effizienz – ein Plus für Nachhaltigkeit in der Energiewirtschaft. www.sparkcognition.com
>
> **Senseye** ist ein KI-gestütztes Predictive-Maintenance-Tool für Industrieanlagen, einschließlich Energieerzeugungssystemen. Es wertet kontinuierlich Sensordaten aus, identifiziert Anzeichen von Verschleiß oder Störungen und liefert prädiktive Analysen für rechtzeitige Wartungsplanung. Ergebnis: minimale Ausfallzeiten, verlängerte Anlagenlebensdauer und deutlich reduzierte Wartungskosten. www.senseye.io

11.1.24 Weiterbildung und Spezialisierung in der Energietechnik

In einer sich ständig wandelnden Energielandschaft ist kontinuierliche Weiterbildung für Fachkräfte unerlässlich. KI-gestützte Lernplattformen bieten maßgeschneiderte Weiterbildungsprogramme, die speziell auf die Bedürfnisse der Energietechnikbranche zugeschnitten sind. Diese Programme berücksichtigen die neuesten technologischen Entwicklungen und bereiten Fachkräfte darauf vor, die Herausforderungen der Energiewende erfolgreich zu meistern.

Durch die Nutzung von KI können Lerninhalte personalisiert und flexibel gestaltet werden, sodass Fachkräfte in ihrem eigenen Tempo und entsprechend ihren individuellen Lernzielen vorankommen können. Dies fördert nicht nur das lebenslange Lernen, sondern ermöglicht auch die Spezialisierung auf zukunftsweisende Technologien und Methoden. So bleiben Fachkräfte stets auf dem neuesten Stand und können ihre Karrierechancen in der Energietechnik nachhaltig verbessern.

> **Wichtiges kurzgefasst Abschn. 11.1.24 Weiterbildung und Spezialisierung in der Energietechnik**
>
> **Maßgeschneiderte Weiterbildungsprogramme**: KI-gestützte Lernplattformen bieten personalisierte Weiterbildungsprogramme für die Energietechnikbranche.
> **Flexibles Lernen**: Fachkräfte können in ihrem eigenen Tempo lernen und ihre individuellen Lernziele erreichen.
> **Spezialisierung auf zukunftsweisende Technologien**: KI ermöglicht die Spezialisierung auf innovative Technologien und Methoden in der Energietechnik.
> **Nachhaltige Karriereverbesserung**: Kontinuierliche Weiterbildung mit KI unterstützt die langfristige Karriereentwicklung in der Energietechnik.

> **Geeignete KI-Tools**
>
> **Coursera for Energy Professionals** ist eine KI-gestützte Lernplattform, die speziell auf die Bedürfnisse der Energietechnikbranche ausgerichtet ist. Sie bietet vielfältige Kurse und Spezialisierungen zu aktuellen Technologien und Herausforderungen der Energiewende. KI-gestützte Personalisierung ermöglicht flexibles Lernen im eigenen Tempo und hilft Fachkräften, Wissen in zukunftsweisenden Methoden zu vertiefen – für bessere Karrierechancen in der Energietechnik. www.coursera.org
> **Udacity Nanodegree in Renewable Energy** bietet ein KI-gestütztes Weiterbildungsprogramm, das Fachkräfte auf Technologien wie Solar, Wind und Batteriespeicher fokussiert. Maschinelles Lernen erstellt personalisierte Lernpfade passend zu Zielen und Fortschritt, praxisnahe Projekte orientieren sich an aktuellen Branchentrends – ideale Vorbereitung auf Chancen und Herausforderungen der Energiewende. www.udacity.com

11.1.25 Entwicklung neuer Geschäftsmodelle

Die Transformation der Energiebranche bietet eine Vielzahl von Möglichkeiten zur Entwicklung neuer Geschäftsmodelle. KI kann dabei eine zentrale Rolle spielen, indem sie innovative Ansätze identifiziert und entwickelt, die die Energieversorgung nachhaltiger und effizienter gestalten. Ein Beispiel hierfür sind Energie-Sharing-Plattformen, die es ermöglichen, überschüssige Energie zwischen verschiedenen Nutzern zu teilen. Diese Plattformen basieren auf KI-Algorithmen, die Angebot und Nachfrage in Echtzeit analysieren und so eine effiziente Verteilung der Energie sicherstellen.

Ein weiteres potenzielles Geschäftsmodell sind dezentrale Energielösungen, bei denen KI zur Optimierung der Energieproduktion und -nutzung in kleinen, autonomen Netzwerken eingesetzt wird. Diese Modelle ermöglichen es, Energie direkt vor Ort zu erzeugen und zu nutzen, wodurch Abhängigkeiten von zentralen Versorgungsnetzen reduziert werden. Durch den Einsatz von KI können solche Geschäftsmodelle nicht nur wirtschaftlich rentabel gestaltet werden, sondern auch einen wichtigen Beitrag zur nachhaltigen Energieversorgung leisten.

> **Wichtiges kurzgefasst Abschn. 11.1.25 Entwicklung neuer Geschäftsmodelle**
>
> **Identifikation innovativer Geschäftsmodelle**: KI identifiziert und entwickelt innovative Ansätze für eine nachhaltigere und effizientere Energieversorgung.
>
> **Energie-Sharing-Plattformen**: KI-basierte Plattformen ermöglichen die effiziente Verteilung überschüssiger Energie durch Echtzeitanalyse von Angebot und Nachfrage.
>
> **Dezentrale Energielösungen**: KI optimiert die Energieproduktion und -nutzung in autonomen Netzwerken, was die Abhängigkeit von zentralen Versorgungsnetzen reduziert.
>
> **Wirtschaftliche und nachhaltige Geschäftsmodelle**: KI unterstützt die Entwicklung wirtschaftlich rentabler und nachhaltiger Geschäftsmodelle in der Energiebranche.

> **Geeignete KI-Tools**
>
> **LO3 Energy Pando** ist eine KI-gestützte Plattform für Energiehandel und Energy-Sharing. Sie kombiniert maschinelles Lernen mit Blockchain, um überschüssige Energie effizient zwischen Nutzern zu verteilen. Pando analysiert Angebot und Nachfrage in Echtzeit und optimiert den Energiefluss in lokalen und regionalen Märkten. So fördert das Modell die nachhaltige Nutzung von Energiequellen und ermöglicht direkte Transaktionen zwischen Erzeugern und Verbrauchern. www.lo3energy.com

> **Power Ledger** ist eine dezentrale Plattform, die KI und Blockchain verknüpft, um Peer-to-Peer-Energiehandel und neue Geschäftsmodelle in der Energiebranche zu ermöglichen. Sie stellt eine transparente, sichere Umgebung bereit, überwacht Erzeugung und Verbrauch in Echtzeit und optimiert den Handel. Power Ledger unterstützt autonome Energienetze und dezentrale Lösungen, reduziert die Abhängigkeit von zentralen Versorgern und steigert die Effizienz der Verteilung. www.powerledger.io

11.1.26 Personalisierte Karriereberatung durch KI

Die berufliche Entwicklung erfordert maßgeschneiderte Beratung, die individuelle Stärken, Interessen und aktuelle Markttrends berücksichtigt. KI-gestützte Karriereberatungssysteme bieten genau das, indem sie große Datenmengen analysieren, um personalisierte Karrierewege und Weiterbildungsstrategien zu entwickeln. Diese Systeme berücksichtigen sowohl Ihre bisherigen Erfahrungen als auch Ihre beruflichen Ziele und bieten Empfehlungen, die genau auf Ihre Bedürfnisse zugeschnitten sind.

Durch den Einsatz von KI in der Karriereberatung können Fachkräfte besser verstehen, welche Fähigkeiten und Qualifikationen in ihrer Branche gefragt sind und wie sie diese gezielt weiterentwickeln können. Dies ermöglicht nicht nur eine effektivere Erreichung beruflicher Ziele, sondern auch eine langfristige Karriereplanung, die auf fundierten Daten und Prognosen basiert. KI-gestützte Beratung ist somit ein wertvolles Instrument, um sich in einer sich schnell verändernden Arbeitswelt erfolgreich zu positionieren.

> **Wichtiges kurzgefasst Abschn. 11.1.26 Personalisierte Karriereberatung durch KI**
>
> **Maßgeschneiderte Karriereberatung**: KI-gestützte Systeme analysieren Daten, um personalisierte Karrierewege und Weiterbildungsstrategien zu entwickeln.
>
> **Branchenspezifische Empfehlungen**: KI hilft Fachkräften, zu verstehen, welche Fähigkeiten und Qualifikationen in ihrer Branche gefragt sind.

Effektivere Zielerreichung: KI unterstützt die gezielte Weiterentwicklung von Fähigkeiten für eine effektivere Erreichung beruflicher Ziele.
Langfristige Karriereplanung: KI-basierte Karriereberatung ermöglicht eine fundierte, langfristige Planung in einer dynamischen Arbeitswelt.

Geeignete KI-Tools

CareerGuru AI ist ein KI-gestütztes Karriereberatungstool, das große Datenmengen – von Arbeitsmarkttrends bis zu individuellen Fähigkeiten und Erfahrungen – analysiert, um maßgeschneiderte Karrierewege und Weiterbildungsstrategien zu empfehlen. So identifizieren Fachkräfte gezielt die gefragten Skills, entwickeln sie weiter und planen ihre Laufbahn fundiert und langfristig. www.careerguru.ai

Fuel50 ist eine KI-gestützte Plattform für Karriereberatung und Talententwicklung. Sie analysiert Stärken, Interessen und Markttrends und liefert branchenspezifische Empfehlungen für individuelle Karrierepfade und Upskilling. Auf Basis belastbarer Daten unterstützt Fuel50 eine vorausschauende, langfristige Karriereplanung und gezielte Skill-Entwicklung. www.fuel50.com

11.1.27 Nutzung von KI für Networking und Beziehungspflege

In der modernen Arbeitswelt ist Networking ein entscheidender Faktor für den beruflichen Erfolg. KI kann hierbei eine wertvolle Unterstützung bieten, indem sie Ihnen hilft, relevante Kontakte zu identifizieren und Beziehungen zu pflegen, die Ihre Karriere voranbringen können. Durch die Analyse von Daten aus sozialen Medien und beruflichen Netzwerken kann KI-Verbindungen aufzeigen, die Ihnen sonst vielleicht verborgen geblieben wären, und Ihnen dabei helfen, strategische Netzwerke aufzubauen.

Darüber hinaus können KI-Tools Sie dabei unterstützen, bestehende Kontakte zu pflegen, indem sie beispielsweise wichtige Meilensteine in den Karrieren Ihrer Kontakte erkennen und Ihnen rechtzeitig Erinnerungen senden, um Glückwünsche oder Unterstützung anzubieten. Auf diese Weise bleibt Ihr Netzwerk aktiv und lebendig, was nicht nur Ihre Sichtbarkeit erhöht, sondern auch die Chancen auf berufliche Möglichkeiten und Kooperationen steigert.

> **Wichtiges kurzgefasst Abschn. 11.1.27 Nutzung von KI für Networking und Beziehungspflege**
>
> **Relevante Kontakte identifizieren:** KI hilft, relevante Kontakte zu finden und strategische Netzwerke aufzubauen.
> **Datenanalyse zur Netzwerkoptimierung:** KI analysiert Daten aus sozialen Medien und beruflichen Netzwerken, um wertvolle Verbindungen aufzuzeigen.
> **Pflege bestehender Beziehungen:** KI-Tools erinnern an wichtige Meilensteine und unterstützen die Pflege von Kontakten.
> **Erhöhung der Sichtbarkeit und Chancen:** Ein aktives Netzwerk steigert die Sichtbarkeit und Chancen auf berufliche Möglichkeiten und Kooperationen.

> **Geeignete KI-Tools**
>
> **Affinity** ist ein KI-gestütztes Beziehungsmanagement-Tool, das Fachkräften hilft, strategische Netzwerke aufzubauen und zu pflegen. Durch die Analyse von E-Mails, Kalendern und sozialen Medien identifiziert Affinity relevante Kontakte und wertvolle Verbindungen, die sonst leicht übersehen werden. Intelligente Erinnerungen zu Karrieremeilensteinen und Vorschläge für personalisierte Nachrichten unterstützen die aktive Beziehungspflege – für mehr Sichtbarkeit und Chancen auf Kooperationen. www.affinity.co
> **Lusha** ist eine KI-basierte Plattform zum Ausbau professioneller Netzwerke und für gezieltes Beziehungsmanagement. Sie analysiert Daten aus sozialen Medien und beruflichen Netzwerken, um passende Kontakte und potenzielle Geschäftspartner zu finden. Automatisierte Hinweise zu wichtigen Updates bei Kontakten ermöglichen rechtzeitige, relevante Ansprache – für ein starkes, dynamisches Netzwerk und neue berufliche Möglichkeiten. www.lusha.com

11.1.28 KI in der Arbeitsplatzanalyse und -optimierung

Eine produktive und angenehme Arbeitsumgebung ist entscheidend für den Erfolg von Unternehmen und das Wohlbefinden ihrer Mitarbeiter. KI kann genutzt werden, um Arbeitsumgebungen zu analysieren und gezielte Verbesserungsvorschläge zur Steigerung der Produktivität und Zufriedenheit am Arbeitsplatz zu liefern. Dazu gehören ergonomische Verbesserungen, die Anpassung von Arbeitsabläufen sowie die Gestaltung einer positiven Arbeitskultur.

Durch die Analyse von Arbeitsprozessen und Mitarbeiterfeedback kann KI beispielsweise ineffiziente Arbeitsabläufe identifizieren und Vorschläge für deren Optimierung machen. Auch ergonomische Aspekte, wie die Anordnung von Arbeitsplätzen oder die Beleuchtung, können durch KI-basierte Analysen verbessert werden, um die Gesundheit und das Wohlbefinden der Mitarbeiter zu fördern. Insgesamt trägt KI dazu bei, Arbeitsplätze so zu gestalten, dass sie nicht nur die Produktivität steigern, sondern auch die Zufriedenheit und das Engagement der Mitarbeiter fördern.

> **Wichtiges kurzgefasst Abschn. 11.1.28 KI in der Arbeitsplatzanalyse und -optimierung**
>
> **Analyse und Optimierung von Arbeitsumgebungen:** KI analysiert Arbeitsumgebungen und liefert gezielte Verbesserungsvorschläge zur Steigerung der Produktivität und Zufriedenheit.
> **Ergonomische Verbesserungen:** KI-basierte Analysen unterstützen die ergonomische Optimierung von Arbeitsplätzen.
> **Optimierung von Arbeitsabläufen:** KI identifiziert ineffiziente Arbeitsabläufe und macht Vorschläge für deren Verbesserung.
> **Förderung von Gesundheit und Wohlbefinden:** KI trägt dazu bei, Arbeitsplätze zu gestalten, die die Gesundheit und das Wohlbefinden der Mitarbeiter fördern.

> **Geeignete KI-Tools**
>
> **Humanyze** ist ein KI-gestütztes Tool, das Unternehmen hilft, Produktivität und Wohlbefinden am Arbeitsplatz zu optimieren. Es analysiert Arbeitsprozesse, Kommunikationsmuster und Mitarbeiterfeedback, identifiziert ineffiziente Abläufe und macht gezielte Verbesserungsvorschläge. Zudem liefert es Daten für ergonomische Arbeitsplatzgestaltung – etwa zur Anordnung von Arbeitsplätzen und Beleuchtung –, um Gesundheit und Zufriedenheit zu fördern. www.humanyze.com
>
> **SpaceIQ** ist eine KI-basierte Plattform zur Verwaltung und Optimierung von Arbeitsumgebungen. Sie wertet Nutzungsdaten aus, entwirft effiziente Arbeitsplatzlayouts und schlägt ergonomische Verbesserungen vor. Faktoren wie Beleuchtung, Luftqualität und Geräuschpegel fließen ein, um Produktivität und Wohlbefinden zu steigern; außerdem unterstützt sie die Anpassung von Arbeitsabläufen für maximale Effizienz und Zufriedenheit. www.spaceiq.com

11.1.29 KI-gestützte Stressbewältigung und Work-Life-Balance

Stressbewältigung und die Aufrechterhaltung einer gesunden Work-Life-Balance sind entscheidend für die langfristige Gesundheit und Produktivität. KI-gestützte Tools können helfen, Stressfaktoren zu erkennen und personalisierte Empfehlungen zur Stressbewältigung zu bieten. Durch die Analyse von Arbeitsgewohnheiten, Kommunikationsmustern und anderen relevanten Daten kann KI frühzeitig Anzeichen von Überlastung erkennen und gezielte Maßnahmen vorschlagen, um Burnout zu vermeiden.

Diese Tools können beispielsweise vorschlagen, bestimmte Aufgaben zu delegieren, Pausen gezielt einzuplanen oder Entspannungstechniken in den Alltag zu integrieren. Darüber hinaus kann KI dabei helfen, eine gesunde Work-Life-Balance zu fördern, indem sie die Arbeitszeiten überwacht und Empfehlungen zur Optimierung der Zeitplanung gibt. Dies trägt nicht nur zur Reduzierung von Stress bei, sondern unterstützt auch ein nachhaltiges Arbeitsleben, das Gesundheit und beruflichen Erfolg in Einklang bringt.

Wichtiges kurzgefasst Abschn. 11.1.29 KI-gestützte Stressbewältigung und Work-Life-Balance

Erkennung von Stressfaktoren: KI-gestützte Tools helfen, Stressfaktoren zu erkennen und personalisierte Empfehlungen zur Stressbewältigung zu geben.
Vorbeugung von Überlastung: KI erkennt frühzeitig Anzeichen von Überlastung und schlägt Maßnahmen zur Burnout-Prävention vor.
Förderung der Work-Life-Balance: KI unterstützt die Überwachung und Optimierung der Arbeitszeiten zur Förderung einer gesunden Work-Life-Balance.
Nachhaltiges Arbeitsleben: KI trägt zur Reduzierung von Stress und zur Schaffung eines nachhaltigen Arbeitslebens bei, das Gesundheit und beruflichen Erfolg in Einklang bringt.

Geeignete KI-Tools

Woebot ist ein KI-gestützter Chatbot zur Stressbewältigung und Förderung der psychischen Gesundheit. Er analysiert Nutzerinteraktionen, erkennt frühzeitig Stressfaktoren und Überlastung und gibt personalisierte Empfehlungen – z. B. Entspannungstechniken, Achtsamkeitsübungen und sinnvolle Pausenplanung. Zusätzlich unterstützt Woebot eine gesunde Work-Life-Balance durch maßgeschneiderte Tipps und die Begleitung des emotionalen Wohlbefindens. www.woebothealth.com
RescueTime ist ein KI-basiertes Zeitmanagement- und Produktivitätstool, das eine gesunde Work-Life-Balance fördert und Stress reduziert. Es überwacht Arbeitszeiten, analysiert Gewohnheiten, erkennt früh Anzeichen von Überlastung und gibt Empfehlungen für effizientere Aufgabenorganisation sowie optimale Pausen. So bleiben Produktivität und Erholung im Gleichgewicht. www.rescuetime.com

11.1.30 Einsatz von KI für kontinuierliche Leistungsverbesserung

Kontinuierliche Leistungsverbesserung ist ein zentraler Faktor für den beruflichen Erfolg. KI kann dabei helfen, indem sie Leistungsdaten analysiert und kontinuierliches Feedback gibt. Durch die Analyse von

Arbeitsmustern, Ergebnissen und Feedback-Schleifen kann KI gezielte Empfehlungen für die Verbesserung von Fähigkeiten und Arbeitsweisen geben. Diese Empfehlungen können durch personalisierte Lernressourcen ergänzt werden, die darauf abzielen, spezifische Kompetenzen zu stärken und Weiterentwicklung zu fördern.

Fachkräfte können von dieser ständigen Rückkopplungsschleife profitieren, indem sie ihre berufliche Entwicklung aktiv steuern und gezielt an Schwächen arbeiten. KI-gestützte Systeme bieten dabei nicht nur Feedback zur aktuellen Leistung, sondern auch Prognosen und Entwicklungspläne, die auf zukünftige Anforderungen abgestimmt sind. Dies unterstützt eine nachhaltige Karriereentwicklung und erhöht die Wettbewerbsfähigkeit im Arbeitsmarkt.

> **Wichtiges kurzgefasst Abschn. 11.1.30 Einsatz von KI für kontinuierliche Leistungsverbesserung**
>
> **Analyse von Leistungsdaten:** KI analysiert Leistungsdaten und gibt kontinuierliches Feedback zur Verbesserung von Fähigkeiten und Arbeitsweisen.
> **Personalisierte Lernressourcen:** KI bietet personalisierte Lernressourcen zur Stärkung spezifischer Kompetenzen.
> **Ständige Rückkopplungsschleife:** KI ermöglicht kontinuierliches Feedback und Prognosen zur Unterstützung der beruflichen Entwicklung.
> **Nachhaltige Karriereentwicklung:** KI unterstützt eine nachhaltige Karriereentwicklung und erhöht die Wettbewerbsfähigkeit im Arbeitsmarkt.

> **Geeignete KI-Tools**
>
> **BetterUp** ist eine KI-gestützte Plattform für kontinuierliche Leistungsverbesserung und berufliche Entwicklung. Sie analysiert Leistungsdaten und Arbeitsmuster, gibt gezieltes Feedback und personalisierte Empfehlungen zur Verbesserung von Fähigkeiten und Arbeitsweisen. Zusätzlich bietet BetterUp maßgeschneiderte Lernressourcen und Coaching-Sitzungen, die spezifische Kompetenzen stärken und die berufliche Entwicklung fördern. Kontinuierliche Rückkopplungsschleifen unterstützen eine nachhaltige Karriereentwicklung und erhöhen die Wettbewerbsfähigkeit am Arbeitsmarkt. www.betterup.com

> **Lattice** ist ein KI-basiertes Leistungsmanagement-Tool, das kontinuierliche Leistungsverbesserung in Unternehmen fördert. Es analysiert Arbeitsmuster, Ergebnisse und Mitarbeiterfeedback und liefert personalisierte Empfehlungen für bessere Fähigkeiten und Arbeitsmethoden. Die Plattform unterstützt ständige Rückkopplungsschleifen und erstellt Entwicklungspläne, die auf zukünftige Anforderungen ausgerichtet sind. So steuern Fachkräfte ihre Entwicklung aktiv und verbessern ihre Leistung nachhaltig. www.lattice.com

11.1.31 KI und Diversität am Arbeitsplatz

Diversität und Inklusion sind wichtige Faktoren für ein erfolgreiches Arbeitsumfeld. KI kann genutzt werden, um unbewusste Vorurteile in Rekrutierungsprozessen und Leistungsbewertungen zu minimieren, indem sie Entscheidungen auf Basis objektiver Daten trifft. Durch den Einsatz von KI können diskriminierungsfreie Prozesse gefördert werden, die zu einer vielfältigeren und inklusiveren Arbeitsumgebung beitragen.

KI kann beispielsweise bei der Analyse von Bewerbungen helfen, indem sie Kandidaten unabhängig von Geschlecht, Herkunft oder anderen demografischen Merkmalen bewertet. Außerdem kann KI in der Leistungsbewertung eingesetzt werden, um objektivere Beurteilungen zu ermöglichen, die auf konkreten Ergebnissen und Leistungen basieren. Diese Praktiken fördern nicht nur die Diversität, sondern auch die Chancengleichheit am Arbeitsplatz.

> **Wichtiges kurzgefasst Abschn. 11.1.31 KI und Diversität am Arbeitsplatz**
>
> **Minimierung unbewusster Vorurteile:** KI reduziert unbewusste Vorurteile in Rekrutierungsprozessen und Leistungsbewertungen durch objektive Datenanalyse.
> **Förderung von Diversität und Inklusion:** KI unterstützt diskriminierungsfreie Prozesse und trägt zu einer inklusiveren Arbeitsumgebung bei.
> **Objektive Bewerbungsanalyse:** KI bewertet Bewerbungen unabhängig von demografischen Merkmalen und fördert so die Chancengleichheit.
> **Objektive Leistungsbewertung:** KI ermöglicht Leistungsbeurteilungen, die auf konkreten Ergebnissen und Leistungen basieren.

> **Geeignete KI-Tools**
>
> **HireVue** ist ein KI-gestütztes Rekrutierungstool, das unbewusste Vorurteile in Einstellungsprozessen minimieren und Diversität fördern soll. Die Plattform analysiert Videointerviews und Bewerbungen anhand objektiver Kriterien, um Kandidaten unabhängig von demografischen Merkmalen zu bewerten. Das sorgt für transparentere, fairere Auswahlverfahren und unterstützt eine inklusivere Arbeitsumgebung. www.hirevue.com
>
> **FairHire** ist ein KI-basiertes Tool zur Unterstützung von Diversität und Inklusion in Recruiting- und Leistungsbewertungsprozessen. Es erkennt und reduziert unbewusste Vorurteile, indem Bewerbungen und Leistungen datenbasiert und ergebnisorientiert analysiert werden. So fördert FairHire diskriminierungsfreie Abläufe und hilft Unternehmen, eine vielfältige, inklusive Kultur aufzubauen. www.fairhire.com

11.1.32 KI im Projekt- und Zeitmanagement

Effektives Projekt- und Zeitmanagement ist entscheidend für den Erfolg von Projekten und die Erreichung von Zielen. KI-gestützte Projektmanagement-Tools bieten vielfältige Möglichkeiten, Arbeitsabläufe zu optimieren, Deadlines zu verwalten und Ressourcen effizienter einzusetzen. Durch die Analyse von Projektplänen, Arbeitszeiten und Ressourcenverfügbarkeit kann KI den gesamten Projektverlauf optimieren und potenzielle Engpässe frühzeitig erkennen.

Diese Tools helfen Fachkräften dabei, ihre Projekte pünktlich und im Rahmen des Budgets abzuschließen, indem sie Echtzeit-Updates und prädiktive Analysen bieten. Außerdem unterstützen sie die Priorisierung von Aufgaben, sodass sich Teams auf die wichtigsten Schritte konzentrieren können. Insgesamt tragen KI-gestützte Tools dazu bei, die Effizienz und den Erfolg von Projekten erheblich zu steigern.

Wichtiges kurzgefasst Abschn. 11.1.32 KI im Projekt- und Zeitmanagement

Optimierung von Arbeitsabläufen: KI-gestützte Tools optimieren Projektabläufe und helfen bei der Verwaltung von Deadlines und Ressourcen.

Früherkennung von Engpässen: KI analysiert Projektpläne und erkennt potenzielle Engpässe frühzeitig.

Echtzeit-Updates und prädiktive Analysen: KI bietet Echtzeit-Updates und prädiktive Analysen, um Projekte pünktlich und im Budgetrahmen abzuschließen.

Effizienzsteigerung in Projekten: KI-Tools erhöhen die Effizienz und den Erfolg von Projekten durch gezielte Priorisierung und Ressourcenmanagement.

Geeignete KI-Tools

Monday.com ist ein vielseitiges Projektmanagement-Tool, das KI-gestützte Funktionen integriert, um Projektabläufe zu optimieren und die Effizienz zu steigern. Die Plattform bietet Echtzeit-Updates und prädiktive Analysen, um den Fortschritt zu überwachen, potenzielle Engpässe frühzeitig zu erkennen und Deadlines effektiv zu verwalten. Mit KI-gestützten Empfehlungen hilft Monday.com, Aufgaben zu priorisieren und Ressourcen optimal zu nutzen – für höhere Erfolgsquoten und effizientere Projektabschlüsse. www.monday.com

Wrike ist ein KI-gestütztes Projektmanagement-Tool, das die Effizienz von Projekten durch intelligente Arbeitsabläufe steigert. Die Plattform analysiert Projektpläne, verwaltet Arbeitszeiten und nutzt Ressourcen effizienter. Prädiktive Analysen und Echtzeit-Updates helfen, Engpässe früh zu erkennen und gegenzusteuern; die KI-gestützte Priorisierung richtet den Fokus auf die wichtigsten Schritte, damit Projekte pünktlich und im Budget bleiben. www.wrike.com

11.1.33 Persönliche Markenbildung mit KI

Eine starke persönliche Marke ist in der heutigen Arbeitswelt von großer Bedeutung. KI kann Sie dabei unterstützen, Ihre persönliche Marke zu entwickeln und zu stärken, indem sie Ihre Online-Präsenz analysiert und optimiert. KI-gestützte Tools können Ihre Aktivitäten in sozialen Medien und anderen beruflichen Netzwerken überwachen und Ihnen gezielte Empfehlungen zur Verbesserung Ihres Profils und Ihrer Sichtbarkeit geben (Abschn. 7.2).

Durch die Analyse von Interaktionsmustern und der Reaktion Ihres Netzwerks kann KI-Vorschläge machen, wie Sie Ihre Inhalte besser auf Ihre Zielgruppe abstimmen können, um mehr Aufmerksamkeit zu erzielen. Dies umfasst auch Empfehlungen zur Verbesserung der Konsistenz und Qualität Ihrer Online-Präsenz, was Ihnen hilft, sich als Experte in Ihrem Fachgebiet zu positionieren und Ihre Karrierechancen zu erhöhen.

> **Wichtiges kurzgefasst Abschn. 11.1.33 Persönliche Markenbildung mit KI**
>
> **Unterstützung der Markenbildung**: KI hilft bei der Entwicklung und Stärkung Ihrer persönlichen Marke durch die Analyse und Optimierung Ihrer Online-Präsenz.
> **Gezielte Empfehlungen**: KI-Tools überwachen Ihre Aktivitäten in sozialen Medien und bieten gezielte Empfehlungen zur Verbesserung Ihres Profils und Ihrer Sichtbarkeit.
> **Optimierung der Inhalte**: KI analysiert Interaktionsmuster und macht Vorschläge, um Inhalte besser auf Ihre Zielgruppe abzustimmen.
> **Positionierung als Experte**: KI unterstützt die Konsistenz und Qualität Ihrer Online-Präsenz, was Ihre Position als Experte und Ihre Karrierechancen verbessert.

> **Geeignete KI-Tools**
>
> **BrandYourself** ist ein KI-gestütztes Tool, das die persönliche Markenbildung und Online-Reputation optimiert. Es analysiert Ihre Online-Präsenz – inklusive Social-Media-Profile und beruflicher Netzwerke – und liefert gezielte Empfehlungen für mehr Sichtbarkeit und Konsistenz. Zudem hilft es, passgenaue Inhalte zu erstellen und zu kuratieren, um Ihre Expertise zu unterstreichen und Karrierechancen zu erhöhen. www.brandyourself.com
> **Crystal Knows** analysiert Persönlichkeit und Kommunikationsverhalten Ihrer Zielgruppe, damit Sie Ihre persönliche Marke wirksamer entwickeln. Die Plattform liefert Einblicke in Kommunikationspräferenzen und schlägt personalisierte Strategien vor, um Inhalte und Profil optimal auf Ihre Kontakte abzustimmen. So entsteht eine konsistente, hochwertige Online-Präsenz mit größerer Sichtbarkeit in beruflichen Netzwerken. www.crystalknows.com

11.1.34 Verbesserung der Entscheidungsfindung durch KI

Die Fähigkeit, fundierte Entscheidungen zu treffen, ist entscheidend für den beruflichen Erfolg. KI-Tools können komplexe Daten analysieren und wertvolle Einblicke liefern, die Ihnen helfen, bessere und schnellere Entscheidungen zu treffen. Durch die Verarbeitung großer Datenmengen kann KI-Muster und Trends erkennen, die für menschliche Analysten möglicherweise nicht offensichtlich sind.

Diese Einblicke ermöglichen eine präzisere strategische Planung und helfen Ihnen, Risiken besser abzuschätzen und Chancen zu identifizieren. KI kann auch Entscheidungsszenarien simulieren, um die potenziellen Auswirkungen verschiedener Optionen zu bewerten. Dadurch wird die Entscheidungsfindung nicht nur schneller, sondern auch fundierter, was letztlich zu besseren Ergebnissen führt.

> **Wichtiges kurzgefasst Abschn. 11.1.34 Verbesserung der Entscheidungsfindung durch KI**
>
> **Datenbasierte Entscheidungsfindung**: KI analysiert komplexe Daten und liefert wertvolle Einblicke für fundierte Entscheidungen.
> **Erkennung von Mustern und Trends**: KI erkennt Muster und Trends, die für menschliche Analysten nicht offensichtlich sind, und unterstützt die strategische Planung.
> **Risikobewertung und Chancenidentifikation**: KI hilft bei der Risikobewertung und der Identifikation von Chancen durch präzise Datenanalyse.
> **Simulation von Entscheidungsszenarien**: KI simuliert verschiedene Entscheidungsszenarien und bewertet deren potenzielle Auswirkungen.

> **Geeignete KI-Tools**
>
> **IBM Watson Analytics** ist ein KI-gestütztes Tool zur Verbesserung der Entscheidungsfindung durch fortschrittliche Datenanalyse. Die Plattform analysiert komplexe Datenmengen, erkennt verborgene Muster und Trends, bietet prädiktive Analysen und simuliert Entscheidungsszenarien zur Bewertung potenzieller Auswirkungen. Das unterstützt präzise

> Strategieplanung, Risikobewertung und Chancenidentifikation – für fundiertere, effizientere Entscheidungen. www.ibm.com/watson-analytics
> **Qlik Sense** ist eine KI-gestützte Business-Intelligence-Plattform, die große Datenmengen analysiert und mit interaktiven Dashboards visualisiert. Maschinelles Lernen identifiziert relevante Muster und Trends; Simulationen verschiedener Entscheidungsszenarien beschleunigen eine präzise, datenbasierte Entscheidungsfindung. www.qlik.com

11.1.35 Vorbereitung auf KI-getriebene Veränderungen

Der technologische Fortschritt, insbesondere im Bereich der KI, verändert die Arbeitswelt kontinuierlich. Fachkräfte müssen sich daher regelmäßig über neue Entwicklungen informieren und ihre Fähigkeiten anpassen, um langfristig wettbewerbsfähig zu bleiben. KI-gestützte Lernplattformen und Weiterbildungsmöglichkeiten bieten die notwendige Flexibilität, um sich auf diese Veränderungen vorzubereiten und die eigenen Kompetenzen kontinuierlich zu erweitern.

Durch die Nutzung dieser Ressourcen können Fachkräfte nicht nur ihre aktuellen Fähigkeiten verbessern, sondern sich auch auf zukünftige Anforderungen einstellen. Dies umfasst das Erlernen neuer Technologien, das Verstehen von KI-gestützten Arbeitsprozessen und das Entwickeln eines adaptiven Mindsets. Eine proaktive Vorbereitung auf KI-getriebene Veränderungen ist entscheidend, um in einer dynamischen Arbeitswelt langfristig erfolgreich zu sein.

> **Wichtiges kurzgefasst Abschn. 11.1.35 Vorbereitung auf KI-getriebene Veränderungen**
> **Regelmäßige Weiterbildung:** Fachkräfte müssen sich kontinuierlich über technologische Entwicklungen informieren, um wettbewerbsfähig zu bleiben.
> **Nutzung von KI-Lernplattformen:** KI-gestützte Lernplattformen bieten Flexibilität, um die eigenen Fähigkeiten laufend zu erweitern.

> **Zukunftsorientierte Vorbereitung:** Das Erlernen neuer Technologien und KI-gestützter Arbeitsprozesse ist unerlässlich für zukünftige Anforderungen.
> **Adaptives Mindset:** Die Entwicklung eines adaptiven Mindsets ist entscheidend, um langfristig in einer dynamischen Arbeitswelt erfolgreich zu sein.

> **Geeignete KI-Tools**
> **LinkedIn Learning AI Insights** ist eine KI-gestützte Lernplattform, die Fachkräften hilft, sich auf KI-getriebene Veränderungen vorzubereiten. Sie bietet vielfältige Kurse zu aktuellen Technologien und KI-gestützten Arbeitsprozessen und erstellt personalisierte Lernpfade mit kontinuierlichen Updates zu relevanten Themen. So lassen sich Fähigkeiten flexibel anpassen und ein adaptives Mindset entwickeln – für mehr Wettbewerbsfähigkeit in einer dynamischen Arbeitswelt. www.linkedin.com/learning
> **FutureLearn** ist eine KI-gestützte Online-Lernplattform mit Kursen und Programmen, die gezielt auf KI-getriebene Veränderungen vorbereiten. Maschinelles Lernen liefert personalisierte Empfehlungen zu Inhalten, die den aktuellen und zukünftigen Anforderungen der Arbeitswelt entsprechen. Fachkräfte erlernen neue Technologien und Prozesse und stärken ein adaptives Mindset – entscheidend für langfristigen Erfolg in einer sich schnell wandelnden Umgebung. www.futurelearn.com

11.1.36 Ethik und Verantwortung im Umgang mit KI

Der verantwortungsvolle Umgang mit KI ist ein zentrales Thema in der modernen Arbeitswelt. Fachkräfte sollten sich über die ethischen Implikationen der KI-Nutzung bewusst sein und sicherstellen, dass diese Technologien verantwortungsvoll und nachhaltig eingesetzt werden. Dies umfasst die Berücksichtigung von Datenschutz, Transparenz und Fairness in der Anwendung von KI.

Es ist wichtig, ethische Richtlinien zu verstehen und in der Praxis anzuwenden, um negative Auswirkungen auf Individuen und Gesellschaft zu minimieren. Dazu gehört auch die Vermeidung von Vorurteilen und

Diskriminierung durch KI-Systeme sowie die Gewährleistung der Nachvollziehbarkeit von Entscheidungen, die durch KI getroffen werden. Die Entwicklung eines ethischen Bewusstseins im Umgang mit KI ist entscheidend für den langfristigen Erfolg und die Akzeptanz dieser Technologien.

> **Wichtiges kurzgefasst Abschn. 11.1.36 Ethik und Verantwortung im Umgang mit KI**
>
> **Verantwortungsvolle KI-Nutzung**: Fachkräfte müssen sicherstellen, dass KI-Technologien verantwortungsvoll und nachhaltig eingesetzt werden.
> **Berücksichtigung von Datenschutz und Fairness**: Ethische Implikationen wie Datenschutz, Transparenz und Fairness müssen bei der Anwendung von KI berücksichtigt werden.
> **Vermeidung von Vorurteilen**: Es ist wichtig, Vorurteile und Diskriminierung durch KI-Systeme zu vermeiden.
> **Nachvollziehbarkeit von KI-Entscheidungen**: Die Nachvollziehbarkeit von Entscheidungen, die durch KI getroffen werden, muss gewährleistet sein.

> **Geeignete KI-Tools**
>
> **AI Fairness 360 (AIF360) by IBM** ist ein umfassendes Toolkit, das Fachkräften hilft, die ethischen Implikationen der KI-Nutzung zu verstehen und anzuwenden. Es bietet Algorithmen und Modelle, um Vorurteile und Diskriminierung in KI-Systemen zu erkennen und zu minimieren. AIF360 unterstützt die Nachvollziehbarkeit von KI-Entscheidungen und sorgt dafür, dass diese transparent, fair und verantwortungsvoll getroffen werden – für mehr Vertrauen in KI-Technologien. www.ibm.com/aif360
> **EthicsGrade** ist eine KI-basierte Bewertungsplattform, die Unternehmen hilft, die ethischen Auswirkungen ihrer KI-Nutzung zu bewerten und zu verbessern. Sie analysiert Richtlinien, Transparenz und Datenschutz in KI-Anwendungen und schafft Bewusstsein für ethische Herausforderungen. So stellt EthicsGrade sicher, dass KI-Systeme verantwortungsvoll und nachhaltig eingesetzt werden – zum Schutz von Individuen und Gesellschaft. www.ethicsgrade.io

> **Zusammenfassung Abschn. 11.1: Langfristige Planung und Anpassung an technologische Veränderungen**
>
> **Anpassungsfähigkeit als Schlüssel:** Langfristige Karriereplanung erfordert die Fähigkeit, sich an technologische Veränderungen wie die Einführung von KI anzupassen.
> **Zukunftskompetenzen entwickeln:** Fokus auf die Entwicklung von technischen und sozialen Fähigkeiten, die in einer automatisierten Arbeitswelt gefragt sind.
> **Vorausschauende Planung:** Die Fähigkeit, technologische Trends frühzeitig zu erkennen, ist entscheidend für den langfristigen Erfolg.
> **Karriereplanung mit KI-Tools:** KI-gestützte Tools helfen, relevante Trends zu identifizieren und die Karriere strategisch auszurichten.

11.2 Die Rolle von KI in der beruflichen Weiterbildung und Umschulung

In einer sich rasant verändernden Arbeitswelt wird die kontinuierliche Weiterbildung und Umschulung von Fachkräften immer wichtiger, um den Anforderungen des Marktes gerecht zu werden und wettbewerbsfähig zu bleiben. Künstliche Intelligenz (KI) nimmt in diesem Prozess eine zentrale Rolle ein, indem sie personalisierte Lernprogramme und adaptive Lernplattformen bereitstellt, die auf die individuellen Bedürfnisse und Fähigkeiten der Lernenden zugeschnitten sind.

KI-gestützte Lernplattformen bieten nicht nur statische Lerninhalte, sondern analysieren fortlaufend die Lerngewohnheiten, das Verhalten und den Fortschritt der Benutzer. Diese Analysen ermöglichen es, maßgeschneiderte Lernpfade zu erstellen, die gezielt auf die Stärken und Schwächen der Lernenden abgestimmt sind. Dadurch wird die Weiterbildung nicht nur effizienter, sondern auch zielgerichteter, was den maximalen Lernerfolg sicherstellt. In Echtzeit können diese Plattformen Feedback geben, das Lernen anpassen und so sicherstellen, dass die Lernmaterialien optimal auf den aktuellen Lernstand abgestimmt sind.

Ein weiterer entscheidender Vorteil der KI in der Weiterbildung ist die Fähigkeit, aufkommende Technologien und neue Fähigkeiten schnell zu integrieren. KI analysiert aktuelle Markttrends und technologische Entwicklungen, um festzustellen, welche Kompetenzen in naher Zukunft besonders gefragt sein werden. Dies erlaubt es den Lernenden, sich gezielt auf diese Fähigkeiten zu konzentrieren und so ihre Chancen auf dem Arbeitsmarkt zu erhöhen.

Auch im Bereich der Umschulung bietet KI enorme Vorteile. Sie kann die vorhandenen Fähigkeiten und Erfahrungen von Fachkräften analysieren und darauf basierend individuelle Umschulungsprogramme entwickeln. Dies erleichtert den Übergang in neue Berufsfelder erheblich, insbesondere in Branchen, die stark von disruptiven Technologien und Automatisierung betroffen sind. So können sich Fachkräfte schnell an neue Arbeitsumgebungen anpassen und neue Karrieremöglichkeiten erschließen.

> **Wichtiges kurzgefasst Abschn. 11.2: Die Rolle von KI in der beruflichen Weiterbildung und Umschulung**
>
> **Personalisierte Lernprogramme:** KI ermöglicht maßgeschneiderte Lernpfade, die auf die individuellen Bedürfnisse und Fähigkeiten der Lernenden abgestimmt sind, und bietet kontinuierliches Feedback.
>
> **Effiziente und zielgerichtete Weiterbildung:** Durch die Analyse von Lernverhalten und Fortschritt passt KI die Lernmaterialien in Echtzeit an und maximiert so den Lernerfolg.
>
> **Integration neuer Fähigkeiten:** KI erkennt aufkommende Technologien und Markttrends, sodass Lernende gezielt neue, gefragte Kompetenzen entwickeln können.
>
> **Vorteile bei der Umschulung:** KI analysiert vorhandene Fähigkeiten und entwickelt individuelle Umschulungsprogramme, um Fachkräften den Übergang in neue Berufsfelder zu erleichtern.

Geeignete KI-Tools

Coursera AI (Coursera for Business) ist eine von Coursera angebotene Plattform, die fortschrittliche KI-Technologien integriert, um personalisierte Lernwege und maßgeschneiderte Schulungsprogramme zu erstellen. Die Plattform nutzt maschinelles Lernen und Datenanalyse, um Lernfortschritte zu verfolgen und gezielt Inhalte anzubieten, die den individuellen Bedürfnissen und Fähigkeiten entsprechen. Adaptive Lernpfade passen sich kontinuierlich an Gewohnheiten und Fortschritt an und sorgen für eine effektive, zielgerichtete Weiterbildung. Zusätzlich analysiert die Plattform Markttrends, damit die Kurse gefragte Skills abdecken und Umschulungen in aufstrebende Berufsfelder unterstützen. www.coursera.org/business

EdApp ist eine mobile Lernplattform, die KI nutzt, um berufliche Weiterbildung via Microlearning zu beschleunigen. Adaptive Lernmodule analysieren fortlaufend den Fortschritt und passen Inhalte dynamisch an. EdApp bietet personalisierte Trainingsprogramme, Echtzeit-Feedback und interaktive LernErlebnisse. Durch die Analyse von Skill-Gaps und Markttrends unterstützt die Plattform Unternehmen und Fachkräfte bei gezielten Upskilling- und Reskilling-Strategien – für schnelles Lernen und flexible Anpassung an neue berufliche Anforderungen. www.edapp.com

11.3 Zukunftssichere Berufe und KI-Kompetenzen

Die rapide Entwicklung der Künstlichen Intelligenz (KI) verändert die Arbeitswelt grundlegend und schafft sowohl neue Herausforderungen als auch zahlreiche berufliche Chancen. Um in dieser sich wandelnden Landschaft erfolgreich zu sein, ist es für Fachkräfte unerlässlich, sowohl technisches Wissen als auch spezifische KI-Kompetenzen zu entwickeln. Zukunftssichere Berufe erfordern ein tiefgehendes Verständnis der Technologien, die unsere Welt zunehmend prägen.

Zu den zukunftssicheren Berufen gehören insbesondere Datenwissenschaftler, KI-Ingenieure und Experten für maschinelles Lernen. Diese Berufe verlangen fundierte Kenntnisse in Bereichen wie Statistik, Programmierung und Datenanalyse. Zudem sind Fähigkeiten im Umgang mit speziellen KI-Tools und -Plattformen von großer Bedeutung. Fachkräfte in diesen Berufen müssen in der Lage sein, komplexe Algorithmen zu entwickeln und zu implementieren, um datengetriebene Lösungen zu schaffen, die geschäftliche Herausforderungen effektiv lösen.

Neben den rein technischen Berufen gibt es auch eine Vielzahl von nicht-technischen Berufen, die stark durch KI beeinflusst werden. Marketing- und Vertriebsprofis beispielsweise müssen lernen, KI-gestützte Analysetools zu nutzen, um das Verhalten ihrer Kunden besser zu verstehen und gezielte Marketingstrategien zu entwickeln. Im Gesundheitswesen gewinnen KI-Kompetenzen zunehmend an Bedeutung, etwa bei der Unterstützung von Diagnosen oder in der personalisierten Medizin.

Ein weiterer wichtiger Aspekt für den Erfolg in einer KI-geprägten Arbeitswelt ist die kontinuierliche Weiterbildung. Fachkräfte müssen sich proaktiv über die neuesten Entwicklungen und Technologien informieren, um ihre Fähigkeiten auf dem neuesten Stand zu halten. Dies erfordert ein starkes Engagement für lebenslanges Lernen und die Bereitschaft, sich ständig weiterzuentwickeln.

Letztlich spielen auch „Soft Skills" wie Kreativität, Problemlösungsfähigkeit und kritisches Denken eine entscheidende Rolle. Diese Fähigkeiten ergänzen das technische Wissen und sie ermöglichen es Fachkräften, innovative Lösungen zu entwickeln und komplexe Herausforderungen zu meistern. In einer Arbeitswelt, die zunehmend von KI geprägt ist, sind diese Soft Skills oft das, was den entscheidenden Unterschied ausmacht.

Geeignete KI-Tools

Coursera AI (Coursera for Business) ist eine von Coursera angebotene Plattform, die fortschrittliche KI-Technologien integriert, um personalisierte Lernwege und maßgeschneiderte Schulungsprogramme zu erstellen. Die Plattform nutzt maschinelles Lernen und Datenanalyse, um Lernfortschritte zu verfolgen und gezielt Inhalte anzubieten, die den individuellen Bedürfnissen und Fähigkeiten entsprechen. Adaptive Lernpfade passen sich kontinuierlich an Gewohnheiten und Fortschritt an und sorgen für eine effektive, zielgerichtete Weiterbildung. Zusätzlich analysiert die Plattform Markttrends, damit die Kurse gefragte Skills abdecken und Umschulungen in aufstrebende Berufsfelder unterstützen. www.coursera.org/business

11 Zukunftsperspektiven: KI und Karriereplanung

EdApp ist eine mobile Lernplattform, die KI nutzt, um berufliche Weiterbildung via Microlearning zu beschleunigen. Adaptive Lernmodule analysieren fortlaufend den Fortschritt und passen Inhalte dynamisch an. EdApp bietet personalisierte Trainingsprogramme, Echtzeit-Feedback und interaktive LernErlebnisse. Durch die Analyse von Skill-Gaps und Markttrends unterstützt die Plattform Unternehmen und Fachkräfte bei gezielten Upskilling- und Reskilling-Strategien – für schnelles Lernen und flexible Anpassung an neue berufliche Anforderungen. www.edapp.com

Diese KI-Tools sind ideal, um die in diesem Kapitel beschriebenen zukunftssicheren Berufe und Kompetenzen zu unterstützen. DataRobot bietet eine benutzerfreundliche Umgebung für automatisiertes maschinelles Lernen, während TensorFlow eine leistungsstarke Plattform für die Entwicklung komplexer maschineller Lernmodelle ist. Beide Tools unterstützen kontinuierliches Lernen und die Entwicklung von KI-Kompetenzen, die für die moderne Arbeitswelt unerlässlich sind.

Wichtiges kurzgefasst Abschn. 11.3: Zukunftssichere Berufe und KI-Kompetenzen

Zukunftssichere Berufe: KI-Ingenieure, Datenwissenschaftler und Experten für maschinelles Lernen sind stark nachgefragte Berufe, die fundierte Kenntnisse in Statistik, Programmierung und Datenanalyse erfordern.

Technische und nicht-technische Berufe: Neben technischen Berufen müssen auch Fachkräfte in Bereichen wie Marketing und Gesundheitswesen KI-gestützte Tools nutzen, um datenbasierte Entscheidungen zu treffen und gezielte Strategien zu entwickeln.

Kontinuierliche Weiterbildung: Proaktives lebenslanges Lernen ist essenziell, um die eigenen Fähigkeiten auf dem neuesten Stand zu halten und den technologischen Entwicklungen zu folgen.

Soft Skills: Kreativität, Problemlösungsfähigkeit und kritisches Denken sind ebenso wichtig wie technisches Wissen, um innovative Lösungen zu entwickeln und komplexe Herausforderungen zu meistern.

12

KI im Unternehmen: Chancen und Herausforderungen

Die Integration von Künstlicher Intelligenz (KI) in Unternehmen hat das Potenzial, Geschäftsprozesse grundlegend zu verändern und die Wettbewerbsfähigkeit signifikant zu steigern. Während die Vorteile der KI offensichtlich sind, bringt die Implementierung auch eine Reihe von Herausforderungen mit sich, die Unternehmen bewältigen müssen. In diesem Kapitel beleuchte ich die vielfältigen Chancen, die KI bietet, aber auch die potenziellen Fallstricke und ethischen Überlegungen, die bei der Einführung von KI-Technologien berücksichtigt werden müssen.

Chancen der KI in Unternehmen
KI ermöglicht eine nie dagewesene Effizienzsteigerung in nahezu allen Geschäftsbereichen. Durch Automatisierung können repetitive und zeitaufwendige Aufgaben schneller und fehlerfreier erledigt werden, was nicht nur Kosten senkt, sondern auch die Mitarbeiter entlastet und ihnen ermöglicht, sich auf strategischere Aufgaben zu konzentrieren. Im Marketing erlaubt KI eine präzisere Zielgruppenansprache durch die Analyse großer Datenmengen, was zu personalisierten Kundenerfahrungen führt und die Kundenbindung stärkt. In der Produktion optimiert KI den

Ressourceneinsatz und minimiert Ausfallzeiten durch vorausschauende Wartung, während sie in der Logistik für reibungslosere Lieferketten sorgt.

Darüber hinaus eröffnet KI neue Geschäftsmöglichkeiten, indem sie Unternehmen ermöglicht, innovative Produkte und Dienstleistungen zu entwickeln. Die Fähigkeit von KI, Trends zu erkennen und Vorhersagen zu treffen, erlaubt es Unternehmen, sich proaktiv auf Veränderungen im Markt einzustellen und neue Marktsegmente zu erschließen. Dies kann entscheidend für das langfristige Wachstum und die Nachhaltigkeit eines Unternehmens sein.

Herausforderungen der KI in Unternehmen
Trotz der zahlreichen Vorteile ist die Einführung von KI in Unternehmen nicht ohne Herausforderungen. Eine der größten Hürden ist die Datensicherheit und der Schutz der Privatsphäre. Da KI-Systeme auf großen Mengen an Daten angewiesen sind, um effektiv zu funktionieren, müssen Unternehmen sicherstellen, dass diese Daten sicher und verantwortungsvoll genutzt werden. Die Einhaltung von Datenschutzgesetzen und die Implementierung von robusten Sicherheitsmaßnahmen sind entscheidend, um das Vertrauen der Kunden und Partner zu gewährleisten.

Eine weitere Herausforderung besteht in der ethischen Nutzung von KI. Unternehmen müssen sicherstellen, dass ihre KI-Systeme fair und transparent arbeiten und keine unbewussten Vorurteile reproduzieren, die zu Diskriminierung führen könnten. Dies erfordern eine sorgfältige Überwachung und kontinuierliche Anpassung der Algorithmen sowie die Schaffung klarer ethischer Richtlinien für den Einsatz von KI.

Die Einführung von KI erfordert zudem eine umfassende Umstrukturierung bestehender Prozesse und möglicherweise auch eine Anpassung der Unternehmenskultur. Mitarbeiter müssen auf den Umgang mit neuen Technologien vorbereitet und entsprechend weitergebildet werden. Dies kann erhebliche Investitionen in Schulungen und Umschulungen erfordern.

Letztlich müssen Unternehmen eine Balance zwischen Innovation und Verantwortung finden. Die Einführung von KI sollte nicht nur auf kurzfristige Gewinne abzielen, sondern auch die langfristigen Auswirkungen auf das Unternehmen, die Mitarbeiter und die Gesellschaft insgesamt berücksichtigen

12.1 Einführung in KI-Anwendungen in Unternehmen

Die Integration von Künstlicher Intelligenz (KI) in Unternehmen hat in den letzten Jahren stark an Bedeutung gewonnen. KI ermöglicht es Unternehmen, Prozesse zu optimieren, neue Geschäftsmöglichkeiten zu erschließen und ihre Wettbewerbsfähigkeit zu steigern. In diesem Abschnitt geben wir einen Überblick über die Grundlagen und die historischen Entwicklungen der KI sowie über die verschiedenen Arten von KI-Technologien, die in Unternehmen zum Einsatz kommen. Diese Einführung legt die Basis für ein tieferes Verständnis der Chancen und Herausforderungen, die KI in der modernen Geschäftswelt mit sich bringt.

12.1.1 Definition und Grundlagen von Künstlicher Intelligenz (KI)

Künstliche Intelligenz (KI) bezieht sich auf die Simulation menschlicher Intelligenzprozesse durch Maschinen, insbesondere Computersysteme. Diese Prozesse umfassen das Lernen (das Erwerben von Informationen und Regeln zur Nutzung der Informationen), das Schließen (das Verwenden von Regeln, um zu ungefähren oder endgültigen Schlussfolgerungen zu gelangen) und die Selbstkorrektur. Ein zentraler Bestandteil der KI ist das maschinelle Lernen, bei dem Systeme aus Daten lernen und ihre Leistung ohne explizite Programmierung verbessern können.

12.1.2 Überblick über die verschiedenen Anwendungsbereiche von KI in Unternehmen

KI wird in Unternehmen in vielfältigen Bereichen eingesetzt, darunter im Kundenservice, in der Produktion, im Marketing, in der Logistik und im Personalwesen. Beispielsweise nutzen viele Unternehmen Chatbots Abschn. 13.1 zur Automatisierung von Kundeninteraktionen, während andere KI einsetzen, um Lieferketten zu optimieren oder maßgeschneiderte Marketingkampagnen zu erstellen. Diese Technologien ermöglichen es Unternehmen, effizienter zu arbeiten, die Kundenzufriedenheit zu steigern und Wettbewerbsvorteile zu erlangen.

12.1.3 Historische Entwicklung und die zunehmende Relevanz von KI in der Geschäftswelt

Die Entwicklung der KI begann in den 1950er-Jahren, aber erst in den letzten Jahrzehnten hat sie aufgrund der Fortschritte in der Rechenleistung und der Datenverfügbarkeit erheblich an Bedeutung gewonnen. Heute gilt KI als ein entscheidender Faktor für die digitale Transformation und den zukünftigen Erfolg von Unternehmen. Die zunehmende Relevanz zeigt sich darin, dass immer mehr Unternehmen KI-basierte Lösungen in ihre Geschäftsstrategien integrieren, um wettbewerbsfähig zu bleiben.

12.1.4 Unterschiedliche Arten von KI-Technologien

Es gibt verschiedene Arten von KI-Technologien, die in Unternehmen Anwendung finden:

- **Maschinelles Lernen**: Systeme, die aus großen Datenmengen lernen und Vorhersagen treffen können.
- **Natürliche Sprachverarbeitung (NLP)**: KI, die menschliche Sprache verstehen und darauf reagieren kann.
- **Robotik**: Maschinen, die physische Aufgaben in Unternehmen automatisieren können, z. B. in der Produktion.

Ein paar Zahlen für Sie als Leser
Wenn Sie Erfolg in Ihrem Unternehmen oder als Selbstständiger anstreben, sollten Sie einige grundlegende Fakten über die Möglichkeiten, die KI bietet, kennenlernen. Die folgenden Abschnitte werden Ihnen einen Überblick darüber verschaffen, wie KI Ihr Unternehmen transformieren kann.

Nach aktuellen offiziellen Daten nutzen 20 % der Unternehmen in Deutschland (mindestens 10 Mitarbeitende) KI – bei Großunternehmen liegt die Quote sogar bei 48 %, während im Mittelstand nur 28 % (mittel) bzw. 17 % (klein) die Technologie einsetzen [1].

Laut Deloitte nutzen inzwischen 23 % der Firmen in Deutschland generative KI täglich, und rund 23 % haben KI-Pilotprojekte bereits produktiv eingesetzt [2].

Bei KMU zeigt sich: Nur 12,5 % nutzen aktiv KI, doch 76 % dieser Anwender erzielen eine positive Nettoumsatzrendite – verglichen mit 46 % bei KMU ohne KI-Einsatz [3].

PwC-Analysen prognostizieren, dass ein umfassender KI-Einsatz das deutsche BIP bis 2035 um etwa 11 Prozentpunkte steigern kann [4].

12.1.5 KI-Einsatz auf dem Vormarsch: Eine deutliche Zunahme in der Unternehmenslandschaft

Künstliche Intelligenz hat in den letzten Jahren ihren festen Platz in der Geschäftswelt eingenommen, und aktuelle Zahlen unterstreichen diese Entwicklung eindrucksvoll. Laut einer aktuellen, im Jahr 2024 durchgeführten repräsentativen Umfrage des Digitalverbands Bitkom [5], setzen sich bereits 57 % der Unternehmen mit mehr als 20 Mitarbeitern intensiv mit KI auseinander. Im Vergleich zu 2023, als dieser Wert bei 43 % lag, zeigt sich eine deutliche Zunahme des Interesses. Noch eindrucksvoller ist die Steigerung beim tatsächlichen Einsatz von KI: Während 2022 nur 9 % der Unternehmen KI aktiv nutzten, stieg diese Zahl im Jahr 2023 auf 15 % und erreichte 2024 bereits 20 %.

Die Chancen, die Unternehmen in KI sehen, nehmen ebenfalls zu. So erkennen 78 % der befragten Unternehmen Potenzial in der Nutzung von KI, während es 2023 noch 68 % waren. Skeptiker sind in der Minderheit: Nur 8 % der Unternehmen erwarten keine relevanten Auswirkungen durch KI.

Auch bei den Investitionen spiegelt sich das Vertrauen in die Technologie wider. Für das Jahr 2024 planen 37 % der Unternehmen gezielte

Investitionen in KI, und für 2025 rechnen bereits 74 % mit weiteren Investitionen in diesem Bereich. Diese positive Entwicklung verdeutlicht, dass Unternehmen zunehmend die Potenziale von KI erkennen und ihre Geschäftsstrategien anpassen.

Nicht nur in der Unternehmenslandschaft, sondern auch in der allgemeinen Bevölkerung wird KI überwiegend als Chance wahrgenommen: 74 % der Menschen sehen in KI eine Möglichkeit, nur 24 % betrachten sie als Risiko. Diese Wahrnehmung bestärkt den Trend, dass KI eine Schlüsseltechnologie für die Zukunft ist – sowohl für Unternehmen als auch für die Gesellschaft insgesamt.

Wichtiges kurzgefasst Abschn. 12.1 Einführung in KI-Anwendungen in Unternehmen

Grundlagen der KI: KI simuliert menschliche Intelligenzprozesse wie Lernen, Schließen und Selbstkorrektur und nutzt maschinelles Lernen zur Leistungsverbesserung.
Vielfältige Anwendungsbereiche: KI wird in verschiedenen Unternehmensbereichen eingesetzt, darunter Kundenservice, Produktion, Marketing und Logistik.
Historische Entwicklung und Relevanz: Die Bedeutung der KI hat in den letzten Jahrzehnten durch Fortschritte in Rechenleistung und Datenverfügbarkeit erheblich zugenommen.
Verschiedene KI-Technologien: Maschinelles Lernen, NLP und Robotik sind zentrale KI-Technologien, die Unternehmen bei der Optimierung von Prozessen unterstützen.
Potenziale und Herausforderungen: Trotz der zahlreichen Vorteile zögern viele Unternehmen noch, KI vollständig zu implementieren, was Chancen und Herausforderungen gleichermaßen aufzeigt.

Geeignete KI-Tools

DataRobot ist eine Plattform für automatisiertes maschinelles Lernen, die datengetriebene Lösungen von der Modellerstellung bis zur Optimierung unterstützt. Sie bietet eine umfassende Suite zur Erstellung, Validierung und Operationalisierung von ML-Modellen – mit automatisierten Workflows und einer intuitiven Oberfläche, die auch ohne tiefgehende

Programmierkenntnisse produktiv macht. Ideal zum Vertiefen von ML- und Analyse-Skills und für schnelle, belastbare Ergebnisse im Einsatz. www.datarobot.com

TensorFlow ist ein Open-Source-Framework für maschinelles Lernen und Deep Learning. Es stellt umfangreiche Tools und Bibliotheken bereit, um komplexe Modelle – einschließlich tiefer neuronaler Netze – zu entwickeln, zu trainieren und produktiv zu setzen. Häufig in Forschung und Entwicklung genutzt, gleichzeitig dank gut dokumentierter APIs auch für Einsteigerinnen und Einsteiger zugänglich – eine solide Basis für zukunftssichere KI-Lösungen. www.tensorflow.org

UiPath ist eine Plattform für Robotic Process Automation (RPA), die mit KI- und ML-Modulen komplexe, repetitive Aufgaben automatisiert – etwa in Kundenservice, Buchhaltung, Logistik oder HR. So lassen sich Kosten senken, Fehler minimieren und Mitarbeitende auf wertschöpfende Arbeiten fokussieren. Ergänzend liefern Analysefunktionen Hebel zur Prozessoptimierung und vorausschauenden Wartung, besonders nützlich in Produktion und Supply Chain. www.uipath.com

H2O.ai ist eine Open-Source-Plattform für maschinelles Lernen und Deep Learning, mit der Unternehmen KI-gestützte Lösungen in Marketing, Kundenservice, Finanzanalyse u.v.m. entwickeln. Umfangreiche Algorithmen, AutoML und skalierbare Pipelines ermöglichen datengestützte Entscheidungen und präzise Vorhersagen – ein Turbo für bessere Analysen, neue Geschäftschancen und mehr Wettbewerbsfähigkeit. www.h2o.ai

Diese KI-Tools bieten Unternehmen umfangreiche Möglichkeiten zur Effizienzsteigerung und Prozessoptimierung, wie im Kap. 12 beschrieben. UiPath konzentriert sich auf die Automatisierung von Prozessen und Aufgaben, während H2O.ai Unternehmen bei der Entwicklung und Implementierung von datengetriebenen KI-Lösungen unterstützt. Beide Tools helfen Unternehmen, die Chancen der KI voll auszuschöpfen und die Herausforderungen einer erfolgreichen Implementierung zu meistern.

12.2 Chancen für den Einzelnen in Unternehmen mit und ohne KI

Die Einführung von Künstlicher Intelligenz (KI) in Unternehmen wirkt sich nicht nur auf betriebliche Prozesse aus, sondern hat auch tiefgreifende Auswirkungen auf die Karrieren und Arbeitsweisen der Mitarbeiter. Während einige durch den Einsatz von KI ganz neue Karrierewege einschlagen können, stehen andere vor der Herausforderung, sich in einem zunehmend automatisierten Umfeld zu behaupten. In diesem Kapitel beleuchte ich, wie sich die Arbeitswelt durch KI verändert und welche Chancen sich für Einzelpersonen ergeben – sowohl in Unternehmen, die KI bereits einsetzen, als auch in solchen, die noch zögern, diese Technologie zu integrieren. Zudem wird auf den Wandel der erforderlichen Fähigkeiten eingegangen und erläutert, warum lebenslanges Lernen zu einer entscheidenden Komponente des beruflichen Erfolgs wird.

12.2.1 Auswirkungen von KI auf die Beschäftigung und die Arbeitswelt

Die Einführung von KI in Unternehmen hat tiefgreifende Auswirkungen auf die Beschäftigung und die Arbeitswelt. Einerseits automatisiert KI viele repetitive und routinemäßige Aufgaben, was zu einer Verringerung des Bedarfs an Arbeitskräften in bestimmten Bereichen führen kann. Gleichzeitig entstehen jedoch durch KI neue Beschäftigungsmöglichkeiten, insbesondere in Bereichen wie Datenanalyse, KI-Entwicklung und -Wartung sowie in der Überwachung und Verbesserung von KI-Systemen.

Die größte Herausforderung besteht darin, dass sich die Natur der Arbeit verändert. Kreative Problemlösung, kritisches Denken und technologische Kompetenz werden immer entscheidender. KI entlastet Mitarbeiter von monotonen Tätigkeiten, was ihnen die Möglichkeit gibt, sich auf strategischere und wertschöpfende Aufgaben zu konzentrieren. Für Unternehmen bedeutet dies, dass sie Strategien entwickeln müssen, um ihre Belegschaft umzuschulen und weiterzubilden, damit diese den neuen Anforderungen gerecht werden kann.

12.2.2 Karrierechancen und neue Rollen durch die Implementierung von KI

KI schafft nicht nur Herausforderungen, sondern bietet auch eine Vielzahl von Karrierechancen. Neue Rollen wie Datenwissenschaftler, KI-Ingenieure, Ethikberater für KI und KI-Produktmanager werden immer gefragter. Diese Berufe erfordern spezialisierte Kenntnisse in Bereichen wie maschinellem Lernen, Datenmanagement und algorithmischer Ethik.

Auch in traditionellen Berufen entstehen neue Aufgabenfelder. So können zum Beispiel Marketingexperten, die KI nutzen, personalisierte Kampagnen mit höherer Präzision und Effizienz gestalten. Im Gesundheitswesen ermöglicht KI-Ärzten, Diagnose- und Behandlungspläne zu verbessern, indem sie große Mengen an Patientendaten analysieren. Diese Entwicklungen führen dazu, dass Fachkräfte mit KI-Kompetenzen einen Wettbewerbsvorteil auf dem Arbeitsmarkt haben und in der Lage sind, in einer zunehmend technologiegetriebenen Welt erfolgreich zu sein.

12.2.3 Herausforderungen und Möglichkeiten für Mitarbeiter in Unternehmen, die noch keine KI anwenden

In Unternehmen, die noch keine KI-Technologien einsetzen, stehen die Mitarbeiter vor anderen Herausforderungen und Chancen. Einerseits mag der Druck, sich mit KI vertraut zu machen, geringer sein. Andererseits besteht die Gefahr, dass diese Unternehmen gegenüber Wettbewerbern, die KI einsetzen, ins Hintertreffen geraten.

Mitarbeiter in solchen Unternehmen sollten proaktiv nach Weiterbildungsmöglichkeiten suchen, um sich auf die bevorstehenden Veränderungen vorzubereiten. Unternehmen, die sich noch in der Vorbereitungsphase der KI-Einführung befinden, können diese Zeit nutzen, um ihre Belegschaft zu schulen und schrittweise in die KI-gestützte Arbeitsweise einzuführen. Für die Mitarbeiter ist dies eine Chance, sich frühzeitig neue Fähigkeiten anzueignen und eine Vorreiterrolle bei der Einführung von KI im Unternehmen zu übernehmen.

12.2.4 Der Wandel von Fähigkeiten und die Notwendigkeit lebenslangen Lernens

Mit der rasanten Entwicklung der KI-Technologie verändert sich auch der Bedarf an Fähigkeiten in der Arbeitswelt. Es reicht nicht mehr aus, eine Ausbildung oder ein Studium abzuschließen und sich darauf für den

Rest des Berufslebens zu verlassen. Stattdessen müssen Arbeitnehmer bereit sein, sich kontinuierlich weiterzubilden und neue Fähigkeiten zu erwerben.

Lebenslanges Lernen wird zu einer Schlüsselkompetenz in der modernen Arbeitswelt. Die Fähigkeit, sich schnell auf neue Technologien und Arbeitsmethoden einzustellen, wird für den beruflichen Erfolg entscheidend. Unternehmen sollten ihre Mitarbeiter dabei unterstützen, indem sie Schulungsprogramme und Weiterbildungsmöglichkeiten anbieten. Gleichzeitig liegt es auch in der Verantwortung der Mitarbeiter, sich aktiv um ihre berufliche Weiterentwicklung zu kümmern.

Insgesamt bietet die Implementierung von KI in Unternehmen zahlreiche Chancen für Mitarbeiter, erfordert aber auch eine Anpassung und kontinuierliches Lernen. Diejenigen, die sich diesen Herausforderungen stellen, werden in der Lage sein, ihre Karriere erfolgreich zu gestalten und von den Vorteilen der KI zu profitieren.

> **Wichtiges kurzgefasst Abschn. 12.2 Chancen für den Einzelnen in Unternehmen mit und ohne KI**
>
> **Veränderungen der Arbeitswelt durch KI**: Die Einführung von KI führt zu einer Automatisierung repetitiver Aufgaben, was den Bedarf an Arbeitskräften in bestimmten Bereichen reduziert, gleichzeitig, aber neue berufliche Chancen in technologieintensiven Bereichen schafft.
>
> **Entstehung neuer Karrierewege**: KI eröffnet neue Berufe und Rollen wie Datenwissenschaftler, KI-Ingenieure und Ethikberater, die spezialisierte technische und ethische Kenntnisse erfordern und auf dem Arbeitsmarkt zunehmend gefragt sind.
>
> **Herausforderungen ohne KI**: In Unternehmen, die noch keine KI einsetzen, stehen Mitarbeiter vor der Herausforderung, sich auf zukünftige Veränderungen vorzubereiten, um wettbewerbsfähig zu bleiben, und haben die Chance, durch proaktive Weiterbildung eine Vorreiterrolle bei der Einführung von KI einzunehmen.
>
> **Anpassung und lebenslanges Lernen**: Die schnelle Entwicklung der KI erfordert eine kontinuierliche Weiterbildung und den Erwerb neuer Fähigkeiten. Lebenslanges Lernen wird zur entscheidenden Kompetenz, um in einer sich wandelnden Arbeitswelt erfolgreich zu sein.
>
> **Unterstützung durch Unternehmen**: Unternehmen, die KI einführen, sollten ihre Mitarbeiter mit Schulungs- und Weiterbildungsprogrammen unterstützen, während Mitarbeiter selbst aktiv ihre berufliche Weiterentwicklung gestalten müssen, um den neuen Anforderungen gerecht zu werden.

> **Geeignete KI-Tools**
>
> **LinkedIn Learning** ist eine Plattform für Online-Lernen mit einer breiten Palette an Kursen und Schulungen, die Fachkräften die nötigen Fähigkeiten für eine Karriere in einer KI-geprägten Arbeitswelt vermitteln. Inhalte umfassen Datenanalyse, maschinelles Lernen, KI-Entwicklung und den ethischen Umgang mit KI. Die Kurse stärken sowohl technische Kompetenzen als auch Soft Skills wie kreatives Denken und Problemlösung, damit Mitarbeitende neue Karrierewege einschlagen oder sich auf Veränderungen im Unternehmen vorbereiten können. www.linkedin.com/learning
>
> **Coursera** bietet eine umfassende Auswahl an Online-Kursen und Zertifizierungen zu KI und verwandten Themen wie maschinelles Lernen und Datenwissenschaft. In Zusammenarbeit mit führenden Universitäten und Unternehmen stellt die Plattform aktuelle, arbeitsmarktrelevante Inhalte bereit. So können Fachkräfte ihre Entwicklung proaktiv gestalten und sich auf neue Rollen und Herausforderungen im Zuge der KI-Einführung vorbereiten. www.coursera.org
>
> Diese Tools unterstützen die in Abschn. 12.2 beschriebenen Chancen und Herausforderungen für Einzelpersonen in Unternehmen mit und ohne KI. LinkedIn Learning und Coursera bieten umfassende Weiterbildungsressourcen, die es Fachkräften ermöglichen, ihre Kenntnisse und Fähigkeiten zu erweitern, sich auf die Implementierung von KI vorzubereiten und in einer sich wandelnden Arbeitswelt erfolgreich zu sein.

12.3 Vorteile für Unternehmen und Mitarbeiter durch KI

Künstliche Intelligenz (KI) bietet sowohl für Unternehmen als auch für Mitarbeiter eine Vielzahl von Vorteilen. Durch den Einsatz von KI können Unternehmen ihre Effizienz steigern, Kosten senken und fundiertere Entscheidungen treffen. Gleichzeitig fördert KI die Innovationskraft und Wettbewerbsfähigkeit von Unternehmen, indem sie Ressourcen freisetzt, die in innovative Projekte investiert werden können. Für Mitarbeiter bedeutet der Einsatz von KI nicht nur eine Entlastung von Routineaufgaben, sondern eröffnet auch neue Lernmöglichkeiten und verbessert die Work-Life-Balance. Dieses Kapitel beleuchtet, wie KI als treibende Kraft sowohl Unternehmen als auch deren Belegschaft voranbringen kann.

12.3.1 Effizienzsteigerung und Kostenreduktion durch KI-gestützte Prozesse

Künstliche Intelligenz hat das Potenzial, die Effizienz von Geschäftsprozessen erheblich zu steigern. Durch den Einsatz von KI können viele repetitive und zeitaufwendige Aufgaben automatisiert werden, was die Geschwindigkeit und Genauigkeit von Arbeitsabläufen verbessert. Ein Beispiel ist die Automatisierung der Rechnungsverarbeitung, bei der KI-basierte Systeme Daten aus Rechnungen extrahieren und automatisch in Buchhaltungssysteme einpflegen können.

Diese Automatisierung führt zu einer deutlichen Reduktion von Fehlern und einer Verkürzung der Bearbeitungszeiten, was letztlich zu Kosteneinsparungen führt. Darüber hinaus ermöglicht KI eine bessere Ressourcennutzung, indem sie Prozesse optimiert und Überkapazitäten vermeidet. Unternehmen können dadurch ihre Betriebskosten senken und gleichzeitig die Produktivität steigern.

12.3.2 Verbesserung der Entscheidungsfindung durch datenbasierte Analysen

Ein weiterer bedeutender Vorteil von KI ist die Verbesserung der Entscheidungsfindung. KI-Systeme können große Mengen an Daten in kurzer Zeit analysieren und daraus wertvolle Erkenntnisse gewinnen. Diese datenbasierten Analysen ermöglichen es Unternehmen, fundiertere und präzisere Entscheidungen zu treffen.

Beispielsweise können Unternehmen mithilfe von KI-Markttrends und Kundenpräferenzen besser vorhersagen, was ihnen einen entscheidenden Wettbewerbsvorteil verschafft. Auch in der Finanzplanung kann KI dazu beitragen, Risiken genauer zu bewerten und Investitionen effizienter zu planen. Die Fähigkeit, datenbasierte Entscheidungen zu treffen, erhöht nicht nur die Qualität der Entscheidungen, sondern reduziert auch das Risiko von Fehlentscheidungen.

12.3.3 Steigerung der Innovationskraft und Wettbewerbsfähigkeit

KI ist ein treibender Faktor für Innovation in Unternehmen. Durch die Automatisierung von Routineaufgaben und die Unterstützung bei komplexen Analysen gewinnen Unternehmen wertvolle Zeit und Ressourcen, die sie in innovative Projekte investieren können.

Zudem ermöglicht KI die Entwicklung neuer Produkte und Dienstleistungen, die ohne diese Technologie nicht möglich wären. Ein Beispiel ist die Personalisierung von Angeboten in Echtzeit, die durch KI-gestützte Analysen von Kundenverhalten ermöglicht wird. Dies führt nicht nur zu einer höheren Kundenzufriedenheit, sondern verschafft dem Unternehmen auch einen klaren Wettbewerbsvorteil.

Unternehmen, die frühzeitig auf KI setzen, können sich in ihrem Marktsegment als Innovationsführer positionieren und ihre Wettbewerbsfähigkeit langfristig sichern. Die Fähigkeit, sich schnell an Veränderungen anzupassen und neue Technologien zu nutzen, ist ein entscheidender Erfolgsfaktor in der heutigen dynamischen Geschäftswelt.

12.3.4 Vorteile für Mitarbeiter: Entlastung von Routineaufgaben, neue Lernmöglichkeiten, verbesserte Work-Life-Balance

Auch für Mitarbeiter bringt der Einsatz von KI zahlreiche Vorteile mit sich. Durch die Automatisierung von Routineaufgaben wie Datenverarbeitung oder Terminplanung können sich Mitarbeiter auf anspruchsvollere und kreativere Aufgaben konzentrieren. Dies erhöht nicht nur die Arbeitszufriedenheit, sondern fördert auch die persönliche Weiterentwicklung.

Darüber hinaus bietet KI neue Lernmöglichkeiten. Mitarbeiter können sich in den Bereichen Datenanalyse, KI-Entwicklung oder in der Anwendung spezifischer KI-Tools weiterbilden. Diese neuen Fähigkeiten machen sie nicht nur wertvoller für das Unternehmen, sondern verbessern auch ihre Karrierechancen.

Ein weiterer Vorteil ist die potenzielle Verbesserung der Work-Life-Balance. KI kann dazu beitragen, Arbeitsabläufe zu optimieren und flexiblere Arbeitsmodelle zu unterstützen. Beispielsweise können KI-gestützte Systeme dazu beitragen, die Arbeitslast besser zu verteilen und Überstunden zu reduzieren, was zu einer ausgewogeneren Balance zwischen Berufs- und Privatleben führt.

Wichtiges kurzgefasst Abschn. 12.3 Vorteile für Unternehmen und Mitarbeiter durch KI

Effizienzsteigerung durch KI: Automatisierung von Routineaufgaben erhöht die Effizienz und senkt die Betriebskosten.
Kostenreduktion: KI optimiert Ressourcen und Prozesse, was zu signifikanten Kosteneinsparungen führt.
Verbesserte Entscheidungsfindung: Datenbasierte Analysen durch KI ermöglichen fundierte und präzisere Entscheidungen.
Förderung der Innovationskraft: KI setzt Ressourcen frei, die in innovative Projekte investiert werden können, was die Wettbewerbsfähigkeit stärkt.
Vorteile für Mitarbeiter: Entlastung von Routineaufgaben, neue Lernmöglichkeiten und verbesserte Work-Life-Balance durch den Einsatz von KI.
Langfristige Wettbewerbsfähigkeit: Unternehmen, die frühzeitig auf KI setzen, können sich als Innovationsführer positionieren und ihre Marktstellung sichern.

Geeignete KI-Tools

Automation Anywhere ist eine führende Plattform für Robotic Process Automation (RPA), die repetitive und zeitaufwendige Aufgaben automatisiert und so Effizienz steigert sowie Kosten senkt. Mit integrierter KI und maschinellem Lernen lassen sich komplexe Prozesse wie Rechnungsverarbeitung, Datenmanagement und Kundenservice automatisieren. Durch weniger Fehler und optimale Ressourcennutzung sinken Betriebskosten und die Produktivität steigt; Mitarbeitende werden von Routinearbeiten entlastet und können sich auf strategische Aufgaben konzentrieren. www.automationanywhere.com

> **IBM Watson Analytics** ist ein leistungsstarkes KI-gestütztes Analysetool, das große Datenmengen effizient auswertet und wertvolle Einblicke liefert. Es unterstützt datenbasierte Entscheidungen mit fortschrittlichen Analysen, prädiktiven Modellen und visuellen Darstellungen, um Trends zu erkennen und fundierte Strategien abzuleiten. So fördert es Innovation, identifiziert neue Geschäftschancen und stärkt die Wettbewerbsfähigkeit, während Mitarbeitende neue Skills in Datenanalyse und KI-Tools aufbauen. www.ibm.com/watson-analytics
> Diese KI-Tools unterstützen die in Abschn. 12.3 beschriebenen Vorteile für Unternehmen und Mitarbeiter. Automation Anywhere fokussiert sich auf die Effizienzsteigerung und Kostensenkung durch Automatisierung, während IBM Watson Analytics die Entscheidungsfindung und Innovationskraft durch datenbasierte Analysen fördert. Beide Tools bieten sowohl Unternehmen als auch Mitarbeitern bedeutende Vorteile, indem sie Prozesse optimieren, neue Lernmöglichkeiten schaffen und eine bessere Work-Life-Balance ermöglichen.

12.3.5 KI fördert auch die Consulting-Branche

Künstliche Intelligenz (KI) hat in den letzten Jahren erheblich an Bedeutung gewonnen und ist zu einem zentralen Bestandteil der digitalen Transformation vieler Unternehmen geworden. Die Auswirkungen dieser Technologie gehen weit über die traditionellen Technologiebereiche hinaus und haben mittlerweile auch die Managementberatung erreicht. Viele Unternehmen in Deutschland möchten KI einsetzen, um Prozesse zu optimieren, Entscheidungen zu verbessern und innovative Geschäftsmodelle zu entwickeln. Allerdings fehlt es den Mitarbeitern oft an ausreichendem Wissen über KI und deren praktische Anwendungsmöglichkeiten. Diese Wissenslücke hat einen neuen Markt für Beratungsunternehmen geschaffen, die ihre Expertise im Bereich KI und deren Implementierung anbieten.

Eine aktuelle Studie der Lünendonk Beratung aus dem Jahr 2024 zeigt, dass KI in der Consulting-Branche ein enormes Wachstumspotenzial hat. Die Befragten der Studie sehen in KI nicht nur ein technisches Thema, sondern auch ein strategisches Beratungsfeld, das stark an Bedeutung gewinnen wird. Beratungsunternehmen erkennen diese Entwicklung und investieren verstärkt in den Aufbau von Kompetenzen im

Bereich der Künstlichen Intelligenz. Dies umfasst sowohl die Rekrutierung von Experten als auch die Zusammenarbeit mit Freelancern und spezialisierten KI-Teams, um maßgeschneiderte Beratungsdienste anbieten zu können.

Darüber hinaus identifizieren die Unternehmen KI als Schlüsseltechnologie, um ihre eigene Beratungsarbeit zu verbessern und zu skalieren. KI-gestützte Tools ermöglichen es Beratern, schneller und effizienter zu arbeiten, indem sie große Datenmengen analysieren und relevante Erkenntnisse extrahieren. Dies führt nicht nur zu einer höheren Effizienz, sondern auch zu einer höheren Genauigkeit und Qualität der Beratung. Durch den Einsatz von KI können Beratungsunternehmen ihren Kunden zudem innovative Lösungen anbieten, die über die traditionellen Ansätze hinausgehen.

Die Studie hebt auch hervor, dass die Nachfrage nach KI-bezogenen Beratungsdiensten in den nächsten Jahren weiter steigen wird. Unternehmen suchen nicht nur nach technischer Unterstützung bei der Implementierung von KI, sondern auch nach strategischer Beratung, wie KI am besten genutzt werden kann, um Wettbewerbsvorteile zu erzielen. Dies bietet Beratungsunternehmen die Möglichkeit, neue Geschäftsfelder zu erschließen und ihre Marktposition zu stärken.

> **Wichtiges kurzgefasst Abschn. 12.3.5 KI fördert auch die Consulting-Branche**
>
> **Wachstumspotenzial von KI in der Beratung:** KI bietet ein enormes Wachstumspotenzial für die Consulting-Branche, da Unternehmen zunehmend nach Expertise und Unterstützung bei der Implementierung und Nutzung von KI suchen.
>
> **Neue Geschäftsmodelle und Kooperationen:** Beratungsunternehmen entdecken KI als neues Geschäftsfeld und arbeiten verstärkt mit Freelancern und spezialisierten Teams zusammen, um ihre Dienstleistungen zu erweitern und den Marktanforderungen gerecht zu werden.
>
> **Effizienzsteigerung durch KI-gestützte Tools:** Der Einsatz von KI-gestützten Tools ermöglicht Beratern eine effizientere und genauere Arbeit, was zu einer höheren Qualität und besseren Ergebnissen in der Beratung führt.

12   KI im Unternehmen: Chancen und Herausforderungen

Geeignete KI-Tools

MonkeyLearn ist ein KI-basiertes Textanalyse-Tool, das besonders nützlich für Beratungsunternehmen ist, die große Mengen unstrukturierter Daten analysieren müssen. Es ermöglicht die automatische Klassifizierung und Extraktion von Informationen aus Texten, wodurch Berater schneller auf relevante Erkenntnisse zugreifen können. Die einfache Benutzeroberfläche und die Möglichkeit, benutzerdefinierte Modelle zu erstellen, machen MonkeyLearn zu einem vielseitigen Werkzeug für die Analyse und Verarbeitung von Daten. Ein Beratungsunternehmen könnte MonkeyLearn nutzen, um Kundenfeedback, Marktanalysen oder Social-Media-Beiträge zu analysieren und so fundierte Empfehlungen zu geben. Durch die schnelle Verarbeitung von Daten können Berater schneller reagieren und datengestützte Entscheidungen treffen, was die Qualität der Beratung verbessert. www.MonkeyLearn

DataRobot ist eine automatisierte maschinelle Lernplattform, die es Beratern ermöglicht, ohne tiefgehende Programmierkenntnisse leistungsstarke prädiktive Modelle zu erstellen. DataRobot automatisiert viele der komplexen Prozesse des maschinellen Lernens, wie Modellbildung, Feature Engineering und Hyperparameter-Tuning, und ermöglicht so eine schnelle und effiziente Modellierung. Es ist ideal für Berater, die ihren Kunden wertvolle Vorhersagen und datengestützte Empfehlungen bieten möchten. Beratungsunternehmen können DataRobot verwenden, um Prognosemodelle für Finanzdienstleister zu erstellen, um z. B. die Wahrscheinlichkeit eines Kreditausfalls zu berechnen oder um Churn-Raten im Kundenservice vorherzusagen. Diese Modelle können Beratern helfen, präzise strategische Empfehlungen zu geben und den Kunden einen Wettbewerbsvorteil zu verschaffen. www.datarobot

---

Zusammenfassung Kap. 12: KI im Unternehmen: Chancen und Herausforderungen

KI steigert die Effizienz: in Unternehmen durch Automatisierung, optimiert Prozesse in Bereichen wie Marketing, Produktion und Logistik und ermöglicht die Entwicklung innovativer Produkte und Dienstleistungen.

Herausforderungen: bei der Implementierung von KI umfassen Datensicherheit, ethische Bedenken und die Notwendigkeit einer umfassenden Umstrukturierung und Weiterbildung der Mitarbeiter.

KI bietet neue Karrierewege: wie Datenwissenschaftler, KI-Ingenieure und Ethikberater, während sich Mitarbeiter durch lebenslanges Lernen auf neue Anforderungen vorbereiten müssen.

> **Einsatz von KI in Unternehmen:** die KI einsetzen, profitieren von Effizienzsteigerungen, verbesserten datenbasierten Entscheidungen, erhöhter Innovationskraft und Wettbewerbsvorteilen. Für Mitarbeiter bedeutet KI eine Entlastung von Routineaufgaben, neue Lernmöglichkeiten und eine verbesserte Work-Life-Balance.
> **Einsatz von KI bei Beratern:** Beratungsunternehmen können durch den Einsatz von KI ihre Effizienz und Genauigkeit steigern, indem sie große Datenmengen analysieren und fundierte strategische Empfehlungen geben.

12.4 Praxisbeispiel: Unternehmen „Innovative Solutions GmbH" und die „KI-Innovationsstrategie"

12.4.1 Einführung der „Innovative Solutions GmbH" und die Gründe für die Umstellung auf die KI-Innovationsstrategie

Die (fiktive) Innovative Solutions GmbH, ein Unternehmen mit Schwerpunkt auf der Installation von erneuerbaren Energien und Sitz in Muster-Stadt, hat sich entschieden, eine KI-Innovationsstrategie zu implementieren, um ihre Wettbewerbsfähigkeit zu steigern und sich an die sich verändernden Marktbedingungen anzupassen.

Die Hauptgründe für diese Umstellung waren die Steigerung der Effizienz, Kostensenkung, Optimierung der Ressourcennutzung sowie die Verbesserung der Entscheidungsfindung im dynamischen Sektor der erneuerbaren Energien. Diese Entscheidung wurde nach einer intensiven Analyse der bestehenden Geschäftsprozesse und der Identifikation von Bereichen getroffen, in denen KI-gestützte Lösungen signifikante Vorteile bieten könnten, insbesondere in der vorausschauenden Wartung, der optimierten Projektplanung und der Kundendienstoptimierung.

Anmerkung: Das Unternehmen *„Innovative Solutions GmbH"* ist ein fiktives Beispiel. Es wurde ausschließlich für dieses Buch entwickelt, um praxisnah zu zeigen, wie eine systematische KI-Strategie in einem Unternehmen aussehen kann. Die dargestellten Vorteile und Vorgehensweisen

12 KI im Unternehmen: Chancen und Herausforderungen

sind übertragbar auf reale Organisationen, unabhängig von Branche oder Größe.

> **Wichtiges kurzgefasst 12.4.1 Einführung der „Innovative Solutions GmbH"**
> - Die Entscheidung zur Implementierung der KI-Innovationsstrategie basierte auf einer umfassenden Analyse der Geschäftsprozesse.
> - Hauptziele, Effizienzsteigerung, Kostensenkung und Verbesserung der Entscheidungsfindung.
> - KI bietet besonders in den Bereichen vorausschauende Wartung und optimierte Projektplanung signifikante Vorteile.

> **KI-Tool**
>
> **RapidMiner** ist eine Plattform für Data Science und maschinelles Lernen, die Unternehmen bei datenbasierten Entscheidungen und KI-Initiativen unterstützt. Mit einer intuitiven Drag-and-Drop-Oberfläche sowie Funktionen für Datenvorbereitung, Modellierung und Bewertung lassen sich schnell KI-Modelle prototypisch entwickeln. So können Effizienzpotenziale und Kostensenkungen erkannt werden, bevor hohe Investitionen nötig sind.
> www.rapidminer.com

12.4.2 Beschreibung der Implementierung und der Schritte, die unternommen wurden

Die Implementierung der KI-Lösungen bei der Innovative Solutions GmbH begann mit der Identifikation geeigneter Anwendungsfälle, wie z. B. der Einsatz von KI zur Analyse von Wetterdaten zur Optimierung der Solaranlagenproduktion oder der automatisierten Wartungsplanung für Windkraftanlagen. Im nächsten Schritt wurden geeignete Technologiepartner ausgewählt, die Expertise in der Entwicklung und Integration von KI-Systemen hatten. Danach folgten die Schulung der Mitarbeiter und die Integration von KI-Lösungen in die bestehenden IT-Systeme des Unternehmens. Jeder Schritt wurde sorgfältig geplant und überwacht, um sicherzustellen, dass die Implementierung reibungslos verlief und die gesetzten Ziele erreicht wurden. Besondere Aufmerksamkeit wurde auf das Datenmanagement, die Sicherstellung der Datenqualität und ethische Überlegungen wie die Transparenz der Algorithmen gelegt, um den Erfolg des Projekts zu gewährleisten.

> **Wichtiges kurzgefasst: Beschreibung der Implementierung und der einzelnen Schritte**
> - Der Implementierungsprozess begann mit der Identifikation geeigneter Anwendungsfälle.
> - Technologiepartnerschaften und Mitarbeiterschulungen waren entscheidend für den Erfolg.
> - Besonderes Augenmerk wurde auf Datenmanagement und ethische Überlegungen gelegt.

> **KI-Tool**
>
> **Dataiku** ist eine Plattform für Künstliche Intelligenz und maschinelles Lernen, die Unternehmen bei der Planung und Durchführung von KI-Projekten unterstützt. Sie ermöglicht die Zusammenarbeit zwischen Datenwissenschaftlern, Analysten und Entwicklern, um Anwendungsfälle zu identifizieren und Modelle zu entwickeln. Mit umfassenden Tools für Datenvorbereitung, maschinelles Lernen und MLOps können Unternehmen KI-Modelle schnell implementieren und in bestehende Systeme integrieren. www.dataiku.com

12.4.3 Veränderungen in den Geschäftsprozessen und in der Unternehmenskultur

Die Einführung der KI-Innovationsstrategie führte zu tiefgreifenden Veränderungen in den Geschäftsprozessen bei der Innovative Solutions GmbH. Beispielsweise wurden die Prozesse zur Projektplanung und -überwachung optimiert, was zu einer deutlichen Reduzierung der Planungszeit und einer höheren Präzision in der Ressourcenallokation führte. Die automatisierte Fehlererkennung in den Solaranlagen und

Windkraftwerken half, die Ausfallzeiten erheblich zu reduzieren und die Effizienz zu steigern. Neben den Prozessveränderungen war auch ein Wandel in der Unternehmenskultur notwendig. Die Mitarbeiter mussten sich an die neuen Arbeitsweisen anpassen, was durch umfassende Schulungen, Workshops und Change-Management-Initiativen unterstützt wurde. Dies führte zu einer neuen Denkweise, bei der datenbasierte Entscheidungen und kontinuierliche Innovation im Vordergrund stehen.

> **Wichtiges kurzgefasst 12.4.3 Veränderungen in den Geschäftsprozessen und der Unternehmenskultur**
> - KI führte zu erheblichen Prozessverbesserungen und erhöhter Effizienz.
> - Ein Kulturwandel war notwendig, unterstützt durch Schulungen und Change-Management.
> - Neue Arbeitsweisen und datenbasierte Entscheidungen stehen im Mittelpunkt der Unternehmenskultur.

> **KI-Tool**
>
> **Kira Systems** ist eine KI-gestützte Plattform, die Unternehmen bei der Automatisierung von Dokumentenanalysen und -management unterstützt. Mit maschinellem Lernen können relevante Daten aus einer Vielzahl von Dokumenten extrahiert werden, was die Effizienz in Bereichen wie Vertragsmanagement, Due Diligence und Compliance deutlich steigert. So bleibt mehr Raum für strategische Entscheidungen und eine Unternehmenskultur, die Innovation und datenbasierte Prozesse fördert. www.kira-systems.com

12.4.4 Erfolge und Herausforderungen der KI-Innovationsstrategie

Seit der Umstellung auf die KI-Innovationsstrategie konnte die Innovative Solutions GmbH bemerkenswerte Erfolge verzeichnen, darunter eine Umsatzsteigerung durch effizientere Projektabwicklung, einen Gewinn an Marktanteilen im Sektor der erneuerbaren Energien und eine verbesserte Kundenzufriedenheit durch proaktive Wartung und optimierte Systemleistung. Diese Erfolge wurden durch die strategische und gut durchdachte Implementierung der KI-Lösungen ermöglicht. Allerdings gab es auch Herausforderungen, wie die technologischen Hürden bei der Integration neuer KI-Systeme in bestehende Strukturen, den Widerstand einiger Mitarbeiter gegen die neuen Technologien und die hohen Anfangsinvestitionen, die das Unternehmen tätigen musste. Die Bewältigung dieser Herausforderungen war und bleibt entscheidend für den langfristigen Erfolg des Projekts.

> **Wichtiges kurzgefasst 12.4.4 Erfolge und Herausforderungen der KI-Innovationsstrategie**
> - Erfolge umfassen Umsatzsteigerung, Marktanteilsgewinne und verbesserte Kundenzufriedenheit.
> - Herausforderungen bestanden in technologischen Hürden und Mitarbeiterwiderstand.
> - Langfristiger Erfolg erfordert kontinuierliche Anpassung und Überwindung von Anfangshürden.

> **KI-Tool**
>
> **Tableau** ist eine führende Plattform für visuelle Analytik, die Unternehmen dabei unterstützt, ihre Daten besser zu verstehen und datengestützte Entscheidungen zu treffen. Mit interaktiven Dashboards und intuitiven Visualisierungstools lassen sich Erfolge und Herausforderungen nach der Implementierung von KI sichtbar machen. So können Unternehmen den Erfolg ihrer KI-Strategie messen und gezielt Bereiche identifizieren, in denen weitere Optimierungen sinnvoll sind. www.tableau.com

12.4.5 Erkenntnisse und Empfehlungen für andere Unternehmen, die KI umfassend einsetzen möchten

Basierend auf den Erfahrungen der Innovative Solutions GmbH lassen sich folgende Erkenntnisse und Empfehlungen für andere Unternehmen ableiten, die den Einsatz von KI in Betracht ziehen: Die Wichtigkeit einer klaren und langfristigen KI-Strategie ist entscheidend, um den Erfolg zu sichern. Es ist ebenso notwendig, Mitarbeiter frühzeitig in den Prozess einzubinden und durch Schulungsprogramme zu unterstützen, um Akzeptanz und Know-how zu fördern. Die Bedeutung der Datenqualität kann nicht genug betont werden, da KI-Systeme auf verlässlichen Daten basieren müssen, um präzise und nützliche Ergebnisse zu liefern. Unternehmen, die erfolgreich auf KI umstellen möchten, sollten außerdem eine iterative Implementierung in Betracht ziehen, bei der kontinuierlich getestet und angepasst wird, sowie eine partnerschaftliche Zusammenarbeit mit erfahrenen Technologieanbietern eingehen, um mögliche Stolpersteine zu vermeiden und den größtmöglichen Nutzen aus ihren KI-Investitionen zu ziehen.

> **Wichtiges kurzgefasst 12.4.5 Erkenntnisse und Empfehlungen für andere Unternehmen**
>
> - Eine klare und langfristige KI-Strategie ist entscheidend.
> - Frühzeitige Einbindung und Schulung der Mitarbeiter fördert Akzeptanz und Erfolg.
> - Iterative Implementierung und partnerschaftliche Zusammenarbeit sind Schlüssel zum Erfolg.

> **KI-Tool**
>
> **IBM Watson Studio** ist eine umfassende Plattform für Datenwissenschaft und KI, die Unternehmen bei der Erstellung, dem Training und der Bereitstellung von Modellen unterstützt. Sie bietet Werkzeuge für Datenaufbereitung, maschinelles Lernen und Deep Learning sowie eine integrierte Entwicklungsumgebung für Datenwissenschaftler und Analysten. Unternehmen können damit bewährte Verfahren für KI-Implementierungen umsetzen und den Nutzen ihrer KI-Investitionen maximieren. www.ibm.com/watson/studio

Literatur

1. Büchel J, Monsef R P (2024) Künstliche Intelligenz – Bessere Entlohnung durch Produktivitätsbooster?, In: IW-Trends, 51. Jg., Nr 2, S. 45–63. https://www.iwkoeln.de/studien/jan-buechel-roschan-pourkhataei-monsef-kuenstliche-intelligenz-bessere-entlohnung-durch-produktivitaetsbooster.html. Zugegriffen: 19. Aug 2025
2. Deloitte Research (2025) KI-Studie: Beschleunigung der KI-Transformation – Wie Unternehmen Künstliche Intelligenz nutzen. https://www.deloitte.com/de/de/Industries/technology/research/ki-studie.html. Zugegriffen: 19. Aug 2025
3. IW-Consult (2023): Der digitale Faktor – Wie Deutschland von intelligenten Technologien profitiert. https://der-digitale-faktor.de/. Zugegriffen: 19. Aug 2025
4. Globale PwC-Studie „Value in Motion" beziffert Chancen, Risiken und Wechselwirkungen von KI und Klimawandel – auch für Deutschland, 29. April 2025
5. Bitkom Research (2024) Erstmals beschäftigt sich mehr als die Hälfte der Unternehmen mit KI. Pressemitteilung vom Oktober 2024. https://www.bitkom.org/Presse/Presseinformation/Erstmals-beschaeftigt-Haelfte-Unternehmen-KI. Zugegriffen: 19. Aug 2025

13

Übersichten, FAQs, Ressourcen und erste Schritte für KI-Einsteiger

13.1 Glossar – Definitionen wichtiger Begriffe rund um KI

Vorbemerkung

Folgende Liste wurde zusammengestellt, um Ihnen als Leser einen schnellen und verständlichen Zugang zu einigen der zentralen Begriffe und Konzepte der Künstlichen Intelligenz (KI) zu bieten. Sie dient als ergänzendes Nachschlagewerk, falls Ihnen bei der Arbeit mit KI ein Begriff begegnet, der Ihnen nicht geläufig ist. Dabei habe ich bewusst eine Auswahl an Definitionen und Erläuterungen aufgenommen, die sowohl grundlegende als auch technisch spezialisierte Aspekte abdecken. Dies soll Ihnen die Möglichkeit geben, je nach Bedarf und Interesse tiefer in die Materie einzutauchen.

Wichtig ist jedoch, dass Sie sich nicht von der Komplexität mancher Begriffe abschrecken lassen. Auch ohne ein tiefes technisches Verständnis können Sie KI erfolgreich für Ihre Zwecke nutzen. Die technischen Details sind oft nur im Hintergrund relevant, während die praktische Anwendung von KI in vielen Fällen intuitiv und zugänglich ist. Die Liste soll Ihnen daher helfen, sich sicherer in der Welt der KI zu bewegen, ohne dass Sie sich von den technischen Feinheiten überfordert fühlen müssen.

Nutzen Sie die Liste als Werkzeug, um Ihr Wissen zu erweitern, aber behalten Sie stets im Hinterkopf, dass die Anwendung von KI kein Mysterium ist, sondern ein Schritt in die Zukunft, den Sie selbstbewusst und mit Neugierde gehen können.

Glossar: Wichtige Begriffe der KI

Algorithmus

Definition	Ein Algorithmus ist eine eindeutige Abfolge von Schritten oder Regeln, die ein Computer befolgt, um ein bestimmtes Problem zu lösen oder eine Aufgabe durchzuführen.
Erläuterung	Algorithmen sind die Basis jeder Software und jedes KI-Systems. In der KI werden Algorithmen verwendet, um Daten zu analysieren, Muster zu erkennen und Entscheidungen zu treffen. Sie können von einfachen mathematischen Berechnungen bis hin zu komplexen Machine-Learning-Modellen reichen.

Bias

Definition	Bias bezieht sich auf systematische Fehler oder Verzerrungen in den Daten oder Modellen, die zu voreingenommenen Ergebnissen führen können.
Erläuterung	Bias in KI-Systemen kann ungewollte Diskriminierung oder fehlerhafte Vorhersagen verursachen. Es ist wichtig, Bias in den Daten und Modellen zu erkennen und zu minimieren, um faire und genaue Ergebnisse zu gewährleisten.

Big Data
Definition Big Data beschreibt sehr große und komplexe Datenmengen, die mit herkömmlichen Methoden schwer zu verarbeiten sind.
Erläuterung In der KI werden Big Data verwendet, um Algorithmen zu trainieren und Modelle zu erstellen. Die Verarbeitung und Analyse dieser Datenmengen erfordert spezialisierte Technologien wie verteilte Datenbanken und parallele Rechenprozesse.

Chatbot
Definition Ein Chatbot ist ein Computerprogramm, das über Text- oder Sprachschnittstellen mit Menschen kommuniziert und dabei menschliche Gesprächsmuster nachahmt.
Erläuterung Chatbots können einfache, regelbasierte Systeme sein, die auf festgelegte Schlüsselwörter reagieren, oder komplexe KI-gestützte Systeme, die natürliche Sprache verstehen und flexibel antworten. Sie werden in Kundenservice, Marketing, Bildung und vielen anderen Bereichen eingesetzt. Moderne Chatbots wie GPT-Modelle können sogar kontextbezogen lernen und individuelle Antworten geben.

Cloud-Service
Definition Cloud-Service bezieht sich auf die Bereitstellung von Rechenressourcen, Speicherplatz oder Software über das Internet.
Erläuterung Cloud-Services ermöglichen es Unternehmen, KI-Modelle zu entwickeln und zu betreiben, ohne in teure Hardware investieren zu müssen. Sie bieten skalierbare Ressourcen, die je nach Bedarf genutzt werden können.

Data Control
Definition   Data Control bezieht sich auf die Verwaltung und Überwachung von Daten innerhalb eines Systems, einschließlich Zugriffsrechten, Datenintegrität und Datenschutz.
Erläuterung In der KI ist eine effektive Data Control entscheidend, um sicherzustellen, dass die verwendeten Daten korrekt, aktuell und vor unbefugtem Zugriff geschützt sind. Dies trägt auch zur Einhaltung gesetzlicher Vorschriften bei.

Deep Fake
Definition   Deep Fakes sind manipulierte Medieninhalte (Videos, Bilder, Audio), die mithilfe von KI-Techniken erstellt wurden und täuschend echt wirken.
Erläuterung Die Technologie hinter Deep Fakes nutzt Deep Learning, um die Merkmale von realen Personen oder Szenen nachzubilden. Dies kann für kreative Zwecke genutzt werden, birgt jedoch auch Risiken wie die Verbreitung von Fehlinformationen.

Deep Learning
Definition   Deep Learning ist ein Teilbereich des Machine Learnings, der neuronale Netzwerke mit vielen Schichten verwendet, um komplexe Muster in Daten zu erkennen.
Erläuterung Durch die tiefen Strukturen dieser Netzwerke können KI-Modelle hochkomplexe Aufgaben wie Bild- und Spracherkennung oder die Verarbeitung natürlicher Sprache bewältigen. Deep Learning hat maßgeblich zur Entwicklung fortschrittlicher KI-Anwendungen beigetragen (Abschn. 4.3).

Ensemble Learning

Definition	Ensemble Learning ist eine Methode im Bereich des maschinellen Lernens, bei der mehrere Modelle (oft als „schwache" Modelle bezeichnet) kombiniert werden, um die Genauigkeit der Vorhersagen zu verbessern.

Erläuterung	Ensemble Learning nutzt die Stärken verschiedener Modelle, um Schwächen einzelner Modelle auszugleichen. Durch die Kombination der Ergebnisse mehrerer Modelle (z. B. durch Techniken wie Bagging, Boosting oder Stacking) können robustere und genauere Vorhersagen erzielt werden. Dies macht Ensemble Learning besonders nützlich in Anwendungen, in denen die Daten komplex oder verrauscht sind. Ein bekanntes Beispiel für Ensemble Learning ist der Random Forest, der viele Entscheidungsbäume kombiniert, um eine präzisere Vorhersage zu treffen (Abschn. 4.3).

Feature Extraction

Definition	Feature Extraction ist der Prozess, bei dem relevante Merkmale oder Eigenschaften aus Rohdaten extrahiert werden, um sie für ein Modell nutzbar zu machen.

Erläuterung	Die Qualität der extrahierten Features hat einen großen Einfluss auf die Leistung eines Machine-Learning-Modells. Gute Features erleichtern es dem Modell, Muster in den Daten zu erkennen.

Geführtes Lernen (Supervised Learning)

Definition	Geführtes Lernen ist eine Form des Machine Learnings, bei der ein Modell mit einem beschrifteten Datensatz trainiert wird, um Muster zu erkennen und Vorhersagen zu treffen.

Erläuterung   In diesem Prozess wird dem Modell eine Menge von Eingabedaten und die entsprechenden gewünschten Ausgaben (Labels) gegeben. Das Ziel ist es, dass das Modell lernt, den Zusammenhang zwischen Eingaben und Ausgaben zu verstehen und auf neue Daten anzuwenden.

Hallucinations/Halluzinationen
Definition   Falsche oder erfundene Inhalte, die von KI-Systemen erzeugt werden, obwohl sie überzeugend klingen.
Erläuterung   Halluzinationen treten auf, wenn generative KI-Modelle wie Sprachmodelle Angaben erzeugen, die nicht auf verifizierten Informationen beruhen. Ursache ist das statistische Prinzip hinter der Texterzeugung: Die Modelle berechnen wahrscheinliche Wortfolgen – unabhängig davon, ob der Inhalt korrekt ist. In sicherheitskritischen oder fachlichen Anwendungen können solche Fehler problematisch sein.

KI-Anwendungsszenarien
Definition   KI-Anwendungsszenarien beschreiben spezifische Einsatzmöglichkeiten von KI-Technologien in verschiedenen Branchen oder Prozessen.
Erläuterung   Diese Szenarien zeigen auf, wie KI zur Automatisierung, Effizienzsteigerung oder zur Schaffung neuer Dienstleistungen genutzt werden kann. Beispiele sind Predictive Maintenance in der Industrie oder personalisierte Empfehlungen im E-Commerce.

KI-Dateninfrastruktur

Definition KI-Dateninfrastruktur bezeichnet die technischen Systeme und Prozesse, die für die Sammlung, Speicherung, Verarbeitung und Analyse von Daten in KI-Projekten erforderlich sind.

Erläuterung Eine gut entwickelte Dateninfrastruktur ist entscheidend für den Erfolg von KI-Projekten. Sie muss skalierbar, sicher und flexibel genug sein, um mit den Anforderungen von Big Data und komplexen Algorithmen umzugehen.

KI-Ethik

Definition KI-Ethik bezieht sich auf die moralischen und ethischen Fragen, die bei der Entwicklung und Anwendung von KI-Systemen berücksichtigt werden müssen.

Erläuterung Themen wie Fairness, Transparenz, Datenschutz und die Verantwortung bei der Entscheidungsfindung sind zentrale Aspekte der KI-Ethik. Es ist wichtig, ethische Richtlinien zu entwickeln, um Missbrauch und schädliche Auswirkungen zu vermeiden.

KI-Kommunikation

Definition KI-Kommunikation bezieht sich auf die Art und Weise, wie KI-Systeme mit Menschen interagieren und Informationen austauschen.

Erläuterung Dies umfasst Technologien wie Chatbots, Sprachassistenten und andere Formen der natürlichen Sprachverarbeitung, die es ermöglichen, auf natürliche Weise mit Maschinen zu kommunizieren.

KI-Kompetenzaufbau

Definition	KI-Kompetenzaufbau bezieht sich auf die Entwicklung der Fähigkeiten und des Wissens, das notwendig ist, um KI-Technologien effektiv zu nutzen und zu implementieren.
Erläuterung	Dies kann durch Schulungen, Weiterbildungen und die Schaffung von Lernumgebungen erfolgen. Der Kompetenzaufbau ist entscheidend, um Fachkräfte auf die Herausforderungen und Möglichkeiten der KI vorzubereiten.

KI-Pilotprojekte

Definition	KI-Pilotprojekte sind experimentelle Implementierungen von KI-Technologien, die in einem begrenzten Umfang durchgeführt werden, um deren Nutzen und Machbarkeit zu testen.
Erläuterung	Pilotprojekte bieten eine Möglichkeit, Risiken zu minimieren und Erfahrungen zu sammeln, bevor eine größere, breitere Implementierung stattfindet. Sie helfen auch, das Potenzial der KI in spezifischen Anwendungsfällen zu bewerten.

KI-Risikomanagement

Definition	KI-Risikomanagement ist der Prozess der Identifizierung, Bewertung und Minderung von Risiken, die mit der Implementierung und Nutzung von KI-Systemen verbunden sind.
Erläuterung	Dies umfasst technologische, rechtliche und ethische Risiken. Effektives Risikomanagement ist entscheidend, um die Sicherheit, Zuverlässigkeit und Akzeptanz von KI-Systemen zu gewährleisten.

KI-Strategie

Definition	Eine KI-Strategie beschreibt den planvollen Ansatz eines Unternehmens oder einer Organisation, KI-Technologien zu nutzen, um ihre Ziele zu erreichen.
Erläuterung	Eine klare KI-Strategie hilft dabei, Ressourcen effizient einzusetzen, Prioritäten zu setzen und langfristige Vorteile aus der KI-Technologie zu ziehen. Sie sollte auch ethische Überlegungen und Risiken berücksichtigen.

LLMs, große Sprachmodelle

Definition	LLMs (Large Language Models) sind KI-Modelle, die mithilfe von riesigen Mengen an Textdaten trainiert wurden, um menschenähnliche Sprachverarbeitung und -generierung zu ermöglichen.
Erläuterung	Diese Modelle können Texte verfassen, Fragen beantworten und komplexe Sprachaufgaben bewältigen. LLMs wie GPT-4 haben bedeutende Fortschritte in der natürlichen Sprachverarbeitung ermöglicht, stellen aber auch Herausforderungen in Bezug auf Genauigkeit und Ethik dar.

Machine Learning

Definition	Machine Learning (ML) ist ein Teilbereich der KI, der es Computern ermöglicht, aus Daten zu lernen und ihre Leistung im Laufe der Zeit zu verbessern, ohne explizit programmiert zu werden.
Erläuterung	ML-Modelle werden mit großen Datensätzen trainiert, um Muster zu erkennen und Vorhersagen zu treffen. Es gibt verschiedene Arten von ML, darunter überwachte, unüberwachte und verstärkende Lernmethoden (Abschn. 4.3).

Natural Language Processing (NLP)
Definition Natural Language Processing (NLP) ist ein Bereich der KI, der sich mit der Interaktion zwischen Computern und menschlicher Sprache befasst.
Erläuterung NLP-Techniken ermöglichen es Maschinen, gesprochene oder geschriebene Sprache zu verstehen, zu interpretieren und zu generieren. Anwendungen umfassen Sprachassistenten, Übersetzungsdienste und Textanalyse-Tools.

Neuronale Netzwerke
Definition Neuronale Netzwerke sind eine Klasse von Machine-Learning-Modellen, die vom Aufbau und der Funktionsweise des menschlichen Gehirns inspiriert sind.
Erläuterung Diese Netzwerke bestehen aus vielen verbundenen Knoten (Neuronen), die in Schichten organisiert sind. Sie sind besonders gut geeignet für Aufgaben wie Bilderkennung, Sprachverarbeitung und Vorhersagen (Abschn. 4.3).

Overfitting
Definition Overfitting tritt auf, wenn ein Machine-Learning-Modell zu stark auf die Trainingsdaten angepasst ist und dadurch auf neuen, ungekannten Daten schlecht performt.
Erläuterung Ein Modell, das overfitted ist, zeigt hervorragende Ergebnisse auf den Trainingsdaten, kann aber in der Praxis enttäuschen, weil es nicht generalisiert. Dies ist ein häufiges Problem in komplexen Modellen und erfordert Maßnahmen wie Regularisierung oder Cross-Validation.

Prompt

Definition	Ein Prompt ist eine Eingabeaufforderung oder eine kurze Textzeile, die in ein Sprachmodell eingegeben wird, um eine Antwort oder ein weiteres Textstück zu generieren.
Erläuterung	Prompts sind entscheidend für die Nutzung von Sprachmodellen wie GPT. Die Qualität und Formulierung des Prompts beeinflussen stark die Qualität der generierten Ausgabe.

Reinforcement Learning

Definition	Reinforcement Learning (RL) ist eine Methode des maschinellen Lernens, bei der ein Agent durch Belohnung und Bestrafung lernt, wie er in einer Umgebung handeln soll.
Erläuterung	Der Agent interagiert mit seiner Umgebung, trifft Entscheidungen und erhält Feedback in Form von Belohnungen oder Bestrafungen. Ziel ist es, eine Strategie zu entwickeln, die langfristig die maximale Belohnung erzielt.

Regelbasiertes System

Definition	Ein regelbasiertes System verwendet vordefinierte Regeln, um Entscheidungen zu treffen oder Probleme zu lösen.
Erläuterung	Diese Systeme arbeiten auf Basis von „Wenn-Dann"-Regeln und sind häufig in Expertensystemen anzutreffen. Sie sind leicht nachvollziehbar, aber nicht flexibel genug, um komplexe oder unvorhergesehene Probleme zu lösen.

Robotik

Definition	Robotik ist ein Bereich der Ingenieurwissenschaften und KI, der sich mit der Entwicklung und Steuerung von Robotern beschäftigt.

Erläuterung Roboter können für eine Vielzahl von Aufgaben eingesetzt werden, von der industriellen Fertigung bis hin zur medizinischen Chirurgie. KI spielt eine entscheidende Rolle bei der Steuerung von Robotern und der Automatisierung ihrer Aufgaben.

Semi-Supervised Learning
Definition Semi-Supervised Learning ist eine Mischung aus überwachten und unüberwachten Lernmethoden, bei der das Modell sowohl beschriftete als auch unbeschriftete Daten verwendet.
Erläuterung Diese Methode ist nützlich, wenn nur eine begrenzte Menge an beschrifteten Daten verfügbar ist. Sie ermöglicht es, aus einer kleinen Menge gelabelter Daten zu lernen und dieses Wissen auf eine größere Menge ungelabelter Daten anzuwenden.

Sentiment Analyse
Definition Sentiment Analyse ist eine Methode der Textanalyse, die darauf abzielt, die Stimmung oder Meinung in einem Text zu erkennen.
Erläuterung Diese Technik wird häufig in der Marktforschung, im Kundendienst und in den sozialen Medien eingesetzt, um zu verstehen, wie Menschen über bestimmte Produkte, Dienstleistungen oder Themen denken.

Supervised Learning
Definition Supervised Learning ist eine Form des Machine Learning, bei der ein Modell mit einem beschrifteten Datensatz trainiert wird, um Vorhersagen zu treffen.
Erläuterung Das Modell lernt anhand von Beispielen, bei denen die richtige Antwort bereits bekannt ist. Diese

Methode ist weit verbreitet und wird für viele Anwendungen genutzt, darunter Bildklassifizierung und Spracherkennung.

Transfer Learning
Definition Transfer Learning ist eine Technik im Machine Learning, bei der ein vortrainiertes Modell auf eine neue, aber verwandte Aufgabe angewendet wird.
Erläuterung Diese Methode ermöglicht es, Modelle effizienter zu trainieren, indem Wissen von einer Aufgabe auf eine andere übertragen wird. Transfer Learning wird häufig in Szenarien eingesetzt, in denen nur begrenzte Daten für das Training verfügbar sind.

Turing-Test
Definition Der Turing-Test (nach dem britischen Logiker und Mathematiker Alan Turing) ist ein Test zur Beurteilung der Fähigkeit einer Maschine, menschenähnliche Intelligenz zu zeigen.
Erläuterung Ein Computer besteht den Turing-Test, wenn er einen menschlichen Gesprächspartner in einer textbasierten Konversation so täuschen kann, dass dieser nicht erkennen kann, ob er mit einem Menschen oder einer Maschine spricht.

Unsupervised Learning
Definition Unsupervised Learning ist eine Form des Machine Learnings, bei der ein Modell ohne beschriftete Daten trainiert wird, um Muster oder Strukturen in den Daten zu erkennen.
Erläuterung Diese Methode wird verwendet, um Daten zu segmentieren oder versteckte Muster zu entdecken, die in den Daten vorhanden sind, ohne dass explizit gesagt wird, was das Modell lernen soll.

Underfitting

Definition	Underfitting tritt auf, wenn ein Machine-Learning-Modell die Trainingsdaten nicht ausreichend erfasst und daher auf neuen Daten schlecht abschneidet.
Erläuterung	Ein underfittetes Modell ist zu einfach und hat Schwierigkeiten, die zugrunde liegenden Muster in den Daten zu erkennen. Dies führt zu ungenauen Vorhersagen und einer schlechten Leistung.

Wortvektor

Definition	Ein Wortvektor ist eine numerische Darstellung eines Wortes, die seine Bedeutung in einem mehrdimensionalen Raum kodiert.
Erläuterung	Wortvektoren ermöglichen es, semantische Ähnlichkeiten zwischen Wörtern zu erfassen. Sie sind grundlegend für viele NLP-Anwendungen, da sie es Maschinen ermöglichen, mit textbasierten Daten zu arbeiten.

13.2 Übersicht nützlicher KI-Tools und Ressourcen

In der heutigen digitalen Landschaft ist der Einsatz von Künstlicher Intelligenz (KI) nicht mehr nur ein futuristisches Konzept, sondern eine praktische Notwendigkeit, die Unternehmen und Einzelpersonen gleichermaßen befähigt, ihre Prozesse zu optimieren, Kreativität zu fördern und datengetriebene Entscheidungen zu treffen. KI-Tools und -Ressourcen haben sich zu unverzichtbaren Instrumenten entwickelt, die in unterschiedlichsten Bereichen Anwendung finden – von der Content-Erstellung über die Bildgenerierung bis hin zur Automatisierung von Geschäftsabläufen.

13 Übersichten, FAQs, Ressourcen und erste Schritte für... 245

Dieses Kapitel stellt eine kuratierte Liste von KI-Tools und Ressourcen vor, die für verschiedene Anwendungsfälle von besonderem Nutzen sind. Jedes dieser Tools bietet spezifische Funktionen, die es Nutzern ermöglichen, die Leistungsfähigkeit von KI in ihre alltäglichen Aufgaben und strategischen Initiativen zu integrieren. Ob Sie ein Entwickler sind, der seine Arbeitsabläufe effizienter gestalten möchte, ein Marketing-Experte, der zielgerichtete Kampagnen erstellen möchte, oder ein Content-Ersteller, der innovative und hochwertige Inhalte generieren will – diese Liste bietet Ihnen eine fundierte Auswahl an Tools, die Sie bei der Erreichung Ihrer Ziele unterstützen können.

Ein Beispiel für ein solches KI-Tool ist AI Power – ein leistungsstarkes WordPress-Plugin, das eine Reihe fortschrittlicher AI-Technologien wie GPT-4 und GPT-3.5 integriert. Mit AI Power können Nutzer maßgeschneiderte Inhalte direkt innerhalb des WordPress-Editors erstellen, AI-basierte Chatbots und Formulare integrieren sowie Bilder mithilfe von Stable Diffusion generieren. Diese Funktionen ermöglichen es, den Content-Workflow erheblich zu beschleunigen und zu verbessern, ohne die Plattform verlassen zu müssen.

Diese Liste soll Ihnen als wertvolle Ressource dienen, um die für Ihre spezifischen Anforderungen passenden KI-Tools auszuwählen und erfolgreich in Ihre Arbeitsprozesse zu integrieren.

AI Power (WordPress Plugin) https://wordpress.org/plugins/gpt3-ai-content-generator/ AI Power ist ein vielseitiges AI-Toolset für WordPress, das die leistungsstarken Modelle GPT-4, GPT-3.5 und weitere fortschrittliche AI-Technologien integriert. Es ermöglicht die Erstellung von maßgeschneiderten Inhalten, Bildern und Formularen direkt innerhalb von WordPress-Websites. Zu den Hauptfunktionen gehören individuell anpassbare ChatGPT-Bots, AI-basierte Formulare und die Bildgenerierung durch Stable Diffusion.

Zweck des Tools: Erstellung und Bearbeitung von Texten direkt im WordPress-Editor, Integration von Chatbots, sowie Generierung von Bildern.

Preisgestaltung: https://aipower.org/pricing/
Datenschutzrichtlinie: https://de.wordpress.org/about/privacy/

Canva Magic Studio https://www.canva.com/(nur PRO). Canva Magic Studio ist eine innovative Plattform, die eine Vielzahl von KI-Tools wie Magic Expand, Magic Grab, Magic Edit, Magic Eraser, Magic Morph und Magic Media vereint. Diese Tools ermöglichen es den Benutzern, ihre Bilder, Texte und Designs mithilfe von generativer KI schnell und mühelos zu bearbeiten und zu optimieren. Canva Magic Studio kombiniert kreative KI-Werkzeuge, die das Designen effizienter, kreativer und nahtloser machen.
Zweck des Tools: Bearbeitung und Optimierung von Bildern, Texten und Designs.
Preisgestaltung: https://www.canva.com/de_de/preise/ oder kostenlos in Canva Free + remove.bg (https://www.remove.bg/de)
Datenschutzrichtlinie: https://www.canva.com/de_de/richtlinien/privacy-policy/

Chatbase https://www.chatbase.co/. Chatbase ist ein benutzerfreundliches Tool zur Erstellung von Chatbots, das sich auch für Personen eignet, die keine Experten im Bereich künstlicher Intelligenz sind. Es ermöglicht die Entwicklung von KI-Chatbots, die speziell auf die Daten der Nutzer zugeschnitten sind. Die Plattform nutzt die Leistungsfähigkeit von ChatGPT, um individuelle, KI-gesteuerte Chatbots zu erstellen. Nutzer können das Tool kostenlos testen, um herauszufinden, ob es ihren Anforderungen entspricht. Insgesamt bietet Chatbase eine intuitive Benutzeroberfläche und vereinfacht die Erstellung von Chatbots für Websites.
Zweck des Tools: Erstellung, Integration und Training von Chatbots für Websites.
Preisgestaltung: https://www.chatbase.co/pricing
Datenschutzrichtlinie: https://www.chatbase.co/legal/privacy

ChatGPT https://chat.openai.com/. ChatGPT ist ein auf maschinellem Lernen basierender Chatbot, der in der Lage ist, realistische Dialoge zu führen. Der Chatbot kann Fragen beantworten, Code debuggen und eine Vielzahl weiterer Aufgaben erfüllen. Obwohl ChatGPT überzeugende Inhalte generiert, können gelegentlich sachliche Ungenauigkeiten auftreten. Er wird durch bestärkendes Lernen trainiert und baut auf früheren OpenAI-Projekten auf. Innerhalb von ChatGPT gibt es spezialisierte GPTs, die entwickelt wurden, um Plug-ins zu ersetzen. Die neueste Version, GPT-4, wird als revolutionärer Chatbot angesehen.

Zweck des Tools: Ideen- und Inhaltsgenerierung, Kommunikation und Interaktion, Textzusammenfassung, Übersetzung und vieles mehr.

Preisgestaltung: https://openai.com/chatgpt/pricing

Datenschutzrichtlinie: https://openai.com/policies/privacy-policy

ChatGPT App Google Play: https://play.google.com/store/apps/details?id=com.openai.chatgpt&hl=de&gl=US&pli=1

Apple Store: https://apps.apple.com/de/app/chatgpt/id6448311069

Die ChatGPT-App bietet eine Vielzahl von Funktionen. Sie kann komplexe Sachverhalte einfach erklären, Gedichte verfassen, Nachrichten schreiben und kurze Texte erstellen. Die App ist sowohl für Android als auch für iOS verfügbar und ermöglicht es den Nutzern, mit der künstlichen Intelligenz zu chatten und ihr auch per Sprachbefehl Anweisungen zu geben. Auf Wunsch kann das System Antworten in einer von fünf verschiedenen Stimmen wiedergeben.

Zweck des Tools: Beantwortung von Fragen, Erstellung von Texten und Dokumenten, Sprachein- und -ausgabe.

Preisgestaltung: https://openai.com/chatgpt/pricing

Datenschutzrichtlinie: https://openai.com/policies/usage-policies

Copilot & PowerPoint https://www.microsoft.com/de-de/microsoft-365/microsoft-copilot?market=de Microsoft Copilot ist ein KI-Tool, das entwickelt wurde, um die Produktivität zu steigern, die Kreativität zu fördern und das Verständnis von Informationen zu verbessern. Es wird sowohl für den persönlichen Gebrauch als auch in Unternehmen eingesetzt und wurde bei einigen hundert Testpersonen erprobt. Die App-Version von Microsoft Copilot fungiert als persönlicher Assistent, der schnelle Informationsbeschaffung und die Umsetzung kreativer Ideen unterstützt.

Zweck des Tools: Generierung von Inhalten für PowerPoint-Präsentationen (PPTX), Vorschläge für Grafiken, Diagramme und visuelle Elemente.

Preisgestaltung: https://www.microsoft.com/de-de/store/b/copilotpro

Datenschutzrichtlinie: https://learn.microsoft.com/de-de/copilot/microsoft-365/microsoft-365-copilot-privacy

Copy.ai https://www.copy.ai/. Copy.ai ist ein Tool, das von KI angetriebene Textvorschläge für verschiedene Anwendungsfälle wie Werbung, Blogs, soziale Medien und mehr liefert. Es bietet Vorlagen und Anpassungsoptionen, um Inhalte schnell und effektiv zu erstellen.
  Zweck des Tools: Texterstellung, Marketing-Content, Ideengenerierung.
  Preisgestaltung: https://www.copy.ai/pricing
  Datenschutzrichtlinie: https://www.copy.ai/privacy

DALL-E https://openai.com/dall-e-3. DALL-E ist ein Bildgenerator von OpenAI, der in der Lage ist, Bilder und Kunstwerke aus einfachen Textaufforderungen zu erzeugen. DALL-E kann auch realistische Bearbeitungen von Bildern basierend auf Beschriftungen vornehmen, wie z. B. das Entfernen von Komponenten oder das Verändern der Bildtextur. Zudem kann das Tool mehrere Variationen eines vorhandenen Bildes erstellen, die auf dem Original basieren. Neu ist die Unterstützung von Diffusionsmodellen, die es ermöglicht, verschiedene Bildvariationen zu erzeugen.
  Zweck des Tools: Erkundung der Grenzen der Bildgenerierung und -bearbeitung mithilfe von Künstlicher Intelligenz sowie das Erzielen faszinierender visueller Ergebnisse.
  Preisgestaltung: https://openai.com/pricing
  Datenschutzrichtlinie: https://openai.com/de/policies/eu-terms-of-use

DeepL https://www.deepl.com/de/translator. DeepL ist ein Onlinedienst für maschinelle Übersetzung, der auf neuronalen Netzen basiert, welche es der Künstlichen Intelligenz ermöglichen, kontinuierlich zu lernen. Durch den ständigen Vergleich mit Trainingsdaten verbessert das Netzwerk fortlaufend seine Übersetzungen. DeepL gilt als der präziseste Übersetzer der Welt und bietet schnelle und genaue Übersetzungen für Einzelpersonen und Teams.

Zweck des Tools: Präzise und schnelle Übersetzungen, Auswahl zwischen formellen und informellen Übersetzungen, Übersetzung von Dokumenten, einschließlich Microsoft Word- und PowerPoint-Dateien, wobei die Formatierung beibehalten wird.
Preisgestaltung: https://support.deepl.com/hc/de/articles/3600198
90220-Kosten-f%C3%BCr-DeepL-Pro
Datenschutzrichtlinie: https://www.deepl.com/de/pro-privacy_info/

Fireflies https://fireflies.ai/. Fireflies.ai ist ein Webdienst, der künstliche Intelligenz nutzt, um Meetings automatisch zu transkribieren und Notizen zu erstellen. Die Plattform verwendet generative KI, um ChatGPT in Besprechungen einzubinden und sowohl Transkripte als auch intelligente Zusammenfassungen für Plattformen wie Zoom, Google Meet und Microsoft Teams zu erstellen. Die Fireflies Mobile App (https://fireflies.ai/mobile) bietet eine praktische Lösung für Meetings unterwegs, indem sie die Möglichkeit bietet, Besprechungen jederzeit und überall zu transkribieren. Die App wurde speziell entwickelt, um die Produktivität von Meetings zu steigern, indem sie Online-Meetings und persönliche Gespräche aufzeichnet, transkribiert und analysiert.
Zweck des Tools: Transkription von Besprechungen, Aufzeichnung von Video und Audio, Analyse von Gesprächen.
Preisgestaltung: https://fireflies.ai/pricing
Datenschutzrichtlinie: https://fireflies.ai/blog/security-at-fireflies-ai

Futurepedia https://www.futurepedia.io/. Futurepedia ist eine Plattform, die AI-Enthusiasten, Forscher und Entwickler mit einer Vielzahl von KI-Tools und Ressourcen verbindet. Es ist das größte Verzeichnis von KI-Tools und Software, das nach Kategorien, Funktionen und Anwendungsbereichen sortiert ist, um eine einfache Navigation zu ermöglichen.
Preisgestaltung: Kostenlos

Gamma https://gamma.app/. Gamma App ist eine Plattform, die sich auf die Erstellung von AI-gestützten Präsentationen, Webseiten und Dokumenten spezialisiert hat. Die Anwendung nutzt künstliche Intelligenz, um Informationen in leicht verständliche und ansprechende Formate zu

transformieren. Gamma App bietet eine benutzerfreundliche Oberfläche und Werkzeuge, die den Prozess der Informationsaufbereitung erheblich vereinfachen.
Zweck des Tools: Erstellung von ansprechenden Präsentationen, Dokumenten und Webseiten.
Preisgestaltung: https://gamma.app/pricing
Datenschutzrichtlinie: https://gamma.app/privacy

GPTforWork https://gptforwork.com/ (Excel & Word oder Sheets & Docs). GPTforWork ermöglicht es, GPT in Anwendungen wie Excel, Word, Google Sheets und Google Docs zu integrieren. Diese Erweiterung erlaubt die Nutzung von GPT-3.5 und GPT-4 direkt in Dokumenten und Tabellen. GPTforWork kann bei der Textgenerierung, der Analyse von Kundenfeedback, der Automatisierung von Kundensupport und anderen Vorgängen in Excel & Word eingesetzt werden. Insgesamt ermöglicht GPTforWork eine effizientere Arbeitsweise und bietet vielfältige Möglichkeiten zur Textbearbeitung und -optimierung in verschiedenen Anwendungen.
Zweck des Tools: Bearbeiten, Übersetzen, Erklären, Fragen, Klassifizieren, Extrahieren und Zusammenfassen von Inhalten direkt in Excel, Word, Google Sheets oder Google Docs.
Preisgestaltung: https://gptforwork.com/tools/openai-chatgpt-api-pricing-calculator oder als Paket: https://gptforwork.com/help/billing/pricing-per-model (Das 19$-Paket dürfte für den Anfang ausreichend sein).
Datenschutzrichtlinie: https://security.talarian.io/ und https://talarian.io/privacy-policy

Grammarly https://www.grammarly.com/. Grammarly ist ein KI-gestütztes Schreibassistenz-Tool, das Rechtschreibung, Grammatik und Stil in Echtzeit überprüft. Es bietet personalisierte Vorschläge zur Verbesserung der Textqualität und kann auf verschiedenen Plattformen wie Microsoft Word, Google Docs und E-Mail-Clients integriert werden.
Zweck des Tools: Textkorrektur, Stilverbesserung, Plagiatsprüfung.
Preisgestaltung: https://www.grammarly.com/plans
Datenschutzrichtlinie: https://www.grammarly.com/privacy-policy

HeyGen https://www.heygen.com/. HeyGen bietet auf seiner Website ein Video-Studio an, das es ermöglicht, über hundert Avatare in mehr als 40 Sprachen menschenähnlich sprechen zu lassen. Benutzer können den Text entweder als Skript eingeben oder als Audio-Datei hochladen, um hochwertige und personalisierte Videos zu erstellen, die die gewünschte Botschaft in verschiedenen Sprachen und mit unterschiedlichen Avataren vermitteln.
Zweck des Tools: Erstellung von personalisierten Video-Avataren mit Skript- oder Audio-Eingabe.
Preisgestaltung: https://www.heygen.com/pricing
Datenschutzrichtlinie: https://www.heygen.com/policy

Jasper (ehemals Jarvis) https://www.jasper.ai/ Jasper ist ein KI-Tool für das Erstellen von Marketinginhalten, das Unternehmen dabei unterstützt, ansprechende Texte für Blogs, soziale Medien, E-Mails und mehr zu generieren. Es nutzt GPT-3, um auf Basis weniger Stichworte ganze Texte zu verfassen.
Zweck des Tools: Content-Marketing, Texterstellung, Ideenfindung.
Preisgestaltung: https://www.jasper.ai/pricing
Datenschutzrichtlinie: https://www.jasper.ai/legal/privacy

Leonardo AI https://leonardo.ai/. Leonardo.ai ist ein innovativer KI-Bildgenerator, der speziell für die Erstellung von Spielinhalten entwickelt wurde. Die Plattform ermöglicht es, beeindruckende digitale Kunstwerke mithilfe fortschrittlicher Algorithmen zu erschaffen und diese mit anderen zu teilen.
Zweck des Tools: Bildgenerierung, Erstellung von Spielinhalten, Nutzung von Textaufforderungen, Realtime Canvas.
Preisgestaltung: Kostenlos – https://docs.leonardo.ai/docs/plan-with-the-pricing-calculator
Datenschutzrichtlinie: https://leonardo.ai/legal-notice/

Mailbutler – https://www.mailbutler.io/
Mailbutler ist eine E-Mail-Erweiterung, die in Apple Mail, Gmail oder Outlook integriert werden kann. Mit Mailbutler können Fachleute und Teams ihre E-Mails effizienter verwalten und ihre Produktivität steigern. Die Software bietet Funktionen wie das Anbinden von Aufgaben an

Kontakte und E-Mails, Notizen zur besseren Organisation und einen KI-gestützten Assistenten zur Optimierung des Posteingangs in Gmail. Darüber hinaus ermöglicht die Integration von Mailbutler mit Asana eine Zeiteinsparung bei den täglichen E-Mail-Workflows.

Zweck des Tools: E-Mails verwalten: E-Mail-Tracking, smartes Später-Senden, E-Mail-Signaturen, E-Mail-Vorlagen, automatisierte Aufgaben sowie ein KI-gestützter E-Mail-Assistent.

Preisgestaltung: https://www.mailbutler.io/de/pricing/

Datenschutzrichtlinie: https://www.mailbutler.io/privacy-policy-mailbutler/

Midjourney https://www.midjourney.com/home. Midjourney ist ein Bildgenerator, der auf einem Discord-Server gehostet wird. Benutzer können den Generator über Discord-Bot-Befehle oder eine Web-App bedienen. Der Generator erzeugt realistisch aussehende Bilder auf der Grundlage von Textaufforderungen. Einige Nutzer haben festgestellt, dass die Ergebnisse von Midjourney eher Gemälden als Fotos ähneln. Nutzer werden ermutigt, ihre Kreationen auf den vorgesehenen Twitter- und Reddit-Seiten zu posten, um das System weiter zu trainieren.

Zweck des Tools: Erstellung von visueller Kunst, Bildern und Grafiken, wobei der Prozess durch KI vereinfacht wird.

Preisgestaltung: https://docs.midjourney.com/docs/plans

Datenschutzrichtlinie: https://docs.midjourney.com/docs/privacy-policy – Diese Bilder können unter bestimmten Einschränkungen auch kommerziell genutzt werden, dürfen aber auch von anderen Nutzern für Remixes verwendet werden!

Neuroflash https://neuroflash.com/de/. Neuroflash ist eine führende Software zur Contentgenerierung, die von über 1.000.000 Nutzern in der DACH-Region und Europa genutzt wird. Diese Plattform ist ideal für die Erstellung ansprechender deutschsprachiger Inhalte und setzt KI-Technologie ein, um dabei zu unterstützen. Sie ermöglicht die Erstellung von Marketinginhalten, die der Markenidentität entsprechen. Neuroflash wird als ein KI-Textgenerator beschrieben, der verschiedene Arten von Texten mithilfe von künstlicher Intelligenz produzieren kann. Das

Tool wird als vielseitige KI-Content-Suite beworben, die bei der Inhaltserstellung unterstützt.
Zweck des Tools: Erstellung von Textvorschlägen in verschiedenen Stilen mit nur einem Klick, Erstellung ansprechender deutschsprachiger Inhalte.
Preisgestaltung: https://neuroflash.com/de/preisplaene/
Datenschutzrichtlinie: https://neuroflash.com/de/datenschutz/

Notion AI https://www.notion.so/product/ai. Notion AI ist eine Erweiterung der Notion-Plattform, die künstliche Intelligenz nutzt, um Aufgaben wie das Schreiben von Inhalten, das Erstellen von To-Do-Listen, das Planen von Projekten und das Verfassen von Berichten zu unterstützen. Es vereinfacht die Arbeit in Teams und individuell.
Zweck des Tools: Projektmanagement, Textgenerierung, Aufgabenplanung.
Preisgestaltung: https://www.notion.so/pricing
Datenschutzrichtlinie: https://www.notion.so/privacy

UserPersona https://userpersona.dev/. UserPersona ist eine KI-gestützte Plattform, die es ermöglicht, detaillierte Benutzer-Personas schnell und einfach zu erstellen. Durch die Eingabe einer kurzen Beschreibung eines Produkts oder einer Dienstleistung generiert die Plattform umfassende Benutzerprofile, die wichtige Merkmale, Vorlieben und relevante Daten für ein Unternehmen enthalten. Diese Benutzer-Personas sind besonders nützlich, um das Verhalten und die Bedürfnisse der Zielgruppe besser zu verstehen und gezielt Produkte oder Dienstleistungen zu optimieren.
Zweck des Tools: Erstellung von Benutzerprofilen, Förderung des Zielgruppenverständnisses.
Preisgestaltung: Kostenlos

Wix Wix.com. Wix ist eine Plattform, die es Nutzern ermöglicht, Websites zu erstellen, zu verwalten und zu erweitern. Von einfachen persönlichen Blogs bis hin zu komplexen Website-Projekten bietet Wix eine End-to-End-Web-Erstellungsplattform für Agenturen und Freelancer
. Mit hunderten von Design-Funktionen und professionellen Geschäftslösungen ist Wix vielseitig einsetzbar für verschiedene Website-Typen wie Business, Portfolio, Blog oder Veranstaltungen.

Zweck des Tools: Erstellung, Verwaltung und Erweiterung von Websites.
Preisgestaltung: https://www.wix.com/premium-purchase-plan/dynamo
Datenschutzrichtlinie: https://de.wix.com/about/terms-of-use

Zendesk https://www.zendesk.com/. Zendesk ist ein Unternehmen, das Software zur Verbesserung von Kundenbeziehungen entwickelt. Die benutzerfreundlichen CRM-Lösungen von Zendesk für Kundenservice und Vertrieb ermöglichen es Unternehmen, ihre Kundenbetreuung effizient zu gestalten. Mit Zendesk-Chat können Kunden in Echtzeit per Live-Chat und Messaging direkt auf Websites oder in mobilen Apps angesprochen werden. Zendesk-Formulare erleichtern sowohl Kunden als auch Supportteams das Leben, indem sie gezielt benötigte Informationen abfragen. Insgesamt bietet Zendesk eine umfassende Kundensupport-Plattform, die zahlreiche Kommunikationsmöglichkeiten mit Kunden bereitstellt und als cloudbasiertes System für den Kundensupport dient.

Zweck des Tools: Verbesserung der Kundenbetreuung, Support über verschiedene Kanäle, Verfolgung, Verwaltung und Lösung von Kundenanfragen.
Preisgestaltung: https://www.zendesk.de/pricing/
Datenschutzrichtlinie: https://www.zendesk.de/trust-center/

Wichtiges kurzgefasst

Vielfältige Anwendungsmöglichkeiten: KI-Tools bieten eine breite Palette von Funktionen, die auf die spezifischen Bedürfnisse und Ziele der Nutzer zugeschnitten werden können.

Integrierte Lösungen: Die Integration von KI in bestehende Plattformen wie WordPress ermöglicht es, AI-Funktionen nahtlos in den täglichen Workflow zu integrieren, ohne dass umfangreiche Anpassungen erforderlich sind.

Effizienzsteigerung: Durch den Einsatz von KI-Tools können Prozesse automatisiert und optimiert werden, was zu einer signifikanten Steigerung der Effizienz und Produktivität führt.

Zukunftsorientierung: Der bewusste Einsatz von KI-Technologien kann Unternehmen dabei helfen, wettbewerbsfähig zu bleiben und sich auf zukünftige Herausforderungen besser vorzubereiten.

13.3 Liste der Berufsbezeichnungen und mögliche zugehörige Anwendungsfelder und jeweils Beispiele für entsprechende KI-Tools

Vorbemerkung

Die nachfolgende Aufstellung bietet Ihnen eine Übersicht über verschiedene Berufsbezeichnungen und zeigt auf, wie Künstliche Intelligenz (KI) in diesen Tätigkeitsfeldern gewinnbringend eingesetzt werden kann. Dabei habe ich nicht nur die möglichen Anwendungsfelder skizziert, sondern auch konkrete Beispiele für KI-Tools angeführt, die bereits in der Praxis genutzt werden und Ihnen helfen können, Ihre Aufgaben effizienter und präziser zu gestalten.

Zusätzlich zu den genannten KI-Tools in den vorangegangenen Kapiteln und Anhängen ist es das Ziel dieser Tabelle, Ihnen als Fachkraft einen Einblick zu geben, wie KI in Ihrem *speziellen Berufsfeld* integriert werden kann, um alltägliche Prozesse zu verbessern, bessere Entscheidungen zu treffen und innovative Lösungen zu entwickeln. Unabhängig davon, ob Sie bereits Erfahrung mit KI haben oder erst am Anfang stehen, soll diese Übersicht Ihnen dabei helfen, die richtigen Werkzeuge zu finden und zu verstehen, wie Sie diese gezielt einsetzen können.

Lassen Sie sich von der Vielzahl der Möglichkeiten inspirieren und entdecken Sie, wie KI Ihnen helfen kann, Ihre beruflichen Ziele schneller und effektiver zu erreichen. Die angeführten KI-Tools sind Beispiele dafür, wie Technologie heute in der Praxis genutzt wird, um anspruchsvolle Aufgaben zu meistern und den Wandel in verschiedenen Branchen aktiv zu gestalten. Nutzen Sie diese Tabelle als Ressource, um sich weiterzubilden und Ihre Fähigkeiten im Umgang mit KI zu erweitern.

Die genannten Berufe, Anwendungsfelder und auch die KI-Tools verstehen Sie bitte als Beispiele und als Anregung sich mit der KI in Ihren jeweiligen Beruf auseinanderzusetzen. Selbstverständlich sind weitere Möglichkeiten bereits heute existent und es wird zukünftig weitere Entwicklungen geben. Bitte schauen Sie auch in die vorangegangenen Kap. 9 bis Kap. 12, in denen ich ebenfalls KI-Tools passend zu den Texten genannt habe.

Eine weitere Anmerkung: am Ende dieser Tabelle finden Sie eine Anleitung, wie Sie vorgehen können, wenn Sie eins der genannten KI-Tools nutzen möchten.

Altenpfleger
Anwendungsfelder: Unterstützung bei Gesundheitsüberwachung, automatisierte Erinnerungen für Medikamente, emotionale Unterstützung durch Chatbots (Abschn. 13.1).

Erläuterung: KI kann bei der Überwachung von Gesundheitsparametern wie Blutdruck und Herzfrequenz unterstützen, indem sie automatische Warnungen auslöst, wenn Abweichungen auftreten. KI-gestützte Systeme können auch Erinnerungen für Medikamenteneinnahmen senden und Chatbots (Abschn. 13.1) können emotionale Unterstützung bieten, um das Gefühl der Einsamkeit zu verringern.

Empfohlene KI-Tools
- **CarePredict:** Ein Wearable, das KI zur Überwachung der Gesundheit älterer Menschen einsetzt, insbesondere zur Sturzerkennung und Verhaltensanalyse.
- **Mabu (Catalia Health):** Ein KI-gestützter Roboter, der Patienten an die Einnahme von Medikamenten erinnert und emotionale Unterstützung bietet.
- **Ellie (X2AI):** Ein Chatbot, der emotionale Unterstützung bietet und zur Verringerung der Einsamkeit beiträgt.
- **Sense.ly:** Eine KI-Plattform, die Pflegepersonal unterstützt, indem sie Patienten überwacht und sie an wichtige Gesundheitsmaßnahmen erinnert.
- **Aiva:** Eine sprachgesteuerte KI-Plattform, die Patienten mit Pflegepersonal verbindet und bei Bedarf Notfallbenachrichtigungen auslöst.

Abfallmanager
Anwendungsfelder: Optimierung der Abfallentsorgung, Vorhersage von Abfallaufkommen, Sortierroboter für Recyclingprozesse

Erläuterung: KI-Systeme können den Abfallentsorgungsprozess optimieren, indem sie Daten analysieren und Vorhersagen über das Abfallaufkommen treffen. Roboter können zur Sortierung von Abfallmaterialien eingesetzt werden, um die Recyclingquote zu erhöhen und den Arbeitsaufwand zu verringern.

Empfohlene KI-Tools
- **ZenRobotics:** Ein KI-gestützter Sortierroboter für die Abfallwirtschaft, der Materialien erkennt und sortiert.
- **WasteOS:** Eine Plattform, die KI einsetzt, um Abfallmanagementprozesse zu optimieren und Abfallmengen vorherzusagen.
- **Compology:** Ein KI-Tool, das intelligente Kameras in Mülltonnen verwendet, um Füllstände zu überwachen und effiziente Entleerungspläne zu erstellen.
- **Rubicon:** Eine KI-gestützte Software zur Routenoptimierung für Müllfahrzeuge und zur Analyse von Abfalldaten.
- **AMP Robotics:** Eine KI-Plattform, die Roboter zur Sortierung und Wiederverwertung von Abfällen einsetzt.

Agrarwissenschaftler
Anwendungsfelder: Präzisionslandwirtschaft, Vorhersage von Ernteerträgen, Pflanzenschutz durch Bildanalyse

Erläuterung: KI wird in der Präzisionslandwirtschaft eingesetzt, um den Einsatz von Düngemitteln und Wasser zu optimieren, basierend auf Wetterdaten und Bodenanalysen. Sie hilft auch bei der Erkennung von Krankheiten und Schädlingen durch Bildanalyse von Pflanzen, um rechtzeitig Gegenmaßnahmen zu ergreifen.

Empfohlene KI-Tools
- **Plantix:** Verwendet KI, um Pflanzenkrankheiten und Schädlinge zu identifizieren.
- **aWhere:** Nutzt KI für Wettervorhersagen und Ernteprognosen.
- **Taranis:** Setzt KI zur Überwachung von Feldern mittels Drohnen und Satelliten ein, um Schädlingsbefall und Krankheiten frühzeitig zu erkennen.

Anlagenmechaniker

Anwendungsfelder: Zustandsüberwachung und vorausschauende Wartung von Maschinen, automatisierte Qualitätskontrollen

Erläuterung: Durch die Integration von Sensoren und KI kann der Zustand von Maschinen in Echtzeit überwacht werden. Dies ermöglicht vorausschauende Wartung, bevor es zu Ausfällen kommt. Außerdem können KI-Systeme Qualitätskontrollen automatisieren, indem sie Produktionsprozesse überwachen und Abweichungen erkennen.

Empfohlene KI-Tools

- **Uptake:** Verwendet KI zur Zustandsüberwachung und vorausschauenden Wartung von Maschinen.
- **SparkCognition:** Nutzt maschinelles Lernen, um Anomalien und potenzielle Ausfälle in Produktionsprozessen zu erkennen.
- **Sight Machine:** Setzt KI ein, um die Qualität in der Fertigung zu überwachen und zu verbessern.

Anlagenmechaniker für Sanitär-, Heizungs- und Klimatechnik

Anwendungsfelder: Intelligente Steuerungssysteme für Energieeffizienz, Fehlerdiagnose und Fernwartung

Erläuterung: Intelligente Steuerungssysteme nutzen KI, um Energieeffizienz zu maximieren, indem sie Heizung, Lüftung und Klimaanlagen basierend auf Wettervorhersagen und Belegungsdaten anpassen. KI kann auch bei der Ferndiagnose und -wartung von Systemen helfen.

Empfohlene KI-Tools

- **Nest Thermostat:** Verwendet KI, um Heizungs- und Kühlsysteme effizient zu steuern.
- **Autodesk Building Ops:** Nutzt KI zur Fehlerdiagnose und Fernwartung von Gebäudetechnik.
- **BrainBox AI:** Setzt KI ein, um die Energieeffizienz von HVAC-Systemen zu optimieren.

Anästhesist/Anästhesietechnischer Assistent
Anwendungsfelder: KI-gestützte Überwachung von Vitalparametern, Optimierung der Anästhesiedosierung.

Erläuterung: KI-Algorithmen können Vitalparameter überwachen und Anästhesiedosierungen in Echtzeit anpassen, um die Sicherheit der Patienten zu erhöhen. Sie können auch historische Daten analysieren, um optimale Anästhesiepläne für individuelle Patienten zu erstellen.

Empfohlene KI-Tools
- **Sedana:** Nutzt KI zur Berechnung der optimalen Anästhesiedosierung basierend auf Patientendaten.
- **Mindray BeneVision:** Verwendet KI zur Echtzeitüberwachung von Patientenparametern während der Anästhesie.
- **Clew:** Setzt KI ein, um Frühwarnsysteme für kritische Zustände während Operationen zu implementieren.
- **GE Healthcare CARESCAPE:** Verwendet KI zur Überwachung und Analyse von Vitalparametern.
- **IntelliVue Guardian:** Nutzt KI, um frühzeitig auf Veränderungen der Vitalparameter hinzuweisen und Anästhesiedosierungen zu optimieren.
- **Dräger Perseus A500:** Setzt KI ein, um Anästhesiegeräte und -protokolle zu überwachen und zu steuern.

App-Entwickler
Anwendungsfelder: Automatisierte Tests, Benutzerverhalten-Analyse, personalisierte Benutzererfahrungen

Erläuterung: KI-Tools können bei der automatisierten Überprüfung von App-Codes helfen und Benutzerverhalten analysieren, um personalisierte Erfahrungen zu schaffen.

Architekt
Anwendungsfelder: KI-basierte Entwurfshilfen, Simulation von Gebäudeperformance, Generative Designverfahren.

Erläuterung: KI kann Architekten bei der Erstellung von Entwürfen unterstützen, indem sie verschiedene Designoptionen simuliert und ihre Auswirkungen auf Energieeffizienz, Kosten und Komfort bewertet.

Generative Designverfahren ermöglichen es, kreative und funktionale Designlösungen zu entwickeln, die auf spezifischen Anforderungen basieren.

Empfohlene KI-Tools
- **Spacemaker:** Nutzt KI zur Optimierung von Gebäudeentwürfen und Stadtplanungen.
- **TestFit:** Verwendet KI, um verschiedene Entwurfsoptionen schnell zu evaluieren und die beste Lösung zu finden.
- **Cove.tool:** Setzt KI ein, um die Energieeffizienz von Gebäuden zu analysieren und zu verbessern.

Arzt
Anwendungsfelder: Diagnostikunterstützung, Behandlungsplanung, Patientenüberwachung, medizinische Bildanalyse, personalisierte Medizin.
   Erläuterung: KI kann Ärzten helfen, genauere Diagnosen zu stellen, indem sie medizinische Daten analysiert und Vorschläge für Behandlungspläne macht. Zudem kann KI zur Überwachung von Patienten eingesetzt werden, insbesondere bei chronischen Erkrankungen. KI-gestützte Systeme analysieren medizinische Bilder, um Krankheiten frühzeitig zu erkennen, und ermöglichen eine personalisierte Medizin, indem sie genetische und andere individuelle Daten berücksichtigen.

Empfohlene KI-Tools
- **IBM Watson Health:** Nutzt KI zur Analyse medizinischer Daten und zur Unterstützung bei Diagnose- und Behandlungsentscheidungen.
- **Aidoc:** KI-gestützte Plattform zur Analyse medizinischer Bilder, die Anomalien erkennt und Radiologen unterstützt.
- **Tempus:** Setzt KI ein, um genetische Informationen zu analysieren und personalisierte Behandlungspläne zu erstellen.
- **Butterfly iQ:** Ein tragbares Ultraschallgerät mit KI, das Echtzeit-Bildanalysen bietet.
- **Mediktor:** Ein KI-gestützter Symptom-Checker, der Ärzten und Patienten hilft, Symptome besser zu verstehen und eine Erstdiagnose zu stellen.

Assistent Betriebsleitung im Gartenbau

Anwendungsfelder: Automatisierte Überwachung und Pflege von Pflanzen, Ernteplanung, Einsatz von Drohnen für Felderkennung.

Erläuterung: KI kann die Pflege von Pflanzen durch Sensoren und automatisierte Systeme unterstützen, die Bewässerung und Düngung basierend auf Boden- und Wetterbedingungen optimieren. Drohnen können für die Überwachung und Analyse von Pflanzenwachstum eingesetzt werden.

Empfohlene KI-Tools
- **FarmBot:** Nutzt KI zur Automatisierung von Pflanzenpflege wie Bewässerung, Düngung und Überwachung.
- **Agremo:** Verwendet Drohnen und KI, um Pflanzenwachstum zu analysieren und Ernteprognosen zu erstellen.
- **CropX:** Setzt KI ein, um Bodenfeuchtigkeit und andere Umweltparameter zu überwachen und die Bewässerung zu optimieren.

Assistent Hotelmanagement

Anwendungsfelder: Personalisierte Gästeerfahrungen durch KI, Automatisierung von Buchungssystemen, Chatbots für Kundenservice,

Erläuterung: KI kann personalisierte Gästeerfahrungen schaffen, indem sie Vorlieben und Verhaltensmuster analysiert. Automatisierte Buchungssysteme und Chatbots verbessern die Effizienz des Kundenservices und bieten Unterstützung rund um die Uhr.

Empfohlene KI-Tools
- **Zingle:** Verwendet KI, um personalisierte Gästekommunikation und -services zu bieten.
- **Revinate:** Nutzt KI zur Analyse von Gästedaten und zur Personalisierung von Angeboten.
- **Avaamo:** Setzt KI-basierte Chatbots ein, um den Kundenservice in Hotels zu automatisieren und zu verbessern.

Assistent für Geovisualisierung

Anwendungsfelder: Datenanalyse und Visualisierung, automatisierte Kartenerstellung, Analyse geospatialisierter Daten.

Erläuterung: KI kann große Mengen an geospatialisierter Daten analysieren und visualisieren, um Muster und Trends zu erkennen. Dies ist besonders nützlich für Stadtplanung, Umweltschutz und Katastrophenmanagement.

Empfohlene KI-Tools

- **Esri ArcGIS:** Nutzt KI zur Analyse und Visualisierung geospatialisierter Daten.
- **Google Earth Engine:** Verwendet KI, um Umweltveränderungen und Landnutzungsmuster zu analysieren.
- **Mapbox:** Setzt KI ein, um Kartendaten zu analysieren und dynamische Visualisierungen zu erstellen.

Assistent für Produktdesign

Anwendungsfelder: Generatives Design, virtuelle Prototypenentwicklung, Personalisierung von Produkten basierend auf Kundenpräferenzen.

Erläuterung: Mit KI können Designer virtuelle Prototypen erstellen und verschiedene Designvarianten schnell testen. Generatives Design ermöglicht es, basierend auf spezifischen Anforderungen und Restriktionen innovative Lösungen zu entwickeln.

Empfohlene KI-Tools

- **Autodesk Fusion 360:** Verwendet generatives Design, um innovative Produktlösungen zu entwickeln.
- **SolidWorks:** Nutzt KI zur Erstellung und Optimierung virtueller Prototypen.
- **nTopology:** Setzt KI-basierte Tools ein, um personalisierte und optimierte Produktdesigns zu erstellen.

Atem-, Sprech- und Stimmlehrer

Anwendungsfelder: KI-gestützte Analyse von Sprachmustern, personalisierte Trainingsprogramme, Virtuelle Assistenten zur Unterstützung von Übungen.

Erläuterung: KI-Tools können Sprachmuster analysieren und personalisierte Trainingsprogramme erstellen. Virtuelle Assistenten können Übungen begleiten und Feedback geben, um die Fortschritte der Schüler zu überwachen.

Empfohlene KI-Tools
- **Voca.ai:** Verwendet KI zur Analyse und Verbesserung von Sprachmustern.
- **Beyond Verbal:** Nutzt KI zur Analyse von Stimme und Emotionen, um personalisierte Trainingsprogramme zu entwickeln.
- **Voiceitt:** Setzt KI ein, um Menschen mit Sprachbehinderungen bei der Kommunikation zu unterstützen und ihre Sprachmuster zu analysieren.
- **Linguistic Data Consortium:** Verwendet KI zur Sprachmustererkennung und -verbesserung.
- **Speechnotes:** Nutzt KI zur Transkription und Analyse von gesprochenem Text.

Augenoptiker

Anwendungsfelder: KI-basierte Augenuntersuchungen, Anpassung von Sehhilfen durch Bildanalyse, Automatisierte Beratungsprogramme.

Erläuterung: KI kann in der Augenoptik eingesetzt werden, um durch Bildanalyse Augenkrankheiten frühzeitig zu erkennen. Zudem können automatisierte Systeme dabei helfen, die optimale Anpassung von Sehhilfen zu bestimmen.

Empfohlene KI-Tools
- **EyeArt:** Nutzt KI zur Erkennung von Augenerkrankungen durch Bildanalyse.
- **Smart Vision Labs:** Verwendet KI zur Durchführung von Sehtests und zur Anpassung von Sehhilfen.

- **Opternative:** Setzt KI-basierte Systeme für Augenuntersuchungen und die Anpassung von Brillen ein.
- **IDx-DR:** Nutzt KI zur Früherkennung von diabetischer Retinopathie.
- **Verana Health:** Verwendet KI zur Analyse von Augenuntersuchungsdaten und zur Optimierung von Behandlungsmethoden.

Ausbaufacharbeiter
Anwendungsfelder: Automatisierte Bauplanung, Robotik in der Baubranche, Einsatz von Drohnen zur Inspektion von Baustellen.

Erläuterung: KI-Technologien wie Robotik und Drohnen können in der Bauindustrie für automatisierte Bauprozesse und Inspektionen eingesetzt werden. Dies erhöht die Effizienz und Sicherheit auf Baustellen.

Empfohlene KI-Tools
- **BuildStream:** Verwendet KI zur Optimierung von Bauprozessen und zur Bauplanung.
- **Dusty Robotics:** Nutzt Robotik, um Baupläne auf Baustellen präzise umzusetzen.
- **Propeller Aero:** Setzt Drohnen und KI ein, um Baustellen zu vermessen und zu inspizieren.
- **Autodesk BIM 360:** Verwendet KI zur Bauplanung und -überwachung.
- **Scaled Robotics:** Nutzt KI-gestützte Robotik für Inspektionen und Bauüberwachung.

Ausbaumanager
Anwendungsfelder: Projektmanagementsoftware mit KI, Risikoanalyse, Automatisierte Berichtserstellung.

Erläuterung: KI-gestützte Projektmanagement-Tools können Risiken analysieren, Ressourcen optimieren und automatisierte Berichte erstellen, um den Fortschritt von Bauprojekten zu überwachen.

Empfohlene KI-Tools
- **Procore:** Nutzt KI zur Optimierung des Bauprojektmanagements und zur Risikoanalyse.

- **Oracle Aconex:** Verwendet KI zur Automatisierung von Berichtserstellungen und zur Ressourcenzuordnung.
- **Buildots:** Setzt KI ein, um Bauprojekte in Echtzeit zu überwachen und Fortschrittsberichte zu erstellen.
- **PlanGrid:** Nutzt KI zur Verbesserung der Zusammenarbeit und zur Analyse von Bauplänen.
- **InEight:** Verwendet KI für vorausschauende Analysen und zur Risikoabschätzung in Bauprojekten.

Automobilingenieur
Anwendungsfelder: Autonomes Fahren, Qualitätskontrolle, Predictive Maintenance
   Erläuterung: KI-Technologien wie maschinelles Sehen und maschinelles Lernen werden für autonome Fahrzeuge und die vorausschauende Wartung von Fahrzeugen genutzt.

Empfohlene KI-Tools
- **Waymo:** Nutzt maschinelles Lernen und KI für die Entwicklung autonomer Fahrzeuge.
- **Tesla Autopilot:** Verwendet KI für selbstfahrende Funktionen und maschinelles Sehen.
- **Nauto:** Setzt KI ein, um Fahrerdaten zu analysieren und sicherheitsrelevante Funktionen zu verbessern.
- **Carnot:** Verwendet KI zur vorausschauenden Wartung und Diagnose von Fahrzeugen.
- **BMW Intelligent Personal Assistant:** Nutzt KI, um personalisierte Fahrerassistenzsysteme und Fahrzeugdiagnosen zu bieten.

Automobilkaufmann
Anwendungsfelder: Personalisierte Marketingstrategien, Chatbots für Kundenbetreuung, Analyse von Verkaufsdaten.
   Erläuterung: KI kann zur Analyse von Verkaufsdaten und zur Entwicklung personalisierter Marketingstrategien verwendet werden. Chatbots können den Kundenservice verbessern und potenzielle Käufer unterstützen.

Empfohlene KI-Tools
- **Salesforce Einstein:** Nutzt KI zur Analyse von Verkaufsdaten und zur Personalisierung von Marketingstrategien.
- **Drift:** Verwendet KI-basierte Chatbots, um Kundenanfragen zu bearbeiten und den Verkaufsprozess zu unterstützen.
- **Conversica:** Setzt KI ein, um mit potenziellen Kunden zu kommunizieren und Verkaufschancen zu identifizieren.
- **HubSpot:** Nutzt KI zur Analyse von Kundendaten und zur Automatisierung von Marketingkampagnen.
- **Marketo:** Verwendet KI zur Erstellung personalisierter Marketingstrategien und zur Optimierung von Verkaufsprozessen.

Autor
Anwendungsfelder: KI-gestützte Textgenerierung und Bearbeitung, Stil- und Grammatikprüfung, Personalisierte Inhalte basierend auf Leserpräferenzen.
Erläuterung: KI-Tools können Autoren bei der Textgenerierung und -bearbeitung unterstützen. Sie bieten auch Stil- und Grammatikprüfung sowie die Möglichkeit, Inhalte basierend auf den Präferenzen der Leser zu personalisieren.

Empfohlene KI-Tools
- **Grammarly:** Verwendet KI zur Grammatik- und Stilprüfung.
- **OpenAI GPT-4:** Nutzt fortschrittliche KI zur Textgenerierung und -bearbeitung.
- **ProWritingAid:** Setzt KI zur Analyse und Verbesserung des Schreibstils ein.
- **INK Editor:** Nutzt KI, um Autoren bei der Optimierung von SEO und Leserfreundlichkeit zu unterstützen.
- **Hemingway Editor:** Verwendet KI zur Verbesserung der Lesbarkeit und Stiloptimierung von Texten.

Außenhandelsassistent
Anwendungsfelder: Automatisierte Handelsanalyse, Vorhersage von Markttrends, Optimierung der Lieferketten durch KI.

Erläuterung: KI kann die Analyse von Handelsdaten automatisieren, Markttrends vorhersagen und die Effizienz der Lieferkette optimieren, indem sie Transportwege und Lagerbestände optimiert.

Empfohlene KI-Tools
- **ImportGenius:** Nutzt KI zur Analyse von Handelsdaten und Markttrends.
- **Llamasoft:** Verwendet KI zur Optimierung der Lieferketten und zur Vorhersage von Nachfrage.
- **ClearMetal:** Setzt KI ein, um Lieferketten transparent zu machen und zu optimieren.
- **Descartes MacroPoint:** Verwendet KI zur Echtzeitüberwachung und Optimierung von Transportwegen.
- **KlearNow:** Nutzt KI zur Automatisierung von Zollabwicklungen und zur Optimierung internationaler Handelsprozesse.

Bankkaufmann
Anwendungsfelder: Personalisierte Finanzberatung, Betrugsprävention, Automatisierung von Routineaufgaben.

Erläuterung: KI kann zur Analyse von Kundendaten eingesetzt werden, um maßgeschneiderte Finanzprodukte anzubieten. Sie unterstützt auch bei der Erkennung ungewöhnlicher Transaktionsmuster zur Betrugsprävention und automatisiert Routineanfragen wie Kontoführungsanfragen.

Empfohlene KI-Tools
- **KAI Banking:** Verwendet KI zur Bereitstellung personalisierter Finanzberatung und Kundenservice.
- **Darktrace:** Nutzt KI zur Erkennung und Prävention von Finanzbetrug.
- **Zest AI:** Setzt KI ein, um Kreditrisiken zu bewerten und maßgeschneiderte Finanzprodukte anzubieten.
- **Kasisto:** Verwendet KI-basierte Chatbots zur Automatisierung von Bankdienstleistungen und Kundenservice.
- **FICO Falcon Fraud Manager:** Nutzt KI zur Betrugserkennung und -prävention in Finanztransaktionen.

Bauingenieur
Anwendungsfelder: Strukturanalyse und Simulation, Projektmanagement, Bauüberwachung.

Erläuterung: KI kann die Stabilität von Bauprojekten simulieren, die Ressourcenoptimierung unterstützen und den Baufortschritt mittels KI-gesteuerter Drohnen überwachen.

Empfohlene KI-Tools
- **Autodesk Revit:** Nutzt KI zur Strukturanalyse und Simulation von Bauprojekten.
- **Bentley Systems:** Verwendet KI zur Optimierung von Projektmanagementprozessen im Bauwesen.
- **Buildots:** Setzt KI und Computer Vision ein, um den Baufortschritt zu überwachen und zu dokumentieren.
- **DroneDeploy:** Nutzt KI-gesteuerte Drohnen zur Bauüberwachung und Fortschrittsanalyse.
- **PlanGrid:** Verwendet KI zur Verbesserung der Zusammenarbeit und zur Analyse von Bauplänen.

Bauzeichner
Anwendungsfelder: Automatisiertes Zeichnen, Fehlererkennung, Material- und Kostenkalkulation.

Erläuterung: KI kann Baupläne automatisch erstellen und auf Fehler prüfen sowie genaue Schätzungen für Materialien und Kosten liefern.

Empfohlene KI-Tools
- **AutoCAD:** Verwendet KI zur Automatisierung des Zeichnens und zur Fehlererkennung in Bauplänen.
- **PlanGrid:** Nutzt KI zur Prüfung und Analyse von Bauzeichnungen und zur Materialkalkulation.
- **SketchUp:** Setzt KI ein, um Baupläne zu erstellen und genaue Material- und Kostenkalkulationen zu liefern.

- **BIM 360:** Nutzt KI zur Automatisierung von Entwurfs- und Planungsprozessen sowie zur Kostenkalkulation.
- **Bluebeam Revu:** Verwendet KI zur Analyse von Bauplänen und zur Optimierung der Materialkalkulation.

Berufsfeuerwehrmann
Anwendungsfelder: Einsatzplanung, Drohnenüberwachung, Schulung und Simulationen.

Erläuterung: KI analysiert Einsatzdaten für bessere Planung, nutzt Drohnen zur Überwachung und erstellt realistische Trainingsszenarien.

Empfohlene KI-Tools
- **Cortex:** Verwendet KI zur Analyse von Einsatzdaten und zur Optimierung der Einsatzplanung.
- **DroneSense:** Nutzt KI-gesteuerte Drohnen zur Überwachung von Einsatzorten.
- **CommandWear:** Setzt KI ein, um Echtzeitdaten für bessere Einsatzplanung und Kommunikation zu nutzen.
- **SimX:** Verwendet KI zur Erstellung realistischer Trainingssimulationen für Feuerwehrleute.
- **FLAIM Trainer:** Nutzt KI und Virtual Reality zur Schulung und Simulation von Brandbekämpfungsszenarien.

Berufskraftfahrer
Anwendungsfelder: Routenoptimierung, Fahrerassistenzsysteme, Telematik und Flottenmanagement.

Erläuterung: KI analysiert Verkehrs- und Wetterdaten für optimale Routen, unterstützt Sicherheitsmaßnahmen und verbessert die Flotteneffizienz.

Empfohlene KI-Tools
- **Omnitracs:** Verwendet KI zur Routenoptimierung und Flottenmanagement.
- **Nauto:** Nutzt KI zur Analyse des Fahrerverhaltens und zur Verbesserung der Sicherheit.

- **Geotab:** Setzt KI ein, um Verkehrs- und Wetterdaten für optimale Routenplanung zu analysieren.
- **Fleet Complete:** Verwendet KI zur Überwachung und Optimierung von Flotten.
- **Trimble:** Nutzt KI zur Routenoptimierung, Telematik und Flottenmanagement.

Bestattungsfachkraft
Anwendungsfelder: Kundenberatung, Logistik und Planung.
 Erläuterung: KI hilft bei der Auswahl von Dienstleistungen und optimiert die Planung von Bestattungen, wie Terminierungen und Dienstleistungskoordination.

Empfohlene KI-Tools
- **Eterneva:** Verwendet KI zur Personalisierung und Planung von Bestattungsdienstleistungen.
- **Parting Pro:** Nutzt KI zur Optimierung der Logistik und Verwaltung von Bestattungen.
- **Gather:** Setzt KI ein, um die Terminierung und Koordination von Bestattungsdiensten zu automatisieren.
- **FRAZER Consultants:** Verwendet KI zur Kundenberatung und Planung von Bestattungen.
- **Passare:** Nutzt KI für die Organisation und Verwaltung von Bestattungsprozessen.

Bibliothekar
Anwendungsfelder: Automatisierte Katalogisierung, Empfehlungssysteme für Bücher, Digitalisierung und Archivierung
 Erläuterung: KI kann bei der Katalogisierung von Büchern helfen und Empfehlungssysteme für Leser erstellen, basierend auf deren Vorlieben. Sie unterstützt auch bei der Digitalisierung und dem Management digitaler Archive.

Empfohlene KI-Tools
- **Ex Libris Alma:** Verwendet KI zur Automatisierung der Bibliothekskatalogisierung.
- **OverDrive:** Nutzt KI, um personalisierte Buchempfehlungen für Leser zu erstellen.
- **Google Books:** Setzt KI ein, um Bücher zu digitalisieren und Archive zu verwalten.
- **LibraryThing:** Verwendet KI zur Verwaltung und Katalogisierung von Büchern.
- **Libib:** Nutzt KI für die Organisation und Katalogisierung von Bibliotheksbeständen.

Biologielaborant
Anwendungsfelder: Datenanalyse, Automatisierung von Laborprozessen, Bildanalyse.

Erläuterung: KI analysiert biologische Daten, automatisiert Routineaufgaben im Labor und wertet mikroskopische Bilder aus.

Empfohlene KI-Tools
- **LabKey:** Verwendet KI zur Analyse biologischer Daten.
- **Benchling:** Nutzt KI zur Automatisierung von Laborprozessen und Datenmanagement.
- **ImageJ:** Setzt KI für die Analyse und Auswertung mikroskopischer Bilder ein.
- **Clarity LIMS:** Verwendet KI zur Automatisierung und Verwaltung von Laborprozessen.
- **CytoMine:** Nutzt KI zur Bildanalyse in der Zell- und Gewebeforschung.

Biologisch-technische Assistent
Anwendungsfelder: Forschung und Datenanalyse, Automatisierung in der Labortechnik, Bildverarbeitung.

Erläuterung: KI analysiert komplexe biologische Daten, unterstützt automatisierte Experimente und wertet biologische Bilddaten aus.

Empfohlene KI-Tools
- **Geneious:** Verwendet KI zur Analyse biologischer Forschungsdaten.
- **Labstep:** Nutzt KI zur Automatisierung und Verwaltung von Laborprozessen.
- **CellProfiler:** Setzt KI zur Bildanalyse und quantitativen Messung in der Biologie ein.
- **DeepLabCut:** Verwendet KI zur automatisierten Analyse von Verhaltensdaten in der Forschung.
- **KNIME:** Nutzt KI zur Datenanalyse und Automatisierung in der Biologie.

Blogger
Anwendungsfelder: Inhaltsoptimierung, Zielgruppenanalyse, automatisierte Social Media-Posts, Content-Generierung, SEO-Optimierung.

Erläuterung: KI kann beim Erstellen von Blogbeiträgen helfen, indem sie Vorschläge für Inhalte liefert oder sogar Texte schreibt. Sie kann auch SEO-Optimierungen vorschlagen, um die Sichtbarkeit zu erhöhen, und Analysen durchführen, um die Zielgruppe besser zu verstehen und gezielte Inhalte zu erstellen.

Empfohlene KI-Tools
- **Jarvis (Jasper):** Verwendet KI zur Content-Generierung und Optimierung.
- **SEMrush:** Nutzt KI für SEO-Optimierung und Wettbewerbsanalyse.
- **BuzzSumo:** Setzt KI ein, um Trendanalysen und Inhaltsvorschläge zu erstellen.
- **Grammarly:** Verwendet KI zur Textprüfung und Stiloptimierung.
- **Hootsuite:** Nutzt KI zur Automatisierung von Social Media-Posts und zur Analyse der Zielgruppeninteraktionen.

Buchhalter
Anwendungsfelder: Automatisierung von Buchhaltungsaufgaben, Finanzanalyse, Risikomanagement.

Erläuterung: KI-Tools können wiederkehrende Aufgaben in der Buchhaltung automatisieren, wie z. B. das Einpflegen von Daten und die

Überwachung von Transaktionen zur Betrugserkennung. Sie können auch helfen, Steuern zu berechnen und Berichte zu erstellen.

Empfohlene KI-Tools
- **QuickBooks:** Verwendet KI zur Automatisierung von Buchhaltungsprozessen und zur Finanzanalyse.
- **Xero:** Nutzt KI für die Automatisierung von Rechnungsstellung und Bankabstimmung.
- **Kabbage:** Setzt KI ein, um Finanzanalysen durchzuführen und Kreditrisiken zu bewerten.
- **Botkeeper:** Verwendet KI zur Automatisierung von Buchhaltungsaufgaben und zur Erstellung von Finanzberichten.
- **Expensify:** Nutzt KI zur Automatisierung von Spesenabrechnungen und zur Betrugserkennung.

Buchhändler
Anwendungsfelder: Empfehlungssysteme, Bestandsmanagement, Kundendienst.

Erläuterung: KI bietet personalisierte Buchempfehlungen, optimiert den Lagerbestand und unterstützt den Kundenservice durch Chatbots (Abschn. 13.1).

Empfohlene KI-Tools
- **ShelfJoy:** Verwendet KI zur Erstellung personalisierter Buchempfehlungen.
- **Zoho Inventory:** Nutzt KI zur Optimierung des Bestandsmanagements.
- **Recombee:** Setzt KI ein, um individuelle Buchempfehlungen basierend auf Kundenpräferenzen zu generieren.
- **Drift:** Verwendet KI-basierte Chatbots zur Verbesserung des Kundenservice.
- **Blue Yonder:** Nutzt KI zur Prognose und Optimierung von Lagerbeständen.

Business-Analyst
Anwendungsfelder: Datenanalyse, Markttrendanalyse, Kundenverhaltensanalyse

Erläuterung: KI-Systeme unterstützen bei der Analyse von Geschäftsdaten und der Vorhersage von Markttrends sowie bei der Analyse von Kundenverhalten.

Empfohlene KI-Tools
- **Tableau:** Verwendet KI zur Visualisierung und Analyse von Geschäftsdaten.
- **IBM Watson Analytics:** Nutzt KI für fortschrittliche Datenanalyse und Markttrendanalyse.
- **SAS Analytics:** Setzt KI ein, um komplexe Datenanalysen und Prognosen durchzuführen.
- **Google Analytics:** Nutzt KI zur Analyse von Kundenverhalten und Web-Traffic.
- **Qlik Sense:** Verwendet KI zur Erkennung von Mustern und Trends in Geschäftsdaten.

Business-Coach
Anwendungsfelder: Persönlichkeitsanalyse, individuelle Trainingsprogramme, Marktanalyse.

Erläuterung: KI kann die Persönlichkeitsmerkmale und Fähigkeiten von Klienten analysieren, um maßgeschneiderte Coaching-Programme zu entwickeln. Zudem kann sie Marktanalysen durchführen, um aktuelle Trends zu identifizieren und den Coach bei der Entwicklung relevanter Inhalte zu unterstützen.

Empfohlene KI-Tools
- **CoachAccountable:** Verwendet KI zur Erstellung und Verwaltung individueller Coaching-Programme.
- **BetterUp:** Nutzt KI zur Persönlichkeitsanalyse und zur Entwicklung maßgeschneiderter Coaching-Inhalte.

- **MarketMuse:** Setzt KI zur Marktanalyse und Identifizierung von Branchentrends ein.
- **StrengthsFinder:** Verwendet KI zur Analyse persönlicher Stärken und zur Optimierung von Coaching-Strategien.
- **Crystal:** Nutzt KI zur Persönlichkeitsanalyse und zur Verbesserung der Kommunikation und Zusammenarbeit.

CAD-Fachkraft

Anwendungsfelder: Automatisiertes Design, Fehlererkennung, Optimierung von Designs.

Erläuterung: KI kann bei der Erstellung von Designs helfen, indem sie automatisierte Entwürfe erstellt und auf potenzielle Fehler überprüft. Zudem kann KI -Optimierungen vorschlagen, um die Effizienz und Funktionalität von Designs zu verbessern.

Empfohlene KI-Tools

- **Autodesk Fusion 360:** Verwendet KI zur Automatisierung von Designprozessen und Fehlererkennung.
- **SolidWorks:** Nutzt KI zur Optimierung und Überprüfung von technischen Entwürfen.
- **Rhino + Grasshopper:** Setzt KI zur Erstellung und Analyse parametrischer Designs ein.
- **Ansys:** Verwendet KI zur Simulation und Optimierung von Designs.
- **Siemens NX:** Nutzt KI zur Verbesserung und Automatisierung von Konstruktionsprozessen.

Callcenter- Agent

Anwendungsfelder: Automatisierte Anrufannahme, Stimmungsanalyse, Kundenfeedback-Auswertung.

Erläuterung: KI kann durch automatisierte Systeme einfache Kundenanfragen bearbeiten und eine Stimmungsanalyse durchführen, um die Kundenzufriedenheit zu messen. Sie kann auch Kundenfeedback analysieren, um die Servicequalität zu verbessern.

Empfohlene KI-Tools
- **LivePerson:** Verwendet KI für die Automatisierung von Kundenanfragen und Chatbot-Interaktionen.
- **Cogito:** Nutzt KI zur Echtzeit-Stimmungsanalyse während Kundenanrufen.
- **CallMiner:** Setzt KI zur Analyse und Auswertung von Kundenfeedback ein.
- **NICE inContact:** Verwendet KI zur Optimierung von Callcenter-Operationen und zur Kundenstimmungsanalyse.
- **Five9:** Nutzt KI zur Automatisierung von Anrufannahmen und zur Analyse von Kundeninteraktionen.

Casting-Direktor
Anwendungsfelder: Talent-Scouting, automatisierte Bewerbungsauswertung, Marktanalyse.

Erläuterung: KI kann zur Analyse und Bewertung von Bewerbungen eingesetzt werden, um vielversprechende Talente zu identifizieren. Sie kann auch Marktanalysen durchführen, um Trends und Präferenzen in der Unterhaltungsbranche zu erkennen.

Empfohlene KI-Tools
- **Face++:** Verwendet KI zur Gesichtserkennung und Analyse von Casting-Bewerbungen.
- **HireVue:** Nutzt KI zur Bewertung von Bewerbungen durch Videoanalysen und automatisierte Scoring-Systeme.
- **TalentIQ:** Setzt KI ein, um vielversprechende Talente basierend auf umfangreichen Datenanalysen zu identifizieren.
- **Casting Networks:** Verwendet KI zur Verwaltung und Analyse von Bewerbungen und Casting-Prozessen.
- **DataRobot:** Nutzt KI zur Durchführung von Marktanalysen und zur Erkennung von Trends in der Unterhaltungsbranche.

Catering-Manager
Anwendungsfelder: Bedarfsprognosen, Menüplanung, Lieferkettenmanagement.

Erläuterung: KI kann Bedarfsprognosen erstellen, um die Menge der benötigten Lebensmittel zu planen, und hilft bei der Menüplanung durch Analyse von Kundenpräferenzen. Zudem kann sie das Lieferkettenmanagement optimieren.

Empfohlene KI-Tools
- **BlueCart:** Verwendet KI zur Bedarfsprognose und zum Bestandsmanagement im Catering.
- **Culinary AI:** Nutzt KI zur Analyse von Kundenpräferenzen und zur Menüplanung.
- **Chefling:** Setzt KI ein, um Rezepte zu planen und Einkaufslisten zu erstellen.
- **Clear Labs:** Verwendet KI zur Analyse und Optimierung der Lieferkette in der Lebensmittelindustrie.
- **Perfect Company:** Nutzt KI zur Menüplanung und zur Optimierung von Rezepten basierend auf Kundenfeedback.

Change-Manager
Anwendungsfelder: Veränderungsanalyse, Mitarbeiterfeedback, Trainingsprogramm-Entwicklung.

Erläuterung: KI kann die Auswirkungen von Veränderungen in einem Unternehmen analysieren und Mitarbeiterfeedback auswerten. Sie kann auch personalisierte Trainingsprogramme entwickeln, um den Übergang zu erleichtern.

Empfohlene KI-Tools
- **Qualtrics:** Verwendet KI zur Analyse von Mitarbeiterfeedback und zur Veränderungsanalyse.
- **CultureAmp:** Nutzt KI, um die Unternehmenskultur und die Auswirkungen von Veränderungen zu analysieren.
- **CoachHub:** Setzt KI zur Entwicklung personalisierter Trainingsprogramme für Mitarbeiter ein.

- **LEADx:** Verwendet KI zur Analyse von Veränderungsprozessen und zur Entwicklung von Coaching-Programmen.
- **Workday:** Nutzt KI zur Analyse und Verwaltung von Veränderungsprozessen in Unternehmen.

Chatbot-Entwickler
Anwendungsfelder: Sprachverarbeitung, Dialogmanagement, Nutzerdatenanalyse.

Erläuterung: KI spielt eine zentrale Rolle bei der Entwicklung von Chatbots, insbesondere in der Sprachverarbeitung und im Dialogmanagement. Sie kann auch Nutzerdaten analysieren, um die Benutzererfahrung zu verbessern.

Empfohlene KI-Tools
- **Dialogflow:** Verwendet KI für die Sprachverarbeitung und das Dialogmanagement in Chatbots.
- **Rasa:** Nutzt KI zur Entwicklung und Verwaltung von komplexen Chatbot-Interaktionen.
- **Microsoft Bot Framework:** Setzt KI für die Sprachverarbeitung und das Dialogmanagement ein.
- **IBM Watson Assistant:** Verwendet KI zur Erstellung und Optimierung von Chatbot-Konversationen.
- **Botpress:** Nutzt KI zur Analyse von Nutzerdaten und zur Verbesserung der Chatbot-Erfahrung.

Chefredakteur
Anwendungsfelder: Inhaltsplanung, Leseranalyse, Automatisierte Inhaltsgenerierung.

Erläuterung: KI kann bei der Inhaltsplanung helfen, indem sie Vorschläge basierend auf Leserpräferenzen liefert. Sie kann auch Leseranalysen durchführen, um Inhalte zu personalisieren, und automatisierte Texte für Nachrichten oder Artikel generieren.

Empfohlene KI-Tools
- **Chartbeat:** Verwendet KI zur Echtzeit-Analyse von Leserinteraktionen und zur Inhaltsplanung.
- **HubSpot Content Strategy Tool:** Nutzt KI zur Identifizierung von Themen, die das Leserinteresse wecken.
- **Wordsmith:** Setzt KI zur automatisierten Generierung von Nachrichten und Berichten ein.
- **Parse.ly:** Verwendet KI zur Analyse von Leserpräferenzen und zur Optimierung von Inhalten.
- **Acrolinx:** Nutzt KI zur Verbesserung der Qualität und Konsistenz von Inhalten durch sprachliche Analyse.

Chemielaborant
Anwendungsfelder: Datenanalyse, Automatisierung von Laborprozessen, Qualitätssicherung.

Erläuterung: KI kann große Mengen an chemischen Daten analysieren, Laborprozesse automatisieren und die Qualitätssicherung durch präzise Messungen und Überwachungen unterstützen.

Empfohlene KI-Tools
- **LabTwin:** Verwendet KI zur Automatisierung von Laboraufgaben und zur Datenaufzeichnung.
- **Benchling:** Nutzt KI zur Verwaltung und Analyse von Laborprotokollen und -daten.
- **LabWare:** Setzt KI zur Automatisierung von Laborprozessen und zur Qualitätssicherung ein.
- **TetraScience:** Verwendet KI zur Integration und Analyse von Laborgeräten und Daten.
- **Acd/Labs:** Nutzt KI zur chemischen Datenanalyse und zur Verwaltung von Labordaten.

Chemieingenieur
Anwendungsfelder: Prozessoptimierung, Simulationen, Risikomanagement.

Erläuterung: KI kann in der Chemieingenieurtechnik zur Optimierung von Prozessen und zur Durchführung von Simulationen verwendet werden, um die Effizienz zu steigern. Sie unterstützt auch das Risikomanagement durch vorausschauende Analysen.

Empfohlene KI-Tools
- **AspenTech:** Verwendet KI zur Optimierung von chemischen Prozessen und zur Durchführung von Simulationen.
- **Siemens PLM Software:** Nutzt KI zur Prozessoptimierung und zur Simulation in der Chemieindustrie.
- **Schneider Electric EcoStruxure:** Setzt KI zur Effizienzsteigerung und zum Risikomanagement in chemischen Prozessen ein.
- **AVEVA:** Verwendet KI zur Überwachung und Optimierung von Industrieprozessen.
- **Honeywell Process Solutions:** Nutzt KI zur Prozessoptimierung und Risikomanagement in der Chemieindustrie.

Chemisch-technischer Assistent
Anwendungsfelder: Automatisierung von Experimenten, Datenanalyse, Laborberichterstellung.

Erläuterung: KI kann bei der Automatisierung von Experimenten helfen, Daten analysieren und Berichte über Laborergebnisse erstellen.

Empfohlene KI-Tools
- **Labster:** Verwendet KI zur Simulation und Automatisierung von Laborversuchen.
- **ELN (Electronic Lab Notebook):** Nutzt KI zur Automatisierung und Analyse von Experimenten.
- **LabGuru:** Setzt KI zur Datenanalyse und zur Erstellung von Laborberichten ein.
- **ChemAxon:** Verwendet KI zur Automatisierung von chemischen Experimenten und Datenanalysen.
- **PerkinElmer Signals:** Nutzt KI zur Automatisierung und Verwaltung von Laborprozessen und Daten.

Chefarzt

Anwendungsfelder: Diagnoseunterstützung, Patientenmanagement, Forschung.

Erläuterung: KI kann bei der Diagnose von Krankheiten unterstützen, indem sie medizinische Daten analysiert. Sie hilft auch bei der Verwaltung von Patientenakten und unterstützt medizinische Forschung durch Analyse klinischer Daten.

Empfohlene KI-Tools
- **IBM Watson Health:** Verwendet KI zur Diagnoseunterstützung und Analyse medizinischer Daten.
- **DeepMind Health:** Nutzt KI zur Verbesserung der Diagnose und Behandlung von Patienten.
- **Health Catalyst:** Setzt KI zur Analyse von Patientenakten und zur Optimierung des Patientenmanagements ein.
- **Zebra Medical Vision:** Verwendet KI zur Analyse medizinischer Bilddaten zur Unterstützung der Diagnosestellung.
- **Tempus:** Nutzt KI zur Analyse klinischer Daten und zur Unterstützung der medizinischen Forschung.

Chiropraktiker

Anwendungsfelder: Diagnose und Behandlungsempfehlungen, Patientenanalyse, Trainingsprogramm-Entwicklung.

Erläuterung: KI kann zur Analyse von Patienteninformationen verwendet werden, um Diagnose- und Behandlungsempfehlungen zu geben. Sie kann auch personalisierte Trainingsprogramme für Patienten entwickeln.

Empfohlene KI-Tools
- **PathAI:** Verwendet KI zur Analyse von Patienteninformationen und zur Unterstützung bei Diagnosen.
- **Butterfly Network:** Nutzt KI für die Bildgebung und Analyse in der Diagnostik.

- **Physitrack:** Setzt KI ein, um personalisierte Trainingsprogramme für Patienten zu erstellen.
- **Kinetisense:** Verwendet KI zur Bewegungsanalyse und zur Erstellung von Behandlungsempfehlungen.

Chirurgie Mechaniker

Anwendungsfelder: Roboterassistierte Chirurgie, Präzisionsinstrumente, Fehlervermeidung.

Erläuterung: KI spielt eine entscheidende Rolle in der roboterassistierten Chirurgie, indem sie Präzisionsinstrumente steuert und Fehler minimiert.

Empfohlene KI-Tools
- **Intuitive Surgical (da Vinci):** Verwendet KI zur Steuerung von robotergestützten chirurgischen Instrumenten.
- **Mazor Robotics:** Nutzt KI zur Unterstützung bei präzisen chirurgischen Eingriffen.
- **Medtronic Hugo:** Setzt KI in roboterassistierten chirurgischen Systemen ein.
- **Verb Surgical:** Verwendet KI zur Verbesserung der Genauigkeit und Effizienz von chirurgischen Eingriffen.
- **Surgical Theater:** Nutzt KI zur präoperativen Planung und Simulation chirurgischer Eingriffe.

Choreograf

Anwendungsfelder: Bewegungsanalyse, Trainingsprogramme, Performance-Optimierung.

Erläuterung: KI kann Bewegungen analysieren und Feedback geben, um Tanzsequenzen zu optimieren. Sie kann auch individuelle Trainingsprogramme für Tänzer entwickeln.

Empfohlene KI-Tools
- **Motus:** Verwendet KI zur Bewegungsanalyse und zur Optimierung von Tanz- und Sportsequenzen.

- **Perception Neuron:** Nutzt KI zur Erfassung und Analyse von Bewegungen für Choreografen.
- **Dartfish:** Setzt KI zur Analyse von Bewegungen und zur Erstellung von Feedback und Trainingsprogrammen ein.
- **HUMAN:** Verwendet KI zur Bewegungsanalyse und zur Entwicklung personalisierter Trainingsprogramme.
- **DanceAI:** Nutzt KI zur Analyse und Verbesserung von Tanzbewegungen und zur Erstellung von Trainingsprogrammen.

Claim-Manager
Anwendungsfelder: Schadensanalyse, Betrugserkennung, Prozessautomatisierung.

Erläuterung: KI kann Schäden analysieren und potenziellen Versicherungsbetrug erkennen. Sie unterstützt auch die Automatisierung von Schadensbearbeitungsprozessen.

Empfohlene KI-Tools
- **Shift Technology:** Verwendet KI zur Betrugserkennung und zur Schadensanalyse in der Versicherungsbranche.
- **Snapsheet:** Nutzt KI zur Automatisierung von Schadensbearbeitungsprozessen.
- **CCC Information Services:** Setzt KI zur Schadensbewertung und -analyse ein.
- **Friss:** Verwendet KI zur Betrugserkennung und zur Risikoanalyse in Versicherungsprozessen.
- **Lemonade AI:** Nutzt KI zur Analyse und Bearbeitung von Versicherungsansprüchen und zur Betrugserkennung.

Cloud-Architekt
Anwendungsfelder: Ressourcennutzung, Sicherheitsüberwachung, Automatisierte Skalierung.

Erläuterung: KI kann die Ressourcennutzung in Cloud-Infrastrukturen optimieren, Sicherheitsüberwachung betreiben und automatische Skalierungen durchführen, um die Effizienz zu steigern.

Empfohlene KI-Tools
- **AWS CloudWatch:** Verwendet KI zur Überwachung und Optimierung von Cloud-Ressourcen.
- **Google Cloud AI:** Nutzt KI zur Automatisierung von Skalierungen und zur Sicherheitsüberwachung.
- **Azure AI:** Setzt KI zur Optimierung der Ressourcennutzung und zur Sicherheitsüberwachung ein.
- **Dynatrace:** Verwendet KI zur Überwachung und Optimierung von Cloud-Infrastrukturen.
- **CloudHealth by VMware:** Nutzt KI zur Optimierung der Cloud-Kosten und Ressourcennutzung.

Coach
Anwendungsfelder: Persönlichkeitsanalyse, individuelle Trainingsprogramme, Fortschrittsüberwachung.

Erläuterung: KI kann die Persönlichkeit und Fähigkeiten von Klienten analysieren, um personalisierte Coaching-Programme zu erstellen. Sie hilft auch bei der Überwachung des Fortschritts und der Anpassung von Trainingsplänen.

Empfohlene KI-Tools
- **BetterUp:** Verwendet KI zur Persönlichkeitsanalyse und zur Erstellung maßgeschneiderter Coaching-Programme.
- **CoachAccountable:** Nutzt KI zur Überwachung des Fortschritts und zur Anpassung von Coaching-Plänen.
- **Humu:** Setzt KI ein, um personalisierte Empfehlungen und Coaching-Tipps zu geben.
- **Pluma:** Verwendet KI zur Analyse von Fähigkeiten und zur Erstellung individueller Trainingsprogramme.
- **Receptiviti:** Nutzt KI zur Analyse von Persönlichkeitsmerkmalen und zur Unterstützung von Coaching-Prozessen.

Community-Manager
Anwendungsfelder: Social Media Analyse, Engagement-Strategien, Krisenmanagement.

Erläuterung: KI kann Social Media Daten analysieren, um Community-Engagement zu fördern und Strategien zu entwickeln. Sie kann auch Krisenmanagement unterstützen, indem sie frühzeitig problematische Trends erkennt.

Empfohlene KI-Tools
- **Hootsuite Insights:** Verwendet KI zur Analyse von Social Media Daten und zur Entwicklung von Engagement-Strategien.
- **Brandwatch:** Nutzt KI zur Überwachung von Social Media und zur Erkennung von Trends und Krisen.
- **Sprout Social:** Setzt KI zur Analyse von Social Media Interaktionen und zur Optimierung von Engagement-Strategien ein.
- **Crisp Thinking:** Verwendet KI zur Erkennung und Bewältigung von Krisen im Social Media Management.
- **Meltwater:** Nutzt KI zur Analyse und Überwachung von Social Media und zur Entwicklung von Engagement-Strategien.

Compliance Manager
Anwendungsfelder: Regulierungsüberwachung, Risikomanagement, Datenanalyse.
Erläuterung: KI kann aktuelle Regulierungen überwachen, potenzielle Compliance-Risiken identifizieren und Daten analysieren, um sicherzustellen, dass das Unternehmen gesetzliche Anforderungen erfüllt.

Empfohlene KI-Tools
- **ThetaRay:** Verwendet KI zur Überwachung von Regulierungen und zur Erkennung von Compliance-Risiken.
- **LogicGate:** Nutzt KI zur Verwaltung von Compliance-Anforderungen und zur Risikobewertung.
- **Navex Global:** Setzt KI ein, um Compliance-Prozesse zu überwachen und Risiken zu identifizieren.
- **Alyne:** Verwendet KI zur Überwachung von Regulierungen und zur Analyse von Compliance-Daten.
- **Trulioo:** Nutzt KI zur Überprüfung und Analyse von Compliance-Daten und zur Risikominimierung.

Content Manager

Anwendungsfelder: Inhaltsplanung, SEO-Optimierung, Performance-Analyse.

Erläuterung: KI unterstützt die Inhaltsplanung durch Trendanalyse und Vorschläge zur SEO-Optimierung. Sie analysiert auch die Performance von Inhalten, um deren Effektivität zu messen.

Empfohlene KI-Tools
- **BuzzSumo:** Verwendet KI zur Trendanalyse und zur Identifizierung von beliebten Inhalten.
- **Clearscope:** Nutzt KI zur SEO-Optimierung und zur Verbesserung der Sichtbarkeit von Inhalten.
- **MarketMuse:** Setzt KI zur Inhaltsplanung und zur Optimierung von Content-Strategien ein.
- **SEMrush:** Verwendet KI zur Analyse der Content-Performance und zur SEO-Optimierung.
- **ContentKing:** Nutzt KI zur Überwachung und Analyse der Content-Performance in Echtzeit.

CRM-Consultant

Anwendungsfelder: Kundenverhaltensanalyse, Personalisierte Kampagnen, Datenintegration.

Erläuterung: KI analysiert Kundenverhalten, um personalisierte Marketingkampagnen zu entwickeln. Sie unterstützt auch die Integration und Analyse von Daten aus verschiedenen CRM-Systemen.

Empfohlene KI-Tools
- **Salesforce Einstein:** Bietet KI-gestützte Analysen, Vorhersagen und Empfehlungen innerhalb der Salesforce-Plattform.
- **HubSpot CRM:** Integrierte KI-Tools zur Analyse von Kundeninteraktionen und Automatisierung von Marketingkampagnen.
- **Zoho CRM:** Zia, der KI-Assistent von Zoho, hilft bei der Vorhersage von Verkaufsabschlüssen und bei der Automatisierung von Routineaufgaben.

- **Microsoft Dynamics 365 AI**: Nutzt KI für Kundenanalysen, personalisierte Empfehlungen und Datenintegration.
- **Tableau**: Verwendet KI, um Datenvisualisierungen zu erstellen und Einblicke in Kundenverhaltensmuster zu gewinnen.

Cyber-Security Consultant
Anwendungsfelder: Bedrohungserkennung, Schwachstellenanalyse, Incident Response.

Erläuterung: KI kann potenzielle Bedrohungen und Schwachstellen in IT-Systemen erkennen. Sie unterstützt auch bei der Reaktion auf Sicherheitsvorfälle durch schnelle Analyse und Gegenmaßnahmen.

Empfohlene KI-Tools
- **Darktrace**: Verwendet KI zur Bedrohungserkennung und für die Reaktion auf Cyberangriffe in Echtzeit.
- **Cylance**: Nutzt maschinelles Lernen, um Malware und andere Bedrohungen zu erkennen und zu verhindern.
- **Splunk**: Verwendet KI zur Analyse von Sicherheitsdaten und zur Automatisierung der Incident Response.
- **IBM QRadar**: Bietet KI-gestützte Bedrohungserkennung und Sicherheitsinformationen und Ereignismanagement (SIEM).
- **CrowdStrike Falcon**: Nutzt KI für Endpoint-Schutz und Bedrohungserkennung in Echtzeit.

Datenschutzbeauftragter
Anwendungsfelder: Datenschutzberatung, Compliance-Überwachung, Schulungen und Sensibilisierung, Datenschutz-Audits.

Erläuterung: Datenschutzbeauftragte sorgen dafür, dass Unternehmen und Organisationen die gesetzlichen Anforderungen an den Datenschutz einhalten, indem sie Beratung und Schulungen anbieten und Datenschutz-Audits durchführen.

Empfohlene KI-Tools
- **OneTrust**: Unterstützt bei der Einhaltung von Datenschutzvorschriften und bietet Tools für Datenschutzmanagement und Audits.

- **TrustArc:** Bietet Lösungen für Datenschutzmanagement, Risikobewertungen und Compliance-Überwachung.
- **BigID:** Verwendet KI zur Identifizierung und Verwaltung von personenbezogenen Daten in Unternehmen.
- **Privitar:** Nutzt KI zur Datensensibilisierung und zum Schutz sensibler Informationen.
- **EthicalML:** Unterstützt bei der Sicherstellung, dass maschinelle Lernmodelle ethisch und datenschutzkonform sind.

Datenwissenschaftler
Anwendungsfelder: Big Data Analyse, Predictive Analytics, Mustererkennung

Erläuterung: KI hilft bei der Analyse großer Datensätze, der Vorhersage zukünftiger Trends und der Erkennung von Mustern in komplexen Daten.

Empfohlene KI-Tools
- **Apache Spark:** Verwendet KI zur Analyse großer Datensätze und zur Durchführung von Big Data Analysen.
- **TensorFlow:** Nutzt KI für maschinelles Lernen und Predictive Analytics.
- **RapidMiner:** Setzt KI ein, um Muster in komplexen Daten zu erkennen und Vorhersagen zu treffen.
- **DataRobot:** Verwendet KI zur Automatisierung und Optimierung von Datenanalysen und Predictive Modeling.
- **Alteryx:** Nutzt KI zur Analyse großer Datenmengen und zur Erstellung von Predictive Analytics Modellen.

Designer
Anwendungsfelder: Generatives Design, Trendanalyse, Benutzererfahrungsoptimierung

Erläuterung: KI kann zur Erstellung von Designs verwendet werden, indem sie vergangene Trends analysiert und benutzerdefinierte Designlösungen vorschlägt.

Empfohlene KI-Tools
- **Adobe Sensei:** Verwendet KI zur Trendanalyse und zur Verbesserung von Designprozessen.
- **Autodesk Dreamcatcher:** Nutzt KI für generatives Design und die Erstellung innovativer Lösungen.
- **Canva:** Setzt KI ein, um Designvorschläge basierend auf Benutzerpräferenzen zu erstellen.
- **Figma:** Verwendet KI zur Optimierung von Benutzererfahrungen und zur Verbesserung der Designqualität.
- **Looka:** Nutzt KI zur Erstellung von Logos und Designvorschlägen basierend auf Benutzerpräferenzen.

Diätassistent
Anwendungsfelder: Ernährungsberatung, Erstellung von Diätplänen, Gesundheitsförderung, Patientenschulungen.

Erläuterung: Diätassistenten entwickeln individuelle Ernährungspläne für Patienten, um gesundheitliche Ziele zu erreichen, und bieten Beratung und Schulungen zur gesunden Ernährung.

Empfohlene KI-Tools
- **NutriSense:** Verwendet KI zur Erstellung individueller Ernährungspläne basierend auf Gesundheitsdaten.
- **Foodvisor:** Nutzt KI zur Analyse von Ernährungsgewohnheiten und zur Erstellung personalisierter Diätpläne.
- **Lumen:** Setzt KI ein, um den Stoffwechsel zu analysieren und individuelle Ernährungsberatung zu bieten.
- **EatLove:** Verwendet KI zur Erstellung personalisierter Ernährungspläne und zur Gesundheitsförderung.
- **Yazio:** Nutzt KI zur Erstellung und Anpassung von Diätplänen basierend auf den individuellen Zielen und Präferenzen.

Disponent
Anwendungsfelder: Logistikplanung, Ressourcenmanagement, Transportkoordination, Produktionssteuerung.

Erläuterung: Disponenten planen und koordinieren den Einsatz von Ressourcen, wie Personal und Material, um eine effiziente Produktion und Logistik zu gewährleisten.

Empfohlene KI-Tools
- **LogiNext:** Verwendet KI zur Optimierung von Logistik- und Transportabläufen.
- **ClearMetal:** Nutzt KI zur präzisen Vorhersage von Lieferzeiten und zur Verbesserung der Bestandsverwaltung.
- **FourKites:** Setzt KI ein, um Echtzeit-Tracking und Supply-Chain-Transparenz zu gewährleisten.
- **OptimoRoute:** Verwendet KI zur Optimierung der Routenplanung für Liefer- und Serviceteams.
- **Llamasoft:** Nutzt KI zur Analyse und Optimierung von Supply-Chain-Netzwerken.

Dolmetscher
Anwendungsfelder: Konferenzdolmetschen, Gerichtsdolmetschen, Verhandlungsdolmetschen, Übersetzungsdienste.

Erläuterung: Dolmetscher übertragen gesprochene Sprache mündlich von einer Sprache in eine andere, um die Kommunikation zwischen Personen unterschiedlicher Sprachgruppen zu ermöglichen.

Empfohlene KI-Tools
- **Google Translate:** Verwendet KI zur Echtzeit-Übersetzung und Sprachdolmetschen.
- **DeepL:** Nutzt KI für präzise und kontextbezogene Übersetzungen.
- **Microsoft Translator:** Setzt KI zur Unterstützung von Konferenz- und Verhandlungsdolmetschen ein.
- **iFLYTEK:** Verwendet KI zur Spracherkennung und zur Übersetzung in verschiedenen Kontexten.
- **SayHi Translate:** Nutzt KI für Echtzeit-Sprachdolmetschen und Übersetzungsdienste.

Drehbuchautor

Anwendungsfelder: Film- und Fernsehproduktion, Theaterstücke, Multimedia-Projekte, Storytelling.

Erläuterung: Drehbuchautoren erstellen Skripte für Filme, TV-Shows, Theaterstücke und andere Medienprojekte, indem sie fesselnde Geschichten und Dialoge entwickeln.

Empfohlene KI-Tools
- **Final Draft:** Verwendet KI zur Unterstützung beim Schreiben und Strukturieren von Drehbüchern.
- **Scrivener:** Nutzt KI zur Organisation und Entwicklung von Geschichten und Charakteren.
- **WriterDuet:** Setzt KI ein, um kollaboratives Schreiben und die Erstellung von Drehbüchern zu erleichtern.
- **Celtx:** Verwendet KI zur Planung und Verwaltung von Film- und Fernsehprojekten.
- **Plotagon:** Nutzt KI zur Erstellung von Storyboards und zur Visualisierung von Drehbüchern.

Drogist

Anwendungsfelder: Beratung zu Gesundheits- und Pflegeprodukten, Verkauf von Arzneimitteln, Kosmetikberatung, Lagerverwaltung.

Erläuterung: Drogisten beraten Kunden in Drogerien zu Gesundheits- und Pflegeprodukten, verkaufen Arzneimittel und Kosmetika und verwalten das Lager.

Empfohlene KI-Tools
- **GoodRx:** Verwendet KI zum Preisvergleich und Beratung von Arzneimitteln.
- **SkinConsult AI:** Nutzt KI zur individuellen Hautanalyse und Kosmetikberatung.
- **IBM Watson Health:** Setzt KI ein, um fundierte Gesundheitsberatung und Produktinformationen zu bieten.

- **First Derm:** Verwendet KI zur Ferndiagnose von Hauterkrankungen und zur Empfehlung von Pflegeprodukten.
- **Capsule:** Nutzt KI zur Optimierung des Apothekenmanagements und der Medikamentenlieferung.

Einkäufer
Anwendungsfelder: Bedarfsprognose, Lieferantenbewertung, Preisverhandlung, Risikomanagement, Bestandsoptimierung.

Erläuterung: KI kann Einkäufern dabei helfen, genaue Bedarfsprognosen zu erstellen und Lieferanten effizient zu bewerten. Sie unterstützt bei Preisverhandlungen, indem sie Marktdaten analysiert, und hilft beim Risikomanagement durch die Überwachung von Lieferketten. Außerdem optimiert KI den Lagerbestand, um Kosten zu reduzieren und Lieferengpässe zu vermeiden.

Empfohlene KI-Tools
- **Llamasoft:** Eine KI-gestützte Plattform zur Bedarfsprognose und Optimierung von Lieferketten.
- **Scoutbee:** Nutzt KI zur Lieferantenbewertung und -auswahl basierend auf umfassenden Datenanalysen.
- **LevaData:** Eine Plattform, die KI zur Preisverhandlung und Marktanalyse einsetzt.
- **Resilinc:** Ein KI-gestütztes Tool für das Risikomanagement in der Lieferkette.
- **Slimstock:** Ein KI-Tool zur Bestandsoptimierung und Bedarfsplanung.

Elektrofachkraft
Anwendungsfelder: Installation und Wartung elektrischer Anlagen, Sicherheitsprüfungen, Instandhaltungsarbeiten, Fehlerdiagnose.

Erläuterung: Elektrofachkräfte sind für die Installation, Wartung und Reparatur elektrischer Anlagen zuständig und sorgen dafür, dass diese sicher und ordnungsgemäß funktionieren.

Empfohlene KI-Tools
- **Fluke ii900:** Verwendet KI zur akustischen Bildgebung und Leckerkennung in elektrischen Anlagen.
- **Digi-Key IoT Studio:** Nutzt KI zur Entwicklung und Überwachung von IoT-Anwendungen in der Elektrotechnik.
- **ABB Ability:** Setzt KI ein, um die Leistung und Sicherheit von elektrischen Anlagen zu überwachen und zu optimieren.
- **Siemens Simatic S7:** Verwendet KI zur Automatisierung und Fehlerdiagnose in industriellen Steuerungssystemen.
- **Schneider Electric EcoStruxure:** Nutzt KI zur Integration und Verwaltung von Energiemanagementlösungen.

Elektromeister/-techniker/-ingenieur
Anwendungsfelder: Planung und Überwachung von Elektroinstallationen, Entwicklung elektrischer Systeme, Projektmanagement, Technische Leitung.

Erläuterung: Elektromeister, -techniker und -ingenieure entwickeln, planen und überwachen elektrische Projekte, von der Konzeption bis zur Umsetzung, und gewährleisten die Einhaltung von Sicherheitsstandards.

Empfohlene KI-Tools
- **MATLAB:** Verwendet KI zur Analyse und Simulation elektrischer Systeme und zur Optimierung von Designs.
- **ETAP:** Nutzt KI zur Planung, Analyse und Optimierung von Stromversorgungssystemen.
- **AutoCAD Electrical:** Setzt KI zur Erstellung und Verwaltung komplexer Elektroinstallationen und Schaltpläne ein.
- **PLCnext:** Verwendet KI zur Entwicklung und Überwachung von Automatisierungssystemen.
- **Simulink:** Nutzt KI zur Modellierung und Simulation elektrischer Steuerungssysteme.

Energieberater
Anwendungsfelder: Energieeffizienzberatung, Erstellung von Energieausweisen, Beratung zu erneuerbaren Energien, Durchführung von Energieaudits.

Erläuterung: Energieberater analysieren und optimieren den Energieverbrauch von Haushalten und Unternehmen, indem sie maßgeschneiderte Lösungen zur Energieeinsparung und Nutzung erneuerbarer Energien anbieten.

Empfohlene KI-Tools
- **Joulemeter:** Verwendet KI zur Messung und Analyse des Energieverbrauchs von IT-Systemen.
- **OpenEE:** Nutzt KI zur Identifizierung und Quantifizierung von Energieeinsparungen.
- **EnergySavvy:** Setzt KI ein, um personalisierte Empfehlungen zur Energieeinsparung zu geben und Energieaudits durchzuführen.
- **Sense:** Verwendet KI zur Überwachung des Energieverbrauchs in Echtzeit und zur Identifikation von Einsparpotenzialen.
- **Autogrid:** Nutzt KI zur Optimierung des Energieverbrauchs und zur Integration erneuerbarer Energien in das Stromnetz.

Energieelektroniker
Anwendungsfelder: Installation und Wartung von elektrischen Energieanlagen, Schaltschrankbau, Automatisierungstechnik, Erneuerbare Energien.

Erläuterung: Energieelektroniker sind spezialisiert auf die Installation, Wartung und Reparatur von elektrischen Anlagen und Systemen zur Energieerzeugung und -verteilung.

Empfohlene KI-Tools
- **AutoCAD Electrical:** Verwendet KI zur Erstellung und Überprüfung von Schaltplänen und zur Automatisierung von Konstruktionsprozessen.
- **EPLAN Electric P8:** Nutzt KI zur Planung und Verwaltung elektrischer Projekte und zur Generierung von Dokumentationen.
- **Fluke Connect:** Setzt KI ein, um die Überwachung und Diagnose von elektrischen Systemen in Echtzeit zu erleichtern.
- **EcoStruxure Power Design:** Verwendet KI zur Optimierung der Planung und Installation von Energieverteilungsanlagen.

- **Predictive Maintenance (Siemens):** Nutzt KI zur Vorhersage von Wartungsbedarf und zur Minimierung von Ausfallzeiten.

Ergotherapeut

Anwendungsfelder: Rehabilitation, Gesundheitsförderung, Ergonomische Beratung, Unterstützung bei Alltagstätigkeiten.

Erläuterung: Ergotherapeuten unterstützen Menschen dabei, ihre Bewegungs- und Funktionsfähigkeit zu verbessern, um ein unabhängiges Leben zu führen.

Empfohlene KI-Tools

- **RehabCoach:** Verwendet KI zur Erstellung individueller Rehabilitationspläne und zur Überwachung des Fortschritts.
- **MyRehab:** Nutzt KI zur Bereitstellung personalisierter Übungsprogramme und zur Fernüberwachung der Therapie.
- **NeuronUP:** Setzt KI ein, um kognitive und funktionelle Rehabilitationsübungen zu erstellen.
- **CogniFit:** Verwendet KI zur kognitiven Bewertung und Trainingsprogramme zur Unterstützung der Rehabilitation.
- **Physitrack:** Nutzt KI zur Erstellung von Übungsprogrammen und zur Tele-Rehabilitation.

Ernährungsberater

Anwendungsfelder: Individuelle Ernährungsberatung, Gesundheitsförderung, Erstellung von Diätplänen, Schulungen und Workshops.

Erläuterung: Ernährungsberater helfen Menschen dabei, gesunde Ernährungsgewohnheiten zu entwickeln und individuelle Ernährungspläne zu erstellen, um gesundheitliche Ziele zu erreichen.

Empfohlene KI-Tools

- **NutriSense:** Verwendet KI zur Analyse und Optimierung von Ernährungsgewohnheiten anhand von Glukosemessungen.
- **MyFitnessPal:** Nutzt KI zur Erstellung personalisierter Ernährungspläne und zur Verfolgung von Nahrungsaufnahme und Fitnessaktivitäten.

- **EatLove:** Setzt KI ein, um maßgeschneiderte Ernährungspläne basierend auf individuellen Gesundheitsdaten zu erstellen.
- **Nutritionix Track:** Verwendet KI zur Analyse von Ernährungsgewohnheiten und zur Bereitstellung von Nährwertinformationen.
- **Foodvisor:** Nutzt KI zur Erkennung und Analyse von Lebensmitteln und zur Erstellung von Ernährungsberichten.

Erzieher
Anwendungsfelder: Kinderbetreuung und -erziehung, Frühkindliche Bildung, Sozialpädagogische Arbeit, Elternberatung.

Erläuterung: Erzieher arbeiten in Kindergärten, Schulen und anderen pädagogischen Einrichtungen, um Kinder zu betreuen, zu fördern und in ihrer Entwicklung zu unterstützen.

Empfohlene KI-Tools
- **Brightwheel:** Verwendet KI zur Verwaltung von Kindertagesstätten und zur Kommunikation mit Eltern.
- **ClassDojo:** Nutzt KI zur Förderung positiver Verhaltensweisen und zur Kommunikation zwischen Lehrern, Schülern und Eltern.
- **Kinedu:** Setzt KI ein, um personalisierte Lernpläne für die frühkindliche Entwicklung zu erstellen.
- **Procare:** Verwendet KI zur Verwaltung von Kindertagesstätten, einschließlich Anwesenheitsverfolgung und Abrechnung.
- **Learning Genie:** Nutzt KI zur Beobachtung und Dokumentation der kindlichen Entwicklung und zur Berichterstattung an Eltern.

Eventmanager
Anwendungsfelder: Veranstaltungsplanung, Marketing, Budgetmanagement, Logistik.

Erläuterung: Eventmanager planen und organisieren Veranstaltungen, koordinieren verschiedene Dienstleister und sorgen für einen reibungslosen Ablauf.

Empfohlene KI-Tools
- **Eventbrite:** Verwendet KI zur Optimierung der Teilnehmerverwaltung und zur Verbesserung der Event-Marketing-Strategien.
- **Bizzabo:** Nutzt KI zur Personalisierung der Teilnehmererfahrung und zur Analyse von Eventdaten.
- **Aventri:** Setzt KI ein, um Eventplanungsprozesse zu automatisieren und die Teilnehmerinteraktion zu verbessern.
- **Grip:** Verwendet KI, um Networking-Möglichkeiten auf Veranstaltungen zu fördern und zu verbessern.
- **MeetingPackage:** Nutzt KI zur Suche und Buchung von Veranstaltungsorten und zur Verwaltung von Buchungsdetails

Experte für erneuerbare Energien
Anwendungsfelder: Beratung zu erneuerbaren Energien, Projektentwicklung und -management, Forschung und Entwicklung, Energieeffizienz.

Erläuterung: Experten für erneuerbare Energien beraten und entwickeln Projekte zur Nutzung erneuerbarer Energiequellen wie Solar-, Wind- und Wasserkraft, um nachhaltige Energieversorgungslösungen zu fördern.

Empfohlene KI-Tools
- **HOMER Energy:** Verwendet KI zur Optimierung und Modellierung von Mikro- und Hybridenergiesystemen.
- **PVsyst:** Nutzt KI zur Planung und Simulation von Photovoltaikanlagen.
- **WindSim:** Setzt KI zur Analyse und Optimierung von Windenergieprojekten ein.
- **SAM (System Advisor Model):** Verwendet KI zur Modellierung und Analyse von erneuerbaren Energiesystemen.
- **Aurora Solar:** Nutzt KI zur Planung und Optimierung von Solaranlagen und zur Erstellung präziser Energieprognosen.

Fachinformator
Anwendungsfelder: Softwareentwicklung, Systemintegration, Netzwerkadministration, IT-Support.

Erläuterung: Fachinformatiker entwickeln und pflegen Softwarelösungen, integrieren Systeme und Netzwerke und bieten technischen Support.

Empfohlene KI-Tools
- **GitHub Copilot:** Verwendet KI zur Unterstützung bei der Codeentwicklung und Fehlerbehebung.
- **Ansible:** Nutzt KI zur Automatisierung von IT-Prozessen und zur Systemintegration.
- **Splunk:** Setzt KI zur Überwachung und Analyse von IT-Systemen und zur Fehlerdiagnose ein.
- **Puppet:** Verwendet KI zur Automatisierung und Verwaltung von IT-Infrastrukturen.
- **Nagios:** Nutzt KI zur Netzwerküberwachung und zur Erkennung von Anomalien.

Fachkraft Gastronomie
Anwendungsfelder: Menüplanung, Personalmanagement, Kundenzufriedenheit, Bestandsmanagement, Marketing.

Erläuterung: KI kann in der Gastronomiebranche bei der Optimierung der Menüplanung helfen, indem sie Trends und Kundenpräferenzen analysiert. Sie unterstützt auch bei der Personalplanung und -verwaltung sowie bei der Optimierung des Bestandsmanagements, um Kosten zu senken. Zudem kann KI eingesetzt werden, um die Kundenzufriedenheit zu verbessern und gezielte Marketingmaßnahmen durchzuführen.

Empfohlene KI-Tools
- **7shifts:** Ein KI-gestütztes Tool zur Personalplanung und -verwaltung in der Gastronomie.
- **Apicbase:** Eine Plattform, die KI zur Menüplanung und Bestandsverwaltung verwendet.
- **OpenTable:** Nutzt KI zur Analyse von Reservierungsdaten und zur Optimierung des Gästemanagements.

- **Revinate:** Ein KI-Tool zur Analyse von Kundenfeedback und zur Verbesserung der Kundenzufriedenheit.
- **Toast:** Ein POS-System mit KI-Funktionen, das Verkaufsdaten analysiert und Marketingmaßnahmen optimiert.

Fahrer
Anwendungsfelder: Personenbeförderung, Lieferdienst, Logistik, Verkehrssicherheit.

Erläuterung: Fahrer transportieren Personen oder Güter von einem Ort zum anderen und sorgen dabei für Sicherheit und Pünktlichkeit.

Empfohlene KI-Tools
- **Uber Driver App:** Verwendet KI zur Optimierung der Routenplanung und zur Verbesserung der Fahrerleistung.
- **Waze:** Nutzt KI zur Echtzeit-Verkehrsdatenerfassung und Routenoptimierung.
- **Fleet Complete:** Setzt KI ein, um Flottenmanagement zu optimieren und die Effizienz der Fahrten zu erhöhen.
- **KeepTruckin:** Verwendet KI zur Überwachung der Fahrerleistung und zur Verbesserung der Fahrzeugsicherheit.
- **Azuga:** Nutzt KI zur Fahrzeugverfolgung und zur Förderung sicherer Fahrpraktiken.

Fahrlehrer
Anwendungsfelder: Unterrichtsplanung, Schülerfortschrittsüberwachung, Simulationstraining, Fahrprüfungsanalyse, Marketing.

Erläuterung: KI kann Fahrlehrern dabei helfen, den Unterricht individuell auf die Bedürfnisse der Schüler abzustimmen und deren Fortschritte zu überwachen. Sie ermöglicht auch realistisches Simulationstraining, das den Schülern hilft, in einer sicheren Umgebung zu üben. Darüber hinaus kann KI die Leistung bei Fahrprüfungen analysieren und Empfehlungen zur Verbesserung geben sowie Marketingstrategien für Fahrschulen optimieren.

Empfohlene KI-Tools
- **RoboGenius:** Eine KI-gestützte Plattform für Simulationstraining, die Schüler auf reale Fahrsituationen vorbereitet.
- **DriveSim:** Ein KI-Tool, das Simulationen für Fahranfänger bietet und deren Fortschritte analysiert.
- **Driving School Management System (DSMS):** Eine Software mit KI-Funktionen, die Schülerdaten und Fortschritte überwacht und optimiert.
- **Cambridge Mobile Telematics:** Nutzt KI zur Analyse des Fahrverhaltens von Schülern und zur Bereitstellung personalisierter Feedbacks.
- **BookIt:** Ein Marketing- und Terminplanungstool, das KI einsetzt, um Fahrstunden effizient zu planen und zu verwalten.

Film- und Videoeditor
Anwendungsfelder: Videoschnitt, Farbanpassung, Sounddesign, Effekterstellung, Automatische Transkription.

Erläuterung: KI kann Film- und Videoeditoren dabei unterstützen, effizienter zu arbeiten, indem sie den Videoschnitt automatisiert, Farbkorrekturen vorschlägt und den Sound optimiert. Zudem können Effekte und Übergänge automatisiert erstellt werden, und durch KI-gesteuerte Transkription kann das Skript schneller bearbeitet werden.

Empfohlene KI-Tools
- **Adobe Premiere Pro (Sensei):** Nutzt KI zur Automatisierung von Aufgaben wie Farbanpassung und Schnittvorschlägen.
- **DaVinci Resolve:** Bietet KI-gestützte Werkzeuge für Farbanpassungen und Effekterstellung.
- **Descript:** Ein Tool, das KI zur automatischen Transkription und Synchronisierung von Videos und Audios verwendet.
- **Runway ML:** Eine Plattform, die KI zur Erstellung von Videoeffekten und visuellen Kompositionen nutzt.
- **Autopod:** Verwendet KI zur Automatisierung des Schnitts von Podcasts und Videos auf mehreren Spuren.

Finanzberater

Anwendungsfelder: Vermögensplanung, Altersvorsorge, Versicherungsberatung, Anlageberatung.

Erläuterung: Finanzberater unterstützen Privatpersonen und Unternehmen bei der Planung und Verwaltung ihrer Finanzen, einschließlich Investitionen und Versicherungen.

Empfohlene KI-Tools
- **Betterment:** Verwendet KI zur Erstellung und Verwaltung personalisierter Anlageportfolios.
- **Wealthfront:** Nutzt KI zur Vermögensverwaltung und zur Erstellung von Finanzplänen.
- **Personal Capital:** Setzt KI zur Analyse von Finanzdaten und zur Erstellung von Anlageempfehlungen ein.
- **Robo-Advisor:** Verwendet KI zur automatisierten Finanzberatung und Portfolioverwaltung.
- **Quantexa:** Nutzt KI zur Risikoanalyse und zur Identifikation von Finanzkriminalität.

Fliesenleger

Anwendungsfelder: Projektplanung, Materialberechnung, Layout-Visualisierung, Qualitätskontrolle, Automatisierung von Arbeitsprozessen.

Erläuterung: KI kann Fliesenlegern helfen, die Menge des benötigten Materials genau zu berechnen und optimale Layouts zu visualisieren. Sie unterstützt auch bei der Qualitätskontrolle, indem sie Fehler in der Verlegung erkennt. Darüber hinaus können bestimmte Arbeitsprozesse durch KI-gesteuerte Maschinen automatisiert werden.

Empfohlene KI-Tools
- **Tilelook:** Ein KI-gestütztes Tool zur 3D-Visualisierung und Planung von Fliesenprojekten.
- **Houzz Pro:** Nutzt KI zur Projektplanung und bietet Berechnungstools für Materialkosten.
- **PlanGrid:** Eine Software, die KI zur Fehlererkennung und Qualitätskontrolle auf Baustellen verwendet.

- **Exactal CostX:** Eine KI-gestützte Plattform zur Materialberechnung und Kostenschätzung für Bauprojekte.
- **Fingrid:** Ein KI-Tool zur Überwachung und Automatisierung von Arbeitsprozessen im Baugewerbe.

Fluglotse

Anwendungsfelder: Flugverkehrsüberwachung, Risikoanalyse, Wettervorhersage, Kommunikationsmanagement, Konflikterkennung.

Erläuterung: KI kann Fluglotsen bei der Überwachung des Flugverkehrs unterstützen, indem sie Flugrouten analysiert und potenzielle Konflikte frühzeitig erkennt. Sie hilft auch bei der Analyse von Wetterdaten und der Vorhersage von Flugrisiken. Zudem kann KI die Kommunikation zwischen verschiedenen Flugzeugen und Bodenstationen effizienter gestalten.

Empfohlene KI-Tools

- **Searidge Technologies:** Nutzt KI zur Optimierung der Flugverkehrsüberwachung und Konflikterkennung.
- **SkyAI:** Eine Plattform, die KI zur Analyse von Flugrouten und Wetterbedingungen einsetzt.
- **Frequentis:** Verwendet KI zur Verbesserung der Kommunikation zwischen Fluglotsen und Piloten.
- **Airways New Zealand (Digital Tower):** Ein KI-gestütztes System zur Überwachung und Steuerung des Flugverkehrs.
- **Thales TopSky:** Nutzt KI zur Risikoanalyse und Vorhersage potenzieller Flugzeugkollisionen.

Forstwirt

Anwendungsfelder: Waldbestandüberwachung, Schädlingsbekämpfung, Ertragsprognose, Forstmaschinensteuerung, Waldbrandprävention.

Erläuterung: KI kann Forstwirten helfen, den Waldbestand zu überwachen und frühzeitig auf Schädlingsbefall zu reagieren. Sie ermöglicht auch präzise Ertragsprognosen und unterstützt die Steuerung von Forstmaschinen. Zudem kann KI bei der Prävention von Waldbränden eingesetzt werden, indem sie gefährdete Gebiete identifiziert.

Empfohlene KI-Tools
- **Trimble Forestry:** Eine KI-gestützte Plattform zur Überwachung und Analyse von Waldbeständen.
- **DroneDeploy:** Nutzt KI zur Schädlingsbekämpfung und zur Überwachung von Waldgebieten.
- **SilviAI:** Eine KI-Plattform zur Ertragsprognose und zur Analyse von Waldbestanddaten.
- **John Deere TimberMatic:** Ein KI-gestütztes Steuerungssystem für Forstmaschinen, das Effizienz und Präzision erhöht.
- **FireCast:** Eine KI-Anwendung zur Vorhersage und Prävention von Waldbränden.

Fotograf
Anwendungsfelder: Bildbearbeitung, Kompositionsanalyse, Motiv- und Szenenerkennung, Automatisierte Fotoretusche, Kundenmanagement.

Erläuterung: KI kann Fotografen bei der Bildbearbeitung unterstützen, indem sie automatische Retuschen durchführt und die Bildkomposition analysiert. Sie erkennt Motive und Szenen und optimiert Fotos basierend auf diesen Analysen. Zudem kann KI-Fotografen helfen, ihre Kunden effizienter zu verwalten und gezielte Marketingmaßnahmen zu ergreifen.

Empfohlene KI-Tools
- **Adobe Photoshop (Sensei):** Nutzt KI zur Bildbearbeitung und automatisierten Fotoretusche.
- **Skylum Luminar AI:** Ein Tool, das KI zur Optimierung von Fotos und zur Erkennung von Szenen und Motiven verwendet.
- **Topaz Labs:** Bietet KI-gestützte Tools zur Verbesserung und Vergrößerung von Fotos ohne Qualitätsverlust.
- **AfterShoot:** Nutzt KI, um automatisch die besten Fotos aus einer Serie auszuwählen.
- **ShootProof:** Eine Plattform, die KI zur Verwaltung von Kunden und zum Vertrieb von Fotos verwendet.

Friseur

Anwendungsfelder: Frisurberatung, Haar- und Kopfhautdiagnose, Terminplanung, Produktempfehlungen, Kundenzufriedenheit.

Erläuterung: KI kann Friseuren helfen, individuelle Frisurvorschläge zu machen, indem sie das Gesicht und die Haarstruktur des Kunden analysiert. Sie unterstützt auch bei der Diagnose von Haar- und Kopfhautproblemen und empfiehlt passende Produkte. Zudem kann KI die Terminplanung optimieren und die Kundenzufriedenheit durch personalisierte Services erhöhen.

Empfohlene KI-Tools

- **StyleMyHair Pro (L'Oréal):** Ein KI-gestütztes Tool zur Frisurberatung basierend auf Gesichtsanalyse.
- **Vish:** Nutzt KI zur Haarfärbung und hilft Friseuren, die richtigen Farbmischungen zu berechnen.
- **Zenoti:** Eine Software, die KI zur Optimierung von Terminplanung und Kundenmanagement einsetzt.
- **HairAI:** Ein Tool zur Diagnose von Haar- und Kopfhautproblemen mithilfe von KI.
- **Timely:** Nutzt KI zur Automatisierung von Terminen und zur Verbesserung der Kundenzufriedenheit.

Fuhrparkmanager

Anwendungsfelder: Fahrzeugüberwachung, Wartungsplanung, Routenoptimierung, Kraftstoffmanagement, Fahrerüberwachung.

Erläuterung: KI kann Fuhrparkmanager bei der Überwachung und Verwaltung von Fahrzeugen unterstützen, indem sie Echtzeitdaten zur Fahrzeugnutzung liefert. Sie optimiert die Wartungsplanung und Routen, um die Effizienz zu steigern und Kosten zu senken. Darüber hinaus kann KI den Kraftstoffverbrauch überwachen und Fahrer analysieren, um Risiken zu minimieren.

Empfohlene KI-Tools
- **Geotab:** Ein KI-gestütztes Tool zur Fahrzeugüberwachung und Routenoptimierung.
- **Fleet Complete:** Nutzt KI zur Wartungsplanung und Überwachung von Fahrzeugen in Echtzeit.
- **Samsara:** Eine Plattform, die KI zur Analyse von Fahrerverhalten und zur Optimierung von Kraftstoffmanagement einsetzt.
- **Lytx DriveCam:** Ein KI-gestütztes System zur Fahrerüberwachung und Unfallprävention.
- **KeepTruckin:** Nutzt KI zur Optimierung von Flottenmanagement, einschließlich Routenplanung und Fahrerüberwachung.

Gärtner
Anwendungsfelder: Pflanzenüberwachung, Schädlingsbekämpfung, Bewässerungsmanagement, Landschaftsplanung, Ernteprognose.

Erläuterung: KI kann Gärtnern helfen, den Zustand von Pflanzen zu überwachen und frühzeitig auf Schädlingsbefall zu reagieren. Sie optimiert das Bewässerungsmanagement und unterstützt bei der Planung von Landschaftsgestaltungen. Zudem kann KI genaue Ernteprognosen liefern, indem sie Wachstumsdaten analysiert.

Empfohlene KI-Tools
- **Plantix:** Ein KI-gestütztes Tool zur Erkennung von Pflanzenkrankheiten und Schädlingsbefall.
- **Arable:** Verwendet KI zur Überwachung von Umweltbedingungen und zur Bewässerungsoptimierung.
- **Tertill:** Ein roboterbasiertes Unkrautbekämpfungssystem, das KI nutzt, um Unkraut in Gärten zu erkennen und zu entfernen.
- **Edyn:** Ein KI-gestütztes Bewässerungssystem, das Pflanzenbedürfnisse überwacht und den Wasserverbrauch optimiert.
- **Garden Planner:** Nutzt KI zur Planung von Landschaftsgestaltungen und zur Auswahl geeigneter Pflanzenarten.

Gebäudereiniger
Anwendungsfelder: Reinigungseffizienz, Qualitätskontrolle, Materialverbrauchsmanagement, Sicherheitsüberwachung, Automatisierte Dokumentation.

Erläuterung: KI kann Gebäudereiniger unterstützen, indem sie die Effizienz von Reinigungsprozessen optimiert und die Qualität der Reinigungsarbeiten überwacht. Sie hilft auch bei der Verwaltung des Materialverbrauchs und sorgt für die Sicherheit durch Überwachung potenzieller Gefahren. Automatisierte Dokumentationssysteme erfassen die durchgeführten Reinigungsarbeiten und erstellen Berichte.

Empfohlene KI-Tools
- **BrainOS:** Eine Plattform, die KI zur Automatisierung und Optimierung von Reinigungsgeräten einsetzt.
- **Smart Inspect:** Nutzt KI zur Qualitätskontrolle und Berichterstattung bei Reinigungsprozessen.
- **iRobot Roomba Professional:** Ein KI-gestützter Reinigungsroboter, der in großem Maßstab eingesetzt werden kann.
- **Tork EasyCube:** Verwendet KI zur Überwachung und Verwaltung von Reinigungsmaterialien und -verbrauch.
- **Kärcher Fleet:** Eine Plattform, die KI zur Überwachung und Steuerung von Reinigungsausrüstungen verwendet.

Gerüstbauer
Anwendungsfelder: Sicherheitsüberwachung, Projektplanung, Materialverwaltung, Risikoanalyse, Automatisierte Dokumentation.

Erläuterung: KI kann Gerüstbauern helfen, sicherheitsrelevante Aspekte zu überwachen und Risiken zu minimieren, indem sie Gefahrenpotenziale erkennt und entsprechende Warnungen ausgibt. Sie unterstützt auch bei der Projektplanung und der Verwaltung von Materialien. Darüber hinaus kann KI die Dokumentation von Projekten automatisieren und detaillierte Berichte erstellen.

Empfohlene KI-Tools
- **PlanRadar:** Eine Plattform, die KI zur Überwachung von Bauprojekten und zur Risikobewertung einsetzt.
- **Buildots:** Nutzt KI zur Echtzeitüberwachung und Dokumentation von Baufortschritten.
- **Matterport:** Verwendet KI zur 3D-Erfassung und -Visualisierung von Bauprojekten, einschließlich Gerüsten.
- **Smart Scaffolding:** Ein KI-gestütztes System zur Überwachung der Stabilität und Sicherheit von Gerüsten.
- **Bridgit Bench:** Nutzt KI zur Ressourcen- und Materialplanung bei Bauprojekten.

Gesundheits- und Krankenpfleger
Anwendungsfelder: Patientenüberwachung, Medikamentenverwaltung, Gesundheitsdatenerfassung, Assistenz bei Pflegeaufgaben, Notfallmanagement.

Erläuterung: KI kann Krankenpfleger unterstützen, indem sie kontinuierlich die Vitalparameter der Patienten überwacht und rechtzeitig Warnungen ausgibt. Sie hilft auch bei der Verwaltung von Medikamenten, indem sie Dosierungen und Einnahmezeiten überwacht. Zudem kann KI-Gesundheitsdaten erfassen und analysieren sowie bei der Durchführung von Pflegeaufgaben assistieren. Notfallmanagementsysteme sorgen für eine schnelle Reaktion bei kritischen Ereignissen.

Empfohlene KI-Tools
- **EarlySense:** Eine Plattform zur kontinuierlichen Überwachung von Patienten ohne direkten Kontakt.
- **MediSafe:** Nutzt KI zur Verwaltung und Überwachung von Medikamenteneinnahmen.
- **Care.ai:** Verwendet KI zur Erkennung von Verhaltensänderungen und potenziellen Notfällen bei Patienten.
- **Nursebot:** Ein KI-gestützter Assistent, der Pflegekräften bei der Durchführung von Aufgaben hilft.
- **Vivify Health:** Eine Remote-Überwachungsplattform, die KI zur Analyse von Patientendaten einsetzt.

Grafikdesigner
Anwendungsfelder: Visuelle Kommunikation, Branding, Werbematerialien, Webdesign.

Erläuterung: Grafikdesigner erstellen visuelle Inhalte für verschiedene Medien, um Botschaften zu vermitteln und Marken zu stärken.

Empfohlene KI-Tools
- **Adobe Sensei:** Verwendet KI zur Unterstützung bei der Bildbearbeitung und Designoptimierung in Adobe-Produkten.
- **Canva:** Nutzt KI zur Erstellung und Anpassung von Designvorlagen und Grafiken.
- **Figma:** Setzt KI ein, um die Zusammenarbeit bei Designprojekten zu erleichtern und Designprozesse zu optimieren.
- **AutoDraw:** Verwendet KI zur schnellen Erstellung von Skizzen und Illustrationen.
- **Designify:** Nutzt KI zur Erstellung professioneller Designs und zur Optimierung von visuellem Content.

Gebäudetechniker
Anwendungsfelder: Gebäudemanagement, Wartung von technischen Anlagen, Energiemanagement, Sicherheitsüberwachung.

Erläuterung: Gebäudetechniker sind für die technische Betreuung und Wartung von Gebäuden und deren Anlagen verantwortlich.

Empfohlene KI-Tools
- **BuildingIQ:** Verwendet KI zur Optimierung des Energiemanagements und zur Verbesserung der Gebäudeperformance.
- **Facilio:** Nutzt KI zur Verwaltung und Überwachung von Gebäudetechnik und -wartung.
- **Siemens Desigo CC:** Setzt KI ein, um Gebäudeautomationssysteme zu steuern und zu optimieren.
- **Honeywell Forge:** Verwendet KI zur Analyse und Verbesserung der Gebäudeeffizienz und -sicherheit.

- **IBM Maximo:** Nutzt KI zur Verwaltung und Wartung von Gebäudetechnikanlagen und zur Optimierung von Wartungsprozessen.

Handelsvertreter

Anwendungsfelder: Kundenanalyse, Vertriebsprognose, Kommunikation, Lead-Generierung, Vertragsmanagement.

Erläuterung: KI kann Handelsvertreter unterstützen, indem sie detaillierte Analysen von Kundenverhalten und -präferenzen bereitstellt. Sie hilft auch bei der Erstellung von Vertriebsprognosen und der Generierung neuer Leads. KI-gestützte Kommunikationsplattformen erleichtern den Kontakt mit Kunden, und Vertragsmanagement-Tools sorgen für effiziente und rechtskonforme Abwicklungen.

Empfohlene KI-Tools

- **Salesforce Einstein:** Nutzt KI zur Analyse von Kundenverhalten und zur Vertriebsprognose.
- **HubSpot:** Eine Plattform, die KI zur Lead-Generierung und Kundenkommunikation einsetzt.
- **Chorus.ai:** Verwendet KI zur Analyse von Verkaufsgesprächen und zur Optimierung von Verkaufstaktiken.
- **InsideSales.com:** Nutzt KI zur Vorhersage von Verkaufschancen und zur Optimierung der Vertriebsstrategie.
- **DocuSign:** Ein Tool zur Vertragsverwaltung, das KI zur Sicherstellung von Rechtskonformität und Effizienz einsetzt

Hauswirtschaftler

Anwendungsfelder: Haushaltsplanung, Reinigungsmanagement, Bestandsverwaltung, Ernährungsvorschläge, Pflege von Textilien.

Erläuterung: KI kann Hauswirtschaftler bei der Planung und Verwaltung von Haushaltsaufgaben unterstützen. Sie hilft bei der Erstellung von Einkaufslisten und der Bestandsverwaltung, bietet Ernährungsvorschläge basierend auf individuellen Bedürfnissen und sorgt für die optimale Pflege von Textilien. Auch die Organisation und Planung von Reinigungsaufgaben kann durch KI optimiert werden.

Empfohlene KI-Tools
- **Tody:** Ein KI-gestütztes Tool zur Planung und Verwaltung von Reinigungsaufgaben im Haushalt.
- **Yummly:** Verwendet KI zur Erstellung personalisierter Ernährungsvorschläge und Einkaufslisten.
- **Whisk:** Ein Tool, das KI zur Organisation von Rezepten und zur Bestandsverwaltung in der Küche nutzt.
- **Laundrapp:** Nutzt KI zur Optimierung der Pflege von Textilien und zur Organisation von Wäschelieferdiensten.
- **Homey:** Ein KI-gestütztes Haushaltsmanagement-Tool, das Aufgaben organisiert und den Haushaltsbedarf überwacht.

Hebamme
Anwendungsfelder: Schwangerschaftsüberwachung, Geburtsvorbereitung, Gesundheitsberatung, Terminmanagement, Nachsorge.

Erläuterung: KI kann Hebammen bei der Überwachung der Schwangerschaft unterstützen, indem sie Vitalparameter von Mutter und Kind überwacht und Anomalien frühzeitig erkennt. Sie hilft auch bei der Geburtsvorbereitung und der Gesundheitsberatung, indem sie personalisierte Informationen bereitstellt. Terminmanagement-Tools und Nachsorgeprogramme unterstützen die kontinuierliche Betreuung der Mutter und des Neugeborenen.

Empfohlene KI-Tools
- **Babylon Health:** Nutzt KI zur Gesundheitsüberwachung und Beratung während der Schwangerschaft.
- **Expectful:** Eine Plattform, die KI zur Geburtsvorbereitung und mentalen Unterstützung werdender Mütter einsetzt.
- **Pregnancy+:** Eine App, die KI verwendet, um personalisierte Schwangerschaftsinformationen und Erinnerungen zu liefern.
- **Glow Nurture:** Nutzt KI zur Überwachung der Schwangerschaft und zur Terminplanung.
- **Clue:** Ein KI-gestütztes Tool zur Überwachung des weiblichen Zyklus und zur Unterstützung in der Nachsorgephase.

Heilpraktiker

Anwendungsfelder: Naturheilverfahren, Homöopathie, Akupunktur, Ernährungsberatung.

Erläuterung: Heilpraktiker bieten alternative medizinische Behandlungen und Beratungen zur Förderung der Gesundheit und des Wohlbefindens an.

Empfohlene KI-Tools

- **Herbalist AI:** Verwendet KI zur Identifikation und Empfehlung von Heilkräutern und Naturheilmitteln.
- **PathAI:** Nutzt KI zur Analyse von Gesundheitsdaten und zur Unterstützung der Diagnose und Behandlung.
- **NutriSense:** Setzt KI ein, um personalisierte Ernährungspläne basierend auf individuellen Gesundheitsdaten zu erstellen.
- **MEL Science:** Verwendet KI zur Bereitstellung von wissenschaftlich fundierten Informationen über alternative Heilmethoden.
- **Acupuncture AI:** Nutzt KI zur Optimierung von Akupunkturbehandlungen und zur Erstellung individueller Therapiepläne.

Hochzeitsplaner

Anwendungsfelder: Veranstaltungsplanung, Gästemanagement, Budgetverwaltung, Lieferantenauswahl, Design und Dekoration.

Erläuterung: KI kann Hochzeitsplaner bei der Organisation und Durchführung von Hochzeiten unterstützen, indem sie Veranstaltungselemente optimiert und personalisierte Vorschläge für Dekoration und Ablauf liefert. Sie hilft auch bei der Verwaltung von Gästelisten, der Budgetkontrolle und der Auswahl passender Lieferanten, um den Ablauf so reibungslos wie möglich zu gestalten.

Empfohlene KI-Tools

- **Aisle Planner:** Ein KI-gestütztes Tool zur Planung und Organisation von Hochzeitsveranstaltungen.

- **Zola:** Nutzt KI zur Verwaltung von Gästelisten und zur Budgetplanung für Hochzeiten.
- **WeddingWire:** Eine Plattform, die KI zur Auswahl von Lieferanten und zur Planung von Hochzeitsdetails einsetzt.
- **AllSeated:** Verwendet KI zur Erstellung von 3D-Grundrissen und Sitzplänen für Hochzeiten.
- **Joy:** Ein KI-Tool zur Erstellung von Hochzeitswebseiten und zur Verwaltung von Gästekommunikation.

Hotelfachmann
Anwendungsfelder: Gästebetreuung, Hotelmanagement, Veranstaltungsorganisation, Marketing.

Erläuterung: Hotelfachleute kümmern sich um den reibungslosen Ablauf des Hotelbetriebs und die Zufriedenheit der Gäste.

Empfohlene KI-Tools
- **Revinate:** Verwendet KI zur Verwaltung von Gästebewertungen und zur Verbesserung der Kundenzufriedenheit.
- **RoomRaccoon:** Nutzt KI zur Optimierung des Hotelmanagements, einschließlich Buchungen und Rechnungsstellung.
- **ALICE:** Setzt KI ein, um den Gästeservice zu verbessern und das Personal zu unterstützen.
- **Zingle:** Verwendet KI zur Automatisierung der Gästekommunikation und zur Personalisierung des Services.
- **IDeaS Revenue Solutions:** Nutzt KI zur Optimierung der Preisgestaltung und zur Maximierung der Einnahmen.

Immobilienmakler
Anwendungsfelder: Immobilienbewertung, Marktanalyse, Kundenmatching, Vertragsmanagement, Virtuelle Touren.

Erläuterung: KI kann Immobilienmakler unterstützen, indem sie präzise Immobilienbewertungen durchführt und Marktanalysen erstellt. Sie hilft auch beim Matching von Kunden mit geeigneten Immobilien basierend auf deren Präferenzen. Zudem kann KI den Vertragsprozess automatisieren und virtuelle Touren für potenzielle Käufer erstellen, um die Verkaufschancen zu erhöhen.

Empfohlene KI-Tools
- **Zillow Premier Agent:** Nutzt KI zur Immobilienbewertung und Marktanalyse.
- **Compass:** Eine Plattform, die KI zur Erstellung personalisierter Immobilienvorschläge für Kunden einsetzt.
- **HouseCanary:** Verwendet KI zur Marktprognose und Immobilienbewertung.
- **Matterport:** Ein Tool, das KI zur Erstellung von virtuellen 3D-Touren durch Immobilien nutzt.
- **DocuSign:** Nutzt KI zur Automatisierung und Verwaltung von Immobilienverträgen.

Industriekaufmann
Anwendungsfelder: Prozessoptimierung, Lagerbestandsmanagement, Lieferantenbewertung, Kostenanalyse, Kundenservice.

Erläuterung: KI kann Industriekaufleute bei der Optimierung von Geschäftsprozessen unterstützen, indem sie Daten analysiert und Vorschläge zur Effizienzsteigerung macht. Sie hilft auch beim Lagerbestandsmanagement, indem sie Bedarfsprognosen erstellt, und unterstützt bei der Bewertung von Lieferanten und der Kostenanalyse. Zudem kann KI den Kundenservice automatisieren und verbessern.

Empfohlene KI-Tools
- **SAP Leonardo:** Eine KI-gestützte Plattform zur Prozessoptimierung und Datenanalyse im Industriebereich.
- **Kinaxis:** Nutzt KI zur Lagerbestandsverwaltung und Lieferkettenoptimierung.
- **GEP SMART:** Eine Plattform, die KI zur Lieferantenbewertung und Kostenanalyse einsetzt.
- **Zoho CRM:** Verwendet KI zur Automatisierung und Verbesserung des Kundenservices.

- **Tableau:** Ein Tool zur Datenvisualisierung und Analyse, das KI zur Optimierung von Geschäftsprozessen nutzt.

Industriemechaniker
Anwendungsfelder: Wartung und Instandhaltung von Maschinen und Anlagen, Maschinenbau und -installation, Fertigungstechnik, Produktionsüberwachung.

Erläuterung: Industriemechaniker stellen sicher, dass Maschinen und Produktionsanlagen einwandfrei funktionieren, indem sie regelmäßige Wartungen und Reparaturen durchführen.

Empfohlene KI-Tools
- **UpKeep:** Verwendet KI zur Verwaltung von Wartungsarbeiten und zur Vorhersage von Wartungsbedarf.
- **Augury:** Nutzt KI zur Überwachung und Analyse des Zustands von Maschinen zur Vorhersage von Ausfällen.
- **Fiix:** Setzt KI ein, um Wartungsprozesse zu optimieren und die Effizienz zu steigern.
- **Senseye:** Verwendet KI zur Zustandsüberwachung und vorausschauenden Wartung von Industrieanlagen.
- **IBM Maximo:** Nutzt KI zur Verwaltung von Wartungsarbeiten, zur Asset-Überwachung und zur Fehlerdiagnose.

Informations- und Telekommunikations-Fachmann
Anwendungsfelder: Netzwerküberwachung, IT-Sicherheit, Datenmanagement, Support-Automatisierung, Systemoptimierung.

Erläuterung: KI kann Informations- und Telekommunikations-Fachleute unterstützen, indem sie Netzwerke kontinuierlich überwacht und auf Sicherheitsbedrohungen reagiert. Sie hilft auch beim Datenmanagement, optimiert IT-Systeme und automatisiert den technischen Support, um eine schnellere und effizientere Problemlösung zu gewährleisten.

Empfohlene KI-Tools
- **Splunk:** Nutzt KI zur Netzwerküberwachung und Datenanalyse.
- **Darktrace:** Eine Plattform, die KI zur Erkennung und Abwehr von Cyberangriffen einsetzt.
- **Datadog:** Verwendet KI zur Überwachung und Optimierung von IT-Systemen.
- **Zendesk:** Ein KI-gestütztes Tool zur Automatisierung und Optimierung des technischen Supports.
- **IBM Watson AIOps:** Nutzt KI zur Automatisierung und Optimierung von IT-Operationen und Problemlösungen.

IT-Consultant
Anwendungsfelder: Systemintegration, IT-Sicherheit, Softwareentwicklung, Prozessoptimierung.

Erläuterung: IT-Consultants beraten Unternehmen bei der Auswahl, Implementierung und Optimierung von IT-Systemen und -Prozessen, um die Effizienz und Sicherheit zu steigern.

Empfohlene KI-Tools
- **Splunk:** Verwendet KI zur Überwachung und Analyse von IT-Systemen und zur Erkennung von Sicherheitsvorfällen.
- **Dynatrace:** Nutzt KI zur Leistungsüberwachung und Fehlerdiagnose in IT-Systemen.
- **New Relic:** Setzt KI ein, um Anwendungsleistung zu überwachen und Optimierungspotenziale zu identifizieren.
- **Darktrace:** Verwendet KI zur Erkennung und Abwehr von Cyber-Bedrohungen in Echtzeit.
- **ServiceNow:** Nutzt KI zur Automatisierung von IT-Service-Management-Prozessen und zur Verbesserung der Effizienz.

Journalist
Anwendungsfelder: Recherche und Berichterstattung, Redaktionsarbeit, Multimedia-Produktion, Moderation.

Erläuterung: Journalisten sammeln Informationen, schreiben Artikel und berichten über aktuelle Ereignisse für verschiedene Medien.

Empfohlene KI-Tools
- **Grammarly:** Verwendet KI zur Verbesserung der Schreibqualität und zur Fehlererkennung.
- **Wordsmith:** Nutzt KI zur Automatisierung der Erstellung von Nachrichtenartikeln und Berichten.
- **Hootsuite:** Setzt KI ein, um die Verwaltung von Social-Media-Kanälen und die Analyse von Trends zu erleichtern.
- **BuzzSumo:** Verwendet KI zur Identifikation von trendenden Themen und zur Content-Strategie.
- **Narrative Science:** Nutzt KI zur Erstellung datengestützter Artikel und Berichte.

Jurist
Anwendungsfelder: Rechtsberatung, Vertragsgestaltung, Prozessführung, Compliance.

Erläuterung: Juristen bieten rechtliche Beratung und Unterstützung, vertreten Mandanten vor Gericht und helfen bei der Einhaltung von Gesetzen und Vorschriften.

Empfohlene KI-Tools
- **LexisNexis:** Verwendet KI zur Recherche und Analyse von Rechtsinformationen und Fallrecht.
- **ROSS Intelligence:** Nutzt KI zur Unterstützung bei der Rechtsrecherche und zur Beantwortung von Rechtsfragen.
- **LawGeex:** Setzt KI ein, um Verträge automatisch zu prüfen und zu analysieren.
- **Kira Systems:** Verwendet KI zur Überprüfung und Analyse von Verträgen und Rechtsdokumenten.
- **eBrevia:** Nutzt KI zur Extraktion und Analyse von Daten aus rechtlichen Dokumenten und zur Vertragsprüfung.

Justizfachangestellter
Anwendungsfelder: Dokumentenmanagement, Fallrecherche, Fristenkontrolle, Vertragsmanagement, Verfahrensunterstützung.

Erläuterung: KI kann Justizfachangestellte bei der Verwaltung und Organisation von juristischen Dokumenten unterstützen, indem sie relevante Informationen schnell zugänglich macht und Fristen überwacht. Sie hilft auch bei der Recherche nach Präzedenzfällen und bei der Verwaltung von Verträgen. Zudem kann KI den gesamten Verfahrensablauf durch automatisierte Unterstützung effizienter gestalten.

Empfohlene KI-Tools
- **Everlaw:** Nutzt KI zur Verwaltung von juristischen Dokumenten und zur Recherche nach Präzedenzfällen.
- **Clio:** Eine Plattform, die KI zur Fristenkontrolle und Dokumentenverwaltung einsetzt.
- **LexisNexis:** Verwendet KI zur Fallrecherche und Analyse juristischer Informationen.
- **DocuSign:** Ein KI-gestütztes Tool zur Verwaltung und Automatisierung von Verträgen.
- **Relativity:** Nutzt KI zur Dokumentenprüfung und zur Unterstützung bei komplexen juristischen Verfahren.

Kaufmann im Einzelhandel
Anwendungsfelder: Verkaufsberatung, Warenwirtschaft, Kundenservice, Verkaufsförderung.

Erläuterung: Einzelhandelskaufleute beraten Kunden, verwalten Lagerbestände und sorgen für eine ansprechende Präsentation der Waren.

Empfohlene KI-Tools
- **Shopify:** Verwendet KI zur Verwaltung von E-Commerce-Plattformen und zur Verkaufsförderung.
- **QuickBooks:** Nutzt KI zur Optimierung der Warenwirtschaft und zur Buchführung.
- **Clerk.io:** Setzt KI ein, um personalisierte Produktempfehlungen und Verkaufsstrategien zu entwickeln.

- **Talkdesk:** Verwendet KI zur Verbesserung des Kundenservices und zur Automatisierung von Kundenanfragen.
- **TradeGecko:** Nutzt KI zur Verwaltung von Lagerbeständen und zur Optimierung von Bestellprozessen.

Koch
Anwendungsfelder: Rezeptentwicklung, Menüplanung, Bestandsmanagement, Nährwertanalyse, Küchenorganisation.

Erläuterung: KI kann Köchen helfen, innovative Rezepte zu entwickeln und Menüs basierend auf saisonalen Zutaten und Kundenpräferenzen zu planen. Sie unterstützt auch bei der Verwaltung von Vorräten und analysiert den Nährwert von Gerichten. Darüber hinaus optimiert KI die Küchenorganisation, indem sie Arbeitsabläufe und Ressourcen effizient plant.

Empfohlene KI-Tools
- **Chef Watson (IBM):** Nutzt KI zur Kreation neuer Rezepte und zur Kombination ungewöhnlicher Zutaten.
- **Apicbase:** Eine Plattform, die KI zur Menüplanung und Bestandsverwaltung in der Gastronomie einsetzt.
- **Nutritics:** Verwendet KI zur Nährwertanalyse von Speisen und zur Erstellung gesunder Menüs.
- **Koomi:** Ein KI-gestütztes Tool zur Optimierung der Küchenorganisation und Ressourcenverwaltung.
- **Tock:** Nutzt KI zur Planung von Reservierungen und zur Optimierung des Gästemanagements.

Konstrukteur
Anwendungsfelder: Maschinenbau, Fahrzeugtechnik, Produktentwicklung, CAD-Design.

Erläuterung: Konstrukteure entwickeln und entwerfen technische Produkte und Systeme, oft mithilfe von Computer-Aided Design (CAD) Software.

Empfohlene KI-Tools
- **SolidWorks:** Verwendet KI zur Unterstützung bei der Konstruktion und Simulation technischer Produkte.
- **AutoCAD:** Nutzt KI zur Erstellung präziser technischer Zeichnungen und zur Planung von Konstruktionen.
- **Fusion 360:** Setzt KI ein, um Konstruktionsprozesse zu automatisieren und zu optimieren.
- **Onshape:** Verwendet KI zur kollaborativen Konstruktion und zur Verwaltung von CAD-Daten.
- **CATIA:** Nutzt KI zur Entwicklung und Simulation komplexer technischer Systeme und Produkte.

Kosmetiker
Anwendungsfelder: Hautanalyse, Produktberatung, Terminmanagement, Kundenmanagement, Trendprognose.

Erläuterung: KI kann Kosmetikern helfen, Hauttypen und Hautprobleme genau zu analysieren und darauf basierend passende Produkte zu empfehlen. Sie unterstützt auch bei der Verwaltung von Terminen und Kundenprofilen sowie bei der Vorhersage neuer Schönheits- und Pflegetrends.

Empfohlene KI-Tools
- **SkinVision:** Ein KI-Tool zur Analyse von Hautbildern, das Risiken wie Hautkrebs frühzeitig erkennen kann.
- **Revieve:** Nutzt KI zur personalisierten Hautpflegeberatung und Produktvorschlägen.
- **Fresha:** Eine Plattform, die KI zur Terminplanung und Kundenverwaltung im Kosmetikbereich einsetzt.
- **L'Oréal Perso:** Ein KI-gestütztes Gerät, das Hautanalysen durchführt und personalisierte Pflegeprodukte erstellt.
- **Perfect Corp (YouCam):** Verwendet KI zur virtuellen Anprobe von Make-up und zur Produktberatung.

Kulturmanager
Anwendungsfelder: Veranstaltungsplanung, Zielgruppenanalyse, Marketingstrategie, Projektmanagement, Fördermittelverwaltung.

Erläuterung: KI kann Kulturmanager unterstützen, indem sie bei der Planung und Organisation von Veranstaltungen hilft und Zielgruppenanalysen durchführt, um das Marketing zu optimieren. Sie unterstützt auch bei der Verwaltung von Projekten und der Suche nach Fördermitteln, indem sie passende Programme und Finanzierungsmöglichkeiten vorschlägt.

Empfohlene KI-Tools
- **Eventbrite:** Eine Plattform, die KI zur Planung und Vermarktung von Kulturveranstaltungen einsetzt.
- **Audience Finder:** Nutzt KI zur Analyse und Segmentierung von Zielgruppen für Kulturveranstaltungen.
- **Asana:** Ein KI-gestütztes Tool zur Projekt- und Teamkoordination im Kulturmanagement.
- **Patreon:** Verwendet KI zur Verwaltung von Fördermitteln und zur Unterstützung von Künstlern durch Crowdfunding.
- **HubSpot:** Nutzt KI zur Entwicklung und Umsetzung von Marketingstrategien im Kulturbereich.

Landschaftsgärtner
Anwendungsfelder: Garten- und Landschaftsbau, Pflege von Grünanlagen, Planung und Gestaltung von Außenanlagen, Naturschutz.

Erläuterung: Landschaftsgärtner planen, gestalten und pflegen Außenanlagen und Gärten und tragen zum Naturschutz bei.

Empfohlene KI-Tools
- **iScape:** Verwendet KI zur Planung und Visualisierung von Landschaftsprojekten.
- **AutoDesk LandFX:** Nutzt KI zur Erstellung und Verwaltung von Landschaftsdesigns und zur Planung von Bewässerungssystemen.

- **HortNote:** Setzt KI ein, um Pflanzenpflege zu optimieren und Pflanzenkrankheiten frühzeitig zu erkennen.
- **SiteOne:** Verwendet KI zur Verwaltung von Projekten und zur Optimierung der Landschaftspflege.
- **Garden Planner:** Nutzt KI zur Erstellung und Visualisierung von Gartenplänen und zur Pflanzenverwaltung.

Lehrer
Anwendungsfelder: Lernfortschrittsanalyse, Unterrichtsplanung, personalisiertes Lernen, Prüfungsbewertung, Kommunikation mit Schülern und Eltern.

Erläuterung: KI kann Lehrern helfen, den Lernfortschritt der Schüler zu analysieren und Unterrichtspläne zu erstellen, die auf die individuellen Bedürfnisse der Schüler zugeschnitten sind. Sie unterstützt auch bei der automatisierten Bewertung von Prüfungen und erleichtert die Kommunikation mit Schülern und Eltern durch personalisierte Nachrichten und Feedback.

Empfohlene KI-Tools
- **Knewton:** Nutzt KI zur Analyse des Lernverhaltens und zur Anpassung des Unterrichtsmaterials an die Bedürfnisse der Schüler.
- **Gradescope:** Eine Plattform, die KI zur automatisierten Bewertung von Prüfungen und Aufgaben einsetzt.
- **Edmodo:** Verwendet KI zur Kommunikation mit Schülern und Eltern und zur Verwaltung des Unterrichts.
- **Squirrel AI:** Nutzt KI für personalisiertes Lernen und adaptive Lernwege.
- **Remind:** Ein Tool, das KI zur Organisation und Vereinfachung der Kommunikation zwischen Lehrern, Schülern und Eltern einsetzt.

Logistiker
Anwendungsfelder: Warenwirtschaft, Transportplanung, Lagerverwaltung, Supply Chain Management.

Erläuterung: Logistiker sorgen für den reibungslosen Fluss von Waren und Materialien innerhalb und außerhalb von Unternehmen.

Empfohlene KI-Tools
- **SAP Integrated Business Planning (IBP):** Verwendet KI zur Optimierung von Supply-Chain-Prozessen und zur Planung.
- **Flexport:** Nutzt KI zur Optimierung von Transportprozessen und zur Verbesserung der Transparenz in der Lieferkette.
- **Kuebix:** Setzt KI ein, um Transportmanagementsysteme zu verbessern und Frachtrouten zu optimieren.
- **Zebra Technologies:** Verwendet KI zur Überwachung und Verwaltung von Lagerbeständen und zur Optimierung der Lagerlogistik.
- **FourKites:** Nutzt KI zur Echtzeitverfolgung von Lieferungen und zur Verbesserung der Supply-Chain-Transparenz.

Maler
Anwendungsfelder: Farbanalyse, Mustererkennung, Designvorschläge, Projektmanagement, Farbvorhersage.

Erläuterung: KI kann Malern bei der Analyse von Farben und der Erkennung von Mustern helfen, um harmonische Farbkombinationen zu entwickeln. Sie unterstützt auch bei der Erstellung von Designvorschlägen und der Verwaltung von Projekten. Zudem kann KI-Farbtrends vorhersagen und so bei der Auswahl passender Farbschemata beraten.

Empfohlene KI-Tools
- **ColorSnap (Sherwin-Williams):** Nutzt KI zur Farbanalyse und Erstellung von Farbkombinationen.
- **Paintzen:** Eine Plattform, die KI zur Planung und Verwaltung von Malerprojekten einsetzt.
- **PANTONE Studio:** Verwendet KI zur Farbvorhersage und zur Erstellung von Farbschemata.
- **Houzz:** Nutzt KI zur Erstellung von Designvorschlägen und zur Visualisierung von Raumgestaltungen.

- **Project Color (Home Depot):** Ein KI-gestütztes Tool zur Farbauswahl und Visualisierung von Anstrichen.

Marketingmanager

Anwendungsfelder: Marktforschung, Werbekampagnen, Produktentwicklung, Vertriebsunterstützung.

Erläuterung: Marketingmanager entwickeln Strategien zur Vermarktung von Produkten und Dienstleistungen und führen Marketingkampagnen durch.

Empfohlene KI-Tools

- **HubSpot:** Verwendet KI zur Automatisierung von Marketingprozessen und zur Analyse von Kampagnenergebnissen.
- **Marketo:** Nutzt KI zur Erstellung und Verwaltung personalisierter Marketingkampagnen.
- **Hootsuite:** Setzt KI ein, um Social-Media-Marketing zu optimieren und Trends zu analysieren.
- **Google Analytics:** Verwendet KI zur Analyse von Webdaten und zur Optimierung von Marketingstrategien.
- **Sprout Social:** Nutzt KI zur Verwaltung von Social-Media-Kanälen und zur Analyse von Nutzerinteraktionen.

Maschinenbauer

Anwendungsfelder: Produktentwicklung, Prozessoptimierung, Qualitätskontrolle, Wartungsmanagement, Fertigungsautomation.

Erläuterung: KI kann Maschinenbauern bei der Entwicklung neuer Produkte und der Optimierung von Fertigungsprozessen helfen. Sie unterstützt auch bei der Qualitätskontrolle durch die Überwachung von Produktionsdaten und bei der vorausschauenden Wartung von Maschinen. Zudem kann KI die Automation in der Fertigung steigern, indem sie Arbeitsabläufe effizienter gestaltet.

Empfohlene KI-Tools
- **Siemens MindSphere:** Eine Plattform, die KI zur Prozessoptimierung und Qualitätskontrolle in der Fertigung einsetzt.
- **Autodesk Fusion 360:** Nutzt KI zur Produktentwicklung und Designoptimierung im Maschinenbau.
- **Uptake:** Verwendet KI zur vorausschauenden Wartung und Überwachung von Maschinen.
- **Tulip:** Eine Plattform, die KI zur Fertigungsautomation und Prozessverbesserung nutzt.
- **Dassault Systèmes:** Nutzt KI zur Simulation und Optimierung von Fertigungsprozessen.

Mechatroniker
Anwendungsfelder: Entwicklung und Wartung von mechatronischen Systemen, Automobilindustrie, Robotik und Automatisierung, Medizintechnik.

Erläuterung: Mechatroniker kombinieren Mechanik, Elektronik und Informatik, um komplexe Systeme zu entwickeln und zu warten, die in verschiedenen Industrien eingesetzt werden.

Empfohlene KI-Tools
- **SolidWorks:** Verwendet KI zur Unterstützung bei der Konstruktion und Simulation mechatronischer Systeme.
- **MATLAB/Simulink:** Nutzt KI zur Modellierung und Simulation mechatronischer Systeme.
- **AutoCAD:** Setzt KI zur Erstellung präziser technischer Zeichnungen und zur Planung mechatronischer Systeme ein.
- **LabVIEW:** Verwendet KI zur Entwicklung und Überwachung von Steuerungssystemen in der Mechatronik.
- **RobotStudio:** Nutzt KI zur Programmierung und Simulation von Robotersystemen in der Automatisierungstechnik.

Mediengestalter

Anwendungsfelder: Print- und Digitalmedien, Layoutgestaltung, Bildbearbeitung, Videoproduktion.

Erläuterung: Mediengestalter erstellen visuelle und multimediale Inhalte für verschiedene Kommunikationskanäle.

Empfohlene KI-Tools

- **Adobe Creative Cloud:** Verwendet KI zur Unterstützung bei der Bildbearbeitung, Layoutgestaltung und Videoproduktion.
- **Canva:** Nutzt KI zur Erstellung und Anpassung von Designvorlagen und Grafiken.
- **Figma:** Setzt KI ein, um die Zusammenarbeit bei Designprojekten zu erleichtern und Designprozesse zu optimieren.
- **Piktochart:** Verwendet KI zur Erstellung von Infografiken und visuellen Inhalten.
- **Desygner:** Nutzt KI zur einfachen Erstellung und Bearbeitung von Designs für verschiedene Medien.

Medizinische Assistentin, MTA, MFA

Anwendungsfelder: Patientenverwaltung, Diagnostikunterstützung, Terminplanung, Dokumentationsmanagement, Telemedizin.

Erläuterung: KI kann medizinischen Assistenten, MTA und MFA dabei helfen, Patienten effizient zu verwalten und Diagnosen zu unterstützen, indem sie medizinische Daten analysiert und relevante Informationen bereitstellt. Sie unterstützt auch bei der Terminplanung und Dokumentation, sowie bei der Bereitstellung von Telemedizin-Diensten, um die Patientenversorgung zu verbessern.

Empfohlene KI-Tools

- **Epic Systems:** Nutzt KI zur Patientenverwaltung und zur Unterstützung der Diagnostik.
- **DeepMind Health:** Eine Plattform, die KI zur Analyse medizinischer Daten und zur Unterstützung bei Diagnosen einsetzt.

- **Zocdoc:** Verwendet KI zur Optimierung der Terminplanung und Verwaltung von Patientenanfragen.
- **Nuance Dragon Medical One:** Nutzt KI zur Dokumentation und Spracherkennung in medizinischen Praxen.
- **Teladoc Health:** Eine KI-gestützte Plattform zur Bereitstellung von Telemedizin-Diensten und Fernüberwachung von Patienten.

Naturschutzbeauftragter
Anwendungsfelder: Umweltüberwachung, Artenbestimmung, Gefährdungsanalysen, Projektmanagement, Öffentlichkeitsarbeit.

Erläuterung: KI kann Naturschutzbeauftragte bei der Überwachung von Umweltbedingungen und der Bestimmung von Tier- und Pflanzenarten unterstützen. Sie hilft auch bei der Analyse von Gefährdungen und Risiken für bestimmte Ökosysteme, bei der Verwaltung von Naturschutzprojekten und bei der Öffentlichkeitsarbeit, um das Bewusstsein für Naturschutzthemen zu fördern.

Empfohlene KI-Tools
- **eBird:** Nutzt KI zur Artenbestimmung und Überwachung von Vogelpopulationen.
- **Global Forest Watch:** Eine Plattform, die KI zur Überwachung von Waldveränderungen und Entwaldung einsetzt.
- **Wildlife Insights:** Verwendet KI zur Analyse von Kamerafallenbildern und zur Identifikation von Tierarten.
- **Envirosuite:** Nutzt KI zur Überwachung und Analyse von Umweltbedingungen in Echtzeit.
- **EcoAct:** Eine Plattform, die KI zur Bewertung und Verwaltung von Naturschutzprojekten und zur Öffentlichkeitsarbeit nutzt.

Netzwerkadministrator
Anwendungsfelder: Verwaltung und Überwachung von Netzwerken, IT-Sicherheit, Support und Troubleshooting, Planung und Implementierung von Netzwerkstrukturen.

Erläuterung: Netzwerkadministratoren sorgen für die reibungslose Funktion und Sicherheit von Unternehmensnetzwerken, indem sie diese überwachen, konfigurieren und warten.

Empfohlene KI-Tools
- **SolarWinds:** Verwendet KI zur Überwachung und Verwaltung von Netzwerken und zur Fehlerdiagnose.
- **Paessler PRTG:** Nutzt KI zur Netzwerküberwachung und zur Erkennung von Anomalien.
- **Cisco DNA Center:** Setzt KI ein, um Netzwerke zu verwalten, zu optimieren und sicher zu machen.
- **Nmap:** Verwendet KI zur Netzwerksicherheit und zur Erkennung von Schwachstellen.
- **Wireshark:** Nutzt KI zur Analyse des Netzwerkverkehrs und zur Fehlerbehebung.

Notar
Anwendungsfelder: Beurkundung von Rechtsgeschäften, Beglaubigung von Dokumenten, Nachlassregelungen, Grundstücksgeschäfte.

Erläuterung: Notare beurkunden wichtige Rechtsgeschäfte und Dokumente und bieten rechtliche Beratung in verschiedenen Bereichen.

Empfohlene KI-Tools
- **DocuSign:** Verwendet KI zur digitalen Signatur und zur Verwaltung von Dokumenten.
- **Notarize:** Nutzt KI zur Online-Notarisierung und zur Verifizierung von Dokumenten.
- **Kira Systems:** Setzt KI ein, um juristische Dokumente zu analysieren und zu verwalten.
- **Clause:** Verwendet KI zur Erstellung und Verwaltung von Verträgen mit intelligenten Klauseln.
- **eBrevia:** Nutzt KI zur Extraktion und Analyse von Daten aus juristischen Dokumenten.

Office Manager

Anwendungsfelder: Büroorganisation, Terminplanung, Dokumentenmanagement, Kommunikation, Ressourcenverwaltung.

Erläuterung: KI kann Office Manager bei der effizienten Organisation von Büroabläufen unterstützen, indem sie Aufgaben wie Terminplanung, Dokumentenverwaltung und Kommunikation automatisiert. Sie hilft auch bei der Verwaltung von Büromaterialien und Ressourcen, um den reibungslosen Ablauf im Büro sicherzustellen.

Empfohlene KI-Tools

- **Microsoft 365 Copilot:** Nutzt KI zur Automatisierung von Büroaufgaben wie Terminplanung und Dokumentenmanagement.
- **Evernote:** Eine Plattform, die KI zur Organisation und Verwaltung von Notizen und Dokumenten einsetzt.
- **Slack:** Verwendet KI zur Optimierung der Kommunikation und Zusammenarbeit im Büro.
- **Trello:** Ein KI-gestütztes Tool zur Projekt- und Aufgabenverwaltung im Büro.
- **Spendesk:** Nutzt KI zur Verwaltung von Bürokosten und Ressourcen.

Operationsmanager

Anwendungsfelder: Betriebsleitung, Prozessoptimierung, Qualitätsmanagement, Produktionsplanung.

Erläuterung: Operations Manager sind für die effiziente und effektive Organisation von Betriebsabläufen und Produktionsprozessen verantwortlich.

Empfohlene KI-Tools:

Tableau: Verwendet KI zur Datenvisualisierung und Analyse zur Unterstützung von Entscheidungsprozessen.

- **Asana:** Nutzt KI zur Projektmanagement und zur Optimierung von Arbeitsabläufen.
- **Process Street:** Setzt KI ein, um betriebliche Prozesse zu dokumentieren und zu optimieren.

- **UiPath:** Verwendet KI zur Automatisierung von Geschäftsprozessen und zur Steigerung der Effizienz.
- **Kissflow:** Nutzt KI zur Verwaltung und Optimierung von Betriebsabläufen und zur Prozessautomatisierung.

Optiker

Anwendungsfelder: Augenuntersuchungen, Brillen- und Kontaktlinsenanpassung, Verkauf von Sehhilfen, Kundenberatung.

Erläuterung: Optiker führen Sehtests durch, passen Brillen und Kontaktlinsen an und beraten Kunden bei der Auswahl von Sehhilfen.

Empfohlene KI-Tools:

Smart Vision Labs: Verwendet KI zur Durchführung von mobilen Sehtests und zur Analyse von Augenproblemen.

- **EyeQue:** Nutzt KI zur Selbstüberprüfung der Sehstärke und zur Anpassung von Brillenrezepten.
- **Topcon:** Setzt KI ein, um Augenuntersuchungen zu analysieren und Diagnosen zu unterstützen.
- **Smart Mirror:** Verwendet KI zur virtuellen Anprobe von Brillen und zur Beratung bei der Auswahl von Sehhilfen.
- **CLX:** Nutzt KI zur Verwaltung und Optimierung des Verkaufs von Kontaktlinsen und zur Bestandsverwaltung.

Personalberater

Anwendungsfelder: Kandidatensuche, Eignungsbewertung, Interviewplanung, Talentmanagement, Marktanalyse.

Erläuterung: KI kann Personalberater bei der Suche nach geeigneten Kandidaten unterstützen, indem sie Bewerberprofile analysiert und bewertet. Sie hilft auch bei der Planung und Durchführung von Interviews und bei der Verwaltung von Talenten. Darüber hinaus kann KI-Marktanalysen durchführen, um die besten Strategien zur Gewinnung von Fachkräften zu identifizieren.

Empfohlene KI-Tools
- **LinkedIn Talent Insights:** Nutzt KI zur Analyse und Suche nach geeigneten Kandidaten.
- **HireVue:** Eine Plattform, die KI zur Bewertung und Analyse von Vorstellungsgesprächen einsetzt.
- **Pymetrics:** Verwendet KI zur Eignungsbewertung und zur Identifikation von Talenten.
- **Workable:** Nutzt KI zur Optimierung des Bewerbermanagements und der Kandidatensuche.
- **Glint:** Ein Tool zur Analyse von Mitarbeiterengagement und zur Verbesserung des Talentmanagements.

Personal Trainer
Anwendungsfelder: Fitnessberatung, Erstellung von Trainingsplänen, Ernährungsberatung, Motivationstraining.

Erläuterung: Personal Trainer erstellen individuelle Trainings- und Ernährungspläne, um ihre Kunden bei der Erreichung ihrer Fitnessziele zu unterstützen.

Empfohlene KI-Tools
- **Fitbod:** Verwendet KI zur Erstellung personalisierter Trainingspläne basierend auf den Fortschritten und Zielen des Benutzers.
- **MyFitnessPal:** Nutzt KI zur Ernährungsüberwachung und zur Erstellung von Ernährungsplänen.
- **TrainHeroic:** Setzt KI ein, um Trainingsprogramme zu erstellen und die Leistung zu analysieren.
- **Jefit:** Verwendet KI zur Planung und Verfolgung von Workouts sowie zur Bereitstellung von Fitnessanalysen.
- **Noom:** Nutzt KI zur Unterstützung bei der Verhaltensänderung und zur Bereitstellung von Motivationstraining und Ernährungsberatung.

Pharmazeut
Anwendungsfelder: Arzneimittelentwicklung, Wirkstoffanalyse, Medikamentenberatung, Qualitätskontrolle, Patientenüberwachung.

Erläuterung: KI kann Pharmazeuten bei der Entwicklung neuer Medikamente und der Analyse von Wirkstoffen unterstützen, indem sie große Mengen an wissenschaftlichen Daten analysiert. Sie hilft auch bei der Beratung von Patienten hinsichtlich der Anwendung von Medikamenten und bei der Qualitätskontrolle von pharmazeutischen Produkten. Zudem kann KI zur Überwachung von Patienten eingesetzt werden, um die Wirksamkeit und Sicherheit von Medikamenten zu gewährleisten.

Empfohlene KI-Tools
- **Atomwise:** Nutzt KI zur Wirkstoffsuche und -analyse in der Arzneimittelentwicklung.
- **BenevolentAI:** Eine Plattform, die KI zur Entdeckung neuer Medikamente und Therapien einsetzt.
- **Pharma.ai:** Verwendet KI zur Analyse von wissenschaftlichen Daten und zur Optimierung von Medikamentenentwicklungen.
- **MedeAnalytics:** Nutzt KI zur Patientenüberwachung und zur Verbesserung der Medikamentensicherheit.
- **Recursion Pharmaceuticals:** Ein KI-gestütztes Tool zur Analyse von zellbiologischen Daten und zur Wirkstoffentwicklung.

Physiotherapeut
Anwendungsfelder: Bewegungsanalyse, Therapieplanung, Patientencoaching, Fortschrittsüberwachung, Tele-Rehabilitation.

Erläuterung: KI kann Physiotherapeuten unterstützen, indem sie Bewegungsanalysen durchführt und individuelle Therapiepläne erstellt. Sie hilft auch bei der Überwachung des Therapieerfolgs und bietet personalisierte Coaching-Möglichkeiten für Patienten. Zudem kann KI zur Tele-Rehabilitation eingesetzt werden, um Patienten aus der Ferne zu betreuen und ihre Fortschritte zu verfolgen.

Empfohlene KI-Tools
- **Kaia Health:** Nutzt KI zur Erstellung personalisierter Physiotherapiepläne und zur Bewegungsanalyse.
- **PhysiApp:** Eine Plattform, die KI zur Überwachung von Therapieerfolgen und zur Betreuung von Patienten einsetzt.
- **Hinge Health:** Verwendet KI zur Analyse von Bewegungen und zur Erstellung von individuellen Therapieplänen.

- **Rex Bionics:** Nutzt KI zur Unterstützung von Physiotherapeuten bei der Rehabilitation von Patienten mit Gehbehinderungen.
- **Zibrio:** Ein Tool zur Analyse des Gleichgewichts und zur Unterstützung von physiotherapeutischen Behandlungen.

Produktmanager
Anwendungsfelder: Marktforschung, Produktentwicklung, Kundenfeedbackanalyse, Roadmap-Planung, Preisgestaltung.

Erläuterung: KI kann Produktmanager bei der Durchführung von Marktforschung unterstützen, indem sie Daten zu Trends und Kundenpräferenzen analysiert. Sie hilft auch bei der Entwicklung neuer Produkte und der Analyse von Kundenfeedback. Darüber hinaus kann KI bei der Planung von Produkt-Roadmaps und der Festlegung von Preisstrategien eingesetzt werden, um die Wettbewerbsfähigkeit zu maximieren.

Empfohlene KI-Tools
- **Productboard:** Nutzt KI zur Analyse von Kundenfeedback und zur Priorisierung von Produktfunktionen.
- **Crimson Hexagon:** Eine Plattform, die KI zur Marktforschung und Analyse von Konsumentenstimmungen einsetzt.
- **Aha!:** Verwendet KI zur Planung von Produkt-Roadmaps und zur Definition von Produktstrategien.
- **Qualtrics:** Nutzt KI zur Analyse von Kundenfeedback und zur Verbesserung von Produkten und Dienstleistungen.
- **PROS:** Ein Tool, das KI zur Preisgestaltung und Optimierung von Verkaufsstrategien einsetzt.

Programmierer
Anwendungsfelder: Code-Generierung, Fehlererkennung, Automatisierung, Code-Optimierung, Projektmanagement.

Erläuterung: KI kann Programmierer unterstützen, indem sie Code automatisch generiert und Fehler im Code erkennt. Sie hilft auch bei der Automatisierung von Entwicklungsprozessen und bei der Optimierung von bestehenden Code-Strukturen. Zudem kann KI das Projektmanagement erleichtern, indem sie den Fortschritt überwacht und Aufgaben effizient zuteilt.

Empfohlene KI-Tools
- **GitHub Copilot:** Nutzt KI zur automatischen Code-Generierung und zur Unterstützung bei der Programmierung.
- **DeepCode:** Eine Plattform, die KI zur Erkennung von Fehlern und Sicherheitslücken im Code einsetzt.
- **Tabnine:** Verwendet KI zur Code-Vervollständigung und zur Optimierung von Programmierprozessen.
- **CircleCI:** Nutzt KI zur Automatisierung von Tests und zur kontinuierlichen Integration in Softwareprojekten.
- **JIRA (Atlassian):** Ein Tool, das KI zur Verwaltung von Softwareprojekten und zur Aufgabenverteilung einsetzt.

Projektmanager
Anwendungsfelder: Projektplanung und -steuerung, Ressourcenmanagement, Risikoanalyse, Teamführung.

Erläuterung: Projektmanager sind verantwortlich für die Planung, Durchführung und den Abschluss von Projekten innerhalb vorgegebener Zeit- und Budgetrahmen.

Empfohlene KI-Tools
- **Asana:** Verwendet KI zur Verwaltung von Aufgaben und zur Optimierung der Teamarbeit.
- **Trello:** Nutzt KI zur visuellen Organisation und Verwaltung von Projekten.
- **Monday.com:** Setzt KI ein, um Projektmanagementprozesse zu automatisieren und zu optimieren.
- **Smartsheet:** Verwendet KI zur Erstellung und Verwaltung von Projektplänen und zur Ressourcenüberwachung.
- **Wrike:** Nutzt KI zur Analyse von Projektdaten und zur Verbesserung der Projektleistung und -effizienz.

Qualitätsmanager
Anwendungsfelder: Qualitätskontrolle, Prozessoptimierung, Zertifizierungen, Kundenreklamationen.

Erläuterung: Qualitätsmanager überwachen und verbessern die Qualität von Produkten und Prozessen, um die Kundenzufriedenheit sicherzustellen.

Empfohlene KI-Tools
- **Qualtrics:** Verwendet KI zur Erfassung und Analyse von Kundenzufriedenheitsdaten.
- **Minitab:** Nutzt KI zur statistischen Analyse und Prozessverbesserung.
- **QPR ProcessAnalyzer:** Setzt KI ein, um Prozessdaten zu analysieren und Optimierungsmöglichkeiten zu identifizieren.
- **Smart Quality:** Verwendet KI zur Überwachung und Analyse von Qualitätskennzahlen in Echtzeit.
- **Siemens Quality Management:** Nutzt KI zur Verwaltung von Qualitätsprozessen und zur Einhaltung von Standards.

Quantenphysiker
Anwendungsfelder: Forschung und Entwicklung, theoretische Physik, Materialwissenschaften, Technologieentwicklung.

Erläuterung: Quantenphysiker erforschen die Eigenschaften und Verhaltensweisen von Materie und Energie auf subatomarer Ebene und entwickeln neue Technologien.

Empfohlene KI-Tools
- **IBM Quantum Experience:** Verwendet KI zur Durchführung und Analyse von Quantenexperimenten.
- **QuTiP:** Nutzt KI zur Simulation und Analyse von Quantenmechanischen Systemen.
- **TensorFlow Quantum:** Setzt KI zur Entwicklung und Simulation von Quantenalgorithmen ein.
- **Microsoft Quantum Development Kit:** Verwendet KI zur Entwicklung von Quanten-Computing-Anwendungen.
- **Quantum Inspire:** Nutzt KI zur Durchführung von Quantenexperimenten und zur Analyse von Ergebnissen.

Rechtsanwalt

Anwendungsfelder: Rechtsberatung, Prozessführung, Vertragsgestaltung, Mediation.

Erläuterung: Rechtsanwälte vertreten Mandanten in rechtlichen Angelegenheiten und bieten Beratung und Unterstützung bei der Lösung von Rechtsstreitigkeiten.

Empfohlene KI-Tools

- **LexisNexis:** Verwendet KI zur Recherche und Analyse von Rechtsinformationen und Fallrecht.
- **ROSS Intelligence:** Nutzt KI zur Unterstützung bei der Rechtsrecherche und zur Beantwortung von Rechtsfragen.
- **LawGeex:** Setzt KI ein, um Verträge automatisch zu prüfen und zu analysieren.
- **Kira Systems:** Verwendet KI zur Überprüfung und Analyse von Verträgen und Rechtsdokumenten.
- **eBrevia:** Nutzt KI zur Extraktion und Analyse von Daten aus rechtlichen Dokumenten und zur Vertragsprüfung.

Redakteur

Anwendungsfelder: Inhaltserstellung, Themenrecherche, Textoptimierung, SEO-Analyse, Leserfeedback-Analyse.

Erläuterung: KI kann Redakteuren bei der schnellen Erstellung und Optimierung von Inhalten helfen, indem sie relevante Themen vorschlägt und Texte verbessert. Sie unterstützt auch bei der SEO-Analyse, um die Sichtbarkeit von Inhalten zu erhöhen, und bei der Analyse von Leserfeedback, um Inhalte besser an die Zielgruppe anzupassen.

Empfohlene KI-Tools

- **Jasper (ehemals Jarvis):** Nutzt KI zur automatischen Erstellung und Optimierung von Inhalten.
- **BuzzSumo:** Eine Plattform, die KI zur Themenrecherche und zur Identifizierung von Trendthemen einsetzt.

- **Grammarly:** Verwendet KI zur Textoptimierung und zur Verbesserung der Lesbarkeit.
- **Yoast SEO:** Nutzt KI zur Analyse und Optimierung von Inhalten für Suchmaschinen.
- **Chartbeat:** Ein Tool, das KI zur Analyse von Leserfeedback und zur Optimierung von Inhalten in Echtzeit einsetzt.

Regisseur für Film- und Videoaufnahmen

Anwendungsfelder: Drehbuchanalyse, Szenenplanung, Kameraführung, Schnittoptimierung, Spezialeffekte.

Erläuterung: KI kann Regisseuren bei der Analyse von Drehbüchern und der Planung von Szenen helfen, indem sie Vorschläge für die besten Kameraeinstellungen und Bewegungen macht. Zudem unterstützt KI bei der Schnittoptimierung und bietet innovative Lösungen für den Einsatz von Spezialeffekten. Sie hilft auch, den kreativen Prozess zu beschleunigen, indem sie Muster und Trends in Filmen analysiert.

Empfohlene KI-Tools

- **RunwayML:** Ein Tool, das KI zur Erstellung und Bearbeitung von Videoeffekten und Spezialeffekten einsetzt.
- **Magisto:** Nutzt KI, um automatisch aus Videoclips ansprechende Kurzfilme zu erstellen und zu bearbeiten.
- **Cinelytic:** Ein KI-Tool zur Vorhersage des Erfolgs von Filmprojekten und zur Unterstützung bei der Entscheidungsfindung im Produktionsprozess.
- **ShotDeck:** Eine Plattform, die KI einsetzt, um die besten Kamerawinkel und -einstellungen basierend auf Referenzszenen zu finden.
- **Adobe Premiere Pro:** Verwendet KI zur Optimierung des Videoschnitts und zur Automatisierung bestimmter Bearbeitungsprozesse.

Reisefachmann

Anwendungsfelder: Reiseplanung, Kundenberatung, Preisvergleich, Buchungsmanagement, Personalisierte Reisevorschläge.

Erläuterung: KI kann Reisefachleuten helfen, maßgeschneiderte Reisevorschläge für Kunden zu erstellen und dabei die besten Preise zu vergleichen. Sie unterstützt auch bei der Verwaltung von Buchungen und hilft, durch die Analyse von Kundenpräferenzen personalisierte Reiseerlebnisse anzubieten.

Empfohlene KI-Tools
- **Skyscanner:** Nutzt KI zur Analyse und zum Vergleich von Flug- und Hotelpreisen.
- **Amadeus:** Eine Plattform, die KI zur Reiseplanung und zur Verwaltung von Buchungen einsetzt.
- **Pana:** Verwendet KI zur Erstellung personalisierter Reisepläne und zur Kundenberatung.
- **KAYAK:** Nutzt KI zur Suche nach Reiseangeboten und zur Optimierung von Reiseplänen.
- **Expedia:** Ein Tool, das KI zur Erstellung personalisierter Reisevorschläge und zur Buchungsverwaltung einsetzt.

Rekrutier
Anwendungsfelder: Personalbeschaffung, Bewerbermanagement, Talentakquise, Employer Branding.

Erläuterung: Recruiter sind für die Identifizierung und Einstellung von qualifizierten Kandidaten für offene Stellen in Unternehmen verantwortlich.

Empfohlene KI-Tools
- **LinkedIn Talent Solutions:** Verwendet KI zur Suche und Identifizierung von Talenten.
- **HireVue:** Nutzt KI zur Analyse von Bewerbungsvideos und zur Bewertung von Kandidaten.
- **Jobvite:** Setzt KI ein, um den Rekrutierungsprozess zu optimieren und zu automatisieren.

- **Pymetrics:** Verwendet KI zur Bewertung von Kandidaten anhand von kognitiven und emotionalen Fähigkeiten.
- **Ideal:** Nutzt KI zur Automatisierung der Kandidatenauswahl und zur Optimierung des Bewerbermanagements.

Richter
Anwendungsfelder: Fallrecherche, Entscheidungsfindung, Analyse juristischer Dokumente, Vorhersage von Urteilen, Prozessautomatisierung.

Erläuterung: KI kann Richtern dabei helfen, relevante juristische Präzedenzfälle und Gesetze schnell zu finden, indem sie große Mengen an juristischen Dokumenten analysiert. Sie kann auch Prognosen über mögliche Gerichtsurteile basierend auf früheren Fällen erstellen und so die Entscheidungsfindung unterstützen. Darüber hinaus kann KI-Routineaufgaben in Gerichtsverfahren automatisieren, um die Effizienz zu erhöhen.

Empfohlene KI-Tools
- **ROSS Intelligence:** Eine KI-gestützte Plattform für die juristische Recherche, die relevante Fälle und Gesetze schnell identifiziert.
- **CaseText:** Nutzt KI, um juristische Dokumente zu analysieren und Vorschläge für Präzedenzfälle zu machen.
- **Lex Machina:** Ein Tool zur Vorhersage von Gerichtsurteilen auf Basis der Analyse von früheren Fällen und Entscheidungen.
- **Blue J Legal:** Eine Plattform, die KI einsetzt, um die Ergebnisse von Steuer- und Arbeitsrechtsfällen vorherzusagen.
- **Everlaw:** Eine eDiscovery-Plattform, die KI verwendet, um große Mengen an juristischen Dokumenten zu analysieren und zu organisieren.

Sales Manager
Anwendungsfelder: Vertriebsprognose, Kundenanalyse, Lead-Generierung, Verkaufsstrategie, Performance-Analyse.

Erläuterung: KI kann Sales Manager unterstützen, indem sie Verkaufsdaten analysiert und genaue Vertriebsprognosen erstellt. Sie hilft auch bei der Identifizierung potenzieller Kunden und der Optimierung von Verkaufsstrategien. Darüber hinaus kann KI die Leistung des Verkaufsteams überwachen und Verbesserungspotenziale aufzeigen.

Empfohlene KI-Tools
- **Salesforce Einstein:** Nutzt KI zur Analyse von Verkaufsdaten und zur Erstellung von Vertriebsprognosen.
- **HubSpot Sales Hub:** Eine Plattform, die KI zur Lead-Generierung und Kundenanalyse einsetzt.
- **Clari:** Verwendet KI zur Vertriebsprognose und zur Optimierung von Verkaufsstrategien.
- **Gong.io:** Nutzt KI zur Analyse von Verkaufsgesprächen und zur Verbesserung der Vertriebsleistung.
- **Pipedrive:** Ein Tool, das KI zur Optimierung des Vertriebsprozesses und zur Performance-Analyse einsetzt.

Schreiner
Anwendungsfelder: Designplanung, Materialoptimierung, CNC-Steuerung, Qualitätskontrolle, Projektmanagement.

Erläuterung: KI kann Schreinern bei der Designplanung unterstützen, indem sie Entwürfe optimiert und Materialien effizient einsetzt. Sie hilft auch bei der Steuerung von CNC-Maschinen und bei der Qualitätskontrolle von Produkten. Zudem kann KI das Projektmanagement erleichtern, indem sie den Fortschritt überwacht und Aufgaben effizient verteilt.

Empfohlene KI-Tools
- **SketchUp:** Nutzt KI zur Erstellung und Optimierung von 3D-Designs im Schreinerhandwerk.
- **VCarve Pro:** Eine Plattform, die KI zur Steuerung und Optimierung von CNC-Maschinen einsetzt.

- **WoodCAD|CAM:** Verwendet KI zur Materialoptimierung und zur Unterstützung von Schreinerei-Projekten.
- **Autodesk Fusion 360:** Nutzt KI zur Produktentwicklung und Designoptimierung im Schreinerhandwerk.
- **Procore:** Ein Tool, das KI zur Verwaltung von Bau- und Schreinerprojekten einsetzt.

Softwareentwickler
Anwendungsfelder: Anwendungsentwicklung, Systemsoftware, Mobile Apps, Webentwicklung.

Erläuterung: Softwareentwickler entwerfen, programmieren und testen Softwareanwendungen und -systeme für verschiedene Plattformen und Zwecke.

Empfohlene KI-Tools
- **GitHub Copilot:** Verwendet KI zur Unterstützung bei der Codeentwicklung und Fehlerbehebung.
- **DeepCode:** Nutzt KI zur Analyse von Code und zur Erkennung von Sicherheitslücken und Codequalität.
- **TabNine:** Setzt KI ein, um Codevervollständigungen und Vorschläge in Echtzeit zu liefern.
- **PyCharm:** Verwendet KI zur Unterstützung bei der Python-Entwicklung und zur Optimierung des Codes.
- **SonarQube:** Nutzt KI zur Analyse von Codequalität und zur Sicherstellung von Best Practices in der Softwareentwicklung.

Sozialarbeiter
Anwendungsfelder: Familienberatung, Jugendarbeit, Sozialhilfe, Flüchtlingsbetreuung.

Erläuterung: Sozialarbeiter unterstützen und beraten Menschen in schwierigen Lebenssituationen und tragen zur Verbesserung ihrer sozialen und wirtschaftlichen Bedingungen bei.

Empfohlene KI-Tools
- **Empathy:** Verwendet KI zur Unterstützung bei der emotionalen Betreuung und Beratung.
- **Casebook:** Nutzt KI zur Verwaltung von Sozialfällen und zur Verbesserung der Fallbearbeitung.
- **CoParenter:** Setzt KI ein, um bei der Mediation und Beratung in Familienkonflikten zu unterstützen.
- **Annie:** Verwendet KI zur Bereitstellung von personalisierter Unterstützung und Informationen für Sozialarbeiter.
- **Socrates:** Nutzt KI zur Analyse sozialer Daten und zur Erstellung von Berichten und Empfehlungen.

Technischer Zeichner
Anwendungsfelder: Erstellung von technischen Zeichnungen und Plänen, Bauwesen und Architektur, Maschinen- und Anlagenbau, Elektrotechnik und Elektronik.

Erläuterung: Technische Zeichner erstellen präzise technische Zeichnungen und Pläne für Bauprojekte, Maschinen und elektronische Systeme.

Empfohlene KI-Tools
- **AutoCAD:** Verwendet KI zur Erstellung und Optimierung technischer Zeichnungen und Pläne.
- **SolidWorks:** Nutzt KI zur Unterstützung bei der Konstruktion und Simulation technischer Systeme.
- **SketchUp:** Setzt KI ein, um 3D-Modelle und technische Zeichnungen zu erstellen.
- **Fusion 360:** Verwendet KI zur Planung und Optimierung von Konstruktionen und Designs.
- **Revit:** Nutzt KI zur Erstellung von Bauplänen und zur Integration von Gebäudedaten.

Tierarzt
Anwendungsfelder: Tiermedizin, Chirurgie, Diagnostik, Präventivmedizin.

Erläuterung: Tierärzte behandeln und betreuen Tiere, diagnostizieren Krankheiten und führen chirurgische Eingriffe und präventive Maßnahmen durch.

Empfohlene KI-Tools
- **Vetology AI:** Verwendet KI zur Diagnose von Tierkrankheiten anhand von Röntgenbildern.
- **IDEXX:** Nutzt KI zur Analyse von Tierdiagnostikdaten und zur Unterstützung bei der Diagnosestellung.
- **Aiforia:** Setzt KI ein, um histopathologische Diagnosen und Forschungsarbeiten zu unterstützen.
- **SignalPET:** Verwendet KI zur Analyse von Röntgenbildern und zur Unterstützung bei der Diagnose.
- **Petriage:** Nutzt KI zur Bereitstellung von Telemedizin und zur Unterstützung von Tierärzten bei der Fernbehandlung.

Umwelttechniker
Anwendungsfelder: Überwachung und Kontrolle von Umweltstandards, Abfall- und Wassermanagement, Beratung zu Umweltfragen, Entwicklung umweltfreundlicher Technologien.

Erläuterung: Umwelttechniker arbeiten an Projekten, die darauf abzielen, Umweltauswirkungen zu minimieren und nachhaltige Lösungen für Abfall- und Wassermanagement zu entwickeln.

Empfohlene KI-Tools
- **EQuIS:** Verwendet KI zur Verwaltung und Analyse von Umweltdaten und zur Überwachung von Umweltstandards.
- **Enablon:** Nutzt KI zur Verwaltung von Umwelt-, Gesundheits- und Sicherheitsdaten sowie zur Berichterstattung.
- **WaterTrax:** Setzt KI ein, um Wassermanagementprozesse zu überwachen und zu optimieren.
- **EnviroSuite:** Verwendet KI zur Analyse von Umweltdaten und zur Verbesserung der Umweltperformance.

- **WasteHero:** Nutzt KI zur Optimierung des Abfallmanagements und zur Reduzierung von Umweltauswirkungen.

Unternehmensberater
Anwendungsfelder: Marktanalyse, Strategieentwicklung, Prozessoptimierung, Risikoanalyse, Datenanalyse.
- **Erläuterung:** KI kann Unternehmensberater unterstützen, indem sie umfassende Marktanalysen durchführt und Daten zur Optimierung von Geschäftsprozessen analysiert. Sie hilft auch bei der Entwicklung von Unternehmensstrategien und der Bewertung von Risiken. Zudem kann KI komplexe Datenmengen schnell verarbeiten und aussagekräftige Berichte erstellen, um fundierte Entscheidungen zu treffen.

Empfohlene KI-Tools
- **McKinsey QuantumBlack:** Nutzt KI zur Datenanalyse und Optimierung von Geschäftsstrategien.
- **Tableau:** Eine Plattform, die KI zur Visualisierung und Analyse von Unternehmensdaten einsetzt.
- **Palantir Foundry:** Verwendet KI zur Integration und Analyse großer Datenmengen in Unternehmensprozessen.
- **IBM Watson:** Nutzt KI zur Marktanalyse und zur Entwicklung von Unternehmensstrategien.
- **Anaplan:** Ein Tool, das KI zur Planung und Optimierung von Geschäftsprozessen einsetzt.

UX/UI Designer
Anwendungsfelder: Benutzererfahrungsdesign, Interface-Design, Prototyping, Usability-Tests.

Erläuterung: UX/UI Designer gestalten benutzerfreundliche und ansprechende digitale Interfaces, um die Interaktion der Nutzer mit digitalen Produkten zu verbessern.

Empfohlene KI-Tools
- **Adobe XD:** Verwendet KI zur Unterstützung bei der Erstellung von Prototypen und Benutzeroberflächen.
- **Sketch:** Nutzt KI zur Optimierung des Designs und zur Zusammenarbeit im Team.
- **Figma:** Setzt KI ein, um Designprozesse zu erleichtern und Prototypen zu erstellen.
- **InVision:** Verwendet KI zur Erstellung interaktiver Prototypen und zur Durchführung von Usability-Tests.
- **UserTesting:** Nutzt KI zur Analyse von Benutzerinteraktionen und zur Verbesserung der Usability.

Veranstaltungstechniker
Anwendungsfelder: Bühnentechnik, Licht- und Tontechnik, Eventproduktion, Sicherheitstechnik.

Erläuterung: Veranstaltungstechniker sorgen dafür, dass technische Ausrüstung und Systeme bei Veranstaltungen einwandfrei funktionieren und sicher sind.

Empfohlene KI-Tools
- **QLab:** Verwendet KI zur Steuerung und Automatisierung von Licht- und Tontechnik bei Veranstaltungen.
- **ETC EOS:** Nutzt KI zur Programmierung und Steuerung von Beleuchtungssystemen.
- **d&b audiotechnik:** Setzt KI ein, um den Klang bei Veranstaltungen zu optimieren und Lautsprechersysteme zu steuern.
- **Vectorworks Spotlight:** Verwendet KI zur Planung und Visualisierung von Bühnen- und Veranstaltungstechnik.
- **Soundcheck:** Nutzt KI zur Überwachung und Anpassung von Tontechnik in Echtzeit.

Verwaltungsfachmann
Anwendungsfelder: Dokumentenmanagement, Prozessoptimierung, Bürgeranfragenbearbeitung, Datenanalyse, Workflow-Automatisierung.

Erläuterung: KI kann Verwaltungsfachleute bei der Verwaltung von Dokumenten und der Optimierung von Verwaltungsprozessen unterstützen. Sie hilft auch bei der Bearbeitung von Bürgeranfragen und der Analyse von Verwaltungsdaten. Zudem kann KI-Arbeitsabläufe automatisieren, um die Effizienz in der Verwaltung zu steigern und die Bearbeitungszeiten zu verkürzen.

Empfohlene KI-Tools
- **DocuWare:** Nutzt KI zur Verwaltung und Automatisierung von Dokumenten in der Verwaltung.
- **UiPath:** Eine Plattform, die KI zur Automatisierung von Verwaltungsprozessen einsetzt.
- **ServiceNow:** Verwendet KI zur Bearbeitung und Verwaltung von Bürgeranfragen und Serviceanfragen.
- **Microsoft Power Automate:** Nutzt KI zur Automatisierung von Workflows und zur Optimierung von Verwaltungsprozessen.
- **OpenText:** Ein Tool, das KI zur Analyse und Verwaltung von Verwaltungsdaten einsetzt.

Vertriebler
Anwendungsfelder: Kundenakquise, Verkaufsförderung, Marktanalyse, Kundenbetreuung.

Erläuterung: Vertriebler sind verantwortlich für die Gewinnung neuer Kunden, die Förderung des Verkaufs und die Pflege von Kundenbeziehungen.

Empfohlene KI-Tools
- **Salesforce:** Verwendet KI zur Verwaltung von Kundenbeziehungen und zur Optimierung des Vertriebsprozesses.
- **HubSpot Sales:** Nutzt KI zur Automatisierung von Vertriebsaufgaben und zur Analyse von Verkaufsdaten.
- **Zoho CRM:** Setzt KI ein, um Vertriebsaktivitäten zu verwalten und Verkaufschancen zu identifizieren.

- **Pipedrive:** Verwendet KI zur Verwaltung von Verkaufs-Pipelines und zur Vorhersage von Verkaufstrends.
- **Gong.io:** Nutzt KI zur Analyse von Verkaufsgesprächen und zur Verbesserung der Vertriebsstrategie.

Webdesigner
Anwendungsfelder: Website-Layout, Benutzererfahrung (UX), SEO-Optimierung, Design-Vorschläge, Content-Generierung.

Erläuterung: KI kann Webdesigner bei der Erstellung und Optimierung von Website-Layouts unterstützen, indem sie Vorschläge zur Verbesserung der Benutzererfahrung (UX) macht. Sie hilft auch bei der SEO-Optimierung und bietet Design-Vorschläge, um die Attraktivität der Website zu steigern. Zudem kann KI-Inhalte automatisch generieren, um die Website regelmäßig mit neuen Informationen zu aktualisieren.

Empfohlene KI-Tools
- **Adobe XD:** Nutzt KI zur Verbesserung von Website-Layouts und zur Optimierung der Benutzererfahrung.
- **Wix ADI:** Eine Plattform, die KI zur automatischen Erstellung und Optimierung von Websites einsetzt.
- **Sketch:** Verwendet KI zur Erstellung von Design-Vorschlägen und zur Optimierung von Weblayouts.
- **SEMrush:** Nutzt KI zur SEO-Optimierung und Analyse der Sichtbarkeit von Websites.
- **Copy.ai:** Ein Tool, das KI zur automatischen Generierung von Webinhalten und Textvorschlägen einsetzt.

Yogalehrer
Anwendungsfelder: Kursplanung, Bewegungsanalyse, Kundenmanagement, Meditationsanleitungen, Fortschrittsüberwachung.

Erläuterung: KI kann Yogalehrer unterstützen, indem sie personalisierte Kurspläne erstellt und die Bewegungen der Teilnehmer analysiert, um Korrekturen vorzuschlagen. Sie hilft auch bei der Verwaltung von Kunden und bietet geführte Meditationsanleitungen. Zudem kann KI den Fortschritt der Teilnehmer überwachen und individuelle Verbesserungsvorschläge geben.

Empfohlene KI-Tools
- **Mirror:** Nutzt KI zur Bewegungsanalyse und zur Verbesserung der Yogaübungen.
- **Mindbody:** Eine Plattform, die KI zur Verwaltung von Kursen und zur Kundenbetreuung einsetzt.
- **Asana Rebel:** Verwendet KI zur Erstellung personalisierter Yoga- und Fitnesspläne.
- **Glofox:** Nutzt KI zur Organisation von Yoga-Kursen und zur Verwaltung von Teilnehmern.
- **Calm:** Ein Tool, das KI zur Meditationsanleitung und zur Überwachung des mentalen Fortschritts einsetzt.

Zahnarzt
Anwendungsfelder: Diagnoseunterstützung, Behandlungsplanung, Bildanalyse, Patientenkommunikation, Praxismarketing.

Erläuterung: KI kann Zahnärzten helfen, Karies, Parodontitis und andere Zahnkrankheiten durch Analyse von Röntgenbildern und anderen medizinischen Daten frühzeitig zu erkennen. Sie unterstützt auch bei der Behandlungsplanung und optimiert die Kommunikation mit Patienten, beispielsweise durch automatisierte Terminvereinbarungen. Darüber hinaus kann KI im Praxismarketing eingesetzt werden, um gezielte Werbung zu schalten.

Empfohlene KI-Tools
- **Dentrix Ascend:** Eine cloudbasierte Praxismanagement-Software mit KI-gestützten Funktionen zur Patientenverwaltung und Behandlungsplanung.

- **VideaHealth:** Ein KI-Tool zur Analyse von Röntgenbildern, das Zahnärzten hilft, Zahnkrankheiten frühzeitig zu erkennen.
- **Pearl:** Eine Plattform, die KI nutzt, um Zahnärzte bei der Diagnose von Zahnerkrankungen anhand von Bilddaten zu unterstützen.
- **SmileMate:** Ein KI-gestütztes Tool für die Fernüberwachung und Kommunikation mit Patienten.
- **YAPI:** Eine Automatisierungssoftware für Zahnarztpraxen, die KI nutzt, um den Workflow zu optimieren und Patientenkommunikation zu verbessern.

Anmerkungen Mit der anschließenden Anleitung können Sie als Leser leichter verstehen, wie Sie z. B. WriterDuet verwenden können, um z. B. Drehbücher zu schreiben und zu verwalten. Sie können diese Anleitung auf andere Berufe, Anwendungsfelder und KI-Tools übertragen, um in ähnlicher Weise vorzugehen. Sollten Sie wider Erwarten doch nicht zurechtkommen, fragen Sie einfach ChatGTP.

Beispiel: Verwendung von „WriterDuet"
WriterDuet ist ein KI-gestütztes Tool für kollaboratives Schreiben, das besonders im Bereich des Drehbuchschreibens beliebt ist. Hier sind die Schritte, wie Sie mit WriterDuet arbeiten können:

1. **Registrierung und Anmeldung:**
   - Besuchen Sie die WriterDuet-Website.
   - Registrieren Sie sich für ein Konto, indem Sie auf „Sign Up" klicken und Ihre E-Mail-Adresse und ein Passwort eingeben. Alternativ können Sie sich mit Ihrem Google- oder Facebook-Konto anmelden.

2. **Erstellen eines neuen Projekts:**
   - Nach der Anmeldung können Sie ein neues Projekt erstellen, indem Sie auf „New Project" klicken.
   - Geben Sie Ihrem Projekt einen Namen und wählen Sie die Art des Projekts (z. B. Film, TV-Show, Theaterstück).

3. **Schreiben und Bearbeiten:**

    – WriterDuet bietet eine benutzerfreundliche Schreibumgebung mit Formatierungsoptionen, die speziell für Drehbücher entwickelt wurden.
    – Sie können Szenen hinzufügen, Dialoge schreiben und Charaktere entwickeln. Das Tool unterstützt Sie mit automatischen Formatierungen und Vorschlägen.

4. **Zusammenarbeit:**

    – WriterDuet ermöglicht es Ihnen, in Echtzeit mit anderen Autoren zusammenzuarbeiten. Sie können Co-Autoren einladen, indem Sie ihre E-Mail-Adressen eingeben.
    – Alle Änderungen werden in Echtzeit synchronisiert, sodass Sie und Ihre Co-Autoren gemeinsam an demselben Dokument arbeiten können.

5. **Verwaltung und Export:**

    – WriterDuet bietet Funktionen zur Verwaltung Ihrer Projekte, einschließlich Versionskontrolle und Notizen.
    – Sie können Ihr fertiges Drehbuch in verschiedenen Formaten exportieren, wie PDF, Final Draft, und mehr.

6. **Zusätzliche Funktionen:**

    – WriterDuet bietet auch Funktionen wie Storyboards, Notizen und Kommentare, die Ihnen helfen, Ihre Geschichte zu visualisieren und zu organisieren.
    – Die Pro-Version von WriterDuet bietet erweiterte Funktionen, wie z. B. Offline-Bearbeitung und detaillierte Produktionsberichte.

13.4 FAQs – Häufig gestellte Fragen und Antworten

Die folgenden Fragen und Antworten basieren auf den diversen Webinaren, an denen ich zum Thema teilgenommen habe, und meiner Auseinandersetzung mit den entsprechenden Fragestellungen und Inhalten.

Wie kann ich Künstliche Intelligenz (KI) für meine Karriere nutzen?
KI bietet eine Vielzahl von Tools und Technologien, die berufliche Prozesse effizienter gestalten können. Sie können KI nutzen, um Routineaufgaben zu automatisieren, Daten zu analysieren, personalisierte Empfehlungen zu generieren und innovative Lösungen zu entwickeln. Durch den Einsatz von KI können Sie Ihre Produktivität steigern, bessere Entscheidungen treffen und sich so im Berufsfeld hervorheben.

Welche Risiken birgt die Anwendung von KI in der Karriereplanung?
Die Nutzung von KI bringt auch Risiken mit sich, wie beispielsweise die Abhängigkeit von Algorithmen, die möglicherweise voreingenommen sind oder fehlerhafte Daten verarbeiten. Zudem kann der Verlust von Arbeitsplätzen durch Automatisierung ein potenzielles Risiko darstellen. Es ist wichtig, diese Risiken zu kennen und KI bewusst und kritisch einzusetzen, um negative Auswirkungen zu minimieren.

Kann KI auch kreativ sein, oder ist sie nur für analytische Aufgaben geeignet?
KI hat das Potenzial, kreativ zu sein, indem sie Muster erkennt und neue Kombinationen von Ideen vorschlägt, die für Menschen vielleicht nicht sofort ersichtlich wären. KI-Tools können zum Beispiel bei der Erstellung von Musik, Kunst oder sogar bei der Entwicklung von Geschäftsstrategien unterstützen. Dennoch bleibt die menschliche Kreativität unersetzlich, da sie von Emotionen, Erfahrungen und Intuition geprägt ist.

Wie kann ich sicherstellen, dass die KI, die ich verwende, ethisch und verantwortungsbewusst ist?
Es ist wichtig, sich über die Herkunft der von Ihnen verwendeten KI-Tools zu informieren und sicherzustellen, dass diese ethischen Richtlinien einhalten. Achten Sie darauf, dass die Algorithmen, die in den KI-

Tools verwendet werden, transparent sind, das heißt, dass Sie verstehen können, wie sie funktionieren und auf welcher Basis sie Entscheidungen treffen. Es ist wichtig, dass es klare Informationen darüber gibt, welche Daten die Algorithmen verwenden und wie diese Daten verarbeitet werden. Darüber hinaus sollten Mechanismen vorhanden sein, um sicherzustellen, dass die Algorithmen fair und unvoreingenommen arbeiten, indem sie beispielsweise regelmäßig überprüft und angepasst werden, um Verzerrungen (auch Bias genannt) zu erkennen und zu korrigieren. Diese Maßnahmen tragen dazu bei, dass die Ergebnisse der KI zuverlässig und gerecht sind. Darüber hinaus sollten Sie darauf achten, dass die KI in Ihrem Unternehmen oder Ihrer Branche verantwortungsbewusst eingesetzt wird, um Fairness und Datenschutz zu gewährleisten.

Welche Fähigkeiten sollte ich entwickeln, um mit KI erfolgreich zu sein?
Um KI erfolgreich in Ihre Karriere zu integrieren, sollten Sie technische Grundkenntnisse in den Bereichen Datenanalyse, maschinelles Lernen und Programmierung erwerben. Darüber hinaus sind kritisches Denken, Kreativität und ethisches Bewusstsein entscheidende Fähigkeiten, um KI effektiv und verantwortungsvoll zu nutzen. Eine kontinuierliche Weiterbildung ist ebenfalls wichtig, da sich die Technologie ständig weiterentwickelt.

Kann KI die menschliche Arbeit vollständig ersetzen?
Während KI viele repetitive und datenintensive Aufgaben übernehmen kann, wird sie die menschliche Arbeit nicht vollständig ersetzen können. Menschen bringen einzigartige Fähigkeiten wie Empathie, komplexes Problemlösen und kreative Innovationen ein, die für viele Berufe unerlässlich bleiben. KI wird eher als Ergänzung dienen, die es ermöglicht, sich auf höherwertige Aufgaben zu konzentrieren und die Produktivität zu steigern.

Wie kann ich sicherstellen, dass ich durch den Einsatz von KI nicht den Kontakt zu meinen Kunden verliere?
Der Schlüssel liegt darin, KI als unterstützendes Werkzeug zu nutzen, das Ihnen mehr Zeit für den persönlichen Kontakt mit Ihren Kunden verschafft. KI kann Ihnen helfen, Kundenbedürfnisse besser zu verstehen und personalisierte Angebote zu erstellen, aber der menschliche Aspekt sollte immer im Vordergrund stehen. Eine ausgewogene Nutzung von KI und menschlicher Interaktion ist entscheidend, um Kundenbeziehungen zu stärken.

Welche Rolle spielt KI in der Zukunft der Arbeit?
KI wird die Zukunft der Arbeit erheblich beeinflussen, indem sie neue Berufsfelder schafft und bestehende Berufe transformiert. Routineaufgaben werden zunehmend automatisiert, während der Bedarf an Fähigkeiten in den Bereichen Technologie, Datenanalyse und Kreativität steigt. KI wird als Werkzeug dienen, um die Effizienz zu steigern und Innovationen voranzutreiben, und somit die Art und Weise, wie wir arbeiten, grundlegend verändern.

Wie kann ich die Sorge vor der Anwendung von KI verlieren?
Die Sorge vor der Anwendung von KI ist verständlich, besonders wenn es um neue und komplexe Technologien geht. Um diese Bedenken zu verringern, ist es wichtig, sich schrittweise mit der Technologie vertraut zu machen. Beginnen Sie mit einfachen Anwendungen und Tools, um ein Grundverständnis zu entwickeln. Bildung und kontinuierliches Lernen spielen ebenfalls eine große Rolle – je mehr Sie über KI wissen, desto sicherer werden Sie im Umgang mit ihr. Es kann auch hilfreich sein, sich mit den ethischen Richtlinien und Anwendungsbeispielen auseinanderzusetzen, um besser zu verstehen, wie KI sicher und verantwortungsvoll eingesetzt werden kann. Der Austausch mit Kollegen und Experten kann ebenfalls dazu beitragen, Ängste abzubauen und Vertrauen in die Technologie zu gewinnen.

Können Sie beschreiben, was Chat GPT besonders gut oder nicht so gut kann?
Chat GPT ist besonders gut darin, Texte zu generieren, die menschenähnlich klingen, und dabei auf eine Vielzahl von Themen zu reagieren. Es kann komplexe Konzepte verständlich erklären, kreative Ideen entwickeln, Texte überarbeiten und dabei auch auf spezifische Anfragen oder Formate eingehen. Zudem ist es in der Lage, große Mengen an Informationen schnell zu verarbeiten und nützliche Antworten zu liefern.

Allerdings gibt es auch Bereiche, in denen Chat GPT Einschränkungen hat. Es hat kein echtes Verständnis oder Bewusstsein, sondern verarbeitet nur Textmuster basierend auf den Daten, auf denen es trainiert wurde. Dadurch kann es vorkommen, dass Chat GPT manchmal ungenaue oder unvollständige Informationen liefert, besonders wenn es um sehr aktuelle oder spezifische Themen geht. Zudem fehlt es Chat GPT an der Fähigkeit zur Empathie und zum Kontextverständnis, die Menschen in zwischenmenschlichen Interaktionen zeigen können. Schließlich sollte man bedenken, dass Chat GPT keine eigenen Meinungen hat und keine moralischen oder ethischen Urteile fällen kann – es spiegelt lediglich die Daten wider, auf denen es basiert.

13.5 Einführung und schrittweise Anleitung zur Nutzung von KI für Newcomer

Warum eine schrittweise Anleitung für KI-Neulinge?
Die künstliche Intelligenz (KI) wird immer präsenter. Viele Menschen stehen vor der Frage, wie sie diese Technologie für sich nutzen können. Besonders für diejenigen, die bisher wenig bis gar keine Berührungspunkte mit KI hatten, kann der Einstieg überwältigend erscheinen. Die Vorstellung, dass KI nur etwas für Experten oder Tech-Enthusiasten ist, hält sich hartnäckig. Doch genau hier setze ich an.

Mein Ziel ist es, allen Leserinnen und Lesern, unabhängig von ihrem technischen Hintergrund, den Zugang zur KI zu ermöglichen. Deshalb habe ich eine schrittweise Anleitung entwickelt, die es Ihnen erlaubt, in die Welt der KI einzutauchen. Die nachfolgende Anleitung richtet sich speziell an Laien, die möglicherweise noch nie eine KI-Anwendung ausprobiert haben. Sie ist bewusst einfach und verständlich gehalten, sodass Sie sich Schritt für Schritt mit den Grundlagen vertraut machen können.

Ich möchte, dass Sie die Möglichkeiten der KI entdecken und für sich nutzen können, sei es zur Erleichterung Ihres Arbeitsalltags, zur Unterstützung bei kreativen Prozessen oder einfach aus Interesse an dieser zukunftsweisenden Technologie. Durch die Anleitung möchte ich Ihnen die Scheu nehmen und zeigen, dass es gar nicht so kompliziert ist, wie es zunächst scheinen mag.

Das schrittweise Vorgehen soll Ihnen dabei helfen, erste Erfahrungen mit KI zu sammeln, ohne dass Sie sich gleich in die Tiefen der Technik begeben müssen. Im Laufe dieses Buches und insbesondere in den erläuternden Kapiteln werden Ihnen die wichtigsten Schritte und Begriffe nähergebracht, damit Sie ein solides Fundament aufbauen, von dem Sie dann zukünftig profitieren können.

Mit dieser Anleitung möchte ich Ihnen die Werkzeuge an die Hand geben, die Sie benötigen, um selbstbewusst in die KI-Welt einzutauchen. Lassen Sie uns gemeinsam den ersten Schritt machen – und wer weiß, vielleicht entdecken Sie ja eine ganz neue Seite an sich, die in der Lage ist, mit KI erstaunliche Dinge zu erschaffen.

Nachfolgend finden Sie zwei schrittweise Anleitungen für KI-Laien zum Einstieg in ChatGTP und MidJourney.

13.5.1 Anleitung zum Einstieg in die Nutzung von KI (z. B. ChatGPT 3.5, ChatGPT 4) ?

Anmerkung: zum Zeitpunkt der Fertigstellung dieses Buches ist bereits ChatGPT 5 verfügbar – ein Hinweis darauf, wie rasant sich die KI-Technologien weiterentwickeln und wie wichtig es ist, am Ball zu bleiben.

1. **Erster Schritt: Auswahl der KI-Plattform**
   - Besuchen Sie die Website von OpenAI (openai.com) oder eine andere Plattform, die Zugang zu KI-Modellen wie ChatGPT bietet.
   - Entscheiden Sie sich für die kostenfreie Version (z. B. ChatGPT 3.5) oder, falls gewünscht, für eine kostenpflichtige Version (z. B. ChatGPT 4o).

2. **Zweiter Schritt: Anmeldung**
   - Registrieren Sie sich auf der Plattform, falls noch nicht geschehen. Die Anmeldung erfordert in der Regel eine E-Mail-Adresse und ein Passwort.
   - Nach der Anmeldung können Sie direkt auf die KI-Tools zugreifen.

3. **Dritter Schritt: Einführung in die Oberfläche**
   - Machen Sie sich mit der Benutzeroberfläche vertraut. In der Regel finden Sie ein Textfeld, in das Sie Ihre Fragen oder Aufgabenstellungen eingeben können.

4. **Vierter Schritt: Erste Eingabe (Prompt)**

- Beginnen Sie mit einer einfachen Frage oder einem kurzen Befehl, z. B. „Erkläre mir die Funktionsweise einer Glühbirne".
- Die KI wird daraufhin eine Antwort generieren. Experimentieren Sie mit verschiedenen Fragen und Anweisungen, um ein Gefühl für die Möglichkeiten und die Prompts (Kap. 5) zu bekommen.

5. **Fünfter Schritt: Verfeinerung Ihrer Anfragen**

   - Lernen Sie, wie Sie Ihre Eingaben (Prompts, Abschn. 13.1 und Kap. 5) optimieren können. Achten Sie auf Klarheit und Präzision, um bessere Antworten zu erhalten.
   - Wenn Sie eine spezifische Information benötigen, versuchen Sie, Ihre Anfrage so detailliert wie möglich zu formulieren.

6. **Sechster Schritt: Weiterführende Nutzungsmöglichkeiten**

   - Entdecken Sie die verschiedenen Anwendungsbereiche der KI. Sie können die KI beispielsweise zur Unterstützung bei Schreibprojekten, zur Ideengenerierung oder für die Analyse von Daten nutzen.

Anmerkung: Diese Aufstellung ist für den Einstieg gedacht. Für detailliertere Informationen und weiterführende Tipps, wie Sie Ihre Prompts optimieren können, verweise ich auf Kap. 5 dieses Buchs.

> **Erläuternde Worte: Was genau ist ein Prompt?**
>
> Ein Prompt ist eine Eingabe, die Sie in das Textfeld der KI-Plattform eingeben. Es handelt sich dabei um eine Frage, eine Anweisung oder eine Aussage, auf die die KI dann reagiert. Ein gut formulierter Prompt kann entscheidend für die Qualität der Antwort sein, die die KI generiert.
>
> In Kap. 5 dieses Buchs gehe ich ausführlich darauf ein, wie Sie Ihre Prompts gestalten können, um die bestmöglichen Ergebnisse zu erzielen. Doch schon hier sei gesagt: Es kommt oft auf die Details an. Je genauer und klarer Sie formulieren, desto präziser wird die Antwort der KI.

13.5.2 Anleitung zum Einstieg in die Nutzung von MidJourney

Was ist MidJourney?

MidJourney ist eine KI-gestützte Plattform zur Erstellung von Bildern basierend auf Textbeschreibungen (Prompts). Sie können komplexe und detaillierte Kunstwerke, Grafiken, und Illustrationen erstellen, indem Sie einfach eine textbasierte Beschreibung eingeben.

Registrierung und Zugang

1. **Schritt 1: Zugang zur MidJourney-Website**
   - Besuchen Sie die MidJourney-Website www.midjourney.com und klicken Sie auf „Join the Beta", um Teil der Community zu werden.

2. **Schritt 2: Anmeldung bei Discord**
   - MidJourney läuft über Discord, eine Plattform, die hauptsächlich für die Kommunikation in der Gaming-Community genutzt wird. Sie müssen ein Discord-Konto erstellen oder sich nur anmelden, falls Sie bereits eines haben.
   - Nach der Anmeldung bei Discord werden Sie zu einem Server eingeladen, auf dem MidJourney läuft.

3. **Schritt 3: Einstieg in MidJourney**
   - Nach dem Beitritt zum MidJourney-Server auf Discord sehen Sie verschiedene Kanäle. Um Bilder zu generieren, verwenden Sie den „newbies"-Kanal oder einen anderen Kanal, der für die Eingabe von Prompts vorgesehen ist.

Erste Schritte mit MidJourney

1. **Schritt 1: Einen Prompt eingeben**
   - Geben Sie in einem der verfügbaren Kanäle einfach „/imagine" ein, gefolgt von Ihrer Bildbeschreibung (z. B. „/imagine A clear, simple

diagram showing the transition from traditional success strategies to AI-supported success, with German labels.").
   – Die KI wird basierend auf Ihrer Eingabe ein Bild generieren.
   – Hinweis: die Prompts sollten möglichst in englischer Sprache eingegeben werden, deutsch ist zwar möglich, aber nur eingeschränkt

2. **Schritt 2: Bilder erhalten und verfeinern**
   – Nachdem Sie den Prompt eingegeben haben, dauert es einige Sekunden bis Minuten, bis MidJourney das Bild erstellt.
   – Sie erhalten mehrere Bildoptionen, aus denen Sie wählen können. Sie können dann entscheiden, ob Sie eines dieser Bilder weiter verfeinern möchten (z. B. durch Erhöhung der Auflösung oder Anpassung von Details).

3. **Schritt 3: Bilder speichern**
   – Sobald Sie mit dem Bild zufrieden sind, können Sie es direkt herunterladen und auf Ihrem Gerät speichern.

Unterschiede zwischen der kostenlosen und der Bezahlversion

- **Kostenlose Version:**
  – **Vorteile:** Sie können MidJourney kostenlos nutzen, haben jedoch eine begrenzte Anzahl an Bildern, die Sie pro Monat erstellen können.
  – **Einschränkungen:** In der kostenlosen Version sind die Bildgenerierungszeiten langsamer, und es stehen weniger Optionen für hochauflösende Bilder zur Verfügung.

- **Bezahlversion:**
  – **Vorteile:** Mit einem kostenpflichtigen Abonnement erhalten Sie eine höhere Priorität bei der Bildgenerierung, schnellere Antwortzeiten und die Möglichkeit, eine unbegrenzte Anzahl von Bildern zu erstellen.
  – **Preismodelle:** Es gibt verschiedene Abonnementstufen, die ab etwa 10-30 USD pro Monat beginnen, abhängig davon, wie intensiv Sie die Plattform nutzen möchten.

Welche Version sollten Sie wählen?
- **Für gelegentliche Nutzung:** Wenn Sie MidJourney nur gelegentlich nutzen möchten, um einige Bilder für Ihre Veröffentlichung oder Präsentation zu erstellen, könnte die kostenlose Version ausreichend sein.
- **Für intensivere Nutzung und zukünftige Projekte:** Wenn Sie planen, MidJourney regelmäßig für Ihre Projekte zu nutzen, ist ein Abonnement sinnvoll. Es ermöglicht Ihnen, schnell und in hoher Qualität Bilder zu erstellen, was Ihre Arbeit erheblich erleichtern kann.

Wichtige Hinweise zur verantwortungsvollen Nutzung:
Die rechtliche Lage rund um KI-Bilder entwickelt sich weiter. Mit ein paar einfachen Regeln sind Sie auf der sicheren Seite:

- **AGB prüfen:** Schauen Sie vor der Nutzung in die aktuellen Nutzungsbedingungen und Tarife von Midjourney, insbesondere bei kommerzieller Verwendung.
- **Eigene Ideen nutzen:** Formulieren Sie möglichst eigene Prompts und vermeiden Sie 1:1-Anlehnungen an geschützte Marken/Charaktere sowie konkrete Künstlerstile.
- **Dokumentieren:** Notieren Sie Prompt, Datum und Version – das schafft Transparenz über die Entstehung.
- **Realpersonen & Logos:** Bilder echter Personen nur mit deren schriftlicher Erlaubnis verwenden; Logos/Marken grundsätzlich meiden.
- **Finaler Check:** Vor Veröffentlichung kurz prüfen: Wirkt das Bild originell und nicht verwechselbar?
  (Dies ist kein Rechtsrat; je nach Einsatzzweck kann eine rechtliche Prüfung sinnvoll sein.)

14

Schlusswort und Ausblick: Den Weg in die Zukunft gestalten

Ich habe in diesem Buch eine Reise unternommen, die uns durch die faszinierende Welt der künstlichen Intelligenz geführt hat. Von den Grundlagen über praktische Anwendungen bis hin zu den ethischen und gesellschaftlichen Fragen – all diese Themen zeigen, dass wir uns inmitten eines technologischen Wandels befinden, der unser Leben nachhaltig verändern wird.

Doch was nehmen wir aus all diesen Informationen mit? Es ist die Erkenntnis, dass KI nicht nur ein Werkzeug ist, sondern ein Potenzial, das wir aktiv gestalten können. Die Zukunft der KI liegt nicht nur in den Händen von Wissenschaftlern und Ingenieuren, sondern in den Händen von uns allen. Indem wir die Möglichkeiten der KI nutzen, sie kritisch hinterfragen und verantwortungsbewusst anwenden, tragen wir dazu bei, dass diese Technologie zu einem echten Gewinn für unsere Gesellschaft wird.

Für den Leser, der sich durch die Kapitel dieses Buches gearbeitet hat, mag es eine Vielzahl neuer Ideen, Ansätze und Perspektiven gegeben haben, von den klassischen Erfolgsfaktoren über moderne Techniken bis hin zu den sehr neuen KI-Anwendungsfeldern und KI-Tools. Doch das „Wichtigste kurzgefasst" ist, dass jeder von uns die Chance hat, Teil dieser Entwicklung zu sein – sei es durch die eigene Anwendung von KI in beruflichen oder privaten Kontexten, durch die Auseinandersetzung mit den ethischen Fragen oder einfach durch das offene und neugierige Herangehen an diese neue Welt. Denken Sie einige Jahre zurück, als das Internet entstanden ist und was heute daraus geworden ist. Oder versetzen Sie sich noch weitere Jahrzehnte zurück in eine Zeit, in der Elektrizität oder Telekommunikation noch nicht erfunden waren und was daraus heute geworden ist.

Lassen Sie uns also den Mut haben, die KI nicht als undurchdringliches Mysterium zu betrachten, sondern als eine Gelegenheit, die wir gestalten und zu unserem Vorteil nutzen können. Die Zukunft ist das, was wir daraus machen – und mit dem Wissen und den Werkzeugen, die Sie in diesem Buch erworben haben, sind Sie bestens gerüstet, diesen Weg aktiv mitzugestalten.

Anhang: Weiterführende Literatur

1. Ballestrem JG, Bär U, Gausling T, Hack S, von Oelffen S (2020) Künstliche Intelligenz. Springer Gabler, Wiesbaden. https://doi.org/10.1007/978-3-658-30506-2
2. Berens, A, Bolk, C (2024) Content Creation mit KI. Rheinwerk Verlag Bonn
3. Brovko, A, Nöcker, C (2024) KI-Revolution in Unternehmen: Chancen-Fallbeispiele
4. Brune, G (2025) Künstliche Intelligenz heute. Anwendungen aus Wirtschaft, Medizin und Wissenschaft, S 2
5. Bucher, H (2024) Schwarzer: Künstliche Intelligenz und wissenschaftliches Arbeiten. Vahlen
6. Bünnagel, W (Hrsg) (2024) Künstliche Intelligenz und Unternehmenswissen. Springer Gabler, Berlin/Heidelberg. https://doi.org/10.1007/978-3-662-68779-6.
7. Carter, CH (2024) ChatGTP Revolution, Geld verdienen mit ChatGTP-4 für Anfänger, Eigenverlag
8. Ertel, W (2025) Grundkurs Künstliche Intelligenz. Springer Vieweg, Berlin/Heidelberg. https://doi.org/10.1007/978-3-658-44955-1
9. Fessler, R (2023) ChatGTP im Beruf, der große Praxisratgeber. Verlag Mensch

10. Fessler, R & weitere Autore 2023 Künstliche Intelligenz für Unternehmer. der Praxisratgeber, Verlag Mensch
11. Freiknecht, J (2024) KI-Sprachassistenten mit Python entwickeln: Datenbewusst. Open Source und modular, Hanser Verlag
12. Grüner, T (2023) Die KI-Erfolgsformel für dein Unternehmen, Eigenverlag
13. Kitzmann, A (2022) Künstliche Intelligenz: Wie verändert sich unsere Zukunft?. Springer, Wiesbaden. https://doi.org/10.1007/978-3-658-37700-7
14. Patrick K (2023) Künstliche Intelligenz und Hirnforschung: Neurale Netze, Deep Learning und die Zukunft der Kognition. Springer Verlag
15. Kreutzer, RT (2023) Künstliche Intelligenz verstehen. Grundlagen – Use Cases – unternehmenseigene KI-Journey, 2. Aufl. Springer Gabler, Wiesbaden. https://doi.org/10.1007/978-3-658-42598-2
16. Lipp, J (2024) Alles auf Veränderung: Mit Mut und gelungener Kommunikation den Wandel gestalten. Campus Verlag
17. Paaß, G & Hecker, D (Hrsg) (2024) Künstliche Intelligenz: Was steckt hinter der Technologie der Zukunft? Springer Vieweg, Wiesbaden. https://doi.org/10.1007/978-3-658-30211-5
18. Ruseva, T (2024) Ich muss gar nichts: Weg von der Hierarchie zum sinnerfüllten und eigenverantwortlichen Arbeiten. Haufe Verlag
19. Schütte, O (2024) Zukunft schreiben. KI-Tools für Autorinnen und Autoren, Master School Drehbuch, Edition
20. Spitzner, M (2023) Künstliche Intelligenz: den Menschen überlegen- wie KI uns rettet und bedroht. Droemer Verlag
21. Spriestersbach, K (2023) Richtig texten mit KI. mvg verlag
22. Strümpke, I (2024) Künstliche Intelligenz. Rheinwerk
23. Stowasser, S & Harlacher, M (2023) (ifaa Edition) Künstliche Intelligenz (KI) und Arbeit – Leitfaden zur soziotechnischen Gestaltung von KI-Systemen. Springer Vieweg, Berlin/Heidelberg. https://doi.org/10.1007/978-3-662-67912-8
24. Uschtrin, S 2023 Schreiben mit Chat GPT für Autorinnen und Autoren. Uschtrin Verlag
25. Walters, K (2023) ChatGPT für Autoren, Wie künstliche Intelligenz Autoren unterstützt. Amazon
26. Werner, M (2023) 100 KI-Tools, die jeder kennen sollte. Amazon

27. Wiemeyer, M (2023) Guter Rat vom Texter; Besser schreiben mit KI, (3. Aufl.). Amazon
28. Wittpahl, V (Hrsg) (2018) Künstliche Intelligenz. Technologie | Anwendung | Gesellschaft, Springer Vieweg, Berlin Heidelberg. open access. https://doi.org/10.1007/978-3-662-58042-4

GPSR Compliance

The European Union's (EU) General Product Safety Regulation (GPSR) is a set of rules that requires consumer products to be safe and our obligations to ensure this.

If you have any concerns about our products, you can contact us on

ProductSafety@springernature.com

In case Publisher is established outside the EU, the EU authorized representative is:

Springer Nature Customer Service Center GmbH
Europaplatz 3
69115 Heidelberg, Germany

www.ingramcontent.com/pod-product-compliance
Lightning Source LLC
LaVergne TN
LVHW012032070526
838202LV00056B/5474